Kohlhammer | Deutscher Gemeindeverlag

SCHRIFTENREIHE
DES FREIHERR-VOM-STEIN-INSTITUTES
WISSENSCHAFTLICHE FORSCHUNGSSTELLE
DES LANDKREISTAGES NORDRHEIN-WESTFALEN
AN DER UNIVERSITÄT MÜNSTER

BAND 69

Simon Frye

Die Finanzierung ambulanter und stationärer Pflegeeinrichtungen

Eine Darstellung am Beispiel von Nordrhein-Westfalen

Verlag W. Kohlhammer
Deutscher Gemeindeverlag

Die Rechtswissenschaftliche Fakultät der Westfälischen Wilhelms-Universität Münster hat diese Arbeit als Dissertation angenommen.

D 6

2013
Deutscher Gemeindeverlag GmbH
Verlagsort: 70565 Stuttgart
Gesamtherstellung Deutscher Gemeindeverlag GmbH/Verlag W. Kohlhammer GmbH, Stuttgart

ISBN 978-3-555-01639-9

Vorwort

Die Finanzierung von Pflegeeinrichtungen ist ein sehr komplexes und wissenschaftlich wenig erschlossenes Themenfeld.

Einschlägige Regelungen finden sich sowohl im Bundesrecht als auch im Landesrecht. Im Bundesrecht sind insbesondere die Regelungen zur Pflegeversicherung aus dem SGB XI und die zur Sozialhilfe aus dem SGB XII von Interesse. Landesrechtliche Regelungen sind im Bereich der Investitionskostenförderung im Landespflegegesetz NRW vorhanden. Als Kostenträger kommen der Pflegebedürftige selbst, seine Angehörigen, soziale und private Pflegeversicherungen und die Kreise und kreisfreien Städte sowie die Landschaftsverbände in Betracht. Kreise und kreisfreie Städte werden sowohl im Bereich der Sozialhilfe als auch im Wege der Investitionskostenförderung tätig.

Die praktische Bedeutung des Themas steht außer Frage. Aufgrund der demographischen Entwicklung wird die Zahl der Pflegedürftigen auch in Zukunft weiter steigen. Zudem beklagen die Kommunen die Belastung durch die immer weiter steigenden Kosten für die Sozialhilfe.

Die Arbeit bringt Ordnung in die unübersichtliche Materie, wie sie sich aus dem Zusammenspiel der unterschiedlichen Regelungen und Kostenträger ergibt, und kann damit hoffentlich dazu beitragen, die Grundlagen für eine Neuordnung zu legen.

Münster, im Mai 2013

Professor Dr. Janbernd Oebbecke

Geschäftsführender Direktor
des Freiherr-vom-Stein-Instituts

Vorwort des Verfassers

Die vorliegende Arbeit entstand während meiner Tätigkeit als wissenschaftlicher Mitarbeiter am Freiherr-vom-Stein Institut. Besonders bedanken möchte ich mich beim Geschäftsführenden Direktor des Freiherr-vom-Stein-Instituts, Herrn Professor Dr. Janbernd Oebbecke, für die exzellente Betreuung dieser Arbeit. Herrn Professor Dr. Heinz-Dietrich Steinmeyer danke ich für die zügige Erstellung des Zweitgutachtens.

Für die optimalen Forschungsbedingungen am Freiherr-vom-Stein Institut bedanke ich mich stellvertretend für den Landkreistag Nordrhein-Westfalen bei dessen Hauptgeschäftsführer. Herrn Dr. Martin Klein.

Für die gute Zusammenarbeit am Freiherr-vom-Stein-Institut möchte ich mich bei den Leiterinnen des Instituts, Frau Dr. Sabrina Desens und Frau Dr. Maria Pottmeyer, LL.M, und meinen Kolleginnen und Kollegen, Frau Dr. Jessica Isenburg, Frau Cornelia Jäger, Frau Jasmin Hölscher, LL.M, Herrn Dr. Thomas Jungkamp sowie Herrn Martin Schröder, bedanken. Der gleiche Dank gebührt den Kolleginnen und Kollegen des Kommunalwissenschaftlichen Instituts, insbesondere Frau Christine Elmers, Frau Sonja Gerards, Herrn Christian Kessen und Herrn André Weßling. Bei Frau Hiltrud Martellock bedanke ich mich darüber hinaus für die freundliche Unterstützung in organisatorischen und sonstigen Angelegenheiten.

Frau Christiane Struppek danke ich für ihre liebevolle Unterstützung und ihre unendliche Geduld.

Besonderer Dank gebührt meinen Eltern. Sie haben mich stets bei allen Entscheidungen in jeglicher erdenklichen Weise unterstützt und gefördert. Ihnen widme ich diese Arbeit.

Münster, im Mai 2013

Simon Frye

Inhaltsübersicht

Inhaltsverzeichnis

Abkürzungen

Die in der Arbeit verwendeten Abkürzungen richten sich, sofern sie nicht allgemeingebräuchlich oder im Text definiert sind, nach *Kirchner*, Hildebert / *Pannier*, Dietrich, Abkürzungsverzeichnis der Rechtssprache, 6. Auflage, Berlin 2008.

1. Teil: Einführung

§ 1 Einleitung

Die Absicherung des allgemeinen Lebensrisikos der Pflegebedürftigkeit ist in der politischen Diskussion seit längerer Zeit wieder aktuell. Im Mittelpunkt stehen dabei die Finanzierung der erforderlichen Leistungen, die sich aufgrund der verschiebenden Alterspyramide zunehmend schwieriger gestaltet, verbesserte Leistungen für Demenzkranke und die Ermöglichung eines möglichst langen Verbleibes eines Pflegebedürftigen im häuslichen Umfeld. Auffällig ist, dass diese Diskussion hauptsächlich mit Blick auf die im SGB XI geregelte Pflegeversicherung geführt wird. Die Sozialhilfe nach dem SGB XII, die im Bereich der Finanzierung der Pflege eine große Rolle spielt, bleibt meist außen vor. Gleiches gilt für landesrechtliche Regelungen, die in Bezug auf die Finanzierung von ambulanten und stationären Pflegeeinrichtungen existieren.

Bei der Finanzierung dieser ambulanten und stationären Pflegeeinrichtungen sind somit neben den Regelungen des SGB XI und des SGB XII auch landesrechtliche Vorgaben einschlägig. Dieses Zusammenspiel soll im Folgenden am Beispiel Nordrhein-Westfalens betrachtet und die Finanzierung – soweit es die gesetzlichen Vorschriften zulassen – systematisch dargestellt werden. Dabei stehen die Fragen im Mittelpunkt, wie sich der Preis für durch Pflegeeinrichtungen erbrachte Pflegeleistungen zusammensetzt und wer ihn letztlich bezahlen muss. Die Darstellung soll eine Grundlage für zukünftige rechtspolitische Diskussionen bilden und insbesondere ermöglichen, dass im Teilbereich der Pflegeerbringung durch Einrichtungen die Finanzierung als Ganzes betrachtet werden kann. Das bisherige Schrifttum zur hier behandelten Thematik konzentriert sich – wie die öffentliche Wahrnehmung – eher auf den Bereich des SGB XI und nicht so sehr auf den des SGB XII. Zu den aktuellen landesrechtlichen Rechtsgrundlagen in Nordrhein-Westfalen gibt es nahezu keine Beiträge. Genauso wenig existiert eine Monographie, die die drei Regelungsbereiche verknüpft betrachtet.

Der Arbeit liegt der Rechtsstand vom 01.09.2012 zugrunde. Rechtsprechung und Literatur wurden ebenfalls bis zu diesem Zeitpunkt berücksichtigt.

§ 2 Überblick

Neben dieser kurzen Einführung gliedert sich die Arbeit in fünf Teile.

Zunächst wird ein Überblick über das System der Pflegeerbringung gegeben, wobei insbesondere die Beteiligten und die jeweiligen Leistungssysteme im Vordergrund stehen.

Danach werden die Regelungen der Finanzierung im Bereich des Pflegeversicherungsrechts behandelt. Hier erfolgt eine Unterteilung in das Verhältnis zwischen dem Pflegebedürftigen und dem Träger der Pflegeversicherung und das Verhältnis zwischen der Pflegeeinrichtung und den Pflegekassen.

Der nächste Teil befasst sich hauptsächlich mit der landesrechtlichen Investitionskostenförderung. Ebenfalls wird an dieser Stelle auf die Möglichkeit der Umlegung von Investitionskosten auf den Pflegebedürftigen eingegangen. Diese ist zwar dem Grunde nach im SGB XI normiert, wird aber aufgrund des Sachzusammenhangs hier angesiedelt.

Darauf folgt die Behandlung der Finanzierungsregelungen im Sozialhilfebereich. Auch hier wird zwischen dem Verhältnis vom Pflegebedürftigen zum Sozialhilfeträger und dem der Einrichtung zu den Sozialhilfeträger unterschieden.

Abschließend wird das Dargestellte zusammengefasst und ein kurzer Ausblick gegeben.

2. Teil: Das System der Pflegeerbringung

§ 3 Das sozialrechtliche Dreieck im Bereich der Pflege

A. Überblick

Das Leistungserbringungsrecht des Sozialrechts lässt sich durch ein Dreiecksmodell darstellen. Beteiligte dieses Dreiecks sind Leistungsträger, Leistungserbringer und der Leistungsberechtigte. Ein Leistungsträger, der dem Leistungsberechtigten zu gewissen Leistungen verpflichtet ist, erbringt diese i. d. R. nicht durch eigene Einrichtungen, sondern bedient sich dabei der Einrichtungen anderer Träger, der sog. Leistungserbringer. Das Dreieck kann sich auf mehrere Ebenen erstrecken, wenn mehrere Leistungsträger oder Leistungserbringer involviert sind. Grundsätzlich bestehen zwischen allen drei Beteiligten Rechtsbeziehungen.[1]

Kein Bestandteil des typischen sozialrechtlichen Dreiecks ist die Investitionskostenförderung als Ausprägung des dualen Finanzierungsmodells der gesetzlichen Pflegeversicherung, obwohl diese in Nordrhein-Westfalen auch in erster Linie durch die örtlichen Träger der Sozialhilfe erfolgt. Ob ein Anspruch einer Pflegeeinrichtung besteht, betrifft allein das Rechtsverhältnis zwischen ihr und dem örtlichen Träger der Sozialhilfe auf der Grundlage des PfG NW. Der örtliche Träger der Sozialhilfe wird hier nicht als Sozialleistungsträger des SGB XII tätig. Dennoch hat die Investitionskostenförderung auch Auswirkungen auf die anderen Bereiche des Dreiecks. So sieht das SGB XI bei fehlender oder unzureichender Investitionskostenförderung die Möglichkeit vor, die Kosten auf den Pflegebedürftigen abzuwälzen (vgl. § 82 III, IV SGB XI). Außerdem können Investitionskosten auch Bestandteil von Vereinbarungen zwischen Sozialhilfeträgern als Leistungsträger i. S. d. SGB XII und Pflegeeinrichtungen sein (vgl. §§ 75 V S. 2, 76 II SGB XII).

B. Die Beteiligten

I. Der Pflegebedürftige

Als Leistungsberechtigter von Pflegeleistungen kommt derjenige in Frage, der dieser Pflege bedarf, also der Pflegebedürftige. Wann jemand konkret als

1 Zum Ganzen *Griep/Renn*, Pflegesozialrecht, S. 221 f.

pflegebedürftig anzusehen ist, richtet sich nach dem jeweils einschlägigen Gesetz. Pflegebedürftigkeit setzt grundsätzlich voraus, dass jemand aufgrund einer Krankheit oder Behinderung bei gewöhnlichen und regelmäßig wiederkehrenden Verrichtungen des täglichen Lebens der Hilfe anderer bedarf (§ 14 I S.1 SGB XI, § 61 I S.1 SGB XII). Der Begriff der Pflegebedürftigkeit des Pflegeversicherungsrechts (§ 14 SGB XI) und der des Sozialhilferechts (§ 61 SGB XII) sind weitestgehend deckungsgleich. Im Sozialhilferecht erfährt er aber aufgrund der unterschiedlichen Aufgabenstellung der Hilfe zur Pflege und der Pflegeversicherung eine Erweiterung (vgl. § 61 I S.2 SGB XII).

II. Die Leistungsträger

Leistungsträger sind diejenigen, deren Pflicht es ist, die Pflege von Pflegebedürftigen durch entsprechende Leistungen zu unterstützen bzw. zu ermöglichen. Als solche sollen hier diejenigen erfasst werden, deren Aufgabe die Absicherung des allgemeinen Lebensrisikos der Pflegebedürftigkeit ist, also die Pflegekassen als Träger der sozialen Pflegeversicherung, Unternehmen, die private Pflegeversicherungen anbieten und die Träger der Sozialhilfe. Die Leistungsverpflichtung ergibt sich für die Pflegekassen, und die Sozialhilfeträger aus den zu Grunde liegenden Gesetzen (§ 1 III SGB XI bzw. §§ 3 II SGB XII). Bei den privaten Pflegeversicherungsunternehmen resultiert sie aus einem Vertrag mit dem Pflegebedürftigen.

III. Die Leistungserbringer

Hat jemand aufgrund seiner Pflegebedürftigkeit Ansprüche gegen einen Leistungsverpflichteten, erfolgen die konkreten Pflegeleistungen in der Regel nicht durch den Leistungsverpflichteten selbst, sondern durch die Leistungserbringer. Leistungserbringer sind somit Pflegeeinrichtungen. Der genaue Einrichtungsbegriff richtet sich auch hier nach dem jeweils zu Grunde liegenden Gesetz. Dabei ist zwischen stationären Pflegeeinrichtungen (Pflegeheimen) und ambulanten Pflegeeinrichtungen (Pflegediensten) zu unterscheiden. Bei den stationären Pflegeeinrichtungen ist die Pflege mit einer dauerhaften oder zeitweisen Unterkunft verbunden, die ambulanten Pflegeeinrichtungen erbringen Pflegeleistungen im häuslichen Bereich.

C. Die Beziehungen

I. Das Verhältnis zwischen Pflegebedürftigem und Leistungsträger

Im Verhältnis zwischen dem Pflegebedürftigen und dem Leistungsverpflichteten stellt sich die Frage, welche Ansprüche der Pflegebedürftige gegen den Leistungsverpflichteten hat. Dies richtet sich in der Beziehung zwischen einer Pflegekasse und dem Pflegebedürftigen nach dem SGB XI. Ob bzw. welche Ansprüche gegen den Sozialhilfeträger bestehen, ist nach dem SGB XII zu beurteilen. Auch andere sozialrechtliche Vorschriften (z. B. die allgemeinen Vorschriften aus dem SGB I und die Verfahrensvorschriften aus dem SGB X) können Vorgaben enthalten.[2] Besteht ein Vertrag des Pflegebedürftigen mit einer privaten Pflegeversicherung, richten sich die Ansprüche nach dessen Inhalt. Allerdings enthält das SGB XI Vorgaben bezüglich des Vertragsinhalts (§ 110 SGB XI), so dass u. a. gewisse Mindestleistungen gewahrt werden müssen.

II. Das Verhältnis zwischen Pflegebedürftigem und Leistungserbringer

Zwischen dem Pflegebedürftigen und der Pflegeeinrichtung wird regelmäßig ein zivilrechtlicher Vertrag geschlossen. Ein Vertrag mit einer stationären Pflegeeinrichtung ist dabei als Heimvertrag anzusehen, der einen Vertrag sui generis[3] darstellt und größtenteils im Wohn- und Betreuungsvertragsgesetz geregelt ist. Eine vertragliche Vereinbarung mit einer ambulanten Pflegeeinrichtung (sog. «Pflegevertrag») unterfällt hingegen grundsätzlich dem Dienstvertragsrecht.[4] Allerdings enthält das Sozialrecht auch hierfür gewisse Vorgaben (vgl. § 120 SGB XI).

III. Das Verhältnis zwischen Leistungsträger und Leistungserbringer

Im Verhältnis zwischen dem Leistungsträger und dem Leistungserbringer stellt sich die Frage, welche Leistungserbringer welche Leistungen zu welchem Preis erbringen. Dies wird durch ein umfassendes Vereinbarungsrecht festgelegt. Das SGB XI sieht Zulassungsverträge (§§ 72 SGB XI ff.), Rahmenverträge (§ 75 SGB XI) und Vergütungsvereinbarungen (§§ 84 SGB XI

2 *Griep/Renn*, Pflegesozialrecht, S. 222.
3 *Griep/Renn*, Pflegesozialrecht, S. 226.
4 *Bassen*, in: Udsching (Hrsg.), SGB XI, § 120 Rn. 3.

ff.), das SGB XII Rahmenverträge (§ 79 SGB XII) sowie Leistungs-, Vergütungs-, und Prüfungsvereinbarungen (§§ 75 SGB XII ff.) vor.[5]

Eine Ausnahme bilden hier die privaten Pflegeversicherungsunternehmen. Diese schließen keine Verträge mit Pflegeeinrichtungen ab und erbringen somit auch keine Leistungen durch sie. Dem versicherten Pflegebedürftigen werden stattdessen die Kosten im vertraglich vereinbarten Umfang erstattet, die ihm durch Inanspruchnahme von professionellen Pflegeleistungen entstehen.[6] Hier entsteht somit mangels eines Verhältnisses zwischen Leistungserbringer und Versicherung keine Dreiecksbeziehung.

§ 4 Die drei Ebenen der Kostenträgerschaft

A. Überblick

Auch wenn die Leistungserbringung durch Einrichtungen im Pflegebereich durch das oben beschriebene Dreiecksmodell charakterisiert wird, sagt es nur bedingt etwas darüber aus, wer die Kosten für die durch diese erbrachten Pflegeleistungen trägt. Dies hängt damit zusammen, dass nicht nur die Leistungsträger als Kostenträger in Frage kommen, sondern der Pflegebedürftige auch selbst in der finanziellen Verantwortung steht. Hinzu kommt, dass die gesetzliche Pflegeversicherung bei der Einrichtungsfinanzierung von der oben bereits angesprochenen zweigeteilten Finanzierungsverantwortlichkeit ausgeht.

Bei den Kostenträgern sind drei Ebenen zu unterscheiden, die grundsätzlich in einem abgestuften Verhältnis zueinander stehen.

B. Die erste Ebene

Auf der ersten Ebene stehen sich als Kostenträger auf der einen Seite die Pflegekassen bzw. die privaten Versicherungsunternehmen und auf der anderen Seite die Träger der Investitionskostenförderung gegenüber. In NRW sind

5 Die in diesem Verhältnis seit längerer Zeit diskutierten vergaberechtlichen Fragestellungen sollen in dieser Arbeit nicht behandelt werden. Siehe dazu etwa *Engler*, Die Leistungserbringung in den Sozialgesetzbüchern II, III, VIII und XII im Spannungsverhältnis zum europäischen und nationalen Vergaberecht; *Lange*, Sozialrecht und Vergaberecht; *Neumann/Nielandt/Philipp*, Erbringung von Sozialleistungen nach Vergaberecht?; *Thüsing/Forst*, Europäisches Vergaberecht und nationales Sozialversicherungsrecht.

6 Zum Ganzen *Wittich*, ZfV 1996, 294 (300).

dies hauptsächlich die örtlichen Träger der Sozialhilfe. Die Zweiteilung dieser Ebene wird durch ein duales Finanzierungsmodell der gesetzlichen Pflegeversicherung im Bereich der Pflegeeinrichtungen ausgelöst. Diese sieht vor, dass die «Betriebskosten» grundsätzlich von den Pflegekassen bzw. von den privaten Versicherungsunternehmen getragen werden, während die «Investitionskosten» durch eine öffentliche Förderung gedeckt werden.

C. Die zweite Ebene

Auf der zweiten Ebene steht zunächst der Pflegebedürftige. Er muss die Kosten, die durch die Pflegeleistungen entstehen, selbst tragen, wenn sie nicht von den Kostenträgern der ersten Ebene zu übernehmen sind. Dies kann im Rahmen der «Betriebskosten» etwa der Fall sein, wenn ein Pflegebedürftiger keine Leistungen von einer Pflegekasse bzw. einem privaten Versicherungsunternehmen erhält, weil er gar nicht versichert ist oder die notwendigen Leistungsvoraussetzungen nicht erfüllt. Weiterhin kann er in diesem Bereich zur Kostentragung herangezogen werden, wenn die betragsmäßig stets beschränkten Leistungen der Leistungsträger nicht ausreichen, um seinen Bedarf zu decken.

Bei den «Investitionskosten» kommt eine Abwälzung auf den Pflegebedürftigen in Frage, wenn die öffentliche Förderung nicht ausreicht, bestimmte Investitionskosten zu decken, oder die pflegende Einrichtung keine öffentliche Förderung erhält (vgl. § 82 III, IV SGB XI).

Eine Ausnahme vom abgestuften Verhältnis der unterschiedlichen Ebenen besteht bei den sog. «Hotelkosten». Als solche werden die Kosten für Unterkunft und Verpflegung im Falle eines Aufenthalts in einer stationären Pflegeeinrichtung bezeichnet. Für diese besteht nämlich schon keine Finanzierungszuständigkeit auf der ersten Ebene bei den für die «Betriebskosten» zuständigen Pflegekassen bzw. privaten Versicherungsunternehmen. Sie sind primär vom Pflegebedürftigen selbst zu tragen (vgl. § 82 I S. 3 SGB XI), der dabei – streng genommen – auf der ersten Kostenträgerebene in Erscheinung tritt.

Neben dem Pflegebedürftigen stehen auf dieser Stufe Personen, mit denen der Pflegebedürftige eine sog. «Bedarfsgemeinschaft» bildet. Als solche kommen meistens nur Ehe- und Lebenspartner in Frage (vgl. § 27 II SGB XII). Diese müssen ihr Einkommen und Vermögen grundsätzlich auch zunächst zur Deckung der pflegebedingten Kosten einsetzen, bevor die dritte Ebene eingreift.

D. Die dritte Ebene

Die dritte Ebene wird von den Sozialhilfeträgern bekleidet. Die Sozialhilfe greift ein, wenn der Pflegebedürftige und eventuell weitere in die Bedarfsgemeinschaft fallende Personen nicht in der Lage sind, die auf sie entfallenden Kosten durch Einkommen oder Vermögen zu tragen. Dabei sind aber auch Grenzen vorgesehen, bis zu welchen ein Einkommens- bzw. Vermögenseinsatz verlangt werden kann.

Eine Art «Zwischenstufe» zwischen der zweiten und dritten Ebene bilden dabei gewisse Verwandte der Pflegebedürftigen, insbesondere die Kinder. Diese gehören nicht zur Bedarfsgemeinschaft. Tritt der Sozialhilfeträger aber in Leistung, gehen die zivilrechtlichen Unterhaltsansprüche des Pflegebedürftigen auf ihn über. Diese kann er dann – mit gewissen Einschränkungen – gegenüber den Kindern geltend machen.

§ 5 Die Leistungsverpflichteten

A. Die Pflegekassen

I. Die Entstehung der sozialen Pflegeversicherung

Die soziale Pflegeversicherung wurde am 01. Januar 1995 durch das Gesetz zur sozialen Absicherung des Risikos der Pflegebedürftigkeit (Pflegeversicherungsgesetz)[7] vom 28.05.1994 als letzte Sozialversicherung neben Kranken-, Unfall-, Renten- und Arbeitslosenversicherung eingeführt.[8]

Bis zu diesem Zeitpunkt bildete die Pflegebedürftigkeit primär ein privates Risiko. Eine öffentliche Absicherung erfolgte hauptsächlich in Form der Sozialhilfe. Zwar sah das Sozialrecht in einigen Regelungsbereichen, wie im Bereich der Unfallversicherung (§ 44 SGB XII) oder der Kriegsopferversorgung (§ 35 BVG), ausnahmsweise Pflegeleistungen vor. Diese konnten nach dem Kausalitätsprinzip aber nur erbracht werden, wenn die Pflegebedürftigkeit auf bestimmten Ursachen im Regelungsbereich dieser Gesetze (z. B.

7 BGBl. 1994, Teil I, S. 1014 ff.

8 *Gitter/Schmitt*, Sozialrecht, § 2 Rn. 30; *Muckel/Ogorek*, Sozialrecht, § 1 Rn. 13. Zur internationalen Entwicklung; *Rothgang*, Theorie und Empirie der Pflegeversicherung, S. 22 ff.

Arbeitsunfall oder Wehrdienstbeschädigung) beruhte. Eine Absicherung der Pflegebedürftigkeit als solcher erfolgte hier nicht.[9]

Der Erlass des Gesetzes war das Resultat einer Diskussion im juristischen und politischen Bereich, die über zwanzig Jahre dauerte.[10] Den Ausgangspunkt markierte ein Gutachten des Kuratoriums Deutsche Altershilfe[11] im Jahr 1974.[12] Es folgte eine erste öffentliche Wahrnehmung und Aufarbeitung der sozialleistungsrechtlichen Absicherung Pflegebedürftiger. Die Betrachtungen begannen bei der Situation älterer pflegebedürftiger Menschen in Heimen, weiteten sich dann aber auf die Sicherung im Pflegefall, unabhängig vom Alter, aus.[13]. Als besonders problematisch wurde es angesehen, dass die jüngeren Generationen neben der Rentenfinanzierung durch Unterhaltsansprüche, die der Sozialhilfe vorgehen, auch die Pflege älterer Generationen tragen mussten. Außerdem wurde kritisiert, dass die als Ausnahmesystem gedachte Sozialhilfe zur Regel bei der Sicherung des Risikos der Pflegebedürftigkeit geworden war und dadurch für ihre Träger eine enorme finanzielle Belastung darstellte.[14] Es kam zu ersten Vorschlägen, wie zu reagieren sei, den sogenannten «Einstiegslösungen»[15], die u. a. von der Transfer-Enquete-Kommission und von Spitzenverbänden der Wohlfahrtspflege unterbreitet wurden.[16]

In den Jahren 1984 bis 1986 wurden die ersten und allesamt erfolglosen Gesetzentwürfe von den Bundesländern Hessen[17], Rheinland-Pfalz[18] und Bayern[19] sowie von der Bundesregierung[20] und der Bundestagsfraktion der GRÜ-

---

9 Zum Ganzen *Fuchs/Preis*, Sozialversicherungsrecht, S. 396; *Waltermann*, Sozialrecht, Rn. 207. Zu den übergangsweise vorgesehenen Leistungen im SGB V siehe noch unten.

10 *Fuchs/Preis*, Sozialversicherungsrecht, S. 397; *Schulin*, in: Schulin (Hrsg.), HS-PV, § 1 Rn. 60; *Waltermann*, Sozialrecht, Rn. 207.

11 *Kuratorium Deutsche Altershilfe*, Gutachten über die stationäre Behandlung von Krankheiten im Alter und über die Kostenübernahme durch die gesetzlichen Krankenversicherungen.

12 *Waltermann*, Sozialrecht, Rn. 207.

13 *Igl*, VSSR 1994, 261 (261 f.); *ders.*, Leistungen bei Pflegebedürftigkeit, S. 2 f.

14 Zum Ganzen *Fuchs/Preis*, Sozialversicherungsrecht, S. 396 f.

15 *Igl*, VSSR 1994, 261 (262).

16 Siehe bezüglich der einzelnen Vorschläge *Schulin*, in: Schulin (Hrsg.) HS-PV, § 1 Rn. 63 ff.

17 BR-Drs. 81/86.

18 BR-Drs. 137/86, erneut eingebracht: BR-Drs. 178/87 bzw. 425/97.

19 BR-Drs. 138/86, erneut eingebracht: BR- Drs. 148/87.

20 BR-Drs. 270/86.

NEN[21] eingebracht. Den Entwürfen lagen unterschiedliche Modelle zu Grunde. Der Vorschlag der GRÜNEN und der aus Rheinland-Pfalz sahen ein steuerfinanziertes Leistungssystem, die anderen eine versicherungsrechtliche Lösung vor.[22] Auch der berechtigte Personenkreis divergierte. Die Gesetzesentwürfe aus Bayern und Rheinland-Pfalz beschränkten sich auf die Sicherung von pflegebedürftigen alten Menschen, der der Bundesregierung auf die von Schwerstpflegebedürftigen, während die Vorschläge von den GRÜNEN und Hessen den Schutz Pflegebedürftiger als solcher ohne eine Begrenzung umfassten.[23]

Zu einer Übergangslösung kam es im Jahr 1989 durch das Gesetz zur Strukturreform im Gesundheitswesen (Gesundheits-Reformgesetz) vom 20. Dezember 1988[24], welches die gesetzliche Krankenversicherung als fünftes Buch in das Sozialgesetzbuch integrierte. Dieses sah erste Leistungen bei Pflegebedürftigkeit vor, allerdings nur für Schwerstpflegebedürftige.[25] Der Gesetzgeber beabsichtigte hiermit aber von Anfang an keine endgültige Lösung der Pflegeproblematik, so dass die Diskussion sich fortsetzte.[26]

In dieser letzten Phase vor Erlass des Gesetzes bestand bereits Einigkeit darüber, dass eine versicherungsrechtliche Lösung gefunden werden sollte. Umstritten war in erster Linie die Frage, ob diese als Sozialversicherung oder privatversicherungsrechtlich ausgestaltet werden sollte.[27]. Selbstverständlich entsprach es insbesondere dem Interesse der privaten Versicherungsindustrie, eine private Pflichtversicherung, wie z. B. im Bereich der Kraftfahrzeug-Haftpflichtversicherung, gesetzlich vorzuschreiben. Auch die deutsche Wirtschaft unterstützte dieses Modell, da sie angesichts der mit einer Sozialversicherung verbundenen Steigerung der Lohnnebenkosten einen Nachteil bezüglich ihrer internationalen Wettbewerbsfähigkeit erwartete.[28] Im Endeffekt stellte eine Sozialversicherungslösung zwar aus finanzpolitischen, sozialpolitischen und ordnungspolitischen Erwägungen den konsensfähigeren Kom-

21 BT-Drs. 10/2609, erneut eingebracht: BT-Drs. 11/1790.

22 *Igl*, Leistungen bei Pflegebedürftigkeit, S. 4; s. bezüglich der einzelnen Entwürfe zusammenfassend *Schulin*, in: Schulin (Hrsg.) HS-PV, § 1 Rn. 78 ff.

23 *Igl*, Leistungen bei Pflegebedürftigkeit, S. 3.

24 BGBl. 1988, Teil I, S. 2477 ff.

25 *Igl*, Leistungen bei Pflegebedürftigkeit, S. 5.

26 *Fuchs/Preis*, Sozialversicherungsrecht, S. 397.

27 *Fuchs/Preis*, Sozialversicherungsrecht, S. 397; *Igl*, Leistungen bei Pflegebedürftigkeit, S. 6.

28 *Schulin*, in: Schulin (Hrsg.) HS-PV, § 1 Rn 73.

promiss dar[29], dennoch stand die mit einer Sozialversicherung einhergehende Belastung der Arbeitgeber im Mittelpunkt der insbesondere auf das Verfassungsrecht bezogenen Diskussion:[30] Zwar ist die Beitragsteilung zwischen Arbeitgeber und Arbeitnehmer in Bezug auf die Grundrechte des Arbeitgebers aus Art. 2, 12 und 14 GG im Grundsatz als verfassungskonform anerkannt[31]. Doch besteht im Bereich der sozialen Pflegeversicherung das besondere Problem, dass der Beitragszahlungspflicht des Arbeitgebers kein entsprechendes Äquivalent gegenübersteht.[32] Daher bestanden Bedenken, dass es sich um eine verfassungswidrige Sonderabgabe handeln könnte.[33] So stellte sich die Frage, wie eine Kompensation der Belastung erfolgen könnte. Im Ergebnis wurde ein Kompromiss gefunden, der in § 58 SGB XI statuiert ist.[34] Gemäß § 58 II SGB XI sollen die Bundesländer als Ausgleich für die Arbeitgeberbeiträge einen landesweiten Feiertag aufheben. Erfolgt die Aufhebung nicht, müssen die Arbeitnehmer in diesem Land zu Gunsten der Arbeitgeber höhere Beiträge übernehmen (§ 58 III SGB XI).[35] Mit dieser Lösung stand der Grundsatzentscheidung für eine soziale Pflegeversicherung nichts mehr im Wege. Die Interessen der privaten Versicherungswirtschaft blieben aber nicht vollständig unberücksichtigt. So wurde durch den Grundsatz «Pflegeversicherung folgt Krankenversicherung» (vgl. §§ 20, 23 SGB XI) eine private Pflegepflichtversicherung für privat Krankenversicherte geschaffen.[36]

II. Die Funktion der sozialen Pflegeversicherung

Die soziale Pflegeversicherung soll die Grundlage der Versorgung derjenigen bilden, die vom allgemeinen Lebensrisiko der Pflegebedürftigkeit betroffen

---

29 Vergleiche zum «Kompromisscharakter des PflegeVG» *Fuchs/Preis*, Sozialversicherungsrecht, S. 397 ff.; zu den Problemen einer privaten Pflichtversicherung *Igl*, Leistungen bei Pflegebedürftigkeit, S. 6.

30 *Igl*, Das neue Sozialversicherungsrecht, S. 3 ff.

31 Siehe etwa *BVerfG*, Beschl. v. 08.04.1987 – 2 BvR 909/82 –, in: BVerfGE 75, 108 ff.

32 Vorteile entstehen nur bei den Pflegebedürftigen und den im Bereich der Sozialhilfe entlasteten Kommunen.

33 Zum Ganzen *Fuchs/Preis*, Sozialversicherungsrecht, S. 486 m. w. N.

34 *Igl*, Das neue Sozialversicherungsrecht, S. 4 f. m. w. N. bzgl. des Zustandekommens.

35 Infolge der Regelung wurde in allen Bundesländern, außer Sachsen, der Buß- und Bettag als gesetzlicher Feiertag (s. *Kokemoor*, Sozialrecht, Rn. 219) abgeschafft. Dies hat zur Folge, dass beim aktuellen Beitragssatz von 1,95 % (§ 55 I SGB XI) in allen Bundesländern, außer Sachsen, der Arbeitgeber und der Arbeitnehmer jeweils 0,975 % tragen, in Sachsen jedoch der Arbeitnehmeranteil bei 1,475 % und der Arbeitgeberanteil bei 0,475 % liegen.

36 *Wittich*, ZfV 1996, 294 (294).

sind.[37] Damit wird einerseits der Schutz der Allgemeinheit vor der mangelnden Individualvorsorge des Einzelnen und der Schutz des Vermögens des Pflegebedürftigen und seiner Angehörigen bezweckt.[38] Allerdings wird dabei nur eine soziale Grundsicherung angestrebt, keine Vollversorgung, die jegliche Eigenleistungen des Pflegebedürftigen entbehrlich macht.[39] Aus diesem Grunde sind auch alle in der sozialen Pflegeversicherung vorgesehenen Leistungen auf eine gewisse Kostenhöhe beschränkt (vgl. § 36 SGB XI ff.).

Durch die Ausgestaltung als Sozialversicherung wird zum einen das Ziel der Entlastung der Sozialhilfeträger verfolgt[40], zum anderen wird durch das, eine Sozialversicherung charakterisierende, Element des Versicherungszwangs (§§ 1 II, 20 ff. SGB XI) eine effiziente Finanzierbarkeit gewährleistet.[41] Der soziale Ausgleich wird dadurch bewirkt, dass die Beiträge sich nach dem Einkommen der Mitglieder richten (§ 1 XI S. 2 SGB XI), dabei unabhängig vom versicherten Risiko sind und Familienangehörige ohne Zuschläge in den Versicherungsschutz mit einbezogen werden (§ 1 XI S. 3 SGB XI).[42]

III. Die Organisation der sozialen Pflegeversicherung

Träger der sozialen Pflegeversicherung sind die Pflegekassen (§ 1 III SGB XI). Diese sind zwar bei den gesetzlichen Krankenkassen (§ 46 I S. 2 SGB XI), aber als eigene rechtsfähige Körperschaften des öffentlichen Rechts mit Selbstverwaltung (§ 46 II SGB XI) errichtet worden.

Die Pflegekassen tragen die Verantwortung für die pflegerische Versorgung ihrer Versicherten (§ 12 I S. 1 SGB XI).

---

37 BT-Drs. 12/5262, S. 2.

38 *Schulin*, NZS 1994, 433 (436).

39 BT-Drs. 12/5262 S. 90.

40 BT-Drs. 12/5262 S. 2. Im Jahr 1994 machte die Unterstützung Pflegebedürftiger ca. ein Drittel der Ausgaben der Sozialhilfe aus (*Waltermann*, Sozialrecht, Rn. 207.). Nach Einführung der Pflegeversicherung gingen die Ausgaben im Jahr 1995 im Vergleich um 34,6 % zurück. Der Rückgang setzte sich zunächst fort; seit 1998 steigen die Ausgaben allerdings wieder (*Fuchs/Preis*, Sozialversicherungsrecht, S. 398).

41 *Fuchs/Preis*, Sozialversicherungsrecht, S. 404, 398. Die soziale Pflegeversicherung umfasst ca. 69,62 Mio. Versicherte (Stand: 01.07.2011); vgl. « Zahlen und Fakten zur Pflegeversicherung» durch das BMG, http://www.bmg.bund.de/pflege/zahlen-und-fakten-zur-pflegeversicherung.html (abgerufen am 27.06.2012).

42 *Fuchs/Preis*, Sozialversicherungsrecht, S. 404; *Schulin*, NZS 1994, 433 (434).

IV. Die Finanzierung der sozialen Pflegeversicherung

Die Finanzierung der sozialen Pflegeversicherung erfolgt gem. § 54 I SGB XI durch die Beiträge der Mitglieder und sonstige Einnahmen. Als sonstige Einnahmen sind in erster Linie Erträge aus der Vermögensverwaltung zu qualifizieren, der Hauptteil der Finanzierung erfolgt allerdings aus den Beiträgen.[43]. Dabei wird das bei Sozialversicherungen übliche Umlageverfahren angewandt. Dies bedeutet, dass alle in einer festgelegten Versicherungsperiode anfallenden Ausgaben der Versicherung nach einem gewissen Schlüssel auf die Versicherten umgelegt werden.[44]

Der gesetzlich festgelegte Beitragssatz beträgt bundeseinheitlich momentan 1,95 % (ab dem 01.01.2013 2,05 %[45]) der beitragspflichtigen Einnahmen (vgl. § 57 SGB XI) der Mitglieder (§ 55 I SGB XI). Er erhöht sich grundsätzlich um 0,25 % für Kinderlose ab dem 23. Lebensjahr (§ 55 II SGB XI).[46] Beitragsfreiheit besteht für mitversicherte Familienangehörige und Lebenspartner (§ 25 SGB XI) sowie für andere in § 56 SGB XI genannte Personengruppen.

In Bezug auf die Beitragstragung ist zwischen versicherungspflichtigen Beschäftigten (§ 58 SGB XI) und sonstigen Mitgliedern (§ 59 SGB XI) zu unterscheiden. Bei den versicherungspflichtigen Beschäftigten erfolgt die oben bereits genannte grundsätzliche Beitragsteilung zwischen Arbeitgeber und Arbeitnehmer.[47] Freiwillige Mitglieder der gesetzlichen Krankenkasse erhalten infolge der daraus resultierenden Versicherungspflicht in der sozialen Pflegeversicherung einen Beitragszuschuss seitens des Arbeitgebers (§ 61 SGB XI).

Der bundeseinheitliche und somit vom Anteil der Pflegefälle unter den Mitgliedern einer Pflegekasse unabhängige Beitrag wird durch einen bundesweiten Finanzausgleich zwischen den Pflegekassen ermöglicht (§ 66 SGB XI).[48]

---

43 *Fuchs/Preis*, Sozialversicherungsrecht, S. 485.

44 *Fuchs/Preis*, Sozialversicherungsrecht, S. 485, 196.

45 BT-Drs. 17/9369, S. 12.

46 Der Beitragszuschlag für Kinderlose war nicht von Anfang an vorgesehen. Seine Einführung war die Konsequenz aus einem Urteil des *BVerfG* (Urt. v. 03.04.2001 – 1 BvR 1629/94 –, in: BVerfGE 103, 242 ff.), in dem die bisherige Nichtberücksichtigung der Kindererziehung als nicht mit Art. 3 I i. V. m. Art. 6 I GG vereinbar angesehen wurde. Vgl. diesbezüglich. *Fuchs/Preis*, Sozialversicherungsrecht, S. 487 ff.

47 Zu der Ausnahme vgl. Fn. 35.

48 BT-Drs. 12/5262, S. 130.

V. Überblick über die Leistungen der sozialen Pflegeversicherung

1. Die Leistungen

a. Dienstleistungen

Als Leistungsarten der sozialen Pflegeversicherung kommen Dienst-, Sach- und Geldleistungen für den Bedarf an Grundpflege und hauswirtschaftlicher Versorgung sowie ausnahmsweise auch Kostenerstattungen in Frage (§ 4 I SGB XI).

Dienstleistungen sind alle Formen persönlicher Hilfe, mit Ausnahme der Hingabe von Sachen oder Geldleistungen. [49] Als Dienstleistungen sind vorgesehen: Aufklärung und Beratung (§ 7 SGB XI), teilstationäre Pflege (§ 41 SGB XI), Kurzzeitpflege (§ 42 SGB XI) und vollstationäre Pflege (§ 42 SGB XI). Bei den im Gesetz als «Pflegesachleistungen» (§ 36 SGB XI) bezeichneten Leistungen handelt es sich um Unterstützungshandlungen im häuslichen Bereich, die durch Pflegekräfte erbracht werden, also ebenfalls um Dienstleistungen.

b. Sachleistungen

Sachleistungen liegen vor, wenn dem Pflegebedürftigen Sachen, mit Ausnahme von Geld, zur Verfügung gestellt werden.[50] Solche sächlichen Mittel stellen in der sozialen Pflegeversicherung Pflegehilfsmittel und technische Hilfen (§ 40 SGB XI) dar.

c. Geldleistungen

Geldleistungen i. S. d. § 4 I SGB XI sind alle Leistungen, die in der Übergabe oder Überweisung von Geld an den Leistungsberechtigten oder eine dritte Person bestehen.[51]

Die zentrale Geldleistung im Bereich des SGB XI ist das Pflegegeld für selbst beschaffte Pflegehilfen (§ 37 SGB XI).[52] Dabei handelt es sich um einen

49 *Wagner*, Hauck/Noftz, SGB XI, § 4 Rn. 9.
50 *Wagner*, Hauck/Noftz, SGB XI, § 4 Rn. 10.
51 *Wagner*, Hauck/Noftz, SGB XI, § 4 Rn. 11.
52 Im Gesetzesentwurf des SGB XI wurde ausdrücklich betont, dass das Pflegegeld «keine Geldleistung im eigentlichen Sinne» sei, vielmehr handele es sich um ein sog. «Sachleistungssurrogat», das die Pflegesachleistung, d. h. die Unterstützung, die i. d. R. durch eine Pflegeeinrichtung erfolgt, ersetzt. So sollte das Pflegegeld den

Geldbetrag, der dem Pflegebedürftigen im Falle der Pflege im häuslichen Bereich, abgestuft nach dem Grad seiner Pflegebedürftigkeit, zur Verfügung gestellt wird. Der Geldbetrag soll dazu verwendet werden, die erforderliche Grundpflege und hauswirtschaftliche Versorgung durch Angehörige oder sonstige Pflegepersonen sicherzustellen (vgl. § 37 I SGB XI). Die Kontrolle, ob die pflegerische Situation wirklich gesichert ist, erfolgt in der Weise, dass der Pflegebedürftige verpflichtet ist, eine bestimmte Anzahl von Beratungen – etwa durch zugelassene Pflegeeinrichtungen – abzurufen (§ 37 III-XIII SGB XI).

Durch die Gestaltungsmöglichkeiten des Pflegebedürftigen sollen seine Eigenverantwortlichkeit und Selbstbestimmung gestärkt werden. Das Pflegegeld, das letztlich die Pflegeperson erhält, soll für diese kein leistungsgerechtes Entgelt für die erbrachte Pflege darstellen, sondern lediglich einen Anreiz für die Erhaltung der Pflegebereitschaft bieten.[53] Eine Kombination des Pflegegeldes mit Pflegesachleistungen ist ebenfalls möglich (vgl. § 38 SGB XI). Da hier die Finanzierung von professionellen Pflegeeinrichtungen behandelt werden soll, wird auf das Pflegegeld nicht weiter eingegangen. Zwar kann die für den Bezug des Pflegegeldes erforderliche Sicherstellung der pflegerischen Versorgung auch mit Hilfe von gewerblichen Pflegekräften erfolgen[54] Dieses Modell dürfte aber für den Pflegebedürftigen regelmäßig weniger attraktiv sein als der Erhalt von Grundpflege bzw. hauswirtschaftlicher Versorgung durch ambulante Pflegedienste, die diese für die Pflegekassen im Rahmen der Sachleistungsansprüche des Gepflegten aus § 36 SGB XI erbringen. Die Höhe des Pflegegeldes ist nämlich weitaus geringer als die entsprechende Wertgrenze bezüglich der Pflegeleistungen im Rahmen des § 36 SGB XI (vgl. z. B. Pflegegeld für Pflegestufe I ab 01. Januar 2012 235 Euro [§ 37 I S. 3

gesetzlichen Regelungen zu den Pflegesachleistungen unterfallen, was einen Bezug des Pflegegeldes im Ausland verhindert hätte. Dies wurde damit begründet, dass die Sicherstellung der Pflege eine Voraussetzung für den Bezug von Pflegegeld sei. Diese Kontrolle seitens der Pflegekassen könne aber nur im Inland erfolgen (vgl. BT-Drs. 12/5262, S. 110). Vom *EuGH* (Urt. v. 05.03.1998 – C-160-96 –, in: NJW 1998, 1767 ff.) wurde das Pflegegeld hingegen als Geldleistung eingestuft. Dies entspricht auch der Rechtsprechung des *BSG* zu Geldleistungen (Urt. v. 06.02.1997 – 3 RK 8/96 –, in: NZS 1997, 472 f.). Sogar das Gesetz selbst spricht im Text und in der Überschrift von § 38 SGB XI von einer «Geldleistung». Somit ist das Pflegegeld mittlerweile unstreitig als Geldleistung zu qualifizieren. Siehe diesbezüglich *Udsching*, in: Udsching (Hrsg.), SGB XI, § 4 Rn. 3; *Wagner*, Hauck/Noftz, SGB XI, § 4 Rn. 11; *Baier*, Krauskopf, SGB XI, § 4 Rn. 3.

53 BT-Drs. 12/5262, S. 112.

54 BT-Drs. 12/5262, S. 112.

Nr. 1 c) SGB XI] Wertgrenze für Pflegesachleistungen hingegen 450 Euro [§ 36 III S. 3 Nr. 1 c) SGB XI]).

d. Kostenerstattung

Kostenerstattung bedeutet, dass Aufwendungen des Pflegebedürftigen für von ihm selbst beschaffte Leistungen nachträglich von der Pflegekasse übernommen werden.[55] Die Kostenerstattung ist als Leistungsart nur ausnahmsweise vorgesehen, etwa in § 91 SGB XI für die Inanspruchnahme von Pflegeeinrichtungen, die zwar von der Pflegekasse zugelassen worden sind, mit denen aber keine Vereinbarung in Bezug auf die Vergütung zu Stande gekommen ist.

2. Die Leistungserbringung durch Pflegeeinrichtungen

Im Bereich der sozialen Pflegeversicherung findet das sog. Sachleistungsprinzip Anwendung.[56] Dieser Begriff ist von den Sachleistungen i. S. d. § 4 I SGB XI abzugrenzen, obwohl er zugleich im engen Zusammenhang mit den Leistungsarten der Dienst- und Sachleistungen steht. Sachleistungsprinzip bedeutet hier, dass die von der Pflegekasse geschuldeten Sachmittel und Dienstleistungen von dieser grundsätzlich «in Natur» erbracht werden, somit keine Vorfinanzierung seitens des Pflegebedürftigen mit anschließender Erstattung erfolgt.[57] Diese «Verschaffungspflicht»[58] haben die Pflegekassen im Rahmen ihres in § 69 SGB XI für den Anwendungsbereich des Sachleistungsprinzips konkretisierten Sicherstellungsauftrags[59] grundsätzlich durch den Abschluss von Versorgungsverträgen und Vergütungsvereinbarungen mit Trägern von Pflegeeinrichtungen und sonstigen Leistungserbringern zu erfüllen (§ 69 I S. 2 SGB XI). Die Erbringung von Pflegeleistungen durch bei den Pflegekassen angestellte Pflegekräfte ist nur ausnahmsweise zulässig (§ 77 II SGB XI) und kommt in der Praxis selten vor.[60] Die zugelassenen Pflegeeinrichtungen haben bei einer Leistungserbringung einen direkten Anspruch gegen die Pflegekasse auf Zahlung der entsprechenden Pflegevergütung (vgl. § 82 I SGB XI).[61]

---

55 *Baier*, Krauskopf, SGB XI, § 4 Rn. 3.
56 Dazu grundlegend *Schulin*, VSSR 1994, 285 (286 ff.).
57 *Baier*, Krauskopf, SGB XI, § 4 Rn. 4.
58 BT-Drs. 12/5262, S. 132.
59 BT-Drs. 12/5262, S. 132.
60 *Fuchs/Preis*, Sozialversicherungsrecht, S. 465.
61 Der Wortlaut des § 82 I S. 2 SGB XI ist missverständlich, soweit der Pflegebedürftige oder sein Kostenträger als Zahlungspflichtiger genannt werden. Den Pflegebe-

B. Die privaten Pflegeversicherungsunternehmen

I. Die Entstehung der privaten Pflegepflichtversicherung

Die ersten Pflegeversicherungsverträge auf freiwilliger Basis wurden im Jahr 1985 angeboten, als die Diskussion zur Absicherung des Risikos der Pflegebedürftigkeit noch im vollen Gange war. Bei privaten Krankenversicherungen bestand die Möglichkeit, Pflegetagegeld- oder Pflegekostenversicherungen und bei Lebensversicherungsunternehmen Pflegerentenversicherungen abzuschließen.[62] Die Anzahl der Versicherungsabschlüsse war aber sehr gering, zum einen aufgrund der hohen Beiträge und zum anderen aufgrund der Doppelbelastung, die daraus entstand, dass der Versicherte weiterhin über die Steuern das Risiko der Pflegebedürftigkeit von Nichtversicherten mitfinanzieren musste.[63]

Anfang 1993 einigte sich die regierende Koalition aus CDU/CSU und FDP auf das Modell einer Pflegepflichtversicherung, die ausschließlich bei den gesetzlichen Krankenkassen eingerichtet werden sollte. Es beinhaltete zwar eine Befreiungsmöglichkeit für nicht krankenversicherungspflichtige Personen. Diese hätte aber nur ein kleiner Teil der Mitglieder von privaten Krankenversicherungen nutzen können, so dass die meisten bezüglich der Pflegeversicherung «mit einem Bein» Mitglied in der Krankenkasse geworden wären. Daraufhin intervenierte der Verband der privaten Krankenversicherung e.V., der sich zuvor immer für eine freiwillige Vorsorge ausgesprochen hatte. Er entwickelte das Modell «Pflegeversicherung folgt Krankenversicherung». Diese sah neben der sozialen Pflege-Sozialversicherung für Mitglieder der gesetzlichen Krankenkassen eine private Pflegepflichtversicherung für Privatversicherte vor. Das Alternativmodell überzeugte die Koalition und wurde so zunächst in den Gesetzesentwurf und später in das Pflegeversicherungsgesetz übernommen.[64]

---

dürftigen trifft nur eine Zahlungspflicht, wenn die gedeckelten Zahlungen der Pflegekasse nicht ausreichen, um die Pflegevergütung vollständig abzudecken; *Schütze*, in: Udsching (Hrsg.), SGB XI, § 82 Rn. 8.

62 *Igl*, Leistungen bei Pflegebedürftigkeit, S. 166.

63 *Wittich*, ZfV 1996, 294 (294) m. w. N.

64 Zum Ganzen *Uleer*, ZfV 1994, 190 (191 f.).

II. Die Organisation der privaten Pflegeversicherung

Private Pflegeversicherungsverträge werden nahezu ausschließlich von Unternehmen angeboten, die auf dem privaten Krankenversicherungsmarkt tätig sind. Dies resultiert daraus, dass die Versicherungspflicht bezüglich einer privaten Pflegeversicherung nach dem Grundsatz «Pflegeversicherung folgt Krankenversicherung» an das Vorhandensein einer privaten Krankenversicherung anknüpft. Das Gesetz legt fest, dass der Versicherte bei dem Unternehmen, bei dem er gegen das Risiko Krankheit versichert ist, auch einen Vertrag zur Absicherung des Risikos der Pflegebedürftigkeit abschließen muss (§ 23 I SGB XI).[65] In § 23 II SGB XI wird dem Versicherten allerdings die Möglichkeit eingeräumt, innerhalb von sechs Monaten nach Eintritt der Versicherungspflicht einen Vertrag mit einem anderen privaten Versicherungsunternehmen zu schließen. Dieses Versicherungsunternehmen muss nicht zwingend ein Krankenversicherungsunternehmen sein[66], so dass auch andere Unternehmen als Anbieter von Pflegeversicherungsverträgen in Frage kommen. Mittelbare Anforderungen an die Organisation und den Betrieb des privaten Versicherungsunternehmens ergeben sich aus § 61 V SGB XI.[67] Dort werden Vorgaben gemacht, die die Unternehmen erfüllen müssen, damit versicherte Beschäftigte einen Anspruch auf Prämienzuschüsse durch ihren Arbeitgeber haben.

Die versichernden Unternehmen erfüllen zwar eine soziale Funktion, weil der Schutz der Allgemeinheit vor den Belastungen des Risikos der Pflegebedürftigkeit nur wirksam möglich ist, wenn nahezu die ganze Bevölkerung versichert ist. Diese wichtige Rolle wird im Gesetz dadurch verdeutlicht, dass die in § 1 II S. 2 SGB XI statuierte Pflicht zum Abschluss einer privaten Pflegeversicherung unter die Überschrift «Soziale Pflegeversicherung» fällt. Allerdings soll damit die private Pflegeversicherung nicht zu einer Sozialversicherung deklariert werden, was durch die Gegenüberstellung von sozialer und privater Pflegeversicherung in S. 1 und S. 2 zum Ausdruck gebracht wird.[68]

65 Der Wortlaut der Vorschrift ist missverständlich. Kein Krankenversicherungsunternehmen ist verpflichtet, eine private Pflegepflichtversicherung tatsächlich anzubieten. Da die private Pflegepflichtversicherung aber eben im Interesse der privaten Versicherungsunternehmen und auf Betreiben der privaten Krankenversicherer eingeführt wurde, haben bis auf wenige kleine Unternehmen alle im Verband der privaten Krankenversicherungen e.V. organisierten Versicherungen Pflegeversicherungsverträge in ihr Angebot mit aufgenommen; *Wittich*, ZfV 1996, 354 (358).

66 *Peters*, KassKomm, SGB XI, § 23 Rn. 16.

67 *Baier*, Krauskopf, SGB XI, § 23 Rn. 5.

68 Zum Ganzen *Schulin*, NZS 1994, 433 (436).

Somit sind die Versicherungsunternehmen weder Körperschaften des öffentlichen Rechts als Sozialversicherungsträger i. S. d. § 29 I SGB IV, noch handeln sie aufgrund einer Beleihung öffentlich-rechtlich.[69]

III. Der Pflegeversicherungsvertrag

Eine private Pflegeversicherung wird durch den Abschluss eines Pflegeversicherungsvertrags zwischen einem Versicherungsnehmer und einem Versicherungsunternehmen begründet. Als zivilrechtlicher Vertrag unterliegt dieser grundsätzlich der Vertragsfreiheit, d. h. die Vertragsparteien sind grundsätzlich frei darin, ob sie einen Vertrag abschließen (Abschlussfreiheit) und wie sie ihn ausgestalten (Gestaltungsfreiheit). Beides wird durch das SGB XI im großen Maße eingeschränkt[70], um das Ziel zu erreichen, durch einen gleichmäßigen versicherungsmäßigen Individualschutz der (fast) ganzen Bevölkerung[71] die Allgemeinheit vor dem Risiko der Pflegebedürftigkeit zu schützen.[72]

Die Ausgestaltung als Zwangsversicherung macht zunächst einen Eingriff in die Abschlussfreiheit erforderlich. Da die Versicherung, anders als bei der sozialen Pflegeversicherung, nicht aufgrund einer gesetzlichen Anordnung, sondern durch eine Einigung zwischen den Parteien zustande kommt[73], wird zunächst der erfasste Personenkreis unter Androhung eines Bußgeldes zum Vertragsabschluss verpflichtet (vgl. § 23, § 121 I SGB XI). Ein unmittelbares Erzwingen des Vertragsschlusses bzw. eine Fiktion der Willenserklärung ist hingegen nicht vorgesehen.[74] Damit die betroffenen Personen ihrer Verpflichtung auch tatsächlich nachkommen können, ist den Versicherungsunternehmen als Gegenstück zur Versicherungspflicht ein Kontrahierungszwang auferlegt worden (vgl. § 110 I Nr. 1, III Nr. 1 SGB XI).[75]

Auch die inhaltliche Gestaltung des abzuschließenden Vertrags ist weitestgehend gesetzlich vorgegeben. So müssen z. B. die vertraglich vorgesehenen

---

69 *Baier*, Krauskopf, SGB XI, § 23 Rn. 5.

70 *Wittich*, ZfV 1996, 354 (354).

71 Die Sozialversicherung mit ihrem sozialversicherungs- und privatrechtlichen Zweig ist zwar keine Volksversicherung, die alle Bürger kraft Gesetzes erfasst. Durch die «geschickte Festlegung» der Versicherten und Versicherungspflichtigen werden aber über 99 % der Gesamtbevölkerung mit einbezogen; *Wittich*, ZfV 1996, 354 (354).

72 *Schulin*, NZS 1994, 433 (436).

73 *Peters*, KassKomm, SGB XI, § 23 Rn. 11; *Baier*, Krauskopf, SGB XI, § 23 Rn. 4.

74 *Peters*, KassKomm, SGB XI, § 23 Rn. 19.

75 BT-Drs. 12/5262, S. 154.

Leistungen in Bezug auf die Leistungen der sozialen Pflegeversicherung nach Art und Umfang gleichwertig sein und die Feststellung der Pflegebedürftigkeit nach den gleichen Maßstäben erfolgen (§§ 110 I Nr. 1, III, 23 I, III SGB XI).[76]

Diese umfassenden Eingriffe in die Vertragsfreiheit, die bei privaten Versicherungsunternehmen als Ausprägung der Berufsfreiheit aus Art. 12 I GG geschützt ist[77], während bei den Versicherungspflichtigen Art. 2 I GG einschlägig ist, sind allerdings verfassungsrechtlich nicht zu beanstanden. Durch die, wenn auch nur partielle, finanzielle Absicherung des Pflegerisikos wird ein legitimer Zweck verfolgt und der Grundsatz der Verhältnismäßigkeit bleibt gewahrt.[78] Bei den Versicherungsunternehmen kommt hinzu, dass diese, vertreten durch den Verband der privaten Krankenversicherung, die Bedingungen zur Verhinderung von Wettbewerbsnachteilen gegenüber den gesetzlichen Krankenkassen im Gesetzgebungsverfahren selbst angeboten haben.[79]

IV. Die Finanzierung der privaten Pflegeversicherung

Die durch die privaten Versicherungsunternehmen erbrachten Leistungen werden ebenfalls durch die Beiträge der Versicherten finanziert. Die Kalkulation der Beiträge erfolgt hier grundsätzlich nicht nach dem Umlage-, sondern nach dem Anwartschaftsdeckungsverfahren.[80] Dabei wird aus den Versicherungsprämien, die auf dem individuellen Versicherungsrisiko beruhen[81], und den Zinsen ein Kapitalstock gebildet, um aus diesem Vermögen die zukünftig

76 Die Rahmenbedingungen für Pflegeversicherungsverträge sind für die Versicherungsverträge, die mit Personen abgeschlossen werden, die zum Zeitpunkt des Inkrafttretens des SGB XI bereits Mitglied in einer privaten Krankenversicherung waren (sog. «Altbestand», s. dazu genauer § 110 II SGB XI), in § 110 I SGB XI festgelegt. Für das «Neugeschäft» gilt § 110 III SGB XI. Kontrahierungszwang und Sonderbedingungen gelten im Bereich des Neugeschäfts nur eingeschränkt. Diejenigen, die einen Pflegeversicherungsvertrag als Neugeschäft in Kenntnis der Bedingungen abschließen sind nämlich weniger schutzwürdig; s. *Hübner*, in: Schulin (Hrsg.) HS-PV, § 10 Rn. 42.

77 *Wittich*, ZfV 1996, 354 (359).

78 Siehe diesbezüglich *BVerfG*, Urt. v. 03.04.2001 – 1 BvR 2014/95 –, in: BVerfGE, 103, 197 ff.

79 *Udsching*, in: Udsching (Hrsg.), SGB XI, § 23 Rn. 3.

80 *Helmich*, AnwBl. 95, 241 (242 f.).

81 *Wittich*, ZfV 1996, 294 (299).

zu erwartenden Ausgaben zu decken.[82] Da aber auch die Pflege von Personen, die nach Inkrafttreten des Pflegeversicherungsgesetzes pflegebedürftig geworden sind, ohne dass der entsprechende Kapitalstock bereits risikoäquivalent errichtet wurde (sog. «alte Last») und die Elemente der sozialverträglichen Ausgestaltung (wie Deckelung der Beiträge (§ 110 I Nr. 2 e), III Nr. 5 SGB XI) oder beitragsfreie Mitversicherung von Kindern (§ 110 I Nr. 2 f), III Nr. 6 SGB XI s. u.)) mitfinanziert werden müssen, wird auch ein «Umlageanteil» berücksichtigt.[83]

Die Versicherungsunternehmen sind in der Beitragsfestsetzung frei, soweit nicht die Regelungen des SGB XI etwas anderes vorschreiben.[84] So dürfen die Prämien beim vertraglichen «Altbestand»[85] nicht nach Geschlecht und Gesundheitszustand des Versicherten gestaffelt werden (§ 110 I Nr. 2 d) SGB XI) und auch den Höchstbeitrag in der sozialen Pflegeversicherung nicht überschreiten (§ 110 I Nr. 2 e) SGB XI). Im Rahmen des «Neugeschäfts» darf zwar eine Differenzierung bzgl. des Gesundheitszustandes erfolgen, aber ebenfalls nicht nach dem Geschlecht (§ 110 III Nr. 3 SGB XI). Die Deckelung des Beitrags auf das Niveau der sozialen Pflegeversicherung erfolgt hier erst nach einer Vorversicherungszeit in der privaten oder sozialen Pflegeversicherung von fünf Jahren (§ 110 III Nr. 5 SGB XI). In beiden Varianten ist eine beitragsfreie Mitversicherung von Kindern des Versicherten unter den Voraussetzungen der sozialen Pflegeversicherung vorgeschrieben (§ 110 I Nr. 2 f), III Nr. 6 SGB XI).

Beschäftigte Versicherte erhalten unter den Voraussetzungen des § 61 II SGB XI genauso wie die freiwillig in der sozialen Pflegeversicherung Versicherten einen Beitragszuschuss von ihrem Arbeitgeber. Versicherte, die beihilfe- oder heilfürsorgeberechtigt sind, erhalten allerdings keinen Zuschuss (§ 61 VII SGB XI).

Da die Versicherungsprämien aufgrund der Vorgaben des SGB XI nicht vollständig dem versicherten Risiko entsprechend kalkuliert werden können,[86] ist dem Finanzausgleich bei den Pflegekassen entsprechend ein Risikoausgleich

82 *Fuchs/Preis*, Sozialversicherungsrecht, S. 196. Aktuell wurde auch die Einführung kapitaldeckender Elemente in die soziale Pflegeversicherung erwogen, siehe dazu etwa Hajen/König, ZFSH/SGB 2011, 385 ff.

83 *Helmich*, AnwBl. 95, 241 (243); *Lutter*, BArBl. 94, 51 (53); *Wittich*, ZfV 1996, 385 (385).

84 *Wittich*, ZfV 1996, 294 (299).

85 Siehe Fn. 76.

86 *Waschull*, Krauskopf, SGB XI, § 111 Rn. 2.

zwischen den Versicherungsunternehmen vorgeschrieben (§ 111 SGB XI). In dem dafür geschaffenen System, das beim Verband der privaten Krankenversicherung e.V als «Pflege-Pool» in Form einer GbR betrieben wird[87], sind auch die Nettoprämien (d. h. ohne Beachtung von spezifischen Kosten und Gewinnen[88]) einheitlich festzulegen (§ 111 I S. 3 SGB XI).[89]

V. Überblick über die Leistungen der privaten Pflegeversicherung

1. Die Leistungen

Der Versicherungsvertrag muss Leistungen für den Versicherten und seine Angehörigen oder seinen Lebenspartner enthalten, soweit für diese in der sozialen Pflegeversicherung eine Familienversicherung bestünde, die nach Art und Umfang in Bezug auf die Leistungen der sozialen Pflegeversicherung, die im vierten Kapitel des SGB XI vorgesehen sind, gleichwertig sind (§ 23 I S. 2 SGB XI). Dies bedeutet somit z. B. für das Pflegegeld, dass es in gleicher Höhe[90] und unter den gleichen Voraussetzungen – wie im Gesetz vorgesehen – nur an Stelle von den Pflegekassen von den privaten Versicherungsunternehmen gezahlt werden muss. Geldleistungen werden von den privaten Pflegeversicherungsunternehmen also genauso wie von den Pflegekassen im Rahmen der sozialen Pflegeversicherung erbracht.[91]

2. Die Leistungserbringung durch Pflegeeinrichtungen

Im Bereich der privaten Pflegeversicherung tritt anstelle des Sachleistungsprinzips der sozialen Pflegeversicherung das Kostenerstattungsprinzip (vgl. § 23 I S. 3 SGB XI). Dienstleistungen und Sachleistungen i. S. d. § 4 I

87 *Hübner*, in: Schulin (Hrsg.) HS-PV, § 10 Rn. 42; *Waschull*, Krauskopf, SGB XI, § 111 Rn. 8.

88 *Gürtner*, KassKomm, SGB XI, § 111 Rn. 6; *Waschull*, Krauskopf, SGB XI, § 111 Rn. 11.

89 Im Bereich der Differenz zwischen Brutto- und Nettoprämie sollten die Versicherungsunternehmen in den Wettbewerb untereinander treten, *Hübner*, in: Schulin (Hrsg.) HS-PV, § 10 Rn. 42. Eine einheitliche Bruttoprämie wäre aus kartellrechtlicher Sicht auch nicht möglich gewesen. Allerdings sind die Unterschiede der Bruttoprämien der einzelnen Versicherungsunternehmen so gering, dass praktisch im Bereich der Pflegeversicherung kein Wettbewerb stattfindet. Dieser beschränkt sich auf die i. d. R. mit der Pflegeversicherung zusammenhängende private Krankenversicherung; *Wittich*, ZfV 1996, 385 (386).

90 Werden die Leistungen der sozialen Pflegeversicherung im Wege der Dynamisierung nach § 30 SGB XI geändert, müssen auch die Leistungen der privaten Pflegeversicherung entsprechend angepasst werden; s. BT-Drs. 12/5262, S. 105.

91 *Udsching*, in: Udsching (Hrsg.), SGB XI, § 23 Rn. 14.

SGB XI muss der Pflegebedürftige sich danach zunächst selbst beschaffen und erhält dann im vertraglich vorgesehenen Rahmen von dem Versicherungsunternehmen eine Erstattung seiner Kosten.[92] Das Versicherungsunternehmen kann allerdings die Kosten auch gegenüber einem Leistungserbringer direkt übernehmen oder dem Pflegebedürftigen den entsprechenden Geldbetrag zukommen lassen, ohne dass dieser in Vorleistung tritt.[93]

Als vergleichbare Leistung zu den Leistungen, die nach dem Sachleistungsprinzip der sozialen Pflegeversicherung i. d. R. durch ambulante und stationäre Pflegeeinrichtungen erbracht werden (§§ 36, 41, 42, 43 SGB XI), erfolgt somit eine Kostenerstattung für die von den Pflegeeinrichtungen erbrachten Dienste bis zu der Höhe, auf die auch die Leistungen des SGB XI begrenzt sind (z. B. häusliche Pflegehilfen für Pflegestufe I, ab 1. Januar 2012 bis 450 Euro, § 36 III Nr. 1 c) SGB XI).[94] Die Kostenerstattung erfolgt aber grundsätzlich nur, wenn die häuslichen Pflegehilfen durch Pflegekräfte erbracht werden, die entweder bei einer Pflegekasse oder einer Pflegeeinrichtung, die durch einen Versorgungsvertrag mit einer Pflegekasse zugelassen worden ist, beschäftigt sind.[95] Auch bei der Pflege in einer stationären Pflegeeinrichtung ist die Erstattung nur möglich, wenn es sich um eine von den Pflegekassen zugelassene Pflegeeinrichtung handelt.[96]

92 *Udsching*, in: Udsching (Hrsg.), SGB XI, § 23 Rn. 14.

93 *Peters*, KassKomm, SGB XI, § 23 Rn. 13.

94 *Hübner*, in: Schulin (Hrsg.) HS-PV, § 10 Rn. 52; *Wittich*, ZfV 1996, 294 (300); vgl. auch die Musterbedingungen für die private Pflegeversicherung, Bedingungsteil, Stand: 1. Januar 2010 (MB/PPV 2010), § 4.

95 § 4 A I S. 4 MB/PPV 2010, ausnahmsweise dann, wenn die Pflegesituation anderweitig nicht gesichert werden kann, kann die Pflege auch durch Pflegekräfte erbracht werden, mit denen eine Pflegekasse einen Vertrag nach § 77 SGB XI abgeschlossen hat oder die von einem Träger der privaten Pflegeversicherung zugelassen sind (S. 5).

96 Dies wird, anders als bei den häuslichen Pflegehilfen nicht, ausdrücklich vorgeschrieben. Im entsprechenden Versicherungstarif (Tarif PV mit Versicherungsstufen PVN und PVB) wird aber bezüglich der erstattungsfähigen Kosten eine Zulassung durch die Pflegekassen vorausgesetzt (vgl. Leistungen der Versicherer, Nr. 5 S. 3 u. 4); ebenso *Wittich*, ZfV 1996, 294 (300). Durch die Anknüpfung an die Zulassung durch die Pflegekassen wird deutlich, dass die privaten Versicherungsunternehmen anders als diese keinem Sicherstellungsauftrag unterliegen; s. a. *Udsching*, in: Udsching (Hrsg.), SGB XI, § 23 Rn. 14. Andererseits zeigt es auch, dass der Abschluss von Verträgen der Pflegekassen mit Pflegeeinrichtungen im Rahmen ihres Sicherstellungsauftrags aus § 69 SGB XI sich faktisch nicht nur auf ihre Versicherten, sondern auch auf die der privaten Versicherungsunternehmen auswirkt.

C. Die Sozialhilfeträger

I. Entstehung und Entwicklung der Hilfe zur Pflege

Die Hilfe zur Pflege ist als «Hilfe in besonderen Lebenslagen»[97] Bestandteil der Sozialhilfe. Die Sozialhilfe ist als «das Ergebnis jahrtausendlanger Entwicklungen» anzusehen.[98] Die ersten Rechtsgrundlagen bildeten im 15. und 16. Jahrhundert Polizeiverordnungen und kommunale Armen(ver)ordnungen.[99] Danach erfolgte eine stete Entwicklung, jeweils geprägt von den entsprechenden politischen und sozialen Rahmenbedingungen.[100] Die Erbringung von Fürsorgeleistungen erfolgte allerdings stets als Aufgabe im rein öffentlichen Interesse.[101] Ein entsprechender Rechtsanspruch auf Unterstützung wurde dem Bedürftigen erst nach Inkrafttreten des Grundgesetzes, gestützt auf Art. 1, 2 I, III, 20 I GG, zuerkannt.[102] Bei der Neuordnung des Fürsorgerechts durch das Bundessozialhilfegesetz (BSHG) vom 30.06.1961[103] wurde diese Vorgabe entsprechend berücksichtigt (§ 4 I BSHG). Das BSHG enthielt als Art der Hilfe die Hilfe zur Pflege (§§ 68, 69 BSHG).[104] Diese stellte bis zur Einführung der Pflegeversicherung die wichtigste öffentlich-rechtliche Absicherung des Pflegerisikos dar.[105] Aus diesem Grund entfiel auch ca. ein Drittel der Ausgaben der Sozialhilfe auf diese Hilfsart.[106] Die wichtigsten Änderungen der Regelungen zur Hilfe zur Pflege erfolgten im Zuge der Anpassung an die neu geschaffene Pflegeversicherung durch das Pflegeversicherungsgesetz.[107] Zum 01.01.2005 wurde das BSHG durch das «Gesetz zur Einordnung des Sozialhilferechts in das Sozialgesetzbuch» vom 24.12.2003 [108] als zwölftes Buch (SGB XII) in die Kodifikation

---

97 So die Bezeichnung des 3. Abschnitts des Bundessozialhilfegesetzes (BSHG), der die Hilfe zur Pflege umfasste.

98 *Schoch*, Sozialhilfe, S. 7.

99 *Muckel/Ogorek*, Sozialrecht,§ 14 Rn. 1.

100 S. zur historischen Entwicklung der Sozialhilfe: *Schoch*, Sozialhilfe, S. 7 ff.; *Schwabe*, Sozialhilfe, S. 1 ff.

101 *Muckel/Ogorek*, Sozialrecht ,§ 14 Rn. 1.

102 *BVerwG*, Urt. v. 24.06. 1954 – BVerwG V C 78/54–, in: NJW 1954, 1541.

103 BGBl. 1961, Teil I, S. 815 ff.

104 Siehe zur Rechtslage in der DDR: *Schoch*, Sozialhilfe, S. 15 ff.

105 Vgl. § 4 A I.

106 *Krahmer*, LPK-BSHG, Vor. § 68 Rn. 5. Nach der Einführung der Pflegeversicherung gingen die Ausgaben im Bereich der Hilfe zur Pflege zunächst stark zurück (im ersten Jahr um ca. 35 %, im zweiten Jahr noch einmal um ca. 25 %). Seit dem vierten Jahr steigen sie allerdings wieder stetig, vgl. BT-Drs. 15/3241, S. 10.

107 BGBl. 1994, Teil I, S. 1056 ff.

108 BGBl. 2003, Teil I, S. 3022 ff.

des Sozialgesetzbuches integriert. Dabei wurde die Hilfe zur Pflege im siebten Kapitel ohne größere inhaltliche Veränderung aus dem BSHG übernommen.

Nicht übernommen wurde allerdings die Vorschrift des § 27 III BSHG, aus der folgte, dass bei Leistungen in einer Pflegeeinrichtung auch der Lebensunterhalt Bestandteil der Hilfe zur Pflege war. Daraus resultiert, dass bei der Versorgung eines Pflegebedürftigen durch eine stationäre Pflegeeinrichtung nunmehr neben der Hilfe zur Pflege auch die Hilfe zum Lebensunterhalt nach den §§ 27 ff. SGB XII treten kann. Dies betrifft die Leistungsbereiche «Unterkunft» und «Verpflegung», die nun grundsätzlich der Hilfe zum Lebensunterhalt in Einrichtungen gem. § 27b SGB XII zuzuordnen sind.[109]

II. Die Funktion der Hilfe zur Pflege als Teil der Sozialhilfe

Aufgabe der Sozialhilfe ist es, die Führung eines Lebens zu ermöglichen, das der Würde des Menschen entspricht (§ 1 S. 1 SGB XII, § 9 SGB I). Maßstab dafür ist grundsätzlich das Leben einer Person, die keine Sozialhilfe erhält. Die Sozialhilfe muss somit dann eingreifen, wenn jemand im Niveau seiner Lebensführung so weit absinkt, dass es zu einer gesellschaftlichen Ausgrenzung kommt, die eine Schädigung der Menschenwürde zur Folge hat.[110]

Dabei stellt die Sozialhilfe das letzte Auffangnetz der sozialen Sicherung dar.[111] Sie greift erst ein, wenn der Bedürftige sich nicht mehr durch Einsatz seiner Arbeitskraft, seines Einkommens und seines Vermögens selbst helfen kann und die erforderliche Hilfe auch nicht von anderen, wie z. B.Angehörigen oder anderen Sozialleistungsträgern, erhalten kann («Nachrang der Sozialhilfe» § 2 SGB XII). Dieser Grundsatz wird dadurch eingeschränkt, dass das Einkommen und das Vermögen des Hilfebedürftigen und seiner Angehörigen nicht unbegrenzt herangezogen werden dürfen (vgl. zum Einsatz von Einkommen und Vermögen etwa §§ 82-96 SGB XII).

Als Hilfsarten existieren zur Sicherung des erforderlichen Lebensunterhalts die Hilfe zum Lebensunterhalt (§§ 27-40 SGB XII) sowie die Grundsicherung

---

109 Die Auswirkungen sind gering. Unterschiede ergeben sich daraus nur im Bereich der Verwertung von Einkommen und Vermögen, insbesondere bei der Einkommensgrenze. Hier soll der Fokus in erster Linie auf der Hilfe zur Pflege liegen und auf die Hilfe zum Lebensunterhalt nur eingegangen werden, wenn sie konkret einschlägig ist.

110 *BVerwG*, Urt. v. 11.11. 1970 – Az.: V C 32.70 –, in: BVerwGE 36, 256 ff.

111 *Eichenhofer*, Sozialrecht, § 26 Rn. 533; *Muckel/Ogorek*, Sozialrecht, § 14 Rn. 4.

im Alter und bei Erwerbsminderung (§§ 41-46a SGB XII) und zur Unterstützung in sonstigen Lebenssituationen die sog. «Hilfen in besonderen Lebenslagen»[112] (§§ 47-74 SGB XII). Bei diesen wird grundsätzlich an eine bestimmte Bedarfssituation, wie z. B. Krankheit (Hilfen zur Gesundheit, § 47-52 SGB XII) oder eben Pflegebedürftigkeit (Hilfe zur Pflege, §§ 61-66 SGB XII) angeknüpft. Da eine abschließende Aufzählung, wann ein Mensch Hilfe zur Wahrung eines menschenwürdigen Lebens braucht, nicht möglich ist, fungiert insoweit die «Hilfe in sonstigen Lebenslagen» (§ 73 SGB XII) als «Auffanggeneralklausel»[113]. Die Hilfe zur Pflege unterscheidet sich daher im Grundansatz von der Pflegeversicherung. Sie stellt eine Vollsicherung dar, die den tatsächlichen Pflegebedarf komplett abdecken muss und nicht lediglich eine partielle Grundsicherung, bei der die Leistungen betragsmäßig beschränkt sind.[114]

Die Funktionen der Hilfe zur Pflege sind somit unterschiedlich. Zum Teil ersetzt sie Leistungen der Pflegeversicherungen, oft ergänzt sie diese. Leistungen anstatt der Pflegeversicherung erfolgen z. B. dann, wenn jemand nicht pflegeversichert ist oder als Mitglied einer Pflegeversicherung die Voraussetzungen für einen Anspruch (z. B. aufgrund fehlender Vorversicherungszeiten oder weil er nach der Definition des SGB XI nicht pflegebedürftig ist) nicht erfüllt. Die Hilfe zur Pflege ergänzt die Leistungen der Pflegeversicherungen insbesondere dann, wenn die gedeckelten Leistungen der Pflegeversicherung nicht ausreichen, um den tatsächlichen Pflegebedarf zu decken.[115]

Pflegeleistungen werden i. d. R. durch Einrichtungen anderer Träger und nicht durch eigene Einrichtungen der Sozialhilfeträger erbracht (§ 75 II SGB XII). Daher trifft die Sozialleistungsträger eine Gewährleistungsverantwortung, dass die dafür erforderlichen Pflegedienste und -einrichtungen rechtzeitig und ausreichend zur Verfügung stehen (§ 17 I Nr. 2 SGB I).

III. Die Organisation in Nordrhein-Westfalen im Pflegebereich

Die sachliche Zuständigkeit für die Hilfe zur Pflege liegt in NRW bei den Kreisen und kreisfreien Städten.

---

112 Das SGB XII verwendet die Bezeichnung des BSHG für diese Hilfen zwar nicht mehr, sie ist aber immer noch geläufig; vgl. z. B. *Eichenhofer*, Sozialrecht, § 26 Rn. 545; *Kokemoor*, Sozialrecht, Rn. 407.

113 *Berlit*, LPK-SGB XII, § 73 Rn. 1.

114 *H. Schellhorn*, in: Schellhorn/Schellhorn/Hohm (Hrsg.), SGB XII, § 61 Rn. 7.

115 Zum Ganzen *Conradis*, in: Rothkegel (Hrsg.), Sozialhilferecht, S. 451 f.; *Waltermann*, Sozialrecht, Rn. 475.

Gemäß § 3 I SGB XII wird Sozialhilfe durch örtliche und überörtliche Träger geleistet. Örtliche Träger sind die Kreise und kreisfreien Städte (§ 3 II SGB XII). Die überörtlichen Träger werden durch Landesrecht bestimmt (§ 3 III SGB XII). In NRW sind dies die Landschaftsverbände, der Landschaftsverband Westfalen-Lippe (LWL) und der Landschaftsverband Rheinland (LVR) (§ 1 AG-SGB XII NRW[116]). Die Träger nehmen die Aufgabe der Sozialhilfe als Selbstverwaltungsangelegenheit wahr (§ 1 AG-SGB XII NRW).

Sachlich zuständig sind grundsätzlich die örtlichen Träger, der überörtliche nur ausnahmsweise, wenn dieses bestimmt wird (§ 97 I SGB XII). Die Bestimmung der sachlichen Zuständigkeit der überörtlichen Träger erfolgt durch Landesrecht (§ 97 II S. 1 SGB XII). Werden in bestimmten Bereichen in einem Landesrecht keine Bestimmungen getroffen, ist für diese aber eine Zuständigkeit der überörtlichen Träger bestimmt (vgl. § 97 III SGB XII). Dazu gehört auch die Hilfe zur Pflege (§ 97 III Nr. 2 SGB XII).

In NRW existieren allerdings Regelungen. Das für Sozialhilferecht zuständige Ministerium wird ermächtigt, im Einvernehmen mit dem Innenministerium die Zuständigkeit der überörtlichen Träger durch eine Rechtsverordnung festzulegen (§ 2 a) AG-SGB XII NRW). Nach dieser besteht zunächst eine Zuständigkeit der Landschaftsverbände für Leistungen nach dem Fünften bis Neunten Kapitel des SGB XII nur für bestimmte Personengruppen (z. B. Menschen mit einer geistigen Behinderung oder Suchtkranke), die das 65. Lebensjahr noch nicht überschritten haben und deren Leiden eine stationäre oder teilstationäre Versorgung erforderlich macht (§ 2 I Nr. 1 a) AV-SGB XII NRW[117]). Ebenfalls sind die Landschaftsverbände grundsätzlich zuständig, wenn Leistungen an Personen erbracht werden, die bei Vollendung des 65. Lebensjahres ununterbrochen seit zwölf Monaten Eingliederungshilfe für Behinderte in einer stationären Einrichtung erhalten haben, wenn die Leistung weiterhin in einer stationären Einrichtung erbracht wird (§ 2 I Nr. 1 b) AV-SGB XII NRW). Gemäß § 99 II SGB XII, § 3 I 1. Alt. AG-SGB XII NRW können die Landschaftsverbände durch Satzung örtliche Träger und kreisangehörige Gemeinden zur Durchführung der ihnen im Rahmen der Sozialhilfe obliegenden Aufgaben heranziehen. Beide Landschaftsver-

116 Landesausführungsgesetz zum Sozialgesetzbuch Zwölftes Buch (SGB XII) – Sozialhilfe – für das Land Nordrhein-Westfalen vom 16. Dezember 2004 (GV.NW, S. 816).

117 Ausführungsverordnung zum Sozialgesetzbuch Zwölftes Buch (SGB XII) – Sozialhilfe – für das Land Nordrhein-Westfalen vom 16. Dezember 2004 (GV.NW, S. 817).

bände haben von dieser Möglichkeit Gebrauch gemacht und die Kreise und kreisfreien Städte zur Wahrnehmung der ihnen im Bereich der Hilfe zur Pflege obliegenden Aufgaben herangezogen.[118] Somit liegt die Zuständigkeit für alle Leistungen der Hilfe zur Pflege bei den Kreisen und kreisfreien Städten.

Für die Hilfe zum Lebensunterhalt sind ebenfalls die Kreise und kreisfreien Städte als örtliche Träger der Sozialhilfe gem. § 97 I SGB XII zuständig.

Die örtliche Zuständigkeit richtet sich grundsätzlich nach dem tatsächlichen Aufenthalt des Leistungsberechtigten (§ 98 I S. 1 SGB XII). Bei stationären Leistungen wird auf den gewöhnlichen Aufenthalt des Leistungsempfängers vor der Aufnahme abgestellt (§ 98 II S. 1 SGB XII).

IV. Die Finanzierung der Sozialhilfe

Die Sozialhilfe wird durch Steuern finanziert. [119]

Entsprechend der Aufgabenverteilung im Bereich der Hilfe zur Pflege in NRW sind die erforderlichen Mittel von den zuständigen örtlichen und überörtlichen Trägern, also den Kreisen, den kreisfreien Städten und den Landschaftverbänden aufzubringen. Zwar haben die Landschaftsverbände die Ausübung ihrer Aufgaben auf die örtlichen Träger delegiert, daraus resultiert aber eine Pflicht, die entsprechenden Aufwendungen dieser Träger zu ersetzen (§§ 5, 3 AG-SGB XII NRW i. V. m. §§ 91 I S. 1 u. 2, III, 111, 113 SGB X). Die Finanzierung der Landschaftsverbände erfolgt allerdings zu einem großen Teil durch eine Umlage ihrer Mitglieder, den Kreisen und kreisfreien Städte der früheren Rheinprovinz bzw. der früheren Provinz Westfalen (vgl. §§ 1, 22 ff. LVerbO NRW). Somit liegt die Finanzierungslast der Hilfe zur Pflege in NRW im Ergebnis hauptsächlich bei den Kreisen und kreisfreien Städten.

Unter Umständen stehen dem Sozialhilfeträger Ersatz- und Rückgriffsansprüche gegen den Leistungsempfänger, seine Erben oder gegenüber vorrangig

118 § 1 Nr. 4 der Satzung des LWL über die Heranziehung der Städte, Kreise und kreisangehörigen Gemeinden zur Durchführung der Aufgaben des überörtlichen Trägers der Sozialhilfe vom 10. März 2005 (GV.NW, S. 202), zuletzt geändert am 22. April 2010 (GV.NW, S. 265) sowie § 1 Nr. 3 a) der Satzung des LVR über die Heranziehung der örtlichen Träger der Sozialhilfe und der kreisangehörigen Gemeinden zur Durchführung von Aufgaben des überörtlichen Trägers der Sozialhilfe vom 14. Dezember 2007 (GV.NW, S. 131), geändert am 08. Februar 2010 (GV.NW, S. 171).

119 *Waltermann*, Sozialrecht, Rn. 465.

verpflichteten Leistungsträgern, wie z. B. anderen Sozialleistungsträgern oder Unterhaltsschuldnern, zu.[120]

V. Überblick über die Leistungen der Hilfe zur Pflege

1. Die Leistungen

Als Leistungen der Hilfe zur Pflege sind häusliche Pflege, Hilfsmittel, teilstationäre Pflege und stationäre Pflege vorgesehen (§ 61 II S. 1 SGB XII).

Bezüglich des Inhalts der Leistungen wird zunächst auf die in § 28 I Nr. 1, 5-8 SGB XI festgelegten Leistungen der Pflegeversicherung verwiesen. Der Verweis umfasst somit Pflegesachleistungen i. S. d. § 36 SGB XI, Pflegehilfsmittel und technische Hilfen i. S. d. § 40 SGB XI, Tages- und Nachtpflege i. S. d. § 41 SGB XI, Kurzzeitpflege i. S. d. § 42 SGB XI und stationäre Pflege i. S. d. § 43 SGB XI. Nicht verwiesen wird auf die Regelungen des SGB XI zum Pflegegeld, zur Kombination von Geldleistung und Pflegesachleistung und zur häuslichen Pflege bei Verhinderung der Pflegeperson (§ 28 I Nr. 2-4 SGB XI). Dazu finden sich im SGB XII eigene Vorschriften in den §§ 64 ff.[121]

Es wird explizit auf den «Inhalt» und nicht den «Umfang» der entsprechenden Leistungen der Pflegeversicherung abgestellt, da deren Leistungen aufgrund ihres Charakters als «Teilkasko» ja auf bestimmte Beträge gedeckelt sind und diese Begrenzung nicht mit umfasst werden soll. Die Hilfe zur Pflege muss aufgrund der Funktion der Sozialhilfe als letzter sozialrechtlicher Schutz stets den tatsächlichen Pflegebedarf decken (sog. sozialhilferechtlicher Bedarfsdeckungsgrundsatz).[122]

Bei häuslicher Pflege werden die Leistungen des Pflegegeldes, die Kombinationsmöglichkeit von Geld- und Pflegesachleistung und die Verhinderungspflege im Vergleich zum SGB XI in gewissen Punkten modifiziert. Der wich-

---

120 Siehe im Überblick *Eichenhofer*, Sozialrecht, § 26 Rn. 559 ff.

121 Unter diesem Gesichtspunkt wirft der Verweis in § 61 II S. 1 SGB XII auf den Inhalt der Pflegesachleistungen des § 36 SGB XI Fragen auf. Denn die Regelungen des SGB XII zur Pflege im häuslichen Bereich (§§ 63-65) enthalten auch eine Vorschrift in Form des § 65 I S. 2 SGB XII zur Pflege durch professionelle Pflegekräfte. Somit ist fraglich, in welchem Verhältnis diese Regelung zu der des § 36 SGB XI steht. Die Verweisung in diesem Bereich wird überwiegend als «sprachlich missglückt» betrachtet. Siehe dazu *Krahmer/Sommer*, LPK-SGB XII, § 61 Rn. 19; *Meßling*, in: jurisPK-SGB XII, § 61 Rn. 102 ff.; *Lachwitz*, in: Fichtner/Wenzel (Hrsg.), SGB XII, § 61 Rn. 51 ff.

122 *Jürgens*. ZFSH/SGB 1997, 24 (25 f.); *Meßling*, jurisPK-SGB XII, § 61 Rn. 96.

tigste Unterschied ist hier, dass das Pflegegeld und die Kostenübernahme für professionelle Pflegekräfte nebeneinanderstehen. Unabhängig davon, wie viele Pflegeleistungen professionell erbracht werden, steht dem Pflegebedürftigen weiterhin das Pflegegeld zu (§ 65 II S. 1 SGB XII). Dies kann aber um bis zu zwei Drittel gekürzt werden (§ 65 II S. 2 SGB XII).

Leistungen, die das SGB XI nicht vorsieht, sind ein Anspruch des Pflegebedürftigen auf Erstattung angemessener Aufwendungen seiner nicht erwerbsmäßigen Pflegeperson sowie die Möglichkeit, der Pflegeperson angemessene Beihilfen zu leisten (§ 65 I S. 1 SGB XII).

2. Leistungserbringung durch Pflegeeinrichtungen

a. Überblick

Zu klären ist, ob im Bereich der Leistungen, die durch ambulante und stationäre Pflegeeinrichtungen erbracht werden, wie zum Teil die häusliche Pflege sowie die teilstationäre Pflege, Kurzzeitpflege und stationäre Pflege, das Geldleistungsprinzip oder das Sachleistungsprinzip Anwendung findet. Geht man von einer Geltung des Sachleistungsprinzips aus[123], hat der Pflegebedürftige einen Anspruch gegen den Sozialhilfeträger auf Verschaffung der entsprechenden Leistung durch eine Pflegeeinrichtung (sog. Sachleistungsverschaffungsanspruch). Die Leistungserbringung erfolgt dann nach einer Konstruktion, die der im Bereich der sozialen Pflegeversicherung ähnelt. Legt man das Geldleistungsprinzip zu Grunde[124], hat der Leistungsberechtigte einen Geldleistungsanspruch in Form einer Übernahme der Kosten, die durch die Inanspruchnahme der entsprechenden Einrichtungen entstehen. Dieser Anspruch kommt dem Kostenerstattungsanspruch des privat Pflegeversicherten gegen das Versicherungsunternehmen nahe. Diese Frage betrifft aber nicht nur das Verhältnis zwischen dem Pflegebedürftigen und dem Sozialhilfeträ-

123 So: *BSG*, Urt. v. 28.10.2008 – B 8 SO 22/07 R –, in: BSGE 102, 1 ff.; *Hohm*, in: Schellhorn/Schellhorn/Hohm (Hrsg.), SGB XII, § 10 Rn. 12; *W. Schellhorn*, in: Schellhorn/Schellhorn/Hohm (Hrsg.), SGB XII, § 75 Rn. 11; *Jaritz/Eicher*, jurisPK-SGB XII, § 75 Rn. 28; wohl auch: *Roscher*, LPK-SGB XII, § 10 Rn. 25.

124 So *BVerwG*, Beschl. v. 10.08.2007 – 5 B 179/06 –, juris; *LSG Niedersachsen-Bremen*, Urt. v. 24.05.2007, – L 8 SO 156/06 –, in: ZFSH/SGB 2007, 607 ff.; *Münder*, LPK-SGB XII, Vor §§ 75 ff. Rn. 2, § 75 Rn. 31 (wesentlich eindeutiger noch in der VorAufl.); *ders.*, in: Rothkegel (Hrsg.), Sozialhilferecht, S. 604; *Streichbier*, in: Grube/Wahrendorf (Hrsg.), SGB XII, § 10 Rn. 4 (der allerdings in dem Ausnahmefall, dass die Pflegeeinrichtung vom Sozialhilfeträger selbst betrieben wird, von einer Sachleistung ausgeht).

ger, sondern wirkt sich auf das gesamte sozialrechtliche Dreiecksverhältnis aus.

b. Anwendung des Geldleistungsprinzips

Bezieht man den in § 75 III SGB XII genannten Anspruch auf die Übernahme der Vergütung auf den Pflegebedürftigen, so hat er dementsprechend einen Geldleistungsanspruch auf Übernahme des Entgelts, das er aufgrund des privatrechtlichen Vertrags zwischen ihm und der Pflegeeinrichtung schuldet und das der Höhe nach den Vereinbarungen zwischen Sozialhilfeträger und Pflegeeinrichtung entspricht. Gleichzeitig gehen die Befürworter dieser Konstruktion davon aus, dass der Pflegeeinrichtung grundsätzlich kein eigener, unmittelbarer Zahlungsanspruch gegen den Sozialhilfeträger zusteht. Die Abwick-Abwicklung des Anspruchs erfolgt somit – zumindest theoretisch – über den leistungsberechtigten Pflegebedürftigen».[125]

In der Praxis zahlen die Sozialhilfeträger allerdings unmittelbar an die Pflegeeinrichtungen, nachdem sie diesen oft bereits im Vorfeld eine sog. «Kostenzusage» erteilt haben.[126] Dies könnte unter Geltung des Geldleistungsprinzips eine bloße Abkürzung des Leistungswegs darstellen[127]. Zum Teil wird aber auch ein Anspruch des Leistungserbringers entweder in Folge einer Abtretung durch den Leistungsberechtigten[128] oder aufgrund der «Kostenzusage» angenommen.[129] Den rechtlichen Rahmen für eine mögliche vertragliche Abtretung bilden aufgrund des öffentlich-rechtlichen Verhältnisses zwischen Pflegebedürftigem und Sozialhilfeträger die §§ 53 ff. SGB X, wobei über § 61 SGB X auch die zivilrechtlichen Vorschriften zur Abtretung (§§ 398 ff. BGB) Anwendung finden.[130] Die rechtliche Einordnung einer «Kostenzusage» ist hingegen nicht eindeutig. Einigkeit besteht insoweit nur, dass daraus ein eigener Zahlungsanspruch der Pflegeeinrichtung nur entstehen soll, wenn der Sozialhilfeträger eindeutig seinen Rechtswillen zum Ausdruck bringt, die Kosten tragen zu wollen und dass ein solcher Anspruch aufgrund des engen Zusammenhangs mit dem Anspruch des Empfängers der Pflegeleistungen zu

125 *Münder*, LPK-SGB XII, 8. Aufl., § 75 Rn. 31 f.; *ders.*, in: Rothkegel (Hrsg.), Sozialhilferecht, S. 604.

126 *Münder*, in: Rothkegel (Hrsg.), Sozialhilferecht, S. 604; *BSG*, Urt. v. 28.10.2008 – B 8 SO 22/07 R –, in: BSGE 102, 1 (5, 8).

127 *Streichbier*, in: Grube/Wahrendorf (Hrsg.), SGB XII, § 10 Rn. 4.

128 *BVerwG*, Urt. v. 27.05.1993 – 5 C 41.90 –, in: DVBl. 1993, 1268 f.

129 *Münder*, in: Rothkegel (Hrsg.), Sozialhilferecht, S. 604.

130 *Münder*, in: Rothkegel (Hrsg.), Sozialhilferecht, S. 604.

diesem akzessorisch wäre.[131] Rechtsdogmatisch könnte es sich bei der Kostenzusage um eine Schuldübernahme, einen Schuldbeitritt oder ein Schuldanerkenntnis handeln.[132]

c. Anwendung des Sachleistungsprinzips

Bestünde der Anspruch des Leistungsberechtigten gegen den Sozialhilfeträger hingegen nicht in Form einer Kostenübernahme, sondern als Sachleistungsverschaffungsanspruch, müsste im Verhältnis zwischen dem Leistungserbringer und dem Sozialhilfeträger zwingend ein eigener Zahlungsanspruch bestehen. Zwar hat die Pflegeeinrichtung aufgrund des zivilrechtlichen Vertrags mit dem Pflegebedürftigen einen Anspruch gegen diesen. Da aber dann kein Übernahmeanspruch gegen den Sozialhilfeträger bezüglich seiner eigenen Kosten besteht, scheidet hier eine finanzielle Abwicklung «über den Pflegebedürftigen» aus.

Allerdings sieht das SGB XII, anders als das SGB XI in § 82 I, einen solchen Anspruch nicht ausdrücklich vor. Ebenso wie bei Teilen der Ansicht, die das Geldleistungsprinzip zu Grunde legt, wird hier ebenfalls von einem Anspruch aufgrund eines Schuldbeitritts ausgegangen. Dieser kann wegen des erforderlichen Zahlungsanspruchs aber nicht von den Umständen des Einzelfalls abhängen, sondern muss regelmäßig erfolgen. Daher soll der Schuldbeitritt durch einen an den Pflegebedürftigen gerichteten Verwaltungsakt mit Drittwirkung für die Pflegeeinrichtung erfolgen. Daraus resultiere dann einerseits ein unmittelbarer Zahlungsanspruch der Pflegeeinrichtung gegen den Sozialhilfeträger, andererseits ein Anspruch des Pflegebedürftigen auf Zahlung an den Leistungserbringer, nicht an sich selbst.[133] Mangels einer entsprechenden gesetzlichen Regelung könne aber nicht von einer befreienden Schuldübernahme ausgegangen werden. Der Pflegebedürftige bleibe weiterhin aus dem zivilrechtlichen Vertrag zur Zahlung des Entgelts verpflichtet. Sozialhilfeträger und Pflegebedürftiger haften somit als Gesamtschuldner.[134] Der Unter-

131 *BVerwG*, Urt. v. 04.08.2006 – 5 C 13/05 –, in: BVerwGE 126, 295 (303). Diese Akzessorietät wird auch bei Zugrundelegung des Sachleistungsprinzips angenommen, *LSG Rheinland-Pfalz*, Urt. v. 25.11.2010 – L 1 SO 8/10 –, in: ZFSH/SGB 2011, 225 ff.

132 *Münder*, LPK-SGB XII, 8. Aufl., § 75 Rn. 32 m. w. N.

133 Zum Ganzen *BSG*, Urt. v. 28.10.2008 – B 8 SO 22/07 R –, in: BSGE 102, 1 (8); Jaritz/Eicher, jurisPK-SGB XII, § 75 Rn. 28. Siehe auch *BSG*, Urt. v 02.02.2010 – B 8 SO 20/08 R –, in: FEVS 61, 534 ff.

134 *BSG*, Urt. v. 28.10.2008 – B 8 SO 22/07 R –, in: BSGE 102, 1 (8); Jaritz/Eicher, jurisPK-SGB XII, § 75 Rn. 28

schied zur Ausgestaltung des Sachleistungsprinzips im SGB XI besteht darin, dass die Pflegeeinrichtung keinen Anspruch auf Übernahme der Vergütung hat. Dieser steht – da das SGB XII keine entsprechende Regelung vorsieht – nur dem Pflegebedürftigen selbst zu. [135] Prozessrechtlich stünde der Einrichtung somit kein eigenes Klagerecht auf Bewilligung der Leistung als solcher bzw. eine höhere Leistung zu. Ein Klagerecht hätte sie demnach nur, wenn der Sozialhilfeträger trotz der Bewilligung der Leistung nicht oder nicht vollständig zahlt.[136]

d. Entscheidung

Bei der Klärung der Frage, ob hier das Geld- oder das Sachleistungsprinzip, jeweils mit den oben dargestellten Konsequenzen, Anwendung findet, ist zunächst vom Wortlaut der einschlägigen Vorschriften des SGB XII auszugehen. Die Vorschriften der Hilfe zur Pflege in den §§ 61 ff. SGB XII lassen bezüglich der Modalitäten der Leistungserbringung keinen Schluss zu. Das Leistungsrecht wird in Bezug auf alle Hilfsarten für Einrichtungen und Dienste durch das Leistungserbringungsrecht in den §§ 75 ff. SGB XII konkretisiert.[137]

§ 75 III S. 1 SGB XII spricht von einer Pflicht des Sozialhilfeträgers «zur Übernahme der Vergütung für die Leistung». Wer Inhaber dieses Anspruchs ist, wird in der Vorschrift allerdings nicht geregelt, so dass daraus keine Rückschlüsse gezogen werden können. § 75 IV S. 1 SGB XII regelt hingegen, dass, wenn zwischen dem Sozialhilfeträger und der leistungserbringenden Einrichtung die nach § 75 III SGB XII erforderlichen Vereinbarungen nicht getroffen worden sind, Sozialhilfeträger «Leistungen durch diese Einrichtung» nur erbringen dürfen, wenn dies durch die Besonderheiten des Einzelfalls geboten ist. Wird die vom Sozialhilfeträger dem Leistungsberechtigten geschuldete Leistung durch die Pflegeeinrichtungen erbracht, spricht dies dafür, dass die Leistung in der Pflege «in Natur» besteht und somit das Sachleistungsprinzip Anwendung findet.[138] Fraglich ist aber, inwieweit auf die Vorschrift des §75 IV SGB XII zur Begründung des Sachleistungsprinzips zurückgegriffen werden kann. Die vorgenannte Formulierung wurde in Form

---

135 *BSG*, Urt. v. 28.10.2008 – B 8 SO 22/07 R –, in: BSGE 102, 1 (8 f.); Jaritz/Eicher, jurisPK-SGB XII, § 75 Rn. 28.

136 Jaritz/Eicher, jurisPK-SGB XII, § 75 Rn. 117.

137 *BSG*, Urt. v. 28.10.2008 – B 8 SO 22/07 R –, in: BSGE 102, 1 (7).

138 *BSG*, Urt. v. 28.10.2008 – B 8 SO 22/07 R –, in: BSGE 102, 1 (5).

der Vorgängervorschrift des § 93 III BSHG durch das Gesetz zur Reform des Sozialhilferechts vom 23. Juli 1996[139] eingeführt. Es ist aber nicht ersichtlich, dass durch dieses Gesetz eine Grundsatzentscheidung für das Sachleistungsprinzip getroffen werden sollte.[140] Das Sachleistungsprinzip könnte aber bereits vorher gegolten haben und die Vorschrift könnte Ausdruck dieser Geltung sein.

Dies könnte sich aus der Ähnlichkeit der Systematik der Leistungserbringung mit dem Leistungssystem der sozialen Pflegeversicherung ergeben. Hier ist das Sachleistungsprinzip unstreitig vorgesehen, es wurde aus der gesetzlichen Krankenversicherung übernommen. In beiden Bereichen ist vorgesehen, dass die Sozialleistungsträger Leistungen grundsätzlich nicht selbst, sondern mit Hilfe von Einrichtungen anderer Träger erbringen (für die Sozialhilfe § 75 II S. 1 SGB XII, die soziale Pflegeversicherung sieht gar keine eigenen Einrichtungen vor, nur ganz ausnahmsweise eine Leistungserbringung durch angestellte Pflegekräfte, § 77 II SGB XI). Eine Kostenübernahme erfolgt i. d. R. nur, wenn mit den Einrichtungen vertragliche Vereinbarungen getroffen worden sind. Darin wird insbesondere auch geregelt, welche Leistungen die Einrichtungen anbieten und welches Entgelt sie dafür erhalten. Allein die Tatsache, dass die Vergütungsregelungen im Verhältnis zwischen Sozialhilfeträger und Einrichtung getroffen werden, spricht dagegen, dass die Kostenübernahme gegenüber dem Pflegebedürftigen erfolgt. Auch sieht das SGB XII Schiedsstellen vor (§ 80 SGB XII), die ein typisches Merkmal des Sachleistungsprinzips (soziale Pflegeversicherung § 76 SGB XII) sind.[141]

Die zumindest in den Grundzügen der Regelungssystematik den heutigen Vorschriften entsprechenden Vorgängervorschriften zu § 75 III SGB XII (= § 93 II S. 1 BSHG) und § 80 SGB XII (= § 94 BSHG) wurden durch das «Zweite Gesetz zur Umsetzung des Spar-, Konsolidierungs- und Wachstumsprogramms» vom 21. Dezember 1993[142] eingeführt. Die Vorschriften, auf denen die §§ 76 ff. SGB XII (= §§ 93a ff. BSHG) und § 79 SGB XII (= § 93d BSHG) basieren, entstanden durch das «Gesetz zur Reform des Sozialhilferechts» v. 23.Juli 1996[143]. Somit sind diese zentralen Regelungen des

139 BGBl. 1996, Teil I, S. 1088 (1092).

140 *OVG Lüneburg*, Urt. v. 12.06.2006 – 4 LC 309/02–,juris; s. a. als Zitat in *LSG Niedersachsen-Bremen*, Urt. v. 24.05.2007 – L 8 SO 156/06 –, in: ZFSH/SGB 2007, 607 (611).

141 *BSG*, Urt. v. 28.10.2008 – B 8 SO 22/07 R –, in: BSGE 102, 1 (5).

142 BGBl. 1993, Teil I, S. 2374 (2374 f.).

143 BGBl. 1996, Teil I, S. 1088 (1092 ff.).

Leistungserbringungsrechts des SGB XII alle im unmittelbaren zeitlichen Zusammenhang mit der Einführung der sozialen Pflegeversicherung[144] entstanden, was nahe legt, dass der Gesetzgeber sich dabei an der Systematik des SGB XI orientiert hat.[145]

Das z. T. gegen diese Interpretation vorgetragene Argument, dass der Gesetzgeber, hätte er das Sachleistungsprinzip einführen wollen, eine dem § 2 II S. 1 SGB V entsprechende Regelung im BSHG getroffen hätte[146], überzeugt nicht. Eine solche hätte dann festlegen müssen, dass der Berechtigte Leistungen als Dienst- oder Sachleistungen erhalte könne. Die Leistungsformen der Dienst- bzw. Sachleistungen sah das BSHG zu diesem Zeitpunkt aber bereits in § 8 I vor, der die Dienstleistung noch als «persönliche Hilfe» bezeichnete (= § 10 I SGB XII).

Auch der von § 10 III SGB XII grundsätzlich angeordnete Vorrang der Sachleistung gegenüber der Geldleistung spricht nicht dafür, den Anspruch auf Hilfe zur Pflege im Zweifel als Geldleistungsanspruch zu qualifizieren. Der Begriff der Sachleistung ist hier anders zu verstehen als im SGB XI.[147] Er bezeichnet alle Leistungen, die dem Berechtigten nicht in Form von Geld, sondern in der Form des zu befriedigenden Bedarfs unmittelbar erbracht werden.[148] Somit ist dieser Grundsatz bei der Leistungserbringung mit Hilfe von Pflegeeinrichtungen durchaus anwendbar, da es sich nicht um eine Dienstleistung i. S. d. § 10 I Nr. 1 SGB XII handelt.[149] Gem. § 10 III 2. Hs. 2. Alt. SGB XII wird der Grundsatz aber durchbrochen, wenn durch Sachleistungen das Ziel der Sozialhilfe erheblich besser oder wirtschaftlicher erreicht werden kann. Denn dadurch, dass die Pflegeleistung durch den Sozialhilfeträger in Form der Verschaffung «in Natur» erbracht wird, wird im Gegensatz zur

---

144 Zum 01.01.1995 durch das Pflegeversicherungsgesetz vom 28.05.1994 (BGBl. 1994, Teil I, S. 1014 ff.).

145 *BSG*, Urt. v. 28.10.2008, – B 8 SO 22/07 R –, in: BSGE 102, 1 (5); *Münder*, in: Rothkegel (Hrsg.), Sozialhilferecht, S. 597, der allerdings trotzdem das Sachleistungsprinzip ablehnt.

146 *OVG Lüneburg*, Urt. v. 12.06.2006 – 4 LC 309/02 –,juris; s.a. *LSG Niedersachsen-Bremen*, Urt. v. 24.05.2007 – L 8 SO 156/06 –, in: ZFSH/SGB 2007, 607 (611).

147 Siehe dazu § 4 A V 1 a.

148 *Hohm*, in: Schellhorn/Schellhorn/Hohm (Hrsg.), SGB XII, § 10 Rn. 12; *Holzhey*, jurisPK-SGB XII, § 10 Rn. 18; *Roscher*, LPK-SGB XII, § 10 Rn. 24; *Streichbier*, in: Grube/Wahrendorf (Hrsg.), SGB XII, § 10 Rn. 4.

149 Anders wohl *Hohm*, in: Schellhorn/Schellhorn/Hohm (Hrsg.), SGB XII, § 10 Rn. 25, der bei direkter Zahlung an eingeschaltete Dritte, wie sie das Modell der Sachleistung vorsieht, von einer Dienstleistung ausgeht.

Geldleistung sichergestellt, dass die eingesetzten Mittel dem Zweck entsprechend, also zur Pflege, eingesetzt werden.[150]

§ 75 V S. 1 SGB XII verweist bei durch die Pflegekassen zugelassenen Pflegeeinrichtungen grundsätzlich bezüglich Art, Inhalt, Umfang und Vergütung von diesen erbrachten Leistungen auf die Regelungen des SGB XI. Diese Verknüpfung könnte für ein einheitliches Leistungserbringungssystem sprechen, in dem das Sachleistungsprinzip Anwendung findet.[151]

Am meisten spricht gegen die Zugrundelegung des Sachleistungsprinzips, dass ein eigener Anspruch der Pflegeeinrichtung auf Übernahme der Pflegevergütung im Gesetz nicht ausdrücklich vorgesehen ist. Mit Blick darauf wirkt die Konstruktion über den Verwaltungsakt mit Drittwirkung, die der Einrichtung im Erfüllungsverhältnis zu einem unmittelbaren Zahlungsanspruch gegen den Sozialhilfeträger verhilft, durchaus gekünstelt. Dieser Zahlungsanspruch in Folge des Schuldbeitritts ist aber mit Blick auf die Beteiligten des Dreiecksverhältnisses interessengerecht. Die Pflegeeinrichtung, die bezüglich der Preisgestaltung von Vereinbarungen mit dem Sozialhilfeträger abhängig ist, erhält somit als Gegenleistung für diese Beschränkung einen direkten Anspruch gegen den Sozialhilfeträger.[152] Es wäre unbillig, den Anspruch vom (zufälligen) Vorliegen der Voraussetzungen einer Abtretung oder eines Schuldbeitritts in Folge einer «Kostenzusage» abhängig zu machen, er muss immer bestehen. Hinzu kommt, dass es auch nicht dem Interesse der Pflegeeinrichtung entsprechen dürfte, dass in einem Leistungssystem, das an ein gewisses Maß an Einkommens- und Vermögenslosigkeit anknüpft, die finanzielle Abwicklung über den Leistungsberechtigten erfolgt. Dies wird dadurch bestätigt, dass in der Praxis eine direkte Zahlung des Sozialhilfeträgers an die Einrichtung erfolgt.

Somit überwiegen im Ergebnis die Argumente, die für eine Geltung des Sachleistungsprinzips sprechen. Im Folgenden wird daher von dem unter § 4 C. V. 2. c. beschriebenen Modell ausgegangen.

---

150 *BSG*, Urt. v. 28.10.2008 – B 8 SO 22/07 R –, in: BSGE 102, 1 (6), wobei gleichzeitig allerdings auch auf die Regelung des § 10 III 2. Hs. 1. Alt. SGB XII verwiesen wird, wonach eine Ausnahme vom Grundsatz des Vorrangs der Geldleistung gemacht wird, wenn diese ausdrückliche vorgesehen ist. In § 75 SGB XII sei ja – richtigerweise – das Sachleistungsprinzip vorgesehen (ebenso: *Holzhey*, jurisPK-SGB XII, § 10 Rn. 42). Dies stellt aber bei der Frage danach, ob eben das Sachleistungsprinzip bei § 75 SGB XII gilt, m. E. einen unzulässigen Zirkelschluss dar.

151 *BSG*, Urt. v. 28.10.2008 – B 8 SO 22/07 R –, in: BSGE 102, 1 (6).

152 *BSG*, Urt. v. 28.10.2008 – B 8 SO 22/07 R –, in: BSGE 102, 1 (8).

§ 6 Der Pflegebedürftige

A. Die Bedeutung des Begriffs der Pflegebedürftigkeit

Die Definition von Pflegebedürftigkeit ist für das System der Pflegeerbringung von zentraler Bedeutung. Darüber wird festgelegt, auf was sich die Absicherung des allgemeinen Lebensrisikos der Pflegebedürftigkeit durch SGB XI und SGB XII genau bezieht. In der jeweiligen Begriffsbestimmung spiegeln sich die unterschiedlichen Funktionen der sozialen Pflegeversicherung als partielle Grundsicherung und der Sozialhilfe als bedarfsdeckende Vollsicherung wider.

Im SGB XI wird über die Festlegung der Pflegebedürftigkeit als Versicherungsfall der sozialen Pflegeversicherung[153] grundsätzlich[154] die Schwelle bestimmt, ab der Pflegeleistungen von der Solidargemeinschaft der Pflegeversicherten (mit)finanziert werden. Insofern wirkt sich die Begriffsbestimmung darauf aus, welche bzw. wie viele Menschen leistungsberechtigt sind, welche Ausgaben auf die Pflegekassen zukommen[155] und welche Leistungen für die Pflegeversicherung durch ambulante Pflegeeinrichtungen[156] erbracht werden.[157]

Eine solche Schwelle darf das SGB XII aufgrund der oben dargestellten Funktion der Sozialhilfe, nämlich immer dann einzugreifen, wenn ein menschenwürdiges Leben gefährdet ist, nicht aufweisen. Daher dient der Pflegebedürftigkeitsbegriff im SGB XII zunächst dazu, die Hilfe zur Pflege von den anderen Hilfsarten der Sozialhilfe abzugrenzen. Weiterhin wird durch den

153 Diese Festlegung wirkt sich über §§ 23 VI Nr. 1, 110 I SGB XI auch auf die private Pflegeversicherung aus, indem bestimmt wird, dass Unternehmen, die private Pflegeversicherungsverträge anbieten, bezüglich der Feststellung der Pflegebedürftigkeit und der Zuordnung zu den Pflegestufen dieselben Maßstäbe wie die soziale Pflegeversicherung anlegen müssen.

154 Ausnahmesweise erhalten auch Menschen, die nicht den Pflegebedürftigkeitsbegriff erfüllen, Leistungen aus der Pflegeversicherung. Zu diesen Fällen s. u.

155 Aufgrund des Umlageverfahrens wirkt sich dies auch auf die Versicherungsbeiträge aus.

156 Nach § 36 I, II SGB XI werden als häusliche Pflegehilfen die Grundpflege und die hauswirtschaftliche Versorgung erbracht. Das Bedürfnis nach Grundpflege und hauswirtschaftlicher Versorgung begründet die im Mittelpunkt des Pflegebedürftigkeitsbegriffs stehende Hilflosigkeit bei gewöhnlich und regelmäßig wiederkehrenden Verrichtungen im Ablauf des täglichen Lebens (vgl. §14 I, IV SGB XI). Stationäre Pflege umfasst hingegen z. B. auch die soziale Betreuung (vgl. §§ 41 II, 42 II, 43 II SGB XI). Das Bedürfnis nach einer solchen ist aber bei der Ermittlung der Pflegebedürftigkeit nicht als Kriterium vorgesehen, dazu genauer s .u.

157 Zum Ganzen *Klie*, in: Klie/Krahmer (Hrsg.), SGB XI, Vor. §§14-19 Rn. 1.

Pflegebedürftigkeitsbegriff die Ergänzungsfunktion der Hilfe zur Pflege im Verhältnis zur Pflegeversicherung gewährleistet. Da diese durch unterschiedliche Interpretation von Pflegebedürftigkeit in den beiden Systemen erschwert würde, wurde der Pflegebedürftigkeitsbegriff des SGB XII (damals noch BSHG) durch das Pflegeversicherungsgesetz an den des SGB XI angepasst.[158] Daraus resultiert, dass SGB XI und SGB XII grundsätzlich vom gleichen Pflegebedürftigkeitsbegriff ausgehen (vgl. § 14 I SGB XI und § 61 I S. 1 SGB XII «enger Pflegebedürftigkeitsbegriff») und das SGB XII seiner Funktion entsprechend eine Erweiterung enthält (§§ 61 I S. 2, § 61 III Nr. 4 SGB XII «erweiterter Pflegebedürftigkeitsbegriff»).

B. Die gesetzliche Regelungssystematik des Pflegebedürftigkeitsbegriffs

Der heutige Pflegebedürftigkeitsbegriff, der auf die Schaffung der Pflegeversicherung zurückgeht, ist in den Gesetzen selbst sehr detailliert geregelt. Dadurch sollte von Anfang an Rechtssicherheit geschaffen werden. Im Mittelpunkt stand dabei, Ausuferungen infolge von Einzelfallentscheidungen der Rechtsprechung und ungerechtfertigte Leistungsverweigerungen zu unterbinden. Um in der Praxis erforderliche Konkretisierungen zu ermöglichen, wurde eine Rechtsverordnung sowie Richtlinien der Pflegekassen (vgl. §§ 16, 17 SGB XI) vorgesehen.[159] Allerdings ist die Verordnungsermächtigung des § 16 SGB XI mit Blick auf die Richtlinien, die durch den Spitzenverband Bund der Pflegekassen erlassen werden, subsidiär. Sie soll nur zum Tragen kommen, wenn durch die Richtlinien keine «befriedigende Beurteilungspraxis» erreicht wird.[160] Bis heute wurde eine solche Rechtsverordnung nicht erlassen.[161] Der Begriff der Pflegebedürftigkeit ist gerichtlich aber voll überprüfbar, insbesondere sind die Gerichte bei der Beurteilung der Pflegebedürftigkeit nicht an die Richtlinien gebunden.[162]

Zentraler Anknüpfungspunkt der Regelungen bei der Bestimmung des Zustands, bei dem der betroffene Mensch als der Pflege bedürftig angesehen wird, ist die Hilflosigkeit im Bereich der gewöhnlichen und regelmäßig wie-

158 BT-Drs. 12/5262, S. 167.

159 Zum Ganzen BT-Drs. 12/5262, S. 95.

160 BT-Drs. 12/5262, S. 99.

161 *Gebhardt*, Krauskopf, SGB XI, § 16 Rn. 3.

162 *BSG*, Urt. v. 30.09.1993 – 4 RK 1/92–, in: BSGE 73, 146 ff., noch zur Regelung des § 53 III SGB V a. F.

derkehrenden Verrichtungen im Ablauf des täglichen Lebens. Dieser Ansatz beruht auf dem § 53 I SGB V a. F.[163], der 1988 als Übergangslösung im Wege des Gesundheits-Reformgesetzes eingeführt wurde[164] und daher zu den ersten Regelungen zur Absicherung der Pflegebedürftigkeit als allgemeines Lebensrisiko außerhalb des Sozialhilferechts gehörte.

Was gewöhnliche und regelmäßig wiederkehrende Verrichtungen im Ablauf des täglichen Lebens sind, wird im Rahmen des engen Pflegebedürftigkeitsbegriffs grundsätzlich abschließend definiert.[165] Es erfolgt eine Unterteilung in die Bereiche Körperpflege (z. B. Waschen, Duschen), Ernährung (Zubereitung und Aufnahme von Nahrung), Mobilität (z. B. Aufstehen, Zu-Bett-Gehen) und hauswirtschaftliche Versorgung (z. B. Einkaufen, Kochen) (vgl. § 14 IV SGB XI bzw. § 61 V SGB XII). Der erweiterte Pflegebedürftigkeitsbegriff kann hingegen auch andere Verrichtungen mit einbeziehen (§ 61 I S. 2 3. Alt. SGB XII).

Die Hilfsbedürftigkeit muss Folge einer körperlichen, geistigen oder seelischen Krankheit oder Behinderung sein. SGB XI und SGB XII definieren als solche übereinstimmend Funktionsstörungen am Stütz- und Bewegungsapparat, Funktionsstörungen innerer Organe oder von Sinnesorganen und Störungen des Zentralnervensystems (vgl. § 14 II SGB XI bzw. § 61 III Nr. 1-3 SGB XII). Die Pflegebedürftigkeit im weiteren Sinne umfasst auch «andere Krankheiten oder Behinderungen», die zu einer Hilflosigkeit im oben genannten Sinne führen (§ 61 III Nr. 4 SGB XII).[166]

---

163 *Klie*, in: Klie/Krahmer (Hrsg.), SGB XI, Vor. § 14 Rn. 2.

164 BGBl. 1988, Teil I, S. 2477 (2496), da diese Regelung aber nur Schwerstpflegebedürftige betraf, lag Pflegebedürftigkeit nur vor, wenn der Betroffene «in sehr hohem Maße» der Hilfe bei gewöhnlichen und regelmäßig wiederkehrenden Verrichtungen im Ablauf des täglichen Lebens bedurfte.

165 *BSG*, Urt. v. 19.02.1998 – B 3 P 3/97 R–, in: BSGE 82, 27 ff. Als einzige Ausnahmen sind im Bereich der Mobilität (§ 14 IV Nr. 3 SGB XI) allgemein die Verrichtungen des Sitzens und Liegens anerkannt, da diesbezüglich nach Sinn und Zweck der Regelung eine offensichtliche Lücke vorliegt, siehe dazu: *BSG*, Urt. v. 17.05.2000 – B 3 P 20/99 R –, in: NZS 2001, 39 ff.

166 Bezüglich der Erweiterung des Pflegebedürftigkeitsbegriffs im Bereich der Hilfe zur Pflege wird i. d. R. nur die Vorschrift des § 61 I S. 2 SGB XII, die den Begriff in Bezug auf Dauer, Grad und Art der Verrichtungen erweitert, genannt (s. z. B. *Krahmer/Sommer*, LPK-SGB XII, § 61 Rn. 4; *H. Schellhorn*, in: Schellhorn/Schellhorn/Hohm (Hrsg.), SGB XII, § 61 Rn. 10, 28). Streng genommen erfolgt aber auch durch § 61 III Nr. 4 SGB XII eine Erweiterung. Allerdings ist ein praktischer Anwendungsbereich dafür bislang noch nicht vorhanden (*H. Schellhorn*, in: Schellhorn/Schellhorn/Hohm (Hrsg.), SGB XII, § 61 Rn. 10.), insbesondere deshalb, weil im Rahmen des engen Pflegebedürftigkeitsbegriffs schon keine bestimmten Krankheiten und Behinderungen als Ursachen für eine Pflegebedürftigkeit aus-

Weiterhin wird eine gewisse Dauer der Hilfsbedürftigkeit vorausgesetzt. Der enge Pflegebedürftigkeitsbegriff sieht diesbezüglich sechs Monate vor (§ 14 I SGB XI, § 61 I S. 1 SGB XII), der erweiterte lässt auch einen geringeren Zeitraum ausreichen (§ 61 I S. 2 1. Alt. SGB XII).

Auch muss die Hilfsbedürftigkeit grundsätzlich einen gewissen Grad erreichen. Im Rahmen des engen Pflegebedürftigkeitsbegriffs bedarf es einer Hilfsbedürftigkeit in erheblichem oder höherem Maße.

Im Bereich der sozialen Pflegeversicherung wird bezüglich der Bestimmung, wann eine Hilfsbedürftigkeit in erheblichem oder höherem Maße vorliegt, durch § 14 I auf § 15 SGB XI verwiesen. Dieser legt, abgestuft nach der Intensität des Hilfebedarfs, drei Pflegestufen fest. Nach der Pflegestufe richtet sich die Höhe der wertmäßigen Begrenzung der Leistungen der Pflegeversicherung (s. z. B. § 36 III oder § 43 II SGB XI). Damit Pflegebedürftigkeit gegeben ist, muss somit zumindest der für die Pflegestufe I (= erhebliche Pflegebedürftigkeit) geforderte Grad an Hilfsbedürftigkeit vorliegen. Dazu muss jemand gem. § 15 I Nr. 1 SGB XI zunächst bei mindestens zwei Verrichtungen am Tag aus einem oder mehreren der Bereiche Körperpflege, Ernährung oder Mobilität sowie mehrmals in der Woche bei der hauswirtschaftlichen Versorgung Hilfe benötigen. Zusätzlich muss der Zeitaufwand, den ein Familienangehöriger oder eine andere nicht als professionelle Pflegekraft ausgebildet Person ist für die erforderlichen Leistungen aufbringt, täglich im Wochendurchschnitt[167] mindestens 90 Minuten betragen. 45 Minuten müssen dabei auf die sog. Grundpflege entfallen (§ 15 III Nr. 1 SGB XI). Als Grund-

geschlossen werden sollen (*Roller*, Pflegebedürftigkeit, S. 214). Daher ist diese Erweiterung wohl hauptsächlich theoretischer Natur und der Tatsache geschuldet, dass das Sozialhilferecht eine abschließende Bedarfsdeckung vorsehen muss und so keinen abschließenden Pflegebedürftigkeitsbegriff, auch nicht im Bereich der Krankheit oder Behinderung, vorsehen darf, damit auf neue Erkenntnisse der Pflegewissenschaften und der Medizin entsprechend reagiert werden kann (s. vorherige Fn. sowie *Meßling*, jurisPK-SGB XII, § 61 Rn. 52). Hinzu kommt, dass die Verursachung durch Krankheit oder Behinderung im Rahmen des Pflegebedürftigkeitsbegriffs sowieso eine untergeordnete Rolle spielt (s. u.). Mit Blick auf all dies ist auch die systematische Stellung außerhalb der anderen Erweiterungen in § 61 I S. 2 SGB XII nachvollziehbar. Aus diesen Gründen wird im Folgenden auf eine weitere Erörterung der Erweiterung verzichtet.

167 Siehe zur unklaren Formulierung «wöchentlich im Tagesdurchschnitt» *Gebhardt*, Krauskopf, SGB XI, § 15 Rn. 9.

pflege werden Pflegehandlungen im Bereich Körperpflege, Ernährung und Mobilität bezeichnet.[168]

Die Vorschrift, die die Pflegebedürftigkeit im engeren Sinne im Sozialhilferecht regelt, § 61 I S. 1 SGB XII, verweist bezüglich einer Bestimmung der Begriffe «in erheblichem oder höherem Maße» allerdings nicht auf die Vorschrift des § 15 SGB XI. Fraglich ist daher, ob diese Bestimmung zur Beurteilung der Erheblichkeit herangezogen werden kann und inwieweit die Pflegestufen bei der Hilfe zur Pflege zu berücksichtigen sind. Da eine Begrenzung des Leistungsumfangs hier nicht in Frage kommt, würden sich die Pflegestufen unmittelbar nur im Bereich des Pflegegeldes auswirken. Eine mittelbare Wirkung würden sie aber auch bei der stationären Pflege entfalten, da die Pflegestufe des Pflegebedürftigen die Pflegevergütung bestimmt, die an die Pflegeeinrichtung zu zahlen ist (§ 84 II SGB XI, § 75 V S. 1 SGB XII).[169] Die Regelung zum Pflegegeld in § 64 SGB XII enthält zwar nicht den Begriff der «Pflegestufe», macht aber die Höhe des Pflegegeldes vom Grad der Pflegebedürftigkeit abhängig. Die Definitionen der einzelnen Stufen entsprechen denen der Pflegestufen in § 15 I SGB XI. Auf die Dauer der Pflege, wie im SGB XI in § 15 III, wird dabei aber nicht eingegangen. Im Ergebnis herrscht aber Einigkeit darüber, dass bei der Beurteilung des Grades der Hilfsbedürftigkeit die gleichen Maßstäbe wie im SGB XI anzusetzen sind und dass auch die Pflegestufen zur Anwendung kommen. Die Begründungen sind allerdings unterschiedlich. Überwiegend wird § 64 I SGB XII als Legaldefinition des «erheblichen Maßes» an Hilfsbedürftigkeit, § 64 II, III entsprechend als Konkretisierungen des «höheren Maßes» angesehen. Die mit denen des § 15 III SGB XI übereinstimmenden Zeitvorgaben seien in den Richtlinien der Pflegekassen zur Pflegebedürftigkeit nach § 17 SGB XI enthalten, die gem. § 61 VI SGB XII auch im Bereich der Hilfe zur Pflege gelten.[170] Ansonsten wird die Anwendung zum einen daraus hergeleitet, dass die Definitionen im SGB XI und SGB XII nach der Intention des Gesetzgebers deckungsgleich

---

168 *Krahmer/Sommer*, LPK-SGB XII, § 61 Rn. 2; *H. Schellhorn*, in: Schellhorn/Schellhorn/Hohm (Hrsg.), SGB XII, § 61 Rn. 25; *Udsching*, in: Udsching (Hrsg.), SGB XI, § 14 Rn. 25.

169 *H. Schellhorn*, in: Schellhorn/Schellhorn/Hohm (Hrsg.), SGB XII, § 61 Rn. 24.

170 *Krahmer/Sommer*, LPK-SGB XII, § 61 Rn. 2, § 64 Rn. 2; *Lachwitz*, in: Fichtner/Wenzel (Hrsg.), SGB XII, § 61 Rn. 15; wohl auch: *Grube*, in: Grube/Wahrendorf (Hrsg.), SGB XII, § 61 Rn. 10, 11.

sein sollen und zum anderen daraus, dass die Systematik des SGB XI Pflegestufen voraussetze (vgl. §§ 61 VI, 62 SGB XII).[171]

Der erweiterte Pflegebedürftigkeitsbegriff lässt auch Hilfsbedürftigkeit unterhalb der von der engen Variante geforderten Intensität zu (§ 61 I S. 2 2. Alt. SGB XII). Diese Art der Pflegebedürftigkeit wird allgemein als «(Pflege-)Stufe 0» bezeichnet.[172]

Die einzelnen Erweiterungen des Pflegebedürftigkeitsbegriffs können nicht nur alternativ, sondern auch kumulativ auftreten.[173]

C. Der enge Pflegebedürftigkeitsbegriff

I. Die Hilfsbedürftigkeit für gewöhnliche und regelmäßig wiederkehrende Verrichtungen

1. Hilfsbedürftigkeit im Allgemeinen

Der Hilfebedarf muss aus einem tatsächlichen Funktionsausfall resultieren, der zur Folge hat, dass die Fähigkeit des Betroffenen, die genannten Verrichtungen im Ablauf des täglichen Lebens auszuführen, eingeschränkt oder außer Kraft gesetzt ist.[174] Dabei werden aber nur Verrichtungen im Rahmen der elementaren Lebensführung berücksichtigt. Solche, die z. B. lediglich der Ermöglichung einer Erwerbstätigkeit dienen[175], müssen außen vorbleiben. [176].

Als zu berücksichtigende Hilfsarten kommen gem. § 14 III SGB XI bzw. § 61 IV SGB XII die teilweise oder vollständige Übernahme der Verrichtung sowie die Beaufsichtigung oder Anleitung des Betroffenen mit dem Ziel der eigenständigen Übernahme der Verrichtung in Betracht. Auch die erforderliche Vor- und Nachbereitung der eigentlichen Verrichtung gehören dabei zur

171 *H. Schellhorn*, in: Schellhorn/Schellhorn/Hohm (Hrsg.), SGB XII, § 61 Rn. 24; unklar *Meßling*, jurisPK-SGB XII, § 61 Rn. 75, der einerseits mit der Ähnlichkeit von § 14 I SGB XI und § 61 I SGB XII argumentiert, andererseits aber auch auf die Richtlinien und § 64 SGB XII hinweist.

172 *Grube*, in: Grube/Wahrendorf (Hrsg.), SGB XII, § 61 Rn. 11; *Klie*, Hauck/Noftz, SGB XII, § 61 Rn. 4. *Krahmer/Sommer*, LPK-SGB XII, § 61 Rn. 6; *Meßling*, jurisPK-SGB XII, § 61 Rn. 82; *H. Schellhorn*, in: Schellhorn/Schellhorn/Hohm (Hrsg.), SGB XII, § 61 Rn. 31.

173 *Grube*, in: Grube/Wahrendorf (Hrsg.), SGB XII, § 61 Rn. 22.

174 *Koch*, KassKomm, SGB XI, § 14 Rn. 7.

175 *BSG*, Urt. v. 06.08.1998 – B 3 P 17/97 R –, in: SozSich 1999, 291 f.

176 *Udsching*, in: Udsching (Hrsg.), SGB XI, § 14 Rn. 4.

Hilfstätigkeit (3.4.2 PflRi[177]). Die Tätigkeit muss «verrichtungsbezogen» sein, d. h. entweder Bestandteil der Hilfe für die in Frage kommenden Verrichtungen oder in einem zwingenden sachlichen und zeitlichen Zusammenhang damit erforderlich sein. Die bloße Einsatzbereitschaft oder Verfügbarkeit der Pflegeperson bleiben unberücksichtigt.[178] Dies wirkt sich besonders stark auf den Bereich der Aufsicht von Menschen mit psychischer Beeinträchtigung, insbesondere von Demenzerkrankten oder geistig Behinderten, aus. Ein allgemeiner Aufsichts- und Betreuungsbedarf, losgelöst von einer konkreten Verrichtung, kann bei diesen nicht berücksichtigt werden.[179]

Sinn und Zweck der Pflegeversicherung sowie der Hilfe zur Pflege ist es eben, die Pflege zu ermöglichen. Darin liegt der Unterschied zu den Aufgaben der Krankenkassen und den Hilfen zur Gesundheit im Bereich der Sozialhilfe (§§ 47 ff. SGB XII), die darauf abzielen, Krankheiten zu erkennen, zu heilen, ihre Verschlimmerung zu verhüten oder Krankheitsbeschwerden zu lindern (vgl. § 27 SGB V, § 48 SGB XII). Somit geht es hier unmittelbar um die Krankheit, während die Pflege an die Folgen der Krankheit anknüpft.[180] Daher können Maßnahmen, die sich auf die Krankheit als solche beziehen grundsätzlich nicht als benötigte Unterstützung im Rahmen der Pflegebedürftigkeit Berücksichtigung finden, da bezüglich des Ausgleichs oder der Behebung dieses Defizits Leistungen in den o. g. Systemen vorgesehen sind.[181] Dies gilt grundsätzlich auch für die sog. medizinische Behandlungspflege, die zumindest teilweise der häuslichen Krankenpflege in § 37 SGB V unterfällt. Da dieser Begriff nicht legal definiert ist, ist die genaue Bestimmung umstritten. Allgemein versteht man darunter alle Pflegemaßnahmen, die durch eine bestimmte Krankheit erforderlich werden, auf den Krankheitszustand des Betroffenen ausgerichtet sind und dazu dienen, die Krankheit zu heilen, ihre Verschlimmerung zu verhüten oder Krankheitsbeschwerden zu lindern.[182]

---

177 Richtlinien der Spitzenverbände der Pflegekassen über die Abgrenzung der Merkmale der Pflegebedürftigkeit und der Pflegestufen sowie zum Verfahren der Feststellung der Pflegebedürftigkeit vom 11.05.2006 (PflRi).

178 *Koch*, KassKomm, SGB XI, § 14 Rn. 12.

179 *Koch*, KassKomm, SGB XI, § 14 Rn. 13; *Gebhardt*, Krauskopf, SGB XI, § 14 Rn. 15; *Udsching*, in: Udsching (Hrsg.), SGB XI, § 14 Rn. 20; *BSG*, Beschl. v. 24.10.2008 – B 3 P 23/08 B–, juris; Gesetzesbegr. diesbezüglich zunächst unklar (vgl. BT-Drs. 12/5262 S. 96 bzw. 98, s. dazu oben *Udsching*), dann, aber eindeutig (BT-Drs. 14/6949 S. 1).

180 *Gebhardt*, Krauskopf, SGB XI, § 14 Rn. 8 (nur in Bezug auf Pflegeversicherung und Krankenversicherung).

181 *Koch*, KassKomm, SGB XI, § 14 Rn. 7.

182 *BSG*, Urt. v. 21.01.2002 – B 3 KR 13/02 R –, in: BSGE 90, 143 (146 f.).

Überwiegend erfolgt aber eine Einschränkung dahingehend, dass es sich um Hilfeleistungen handeln muss, die nicht von Ärzten, sondern z. B. von Krankenpflegekräften oder sogar Familienangehörigen erbracht werden.[183] Solche Maßnahmen sind etwa Injektionen, Verbandswechsel oder die Verabreichung von Medikamenten.[184] Eine Ausnahme in Bezug auf die Berücksichtigung bilden aber gem. § 15 III S. 2 SGB XI erforderliche verrichtungsbezogene krankheitsspezifische Pflegemaßnahmen. Als solche werden Maßnahmen der Behandlungspflege definiert, bei denen der zugrunde liegende behandlungspflegerische Bedarf untrennbarer Bestandteil einer zu berücksichtigenden Verrichtung ist oder mit dieser in einem unmittelbaren zeitlichen und sachlichen Zusammenhang steht.[185] Unter diesen Voraussetzungen können diese Maßnahmen somit auch im Rahmen der Pflegebedürftigkeit berücksichtigt werden.[186]

Ebenfalls beim Hilfsbedarf grundsätzlich nicht zu berücksichtigen sind Rehabilitationsmaßnahmen. Dies sind Maßnahmen, deren vorrangiges Ziel es ist, die Fähigkeit zur eigenständigen Lebensführung zu stärken, um so zukünftig den Pflegebedarf zu verringern oder sogar ganz zu vermeiden. Auch diese Aufgabe ist anderen Systemen zugewiesen (z. B. im Bereich der medizinischen Rehabilitation der gesetzlichen Krankenkasse (§ 11 II, § 40 SGB V) bzw. der Sozialhilfe in Form der Hilfe zur Gesundheit (§ 48 SGB XII i. V. m. § 40 SGB V).[187] Eine Ausnahme besteht nur bei Maßnahmen der medizinischen Rehabilitation, die zur Behandlung einer aktuellen Krankheit ärztlich verordnet und für die Aufrechterhaltung der Lebensführung im häuslichen Bereich unbedingt erforderlich sind. Der daraus resultierende Hilfsbedarf

183 Vgl. etwa *Udsching*, in: Udsching (Hrsg.), SGB XI, § 13 Rn. 9 m. w. N.

184 BT-Drs. 12/5262, S. 90.

185 Etwa Einmalkatheterisierung oder Verabreichung eines Einlaufs, s. BT-Drs. 16/3100, S. 104 f.; s. weitere Beispiele m. w. N. *Vogel/Dörbrandt*, SGB XI- Leistungsberechtigter Personenkreis, S. 29 ff.

186 Durch die daraus resultierende doppelte Leistungspflicht (vgl. § 15 III S. 2 SGB XI, § 37 II S. 1 SGB V), einmal seitens der Gesetzlichen Krankenkassen, einmal seitens der Pflegekassen, kann es unter Umständen auch in einem gewissen Maße zu einer doppelten Leistung kommen, was der Gesetzgeber aber mit Blick auf die geringe Anzahl der Fälle, in denen eine doppelte Leistungspflicht tatsächlich besteht, den geringen Umfang der Doppelleistung, die Verwaltungspraktikabilität und das Interesse des Pflegebedürftigen in Kauf genommen hat (BT-Drs. 16/3100, S. 184 f.).

187 Zum Ganzen *BSG*, Urt. v. 26.11.1998 – B 3 P 13/97 R –, in: SozR 3-3300 § 14 Nr. 8.

(z. B. Begleitung zum Arzt, zum Logopäden oder zur Ergotherapie) kann im Rahmen der Pflegebedürftigkeit berücksichtigt werden.[188]

2. Die einzelnen Verrichtungen

a. Die Körperpflege

Der Bereich der Körperpflege umfasst gem. § 14 IV Nr. 1 SGB XI bzw. § 61 V Nr. 1 SGB XII Waschen, Duschen, Baden, Zahnpflege, Kämmen, Rasieren sowie Darm- und Blasenentleerung.[189]

Auch die Hautpflege inkl. der Gesichtspflege wird mit berücksichtigt. Die Zahnpflege beinhaltet auch Reinigung von Zahnersatz sowie Mundpflege als solche. Bestandteil der Blasen- und Darmentleerung kann auch die Kontrolle der Ausscheidungen oder die Reinigung und Versorgung künstlicher Ausgänge sein (3.4.2 PflRi). Im Laufe des Gesetzgebungsverfahrens des Pflegeversicherungsgesetzes wurden die ursprünglich vorgesehenen Verrichtungen Nagelpflege und Haarewaschen aus dem Katalog der Körperpflege entfernt. Dies wurde damit begründet, dass nur täglich erforderliche Verrichtungen enthalten sein sollten.[190] Das Haarewaschen wird heute allerdings als Teil des Bereiches Waschen, Duschen oder Baden angesehen,[191] die Hilfe bei der Nagelpflege bleibt aber weiterhin unberücksichtigt (3.4.1 PflRi).

b. Die Ernährung

Der Bereich der Ernährung beinhaltet das mundgerechte Zubereiten und die Aufnahme der Nahrung (§ 14 IV Nr. 2 SGB XI bzw. § 61 V Nr. 2 SGB XII)[192]. Dazu gehören zunächst alle Tätigkeiten, die zur unmittelbaren Vorbereitung und zur Ermöglichung der Aufnahme von Nahrung dienen (z. B. portions- oder temperaturgerechte Vorgabe, Umgang mit Besteck). Die mundgerechte Zubereitung umfasst allerdings nur die letzte Maßnahme vor der Nahrungsaufnahme (3.4.2 PflRi), z. B. die Zubereitung belegter Brote oder das Zerkleinern von Essen.[193] Alle weiteren Vorbereitungsmaßnahmen,

188 Zum Ganzen *BSG*, Urt. v. 28.05.2003 – B 3 P 6/02 R –, in: NZS 2004, S. 206 (insb. 208 Rn. 8).

189 Siehe dazu im Einzelnen: *Roller*, Pflegebedürftigkeit, S. 152 ff.

190 BT-Drs. 12/5952, S. 35.

191 *BSG*, Urt. v. 31.08.2000 – B 3 P 14/99 R –, in: NZS 2001, 265 ff.; ebenso 3.4.1 PflRi.

192 S. dazu im Einzelnen: *Roller*, Pflegebedürftigkeit, S. 169 ff.

193 BT-Drs. 12/5262, S. 95 f.

wie Einkaufen, Kochen etc., können als hauswirtschaftliche Versorgung berücksichtigt werden.[194] Die Nahrungsaufnahme beinhaltet die Hilfe bei der Nahrungsaufnahme selbst und die letzte Vorbereitungsmaßnahme, soweit eine solche nach der Zubereitung der Speise in Folge von Krankheit oder Behinderung noch erfolgen muss.[195] Dies erfasst auch die Ernährung per Sonde mit Flüssignahrung etwa im Falle von Magen- oder Darmerkrankungen.[196]

c. Die Mobilität

Im Bereich der Mobilität sind das selbständige Aufstehen und Zu-Bett-Gehen, An- und Auskleiden, Gehen, Stehen, Treppensteigen und das Verlassen und Wiederaufsuchen der Wohnung zu berücksichtigen (§ 14 IV Nr. 3 SGB XI bzw. § 61 V Nr. 3 SGB XII)[197]. Außerdem sind hier noch die im Gesetz nicht genannten Verrichtungen des Sitzens und Liegens einzuordnen.[198]

Als wichtigste Einschränkung ist bei den Verrichtungen des Gehens, Stehens, Treppensteigens, Verlassens und Wiederaufsuchens der Wohnung sowie des Sitzens und Liegens zu beachten, dass diese bei der Ermittlung der Pflegebedürftigkeit nicht uneingeschränkt nach dem jeweiligen individuellen Bedarf des Betroffenen zu berücksichtigen sind. Begründet ist dies in der Zielsetzung der gesetzlichen Sicherungssysteme, die Existenz in Bezug auf elementare Lebensbereiche zu sichern. Vielmehr sind Verrichtungen aus dem Bereich der Mobilität nur dann heranzuziehen, wenn sie im Zusammenhang mit den anderen in § 14 IV Nr. 1, 2 und 4 SGB XI bzw. § 61 V Nr. 1, 2 und 4 SGB XII genannten Verrichtungen erforderlich werden. Sonst könnte etwa Gehen oder Stehen im Rahmen der Freizeitgestaltung berücksichtigt werden.[199]

d. Die hauswirtschaftliche Versorgung

Teile der hauswirtschaftlichen Versorgung sind gem. § 14 IV Nr. 4 SGB XI bzw. § 61 V Nr. 4 SGB XII das Einkaufen, Kochen, Reinigen der Wohnung,

---

194 *Koch*, KassKomm, SGB XI, § 14 Rn. 17; *Udsching*, in: Udsching (Hrsg.), SGB XI, § 14 Rn. 33.

195 *Koch*, KassKomm, SGB XI, § 14 Rn. 17.

196 BT-Drs. 12/5262, S. 96.

197 Siehe dazu im Einzelnen: *Roller*, Pflegebedürftigkeit, S. 178 ff.

198 Siehe dazu Fn. 165.

199 Zum Ganzen: *BSG*, Urt. v. 29.04.1999 – B 3 P 7/98 R –, in: SozR 3-3300 § 14 Nr. 10 (insb. für Gehen, Stehen und Treppensteigen), *BSG*, Urt. v. 06.08.1998 – B 3 P 17/97 R –, in: SozR 3-3300 § 14 Nr. 6 (für das Verlassen und Wiederaufsuchen der Wohnung).

Spülen, Wechseln und Waschen der Wäsche und Kleidung und das Beheizen.[200]

Dabei wird eine «angemessene Lebensführung» angestrebt (z. B. keine umfassenden Reinigungsarbeiten, nur Reinigung des allgemein üblichen Lebensbereichs (vgl. 3.4.2 PflRi), keine Zubereitung eines «Festmahls»).[201] Auch kann nur der Hilfsbedarf des Pflegebedürftigen im Bereich der hauswirtschaftlichen Versorgung selbst berücksichtigt werden. Außer Betracht bleiben etwa die Hilfsbedürftigkeit der Pflegeperson selber und die Tatsache inwiefern der Pflegebedürftige zur hauswirtschaftlichen Versorgung seiner Familie beitragen kann.[202]

II. Krankheit oder Behinderung

Durch das Erfordernis einer für die Hilflosigkeit kausalen körperlichen, geistigen oder seelischen[203] Krankheit bzw. Behinderung stellt der Gesetzgeber klar, dass nichtmedizinische Ursachen nicht zu einer Pflegebedürftigkeit i. S. d. § 14 SGB XI bzw. § 61 SGB XII führen können. Dies macht er zusätzlich durch die Aufzählung der in Frage kommenden Krankheiten und Behinderungen in § 14 II SGB XI bzw. § 61 III SGB XII deutlich.[204] Somit werden weder eine «natürliche Pflegebedürftigkeit» (z. B. von Kindern, s. dazu auch die Sonderregel in § 15 II SGB XI bzw. § 64 IV SGB XII[205]) noch die persönliche Bequemlichkeit der betroffenen Person berücksichtigt. [206]

Als Krankheiten und Behinderungen werden Verluste, Lähmungen oder andere Funktionsstörungen am Stütz- und Bewegungsapparat (Nr. 1), Funktionsstörungen der inneren Organe oder der Sinnesorgane (Nr. 2) und Störungen des Zentralnervensystems, wie Antriebs-, Gedächtnis- oder Orientierungsstörungen sowie endogene Psychosen, Neurosen oder geistige Behinderungen

---

200 S. dazu im Einzelnen: *Roller*, Pflegebedürftigkeit, S. 200 ff.

201 *Udsching*, in: Udsching (Hrsg.), SGB XI, § 14 Rn. 41.

202 *Gebhardt*, Krauskopf, SGB XI, § 14 Rn. 26; *Udsching*, in: Udsching (Hrsg.), SGB XI, § 14 Rn. 41.

203 Die Formulierungen «körperlichen, geistigen oder seelischen» in § 14 I SGB XI und «sowie endogene Psychosen, Neurosen oder geistige Behinderungen» in § 14 II Nr. 3 SGB XI wurden erst im Laufe des Gesetzgebungsverfahrens des Pflegeversicherungsgesetzes eingefügt (vgl. BT-Drs. 12/5262, S. 13 bzw. BT-Drs. 12/5920, S. 22 zu § 12). Damit sollte klargestellt werden, dass geistige oder seelische Krankheiten genauso wie organische Erkrankungen als Ursache für eine Hilfsbedürftigkeit in Frage kommen, BT-Drs. 12/5952, S. 35.

204 BT-Drs. 12/5262, S. 96.

205 Zur Pflegebedürftigkeit von Kindern s. *Roller*, Pflegebedürftigkeit, S. 226 ff.

206 *H. Schellhorn*, in: Schellhorn/Schellhorn/Hohm (Hrsg.), SGB XII, § 61 Rn. 12.

(Nr. 3) benannt.[207] Eine Differenzierung zwischen Krankheiten und Behinderungen erfolgt nicht. Dies ist für den Hauptzweck des Kriteriums, die Abgrenzung von nichtmedizinischen Ursachen, nicht erforderlich.[208] Die Art, Ursache oder Schwere der Krankheit bzw. Behinderung spielen für die Beurteilung der Pflegebedürftigkeit keine Rolle.[209] Auf die Ursache kommt es nur bei einer möglichen Zuständigkeit anderer Leistungsträger an, deren Leistungen denen des SGB XI oder XII vorgehen (z. B. ein Arbeitsunfall als Ursache einer Krankheit, in Folge dessen Leistungen der Unfallversicherung in Frage kommen).[210]

Die Ursächlichkeit setzt voraus, dass der Hilfsbedarf durch Krankheit oder Behinderung zumindest mit bedingt ist.[211]

III. Dauer

Die Voraussetzung, dass die Hilfsbedürftigkeit «auf Dauer» vorliegt, ist gem. § 14 I SGB XI bzw. § 61 I SGB XII gegeben, wenn der Hilfsbedarf voraussichtlich sechs Monate andauert. Die Entscheidung, ob ein – mindestens erheblicher – Hilfsbedarf für sechs Monate besteht, wird – wie das Wort «voraussichtlich» schon erkennen lässt[212] – auf der Grundlage einer Prognose getroffen.[213] Der Zeitraum beginnt mit dem Eintritt der Hilfsbedürftigkeit. Auf

207 Die Begriffe der Krankheit und Behinderung waren aufgrund langer Rechtsanwendung bereits definiert (s. dazu *Klie*, in: Klie/Krahmer (Hrsg.), SGB XI, §14 Rn. 5). Dennoch wurde diese Aufzählung in den Pflegebedürftigkeitsbegriff mit aufgenommen, die von den bereits bestehenden Begrifflichkeiten allerdings nicht abweicht (*Fuchs/Preis*, Sozialversicherungsrecht, S. 414). Die praktische Bedeutung der Aufzählung geht somit gegen Null. In der Rechtsprechung sind keine Fälle bekannt, bei denen die Pflegebedürftigkeit abgelehnt wurde, weil der Betroffene an einer Krankheit oder Behinderung litt, die nicht von der Aufzählung erfasst wurde. Somit wird ihr einziger Sinn im o. G. nämlich darin liegen, zu verdeutlichen, dass nichtmedizinische Ursachen nicht ausreichen (*Roller*, Pflegebedürftigkeit, S. 93 f.).

208 Eine Differenzierung kann bei der Abgrenzung zu Leistungen anderer Systeme erforderlich sein; vgl. für das SGB XI *Wagner*, Hauck/Noftz, SGB XI, § 14 Rn. 30; für das SGB XII *Lachwitz*, in: Fichtner/Wenzel (Hrsg.), SGB XII, § 61 Rn. 11.

209 *Gebhardt*, Krauskopf, SGB XI, § 14 Rn. 10.

210 *Koch*, KassKomm, SGB XI, § 14 Rn. 11; *Udsching*, in: Udsching (Hrsg.), SGB XI, § 14 Rn. 9.

211 *Gebhardt*, Krauskopf, SGB XI, § 14 Rn. 10.

212 *Gebhardt*, Krauskopf, SGB XI, § 14 Rn. 27.

213 BT-Drs. 12/5262, S. 96.

den Zeitpunkt der Antragsstellung oder der Begutachtung des Pflegebedürftigen kommt es hingegen nicht an.[214]

Eine Ausnahme von dem zu erwartenden sechsmonatigen Hilfebedarf wird nur gemacht, wenn absehbar ist, dass die hilfsbedürftige Person innerhalb des Zeitraums versterben wird.[215]

Überwiegend wird angenommen, dass das Erfordernis der Dauer von sechs Monaten bezüglich des Hilfsbedarfs auch bei der Festlegung der Pflegestufe zur Anwendung kommt.[216] Dies wirkt sich bei der Höherstufung der Pflegestufe aus. Bestand bei jemandem z. B. zunächst ein Hilfsbedarf, der dem Grad der Pflegestufe I entsprach und erhöht sich dieser Bedarf, so dass grundsätzlich die Voraussetzungen der Pflegestufe II erfüllt wären, kommt eine Höherstufung nur in Frage, wenn der Bedarf voraussichtlich für mindestens sechs Monate erhöht ist.

IV. Grad

1. Allgemeines

Die Intensität der Hilfsbedürftigkeit richtet sich grundsätzlich nach der Anzahl der erforderlichen Pflegeeinsätze im Bereich der Grundpflege und dem Zeitaufwand. Nur im Rahmen der Pflegestufe I wird zusätzlich ein Hilfsbedarf bei mindestens zwei Verrichtungen der Grundpflege verlangt (§ 15 I Nr. 1 SGB XI[217]).[218] Unklar ist, ob diese Voraussetzung auch im Rahmen der Pflegestufen II und III gilt. Dies wird zum Teil mit der Begründung bejaht, dass diese Pflegestufen auf der Pflegestufe I aufbauen würden und so im Wege eines Erst-recht-Schlusses daraus gefolgert werden könne, dass die Anfor-

---

214 *Gebhardt*, Krauskopf, SGB XI, § 14 Rn. 27; *Klie*, in: Klie/Krahmer (Hrsg.), SGB XI, § 14 Rn. 4; *Roller*, Pflegebedürftigkeit, S. 117; *Udsching*, in: Udsching (Hrsg.), SGB XI, § 14 Rn. 7; *Wagner*, Hauck/Noftz, SGB XI, § 14 Rn. 26.

215 3.2 PflRi; BT-Drs. 12/5262, S. 96, allerdings: «…,wenn die verbleibende Lebensspanne *möglicherweise* weniger als sechs Monate beträgt.»; ausführlich m. w. N. *Roller*, Pflegebedürftigkeit, S. 119 f.

216 *BSG*, Urt. v. 19.02.1998 – B 3 P 7/97 R –, in: NZS 1998, 479 ff.; *Koch*, KassKomm, SGB XI, § 14 Rn. 8; *Roller*, Pflegebedürftigkeit, S. 117; *Udsching*, in: Udsching (Hrsg.), SGB XI, § 14 Rn. 8; *Wagner*, Hauck/Noftz, SGB XI, § 14 Rn. 26; a. A. *Klie*, in: Klie/Krahmer (Hrsg.), SGB XI, § 15 Rn. 6.

217 Aufgrund der unterschiedlichen Herleitungen im Bereich des SGB XII (s. § 5 B) wird in diesem Abschnitt nur auf die §§ des SGB XI verwiesen.

218 Vgl. zum Zustandekommen dieses Erfordernisses *Udsching*, in: Udsching (Hrsg.), SGB XI, § 15 Rn. 3

derung auch hier zu beachten sei.[219] Ansonsten wird der Hilfsbedarf bei mindestens zwei Verrichtungen der Grundpflege nur als Voraussetzung der Pflegestufe I berücksichtigt, da das Gesetz sie hier auch nur nennt.[220] Unterschiedliche praktische Auswirkungen haben die abweichenden Auffassungen allerdings nicht. Im Rahmen der Pflegestufe II wird ein Zeitaufwand für die Grundpflege von mindestens zwei Stunden pro Tag verlangt. Es ist nicht denkbar, dass dieser durch Hilfe bei nur einer Verrichtung erreicht wird.[221]

2. Die Pflegestufen

a. Pflegestufe I

Die Pflegestufe I (erhebliche Pflegebedürftigkeit) setzt voraus, dass jemand mindestens einmal täglich eines Pflegeeinsatzes mit Hilfe bei mindestens zwei Verrichtungen der Grundpflege sowie mehrmals in der Woche der Unterstützung bei der hauswirtschaftlichen Versorgung bedarf (§ 15 I Nr. 1 SGB XI). Der Zeitaufwand muss dabei pro Tag im Wochenschnitt mindestens 90 Minuten betragen, wobei mehr als 45 Minuten für die Grundpflege aufgewendet werden müssen. (§ 15 III Nr. 1 SGB XI).

b. Pflegestufe II

Für eine Einordnung in die Pflegestufe II (Schwerpflegebedürftige) muss die betroffene Person eine Mindestanzahl von täglich drei Pflegeeinsätzen im Bereich der Grundpflege sowie ebenfalls einer mehrmaligen wöchentlichen Hilfe bei der hauswirtschaftlichen Versorgung benötigen (§ 15 I Nr. 2 SGB XI). Der erforderliche Zeitaufwand erhöht sich auf drei Stunden pro Tag, dabei müssen zwei Stunden auf den Bereich der Grundpflege entfallen (§ 15 III Nr. 2 SGB XI).

c. Pflegestufe III

Die Anforderungen der Pflegestufe III (Schwerstpflegebedürftige) sehen für die Anzahl der Pflegeeinsätze vor, dass jemand rund um die Uhr, auch nachts,

---

219 *BSG*, Urt. v. 16.12.1999 – B 3 P 5/98 R –, juris; *Roller*, Pflegebedürftigkeit, S. 207; *Wagner*, Hauck/Noftz, SGB XI, § 15 Rn. 17.

220 *Udsching*, in: Udsching (Hrsg.), SGB XI, § 15 Rn. 3; so wohl auch *Koch*, KassKomm, SGB XI, § 15 Rn. 7, 9; *Gebhardt*, Krauskopf, SGB XI, § 15 Rn. 10, 12, die eine zusätzliche Voraussetzung bei den Ausführungen zur Pflegestufe II bzw. III nicht erwähnen.

221 *Roller*, Pflegebedürftigkeit, S. 207; *Wagner*, Hauck/Noftz, SGB XI, § 15 Rn. 17.

der Hilfe im Bereich der Grundpflege bedarf. Auch hier muss ein mehrfacher wöchentlicher Hilfsbedarf bei der hauswirtschaftlichen Versorgung hinzukommen (§ 15 I Nr. 3 SGB XI).

Die Formulierung «rund um die Uhr, auch nachts» ist als einheitliches Tatbestandsmerkmal zu sehen, wobei «nachts» eine Konkretisierung von «rund um die Uhr» darstellt. Mit Blick darauf, dass die Pflegestufe III eine qualitative Steigerung zur Pflegestufe II darstellt, ist es dahingehend auszulegen, dass mindestens drei Mal täglich zu unterschiedlichen Tageszeiten und zusätzlich einmal zur Nachtzeit ein Hilfsbedarf bei den Verrichtungen der Grundpflege bestehen muss.[222] Als «nachts» wird die Zeit zwischen 22 Uhr abends und 6 Uhr morgens definiert, die Hilfeleistung muss in diesem Zeitraum objektiv erforderlich sein.[223] Eine ständige Ruf- oder Einsatzbereitschaft reicht aber, wie bei der tagsüber zu berücksichtigenden Grundpflege, nicht aus.[224] Der nächtliche Hilfsbedarf muss grundsätzlich in jeder Nacht anfallen, entfällt er ausnahmsweise an einzelnen Tagen, ist dies aber unschädlich.[225]

3. Die Ermittlung des erforderlichen Zeitaufwands

Bei der Feststellung des für die Grundpflege und die hauswirtschaftliche Versorgung erforderlichen Zeitaufwands ist gem. § 15 III SGB XI als Maßstab auf eine nicht ausgebildete Pflegekraft abzustellen.[226] Dabei wird aus dem wöchentlichen Zeitaufwand der relevante Tagesdurchschnitt ermittelt.[227]

Der Pflegebedarf muss objektiv beurteilt werden. Die tatsächlich bestehende Pflegesituation, insbesondere geprägt durch Alter, Gesundheit, Fähigkeiten der Pflegeperson, kann aus Gleichbehandlungsgesichtspunkten nicht berück-

---

222 Zum Ganzen *BSG*, Urt. v. 17.05.2000 – B 3 P 20/99 R –, in: SozR 3-3300, § 14 Nr. 14.

223 *BSG*, Urt. v. 18.03.1999 – B 3 P 3/98 R –, in: SozR 3-3300, § 15 Nr. 5.

224 *BSG*, Urt. v. 19.02.1998 – B 3 P 7/97 R –, in: NZS 1998, 479 ff.

225 *BSG*, Urt. v. 18.03.1999 – B 3 P 3/98 R –, in: SozR 3-3300, § 15 Nr. 5.

226 Dies bedeutet nicht zwangsläufig, dass der Aufwand im Vergleich zu einer professionellen Pflegekraft höher ausfällt. Zwar haben Laienpfleger i. d. R. kein pflegerisches Fachwissen und keine vergleichbare Routine bei der Ausführung von Pflegehandlungen, andererseits sind sie, insb. als Familienangehörige, mit den örtlichen Gegebenheiten des Haushalts und der Persönlichkeit des Gepflegten und seinen individuellen Bedürfnissen vertrauter (*Klie*, in: Klie/Krahmer (Hrsg.), SGB XI, § 15 Rn. 6).

227 Dies hat somit zur Folge, dass Hilfsbedarf, der nicht mindestens einmal in der Woche auftritt, nicht berücksichtigt werden kann.

sichtigt werden.[228] Ausgangspunkt sind aber die individuellen Bedürfnisse des Pflegebedürftigen.[229] Der Zeitaufwand für die Hilfe bei den einzelnen Verrichtungen wird im Wege einer Schätzung ermittelt.[230] Die Grundlage dafür bilden die vom Spitzenverband der Gesetzlichen Krankenkassen auf Basis des § 17 SGB XI erlassenen Begutachtungs-Richtlinien[231]. Diese enthalten «Orientierungswerte zur Pflegezeitbemessung für die in § 14 SGB XI genannten Verrichtungen der Grundpflege» (F BRi) in Form von Zeitkorridoren für die Unterstützungshandlungen bei den einzelnen Verrichtungen. Gewährleistet werden soll damit des Gebots der sozialen Gerechtigkeit in der Form, dass bei der Bemessung der Pflegezeit gleiche Sachverhalte auch gleich behandelt werden (D 4.0 / V. BRi). Die Grundlage dieser Orientierungswerte sollen die Erkenntnisse der Begutachtungen erfahrener Pflegefachkräfte und Sozialmediziner aus ca. drei Millionen Begutachtungen bilden (D 4.0 / V. BRi). So ist etwa für eine Ganzkörperwäsche ein Zeitkorridor von 20-25 Minuten vorgesehen (F 4.1 Nr. 1 BRi), für das mundgerechte Zubereiten einer Mahlzeit von 2-3 Minuten (F 4.2 Nr. 8 BRi) und für die einfache Hilfe zum Aufstehen bzw. das Zubettgehen von jeweils 1-2 Minuten (F 4.3 Nr. 10 BRi). Da aber vom individuellen Hilfsbedarf des zu Beurteilenden ausgegangen werden muss, handelt es sich bei den Zeitorientierungswerten nur um Anhaltsgrößen, die nicht verbindlich sind, wenn die Besonderheiten des Einzelfalls eine Abweichung rechtfertigen (F BRi).

D. Der erweiterte Pflegebedürftigkeitsbegriff

I. Hilfsbedarf unter sechs Monaten

Die Erweiterung der Dauer des prognostizierten Hilfsbedarfs auf Zeiträume, die die Grenze von sechs Monaten nicht erreichen (§ 61 I S. 2 1. Alt. SGB XII), findet ihren praktischen Anwendungsbereich hauptsächlich, wenn in Folge einer Krankheit, oft in Verbindung mit einem vorherigen Krankenhausaufenthalt, ein kurzfristiger Hilfsbedarf im häuslichen Bereich entsteht,

---

228 *Klie*, in: Klie/Krahmer (Hrsg.), SGB XI, § 15 Rn. 6; *Udsching*, in: Udsching (Hrsg.), SGB XI, § 15 Rn. 16; *Wagner,* Hauck/Noftz, SGB XI, § 15 Rn. 28.

229 *Roller*, Pflegebedürftigkeit, S. 214.

230 *Roller*, Pflegebedürftigkeit, S. 216.

231 Richtlinien des GKV-Spitzenverbandes zur Begutachtung von Pflegebedürftigkeit nach dem XI. Buch des Sozialgesetzbuches (Begutachtungs-Richtlinien – BRi) vom 08. Juni 2009.

der von den Leistungen der Krankenversicherung oder der Hilfe zur Krankheit nicht erfasst wird.[232]

II. Geringerer Grad an Hilfsbedürftigkeit

Der erweiterte Pflegebedürftigkeitsbegriff umfasst auch Hilfsbedarf, der die vom engeren Begriff geforderte Intensität, also mindestens die Voraussetzungen der Pflegestufe I, nicht erfüllt (§ 61 I S. 2 2 .Alt. SGB XII).[233] Somit kann etwa ein Bedarf, der nicht täglich anfällt oder nicht den von der Pflegestufe I geforderten Zeitaufwand erfüllt, berücksichtigt werden. Auch muss der Aufwand für die Grundpflege nicht gegenüber dem bei der hauswirtschaftlichen Versorgung überwiegen.[234]

Eine allgemeine «Untergrenze» gibt es nicht. Ein geringer Unterstützungsbedarf bleibt bei der Pflegebedürftigkeit im weiteren Sinne erst dann unberücksichtigt, wenn er sich nicht mehr im Rahmen der Zielsetzung der Sozialhilfe bewegt, ein menschenwürdiges Leben zu ermöglichen.[235]

III. Hilfsbedarf bei anderen Verrichtungen

Die Erweiterung auf «andere Verrichtungen» (§ 61 I S. 2 3.Alt. SGB XII) als die, die der enge Pflegebedürftigkeitsbegriff umfasst, soll als weit auszulegende Öffnungsklausel dienen, um den Sozialhilfeträger in die Lage zu versetzen, verschiedene Bedarfssituationen flexibel zu bewältigen.[236] Eine abschließende Aufzählung der einzelnen Verrichtungen ist dementsprechend

---

232 *Lachwitz*, in: Fichtner/Wenzel (Hrsg.), SGB XII, § 61 Rn. 24; *Meßling*, jurisPK-SGB XII, § 61 Rn. 81; *H. Schellhorn*, in: Schellhorn/Schellhorn/Hohm (Hrsg.), SGB XII, § 61 Rn. 30.

233 Dies gilt nicht für das im Rahmen der Hilfe zur Pflege vorgesehene Pflegegeld in § 64 SGB XII. Dies wird gem. § 64 I SGB XII erst ab einem erheblichen Pflegebedarf ausgezahlt. Allerdings ist bei der Ermittlung der Erheblichkeit der weitere Verrichtungsbegriff des SGB XII aus § 61 I S. 2 3. Alt (s. dazu noch unten) heranzuziehen; *Meßling*, jurisPK-SGB XII, § 61 Rn. 82 u. Fn 116.

234 *Lachwitz*, in: Fichtner/Wenzel (Hrsg.), SGB XII, § 61 Rn. 27. Zur streitigen Frage, ob ein ausschließlicher Hilfebedarf bei der hauswirtschaftlichen Versorgung ausreichen kann siehe übersichtsartig *Krahmer/Sommer*, LPK-SGB XII, § 61 Rn. 6, 29 m. w. N. sowie *BSG*, Urt. v. 11.12.2007 – B 8/9b SO 12/06 R –, in: SozR 4-3500 § 21 Nr. 1; *Knickrehm*, NZS 2007, 128 (insb. 130).

235 *Lachwitz*, in: Fichtner/Wenzel (Hrsg.), SGB XII, § 61 Rn. 25; *Meßling*, jurisPK-SGB XII, § 61 Rn. 83; *H. Schellhorn*, in: Schellhorn/Schellhorn/Hohm (Hrsg.), SGB XII, § 61 Rn. 31.

236 *Lachwitz*, in: Fichtner/Wenzel (Hrsg.), SGB XII, § 61 Rn. 31; *Meßling*, jurisPK-SGB XII, § 61 Rn. 86.

nicht möglich.[237] Verrichtungen sind grundsätzlich alle Handlungen, deren Durchführung dem Menschen die Bewältigung seines Lebensalltags ermöglichen.[238] Es können folgende Fallgruppen unterschieden werden.

Zunächst werden alle Verrichtungen erfasst, die zwar zu den in §14 IV SGB XI/§ 61 V SGB XII genannten Bereichen Körperpflege, Ernährung, Mobilität und hauswirtschaftliche Versorgung gehören, dort aber nicht als berücksichtigungsfähig benannt werden, wie z. B. die Monatshygiene bei Frauen, Begleitung beim Spazierengehen, Einkaufen von Kleidung.[239]

Weiterhin werden aber auch Bereiche einbezogen, die im Rahmen des engen Pflegebedürftigkeitsbegriffs gar nicht berücksichtigt werden, soweit sie zur Aufrechterhaltung eines menschenwürdigen Lebens dienen. Dazu gehören etwa Kommunikation, Bildung und Freizeitgestaltung.[240]

Ebenfalls kann unter dem Aspekt der «anderen Verrichtungen» ein allgemeiner Aufsichtsbedarf berücksichtigt werden, der entsteht, weil etwa eine Selbst- oder Fremdgefährdung oder ein nicht planbarer Hilfebedarf zu erwarten ist.[241]

E. Die Diskussion über den Begriff der Pflegebedürftigkeit

Seit der Gestaltung des Begriffs der Pflegebedürftigkeit im Zusammenhang mit der Einführung der Pflegeversicherung ist dieser immer Bestandteil von Diskussionen gewesen. Dennoch ist er seit der Einführung durch das Pflegeversicherungsgesetz nahezu unverändert geblieben. Die einzige Änderung war die Festlegung, dass bei der Feststellung der Pflegebedürftigkeit auch die Behandlungspflege berücksichtigt werden kann (§ 15 III S. 2 u. 3 SGB XI).[242]

Im Mittelpunkt der Diskussion steht der enge Pflegebedürftigkeitsbegriff des SGB XI. Dabei geht es in der Sache darum, dass dieser nicht den aktuellen

237 *Meßling*, jurisPK-SGB XII, § 61 Rn. 90.

238 *Lachwitz*, in: Fichtner/Wenzel (Hrsg.), SGB XII, § 61 Rn. 29.

239 *Krahmer/Sommer*, in: LPK-SGB XII, § 61 Rn. 7; *Lachwitz*, in: Fichtner/Wenzel (Hrsg.), SGB XII, § 61 Rn. 29; *Meßling*, jurisPK-SGB XII, § 61 Rn. 87; *H. Schellhorn*, in: Schellhorn/Schellhorn/Hohm (Hrsg.), SGB XII, § 61 Rn. 31.

240 *Lachwitz*, in: Fichtner/Wenzel (Hrsg.), SGB XII, § 61 Rn. 30 ff.; *Meßling*, jurisPK-SGB XII, § 61 Rn. 88; *H. Schellhorn*, in: Schellhorn/Schellhorn/Hohm (Hrsg.), SGB XII, § 61 Rn. 35.

241 *Meßling*, jurisPK-SGB XII, § 61 Rn. 89; *H. Schellhorn*, in: Schellhorn/Schellhorn/Hohm (Hrsg.), SGB XII, § 61 Rn. 35.

242 Siehe zur Entstehung der Vorschrift: *Koch*, KassKomm, SGB XI, § 14 Rn. 15 ff.

Erkenntnissen der Pflegewissenschaften entspricht. Insbesondere wird kritisiert, dass bei geistig Behinderten und psychisch Kranken aufgrund der Verrichtungsbezogenheit und der daraus resultierenden Nichtberücksichtigung etwa eines allgemeinen Aufsichtsbedarfs oft keine Pflegebedürftigkeit i. S. d. SGB XI bzw. nur eine geringe Pflegestufe gegeben ist[243] und diese somit keine bzw. kaum Leistungen der Pflegeversicherung erhalten.[244]

Eine erste Reaktion[245] erfolgte durch das Gesetz zur strukturellen Weiterentwicklung der Pflegeversicherung (Pflege-Weiterentwicklungsgesetz) vom 28. Mai 2008[246]. Die Zusatzleistungen für Personen mit erheblicher Einschränkung der Alltagskompetenz, insb. Demente[247] wurden darin auch für diejenigen vorgesehen, die nicht die Voraussetzungen der Pflegestufe I erfüllen, aber in Folge von demenzbedingten Fähigkeitsstörungen, geistigen Behinderungen oder psychischen Erkrankungen erhebliche Einschränkungen der Alltagskompetenz aufweisen (vgl. § 45a Nr. 2 SGB XI). Dies stellte eine erste Ausnahme im System der Pflegeversicherung dar, das grundsätzlich Leistungen nur bei einer Pflegebedürftigkeit im engeren Sinne vorsieht.

Auch der Pflegebedürftigkeitsbegriff sollte grundlegend überarbeitet werden. Daher wurde 2008 ein neuer, vom Hilfsbedarf bei Alltagsverrichtungen losgelöster Begriff der Pflegebedürftigkeit entwickelt.[248] Zu einer Gesetzesände-

---

243 Das BVerfG hat die aus der Verrichtungsbezogenheit resultierende Ungleichbehandlung von Menschen mit demenzbedingten Fähigkeitsstörungen, geistigen Behinderungen oder psychischen Erkrankungen und somatisch Erkrankten und Behinderten, deren Betreuungsbedarf bei der Ermittlung der Pflegebedürftigkeit in höherem Maße berücksichtigt wird, für mit Art. 3 I GG vereinbar erklärt. Der Gestaltungsspielraum des Gesetzgebers sei bei einem System, das nur auf eine Teilabsicherung eines Risikos ausgerichtet ist, besonders groß. Für die Ungleichbehandlung bestünden sachliche Gründe. Dies seien insbesondere die aus der Verrichtungsbezogenheit resultierende Gesetzesklarheit und Anwendungssicherheit sowie die sich aus einer engen Auslegung ergebende vertretbare Beitragsbelastung der Versicherten, *BVerfG*, Nichtannahmebeschl. v. 22.05.2003 – 1 BvR 452/99 –, in: ZFSH/SGB 2003, 548 f.

244 Zum Ganzen *Klie*, in: Klie/Krahmer (Hrsg.), SGB XI, Vor. §§14-19 Rn. 2 ff.

245 BT-Drs. 16/7439, S. 1.

246 BGBl. 2008, Teil I, S. 874 ff.

247 Diese wurden bereits 2001 in Form der §§ 45a-c SGB XI durch das Gesetz zur Ergänzung der Leistungen bei häuslicher Pflege von Pflegebedürftigen mit erheblichem allgemeinen Betreuungsbedarf (Pflegeleistungs-Ergänzungsgesetz) v. 14. Dezember 2001 (BGBl. 2001, Teil I, S. 3728 ff.) eingeführt.

248 Siehe eine Zusammenfassung der wesentlichen Punkte bzgl. der Pflegebedürftigkeit des Gutachtens von pflegewissenschaftlichen und medizinischen Sachverständigen «Das neue Begutachtungsassessment zur Feststellung von Pflegebedürftigkeit», erstellt vom Institut für Pflegewissenschaft an der Universität Bielefeld und dem Medizinischen Dienst der Krankenversicherung Westfalen-Lippe, Bielefeld/Münster, 29.02.2008, bei *Udsching*, in: Udsching (Hrsg.), SGB XI, Einleitung Rn. 26 ff.

rung kam es allerdings nicht. Überwiegend wurde eine Änderung in der momentanen 17. Legislaturperiode erwartet.[249] Das Jahr 2011 wurde vom damaligen Gesundheitsminister Rösler zum «Jahr der Pflege» ernannt. Auf der Agenda stand auch die Neudefinition der Pflegebedürftigkeit. Mitte des Jahres 2012 wurde dann – mittlerweile unter der Federführung des neuen Gesundheitsministers Bahr – das Gesetz zur Neuausrichtung der Pflegeversicherung (Pflege-Neuausrichtungs-Gesetz – PNG) erlassen, dessen zentrale Regelungen zum 01.01.2013 in Kraft treten. Kernpunkte dieses Reformgesetzes sind etwa eine Förderung von privaten Zusatz-Pflegeversicherungen («Zulagenförderung der privaten Pflegevorsorge» §§ 126 ff. SGB XI n. F.), die 5 Euro pro Monat bei einem Mindestbeitrag von 10 Euro pro Monat beträgt (§ 127 I SGB XI n. F). Außerdem sieht das Gesetz eine Förderung von ambulant betreuten Wohngruppen vor, einmal in Form von zusätzlichen Leistungen für Pflegebedürftige, die in einer solchen leben (§ 38a SGB XI n. F) und zusätzlich in Form eine Anschubfinanzierung zur Gründung (§ 45e SGB XI n. F).

Auch die zwingende Notwendigkeit der baldigen Neuregelung des Pflegebedürftigkeitsbegriffs wurde anerkannt. Allerdings bedürfe es zu dessen Einführung noch umfangreicher Vorarbeiten, die momentan durch einen Expertenbeirat durchgeführt würden. Als zeitnahe Hilfe für demenzkranke Menschen sind daher im PNG übergangsweise besondere Leistungen vorgesehen, die gewährt werden sollen, bis ein neuer Pflegebedürftigkeitsbegriff endgültig im Gesetz definiert ist.[250] Dementsprechend wurden diese Leistungen als Übergangsregelungen in Form der §§ 123, 124 SGB XI n. F eingefügt. Versicherte Pflegebedürftige mit eingeschränkter Alltagskompetenz i. S. d. § 45a SGB XI, die die Voraussetzungen der Pflegestufe I nicht erfüllen, können danach u. a. Pflegegeld und Pflegesachleistungen i. S. d. § 36 SGB XI erhalten (§ 123 II SGB XI n. F). Für die Pflegebedürftigen mit eingeschränkter Alltagskompetenz, die der Pflegestufe I oder II zugeordnet sind, erhöht sich der Wert der der Pflegesachleistungen bzw. der Betrag des Pflegegeldes (§ 123 III, IV SGB XI n. F). Zusätzlich wird der Sachleistungsanspruch des § 36 SGB XI für alle Leistungsberechtigten um einen Anspruch auf häusliche Betreuung ergänzt (§ 124 SGB XI n. F), soweit Grundpflege und hauswirtschaftliche Versorgung im Einzelfall sichergestellt sind (§ 124 III SGB XI n. F).

---

249 *Klie*, in: Klie/Krahmer (Hrsg.), SGB XI, Vor. §§ 14-19 Rn. 8 (der zwar von der 15. Legislaturperiode spricht, aber wohl die 17. meint, da er die 14. als die der großen Koalition bezeichnet).

250 Zum Ganzen BT-Drs. 17/9369, S. 1.

§ 7 Pflegeinrichtungen

A. Pflegeeinrichtungen im SGB XI

I. Allgemeines

Im SGB XI legt § 71 durch die Definition von Pflegeeinrichtungen fest, welche Einrichtungen grundsätzlich für den Abschluss eines Versorgungsvertrags und somit dafür, Leistungen für die soziale Pflegeversicherung zu erbringen, in Frage kommen. Dabei wird zwischen ambulanten Pflegeeinrichtungen (Pflegediensten) und stationären Pflegeeinrichtungen (Pflegeheimen) unterschieden. Ambulante Pflegedienste sind gem. § 71 I SGB XI selbständig wirtschaftende Einrichtungen, die unter ständiger Verantwortung einer ausgebildeten Pflegefachkraft Pflegebedürftige in ihrer Wohnung pflegen und hauswirtschaftlich versorgen. Als stationäre Pflegeeinrichtungen werden in § 71 II SGB XI selbständig wirtschaftende Einrichtungen, in denen Pflegebedürftige unter ständiger Verantwortung einer ausgebildeten Pflegefachkraft gepflegt werden und ganztägig (vollstationär) oder nur tagsüber oder nur[251] nachts (teilstationär) untergebracht und verpflegt werden können. Somit bedarf es in beiden Fällen einer selbständig wirtschaftenden Einrichtung und der ständigen Verantwortung einer ausgebildeten Fachkraft. Die Unterschiede bestehen lediglich im Leistungsangebot.

II. Gemeinsame Anforderungen

1. Selbständig wirtschaftende Einrichtung

a. Einrichtung

Der Begriff der Einrichtung setzt ein «Mindestmaß an Organisationsstruktur» voraus, was insbesondere bei Pflegediensten nicht durch das bloße Vorhandensein mehrerer Pflegekräfte gegeben ist.[252] Somit bedarf es zunächst einer

251 Das Wort «nur» vor «tagsüber» und «nachts» wird durch das Pflege-Neuausrichtungs-Gesetz gestrichen, da es verhindert, dass Einrichtungen gleichzeitig Tages- und Nachtpflege anbieten, BT-Drs. 17/9369, S. 44.

252 *Schütze*, in: Udsching (Hrsg.), SGB XI, § 71 Rn. 14 m. w. N.

auf Dauer angelegten organisatorischen Zusammenfassung sowohl von Personen als auch von Sachmitteln.[253].

Darüber hinaus wird im Rahmen des Einrichtungsbegriffs teilweise schon eine gewisse Leistungsfähigkeit dieser organisatorischen Zusammenfassung gefordert. So soll bei Pflegediensten, unabhängig vom Bestand der Mitarbeiter, die Gewährleistung einer ausreichenden, gleichmäßigen und konstanten pflegerischen Versorgung eines wechselnden Kreises von Pflegebedürftigen in dem jeweiligen Einzugsbereich[254], bei Pflegeheimen einer ganzheitlichen Pflege und Versorgung der Bewohner gegeben sein.[255] Abgelehnt wird dieser Ansatz mit der Begründung, eine Einbeziehung der Leistungsfähigkeit in den Einrichtungsbegriff widerspreche der Systematik des Gesetzes. § 72 III SGB XI, der die Voraussetzungen für den Abschluss eines Versorgungsvertrags festlegt, stelle einerseits die Anforderung, dass die Pflegeeinrichtungen den Anforderungen des § 71 SGB XI genüge (§ 72 III S. 1 Nr. 1 SGB XI), andererseits, dass eine leistungsfähige pflegerische Versorgung (§ 72 III S. 1 Nr. 2 1. Alt. SGB XI) bestünde. Also könne die Leistungsfähigkeit nicht schon Kriterium im Rahmen des § 71 SGB XI sein.[256] Im Ergebnis macht es aber keinen Unterschied, ob die Leistungsfähigkeit schon beim Begriff der Pflegeeinrichtung oder erst im Rahmen des Versorgungsvertrags Berücksichtigung findet.

Von der Einrichtung als solcher ist ihr Träger zu unterscheiden. Träger einer Einrichtung können öffentlich[257], privat oder freigemeinnützig[258] sein

253 BT-Drs. 12/5262 S. 134; *Knittel*, Krauskopf, SGB XI, § 71 Rn. 3; *Leitherer*, KassKomm, SGB XI, § 71 Rn. 6; *Plantholz/Pöld-Krämer*, in: Klie/Krahmer (Hrsg.), SGB XI, §71 Rn. 6; *Schütze*, in: Udsching (Hrsg.), SGB XI, § 71 Rn. 14.

254 BT-Drs. 12/5262, S. 134; *Knittel*, Krauskopf, SGB XI, § 71 Rn. 3; *Schütze*, in: Udsching (Hrsg.), SGB XI, § 71 Rn. 14: Wohl für Pflegedienste und Pflegeheime.

255 *Leitherer*, KassKomm, SGB XI, § 71 Rn. 18.

256 Zum Ganzen *Groth*, Hauck/Noftz, SGB XI, § 71 Rn. 17; dies ausdrücklich ablehnend *Schütze*, in: Udsching (Hrsg.), SGB XI, § 71 Rn. 14, der das Kriterium der leistungsfähigen pflegerischen Versorgung in § 72 III S. 1 Nr. 2 1. Alt. SGB XI als Betonung der seines Erachtens schon in § 71 SGB XI geforderten Leistungsfähigkeit sieht.

257 Öffentliche Träger sind fast ausschließlich die Kommunen. Siehe dazu: Die Pflegestatistik des Statistischen Bundesamtes 2009, Deutschlandergebnisse: Von den 195 Pflegediensten, die in Deutschland von öffentlichen Trägern betrieben wurden, befanden sich 164 in kommunaler Trägerschaft (S. 11), bei den Pflegeheimen waren es 552 von 624 (S. 18).

258 Hierunter fallen hauptsächlich die Träger der freien Wohlfahrtspflege. Die Bundesarbeitsgemeinschaft der freien Wohlfahrtspflege besteht aus den Spitzenverbänden der Arbeiterwohlfahrt, des Deutschen Caritasverbandes, des paritätischen Gesamtverbandes, des Deutschen Roten Kreuzes, des Diakonischen Werks der evangeli-

(vgl. § 11 II SGB XI). Ziel des Pflegeversicherungsgesetzes war es, die historisch bereits gewachsene Situation im Bereich der Pflegeerbringung durch ein Nebeneinander von diesen öffentlichen, privaten und freigemeinnützigen, insbesondere kirchlichen (vgl. § 11 II S. 2 SGB XI) Trägern (sog. Grundsatz der Trägervielfalt) weiterhin zu nutzen.[259]

In NRW waren 2009 61,6% der Pflegedienste in privater Trägerschaft, 37,4% werden von freigemeinnützigen Trägern betrieben, nur 1% ist in öffentlicher Hand.[260] Bei den Pflegeheimen entfielen 30,1% auf private, 65,0% auf freigemeinnützige und 4,9% auf öffentliche Träger.[261]

b. Selbständig wirtschaftend

Es handelt sich um eine «selbständig wirtschaftende» Einrichtung, wenn diese entweder nur Pflegebedürftige versorgt bzw. Pflegeleistungen im Haushalt erbringt oder, wenn die Einrichtung neben der Pflege noch in anderen Bereichen tätig ist bzw. sowohl stationäre als auch ambulante Pflegeleistungen anbietet, der (jeweilige) Pflegebereich wirtschaftlich und organisatorisch selbständig ist.[262] So soll es einer Vielzahl von Einrichtungen ermöglicht werden, Leistungen nach dem SGB XI zu erbringen, insbesondere auch solchen, die hauptsächlich Gesundheitsleistungen (z. B. Krankenhäuser und Reha-Einrichtungen) erbringen, um ihren Erfahrungsschatz nutzbar zu machen.[263] Gleichzeitig soll durch die wirtschaftliche und organisatorische Abtrennung verhindert werden, dass die unterschiedlichen Finanzierungsverantwortlichkeiten und Vergütungssysteme (z. B. Krankenversicherung und Pflegeversicherung) miteinander vermischt werden.[264] Dies ist erforderlich, damit im Zuge der Verhandlungen über Entgeltvereinbarungen ein Vergleich zwischen unterschiedlichen Pflegeeinrichtungen (sog. «externer Vergleich» s. u.) mög-

schen Kirche in Deutschland und der Zentralwohlfahrtsstelle der Juden in Deutschland.

259 BT-Drs. 12/5262 S. 93.

260 Die Pflegestatistik des Statistischen Bundesamtes 2009, Ländervergleich – Ambulante Pflegedienste, S. 6.

261 Die Pflegestatistik des Statistischen Bundesamtes 2009, Ländervergleich – Pflegeheime, S. 6.

262 BT-Drs. 12/5262, S. 135; *Knittel*, Krauskopf, SGB XI, § 71 Rn. 9; *Leitherer*, KassKomm, SGB XI, § 71 Rn. 7; *Schütze*, in: Udsching (Hrsg.), SGB XI, § 71 Rn. 16.

263 BT-Drs. 12/5262, S. 134; *Knittel*, Krauskopf, SGB XI, § 71 Rn. 7 f.; *Schütze*, in: Udsching (Hrsg.), SGB XI, § 71 Rn. 15.

264 BT-Drs. 12/5262, S. 135;*Groth*, Hauck/Noftz, SGB XI, § 71 Rn. 19. *Knittel*, Krauskopf, SGB XI, § 71 Rn. 9; *Schütze*, in: Udsching (Hrsg.), SGB XI, § 71 Rn. 15.

lich ist.[265] Die Anforderungen, die an die Abtrennung zu stellen sind, sind somit so zu wählen, dass dieses Ziel erreicht werden kann. Daher ist keine wirtschaftliche und organisatorische Selbständigkeit in der Weise erforderlich, dass die Pflegeeinrichtung in Abgrenzung zu den anderen Betätigungsfeldern von einer eigenständigen rechtsfähigen (juristischen) Person betrieben wird.[266] Vielmehr dürfte eine Kostenisolierung in Form von gesonderter Buchführung, Bilanzierung und Jahresabschlüssen ausreichen, um eine Vermengung zu verhindern.[267] Die Rechnungs- und Buchführungspflichten der Pflegeeinrichtungen sind bislang in der auf Grundlage des § 83 I S. 1 Nr. 3 SGB XI erlassenen Pflege – Buchführungsverordnung[268] geregelt. Diese wird aber auf Dauer wohl durch eine Vereinbarung über gemeinsame und einheitliche Grundsätze ordnungsgemäßer Pflegebuchführung für ambulante und stationäre Pflegeeinrichtungen ersetzt werden, die zwischen dem Spitzenverband Bund der Pflegekassen, der Bundesarbeitsgemeinschaft der überörtlichen Träger der Sozialhilfe, der Bundesvereinigung der kommunalen Spitzenverbände und der Vereinigungen der Träger der Pflegeeinrichtungen auf Bundesebene abgeschlossen wird. Die Möglichkeit dazu besteht seit 01.07.2008 in Form des § 75 VII SGB XI.

2. Erbringung der Pflegeleistungen unter ständiger Verantwortung einer ausgebildeten Pflegefachkraft

a. Pflegefachkraft

Das SGB XI enthält in § 71 III eine eigene Definition der ausgebildeten Pflegefachkraft.[269] Voraussetzungen sind dabei eine bestimmte berufliche Qualifikation, eine gewisse Zeit Berufserfahrung und die Absolvierung einer Weiterbildungsmaßnahme für leitende Funktionen.

Zur Erfüllung der Voraussetzungen der beruflichen Qualifikation nach § 71 III SGB XI muss jemand berechtigt sein, die dort genannten Berufsbezeich-

---

265 *Groth*, Hauck/Noftz, SGB XI, § 71 Rn. 20.

266 *Groth*, Hauck/Noftz, SGB XI, § 71 Rn. 19.

267 *Fuchs/Preis*, Sozialversicherungsrecht, S. 465 f.; *Groth*, Hauck/Noftz, SGB XI, § 71 Rn. 20; *Plantholz/Pöld-Krämer*, in: Klie/Krahmer (Hrsg.), SGB XI, § 71 Rn. 8.

268 BGBl. 1995, Teil I, S. 1528 ff., später mehrmals geändert.

269 Die Formulierung ist dahingehend missglückt, dass es keine Pflegefachkraft geben kann, die nicht ausgebildet ist, s. *Plantholz/Pöld-Krämer*, in: Klie/Krahmer (Hrsg.), SGB XI, § 71 Rn. 9.

nungen – Krankenpfleger/in, Kinderkrankenpfleger/in oder Altenpfleger/in[270] – zu führen.[271] Im Bereich von Pflegediensten, die überwiegend behinderte Menschen pflegen und betreuen, kommen zusätzlich nach Landesrecht ausgebildete Heilerziehungspfleger/innen in Betracht.[272]

Als weitere Voraussetzung bedarf es einer Berufserfahrung in diesem erlernten Beruf[273] von zwei Jahren innerhalb einer Rahmenfrist, die grundsätzlich fünf Jahre beträgt, aber in bestimmten Fällen (z. B. Pause bei der Erwerbstätigkeit aufgrund von Betreuung oder Erziehung eines Kindes) bis zu einer Höchstrahmenfrist von acht Jahren verlängert werden kann (vgl. dazu § 71 III S. 3 ff. SGB XI).[274]

Zusätzlich muss die in Frage kommende Person gem. § 71 III S. 6 SGB XI eine Weiterbildungsmaßnahme für leitende Funktionen absolviert haben. Die einzige Anforderung, die das Gesetz an diese Weiterbildung stellt, ist, dass sie «460 Stunden nicht unterschreiten soll». Die weiteren Anforderungen werden in den Vereinbarungen zu den Maßstäben und Grundsätzen zur Sicherung und Weiterentwicklung der Pflegequalität gem. § 113 SGB XI konkretisiert.[275]

---

270 Dies beurteilt sich bei den Bezeichnungen Gesundheits- und Krankenpflegerin bzw. Gesundheits- und Krankenpfleger und Gesundheits- und Kinderkrankenpflegerin bzw. des Gesundheits- und Kinderkrankenpfleger nach dem Gesetz über die Berufe in der Krankenpflege (Krankenpflegegesetz – KrPflG) (BGBl. 2003, Teil I, S. 1442 ff.), bei den Bezeichnungen Altenpflegerin bzw. Altenpfleger nach dem Gesetz über die Berufe in der Altenpflege (Altenpflegegesetz – AltPflG) (BGBl. 2003, Teil I, S. 1690 ff.).

271 *Groth*, Hauck/Noftz, SGB XI, § 71 Rn. 33.

272 Dies richtet sich in NRW nach der Verordnung über die Ausbildung und Prüfung in den Bildungsgängen des Berufskollegs (Ausbildungs- und Prüfungsordnung Berufskolleg – APO-BK) (GV.NW 1999, S. 240).

273 *Groth*, Hauck/Noftz, SGB XI, § 71 Rn. 39.

274 Siehe diesbzgl. *Groth*, Hauck/Noftz, SGB XI, § 71 Rn. 41 ff. Durch das Pflege-Weiterentwicklungsgesetz wird die Rahmenfrist von fünf auf acht Jahre verlängert. Die Verlängerungsmöglichkeiten entfallen. Dadurch soll die Rückkehr in den Beruf nach einer Pause erleichtert werden und den Landesverbänden der Pflegekassen Bürokratie durch den Wegfall des Erfordernisses der Überprüfung, ob die Rahmenfrist zu verlängern ist, erspart werden, BT-Drs. 17/9369, S. 45.

275 Vgl. etwa: 3.1.5.3 «Maßstäbe und Grundsätze für die Qualität und Qualitätssicherung sowie für die Entwicklung eines einrichtungsinternen Qualitätsmanagements nach § 113 SGB XI in der ambulanten Pflege» vom 27. Mai 2011 (MstAmb); 2.3.2.3 «Maßstäbe und Grundsätze für die Qualität und Qualitätssicherung sowie für die Entwicklung eines einrichtungsinternen Qualitätsmanagements nach § 113 SGB XI in der vollstationären Pflege» vom 27. Mai 2011 (MstStat).

Die in Frage kommende Pflegefachkraft und die Pflegeeinrichtung haben einen Anspruch auf schriftliche Auskunft gegen den Landesverband der Pflegekassen, ob die Voraussetzungen erfüllt sind.[276]

b. Erbringung der Pflegeleistungen unter ständiger Verantwortung

Pflegeleistungen werden unter ständiger Verantwortung der Pflegefachkraft erbracht, wenn diese in den Grundzügen die einzelnen Leistungen für die Pflegebedürftigen selbst festlegt, deren Durchführung organisiert und die entsprechende Umsetzung angemessen kontrolliert.[277] Es ist also nicht erforderlich, dass die Pflegehandlungen durch Pflegefachkräfte erbracht werden.[278] Selbst angelernte Kräfte und Hilfskräfte kommen dafür in Frage, solange sie nur unter der Anleitung einer Fachkraft tätig werden.[279] Das Erfordernis der Kontrolle der eingesetzten Pflegekräfte kann nur hinreichend gewährleistet werden, wenn der Pflegefachkraft gegenüber den zur Pflege eingesetzten Personen ein Weisungsrecht zusteht.[280] Da der Pflegefachkraft in erster Linie Steuerungsaufgaben, insb. in Form von Pflegeanamnese, Pflegeplanung, Pflegeevaluation und Pflegeaufsicht, obliegen, muss sie sich nicht ständig in der Einrichtung oder am sonstigen Ort der Pflegeerbringung befinden.[281] Allerdings muss sie zwingend in einem sozialversicherungspflichtigen Beschäftigungsverhältnis mit der Einrichtung stehen bzw. deren Eigentümer oder Gesellschafter sein.[282] Auch muss die Einrichtung für einen eventuellen Ausfall der verantwortlichen Pflegefachkraft (z. B. aufgrund Verhinderung, Krankheit, Urlaub) gewährleisten, dass eine Vertretung mit der Qualifikation zur Pflegefachkraft verfügbar ist.[283]

Die ständige Verantwortung bezieht sich nur auf den Pflegebereich, nicht hingegen auf die Bereiche der kaufmännischen Geschäftsführung und sonstiger Organisation, die sich auf die Einrichtung als Ganzes erstreckt.[284] Die

276 Ein Anspruch auf formelle Anerkennung besteht allerdings nicht, zum Ganzen: *BSG*, Urt. v. 18.05.2011 –B 3 P 5/10 R –, in: PflR 2011, 480 ff.

277 *BSG*, Urt. v. 22.04.2009 – B 3 P 14/07 R –, in: BSGE 103, 78 ff.

278 *Leitherer*, KassKomm, SGB XI § 71 Rn. 12, 15.

279 3.1.6 MstAmb; 2.4.1 MstStat.

280 *Leitherer*, KassKomm, SGB XI, § 71 Rn. 14.

281 *Plantholz/Pöld-Krämer*, in: Klie/Krahmer (Hrsg.), SGB XI, § 71 Rn. 9.

282 3.1.5.5 MstAmb; 2.3.2.5 MstStat. Diese Voraussetzung gilt jeweils nicht für Mitglieder geistlicher Genossenschaften, Diakonissen und Kirchenbeamte.

283 3.1.2 MstAmb; 2.3.1 MstStat.

284 *Groth*, Hauck/Noftz, SGB XI, § 71 Rn. 23; *Leitherer*, KassKomm, SGB XI, § 71 Rn. 12.

Einrichtungsleitung muss somit nicht mit einer Pflegefachkraft besetzt sein. Eine Personalunion von Einrichtungsleiter und verantwortlicher Pflegefachkraft ist aber möglich, solange die betroffene Person die ihr als verantwortliche Pflegefachkraft obliegenden Aufgaben selbst erfüllt oder – wenn dies aufgrund der Größe der Einrichtung nicht möglich ist – auf Mitarbeiter delegiert, die ebenfalls die Qualifikation zur Pflegefachkraft erfüllen.[285]

III. Anforderungen an ambulante Pflegeeinrichtungen

Das Leistungsangebot der ambulanten Pflegeeinrichtung muss darin bestehen, Pflegebedürftige in ihrer Wohnung zu pflegen und hauswirtschaftlich zu versorgen (§ 71 I SGB XI). Unter Pflege und hauswirtschaftliche Versorgung ist die Erbringung von Sachleistungen i. S. d. § 36 SGB XI zu verstehen.[286]

Über die Vorgabe des Pflegeorts «in ihrer Wohnung» erfolgt die Abgrenzung zur stationären Pflege in Pflegeheimen. Damit muss die Versorgung des Pflegebedürftigen außerhalb einer Pflegeeinrichtung i. S. d. § 71 II SGB XI erfolgen (vgl. § 36 II S. 2 2. Hs. 1. Alt. SGB XI) und außerhalb von anderen Einrichtungen, in denen, wenn der Pflegebedürftige dort untergebracht ist, keine Pflegesachleistungen zulässig sind. Gem. § 36 II S. 2 2. Hs. 2. Alt. SGB XI gilt dies bei den in § 71 IV SGB XI beschriebenen Einrichtungen. Dabei handelt es sich um stationäre Einrichtungen, bei denen die Leistungen zur medizinischen Vorsorge, zur medizinischen Rehabilitation, zur Teilhabe am Arbeitsleben oder am Leben in der Gemeinschaft, die schulische Ausbildung oder die Erziehung kranker oder behinderter Menschen im Vordergrund des Zweckes der Einrichtung stehen sowie um Krankenhäuser.[287]

Die ambulante Pflegeeinrichtung muss in der Lage sein, alle im SGB XI im Rahmen der Pflegesachleistungen des § 36 vorgesehenen Leistungen zu erbringen. Eine Beschränkung auf Teilbereiche, z. B. auf gewisse hauswirtschaftliche Unterstützung in Form eines Essendienstes auf Rädern oder eines

285 *BSG*, Urt. v. 22.04.2009 – B 3 P 14/07 R –, in: BSGE 103, 78 ff.; *Groth*, Hauck/Noftz, SGB XI, § 71 Rn. 23.

286 *Groth*, Hauck/Noftz, SGB XI, § 71 Rn. 11; *Schütze*, in: Udsching (Hrsg.), SGB XI, § 71 Rn. 6.

287 Zum Ganzen *Groth*, Hauck/Noftz, SGB XI, § 71 Rn. 9.

bloßen Reinigungsunternehmens für den Wohnungsbereich, ist nicht möglich.[288]

Umstritten ist hingegen, ob eine Beschränkung des Leistungsangebots in zeitlicher Hinsicht zulässig ist oder ob es für die Anerkennung als Pflegedienst zwingend erforderlich ist, dass eine Versorgung «Rund um die Uhr» garantiert wird, wie die Begründung des Gesetzentwurfs es vorsieht.[289] Insbesondere wird hier betont, dass ausreichende Früh-, Spät-, Wochenend- und Feiertagsdienste sichergestellt werden müssen.

Dennoch lehnt ein Teil der Literatur dies als Voraussetzung ab. Die Begründungen sind unterschiedlich. Einmal wird angeführt, diese Vorgaben seien überzogen. Wenn das Leistungsrecht des SGB XI sowohl die Kombination von professioneller und ehrenamtlicher Pflege in Form der Kombinationsleistung des § 38 als auch die Kombination von teilstationärer und häuslicher Pflege (vgl.§ 41 III-VI) vorsehe, könne es durchaus das Bedürfnis für Pflegedienste mit einem zeitlich eingeschränkten Angebot geben.[290] An anderer Stelle wird auf den von der Einrichtung versorgten Personenkreis abgestellt. Nur bei Pflegebedürftigen der Pflegestufe III sei mit Blick auf § 15 I Nr. 3 SGB XI tatsächlich eine Rund-um-die-Uhr-Betreuung erforderlich.[291]

Andere Teile der Literatur folgen der Gesetzesbegründung. Mit dem Ziel der Pflegeversicherung, ein umfassendes und ortsnahes Versorgungsangebot sicherzustellen, sei eine zeitliche Einschränkung des Angebots nicht vereinbar. Auch sei zweifelhaft, ob ein Pflegedienst, der aufgrund fehlender vierundzwanzigstündiger Bereitschaft keine Pflegebedürftigen der Pflegestufe III versorgen könne, überhaupt leistungsfähig i. S. d. § 72 III S. 1 Nr. 2 1. Alt. SGB XI sei. Hinzu komme, dass ein zeitlich beschränktes Angebot tatsächlich wohl kaum konkurrenzfähig sein könne.[292]

---

288 BT-Drs. 12/5262, S. 134; *Groth*, Hauck/Noftz, SGB XI, § 71 Rn. 11; *Knittel*, Krauskopf, SGB XI, § 71 Rn. 6; *Leitherer*, KassKomm, SGB XI, § 71 Rn. 10; *Schütze*, in: Udsching (Hrsg.), SGB XI, § 71 Rn. 7.

289 BT-Drs. 12/5262, S. 134.

290 *Schütze*, in: Udsching (Hrsg.), SGB XI, § 71 Rn. 7.

291 *Knittel*, Krauskopf, SGB XI, § 71 Rn. 4.

292 Zum Ganzen: *Plantholz/Pöld-Krämer*, in: Klie/Krahmer (Hrsg.), SGB XI, § 71 Rn. 6; die zwar von Leistungsfähigkeit gem. § 72 III S. 1 Nr. 1 SGB XI sprechen, aber wohl Nr. 2 meinen.

IV. Anforderungen an stationäre Pflegeeinrichtungen

1. Leistungsangebot

In stationären Pflegeeinrichtungen müssen Pflegebedürftige die erforderlichen Pflegeleistungen erhalten (§ 71 II Nr. 1 SGB XI) und entweder ganztägig (vollstationär) oder tagsüber bzw. nachts (teilstationär) untergebracht und verpflegt werden können (§ 71 II Nr. 2 SGB XI). Die vollstationäre Pflege kann dauerhaft (Vollstationäre Pflege i. S. d. § 43 SGB XI) oder vorübergehend erbracht werden (Kurzzeitpflege gem. § 42 SGB XI). Im Bereich der teilstationären Tages- und Nachtpflege (§ 41 SGB XI) überwiegt die Tagespflege, bei der der Pflegebedürftige nur tagsüber stationär betreut wird und abends in seine Wohnung zurückkehrt. Der umgekehrte Fall der Nachtpflege spielt in der Praxis kaum eine Rolle.[293]

Der Inhalt der zu erbringenden Pflegeleistungen richtet sich nach den leistungsrechtlichen Vorschriften der §§ 41, 43 SGB XI.[294] Diese beinhalten neben den allgemeinen, also allen für die Versorgung des Pflegebedürftigen nach Art und Schwere seiner Pflegebedürftigkeit erforderlichen (vgl. § 84 IV SGB XI) Pflegeleistungen auch die medizinische Behandlungspflege und soziale Betreuung (§§ 41 II S. 1, 43 II S. 1 SGB XI). Der Inhalt der zu erbringenden Pflegeleistungen ist somit gegenüber denen, die ambulante Pflegeeinrichtungen erbringen müssen, erweitert. Insbesondere sind so auch Leistungen zu erbringen, deren Bedarf bei Ermittlung der Pflegebedürftigkeit unberücksichtigt bleibt. Wie bei den Pflegediensten muss die stationäre Einrichtung tatsächlich in der Lage sein, die gesamte Leistungsbreite, hier aus pflegerischer Versorgung, Unterkunft und Verpflegung bestehend, zu erbringen.[295]

2. Leistungszweck

Im Vordergrund des Leistungszwecks der stationären Einrichtungen müssen gem. § 71 IV SGB XI pflegerische Zwecke stehen. Somit scheiden die dort genannten stationären Einrichtungen, wie Krankenhäuser und solche, bei denen in erster Linie Leistungen zur medizinischen Vorsorge oder Rehabilitation, zur Teilhabe am Arbeitsleben oder Leben in der Gemeinschaft erbracht oder eine schulische Ausbildung oder die Erziehung kranker oder behinderter

---

293 *Leitherer*, KassKomm, SGB XI § 71 Rn. 24; *Schütze*, in: Udsching (Hrsg.), SGB XI, § 71 Rn. 9.

294 *Schütze*, in: Udsching (Hrsg.), SGB XI, § 71 Rn. 10.

295 *Schütze*, in: Udsching (Hrsg.), SGB XI, § 71 Rn. 11.

Menschen angestrebt werden[296], als stationäre Pflegeeinrichtungen i. S. d. SGB XI aus.[297]

Durch diese Regelung sollen Einrichtungen, die zwar teilweise auch Hilfen bei den Verrichtungen des täglichen Lebens zur Verfügung stellen, aber in ihrer Grundausrichtung auf etwas anderes abzielen, als Pflegezwecken zu dienen, als Leistungserbringer im Rahmen der sozialen Pflegeversicherung ausscheiden.[298] Somit können auch Einrichtungen der Eingliederungshilfe für behinderte Menschen (§§ 53 ff. SGB XII) nicht gleichzeitig stationäre Pflegeeinrichtungen der sozialen Pflegeversicherung sein und die durch sie betreuten Menschen daher grds. keine Leistungen nach dem SGB XI erhalten. Eine Ausnahme davon wird durch § 43a SGB XI statuiert. Danach übernimmt die Pflegeversicherung für Pflegebedürftige in einer vollstationären Einrichtung der Hilfe für behinderte Menschen, in der die Teilhabe am Arbeitsleben und am Leben in der Gemeinschaft, die schulische Ausbildung oder die Erziehung behinderter Menschen im Vordergrund des Einrichtungszwecks stehen, 10% des Heimentgelts bis zu einem monatlichem Höchstbetrag von 256 Euro.[299]

Überwiegend wird der Vorschrift des §71 IV SGB XI der Zweck zugeschrieben, die Leistungen der Pflegeversicherung hauptsächlich auf ältere pflegebedürftige («altersgebrechliche») Menschen zu beschränken.[300]

---

296 *Schütze*, in: Udsching (Hrsg.), SGB XI, § 71 Rn. 12; s. a. zur Abgrenzung im Einzelfall Rn. 13.

297 Unbenommen bleibt insb. Krankenhäusern die Möglichkeit, selbständig wirtschaftende Pflegeabteilungen zu betreiben, vgl. *Knittel*, Krauskopf, SGB XI, § 71 Rn. 27.

298 BT-Drs. 13/3696, S. 15.

299 Die Regelung der §§ 71 IV und 43a SGB XI wurde nachträglich durch das Erste Gesetz zur Änderung des Elften Buches Sozialgesetzbuch und anderer Gesetzes vom 14. Juni 1996 (BGBl. 1996, Teil I, S. 830 ff.) eingefügt. Der ursprüngliche Gesetzesentwurf sah nur die Vorschrift des § 71 IV SGB XI vor (vgl. BT-Drs. 13/3696, S. 3 ff.). Sie sollte durch die Einschränkung des Begriffs der stationären Pflegeeinrichtung die Kosten der sozialen Pflegeversicherung begrenzen (BT-Drs. 13/3696, S. 15). Der Bundesrat sah darin aber eine umfassende Ausgrenzung von Behinderten aus dem leistungsberechtigten Personenkreis, die zudem zu einer ungerechtfertigten Belastung der nachrangig eintretenden Sozialhilfeträger führen würde. Daher machte er seine Zustimmung von der Einführung einer Bestimmung nach Art des § 43a SGB XI abhängig, um diese von § 71 IV SGB XI ausgehenden Effekte zu begrenzen (BR-Drs. 228/96 (Beschluss), Anlage S. 2 f.).

300 *Leitherer*, KassKomm, SGB XI § 71 Rn. 33; *Plantholz/Pöld-Krämer*, in: Klie/Krahmer (Hrsg.), SGB XI, §71 Rn. 20; *Schütze*, in: Udsching (Hrsg.), SGB XI, § 71 Rn. 12.

B. Pflegeeinrichtungen und -dienste im SGB XII

I. Allgemeines

Das SGB XII enthält keine Definition des Begriffs der Pflegeeinrichtung. Vielmehr ist der Begriff der Einrichtung übergreifend für alle Hilfsarten der Sozialhilfe definiert. Eine Einrichtung wird somit erst zur «Pflege»-Einrichtung, wenn mit ihr die entsprechenden Vereinbarungen über die Erbringung von Leistungen im Rahmen der Hilfe zur Pflege geschlossen werden. Allerdings wirkt sich auch der Pflegeeinrichtungsbegriff des SGB XI mittelbar auf das SGB XII aus, wenn § 75 V S. 1, 2 SGB XII festlegt, dass bei zugelassenen Pflegeeinrichtungen i. S. d. § 72 SGB XI sich Art, Inhalt, Umfang und Vergütung der ambulanten und teilstationären Pflegeleistungen sowie der Leistungen der Kurzzeitpflege und der vollstationären Pflegeleistungen sowie der Leistungen bei Unterkunft und Verpflegung und der Zusatzleistungen in Pflegeheimen nach den Vorschriften des Achten Kapitels des SGB XI richten, soweit die entsprechenden Vereinbarungen im Einvernehmen mit dem Sozialhilfeträger getroffen wurden und nicht nach § 61 SGB XII weitergehende Leistungen zu erbringen sind.

Die Eingangsvorschrift des Zehnten Kapitels des SGB XII, das mit «Einrichtungen» überschrieben ist und die für die Finanzierung wesentlichen Vorschriften enthält, verweist in § 75 I S. 1 für den Bereich der stationären und teilstationären Einrichtungen auf den Begriff der Einrichtung aus § 13 SGB XII, unterscheidet aber davon in § 75 I S. 2 noch die «Dienste», die in § 13 SGB XII nicht erwähnt werden. So wird deutlich, dass es auch hier zwei Arten von Leistungserbringern gibt, eine für den stationären und eine für den ambulanten Bereich. Für Verwirrung sorgt diesbezüglich allerdings die Vorschrift des § 13 SGB XII, wobei § 13 II SGB XII als Legaldefinition der (in Absatz I umschriebenen) Einrichtungen fungieren soll.[301] § 13 II SGB XII definiert als Einrichtungen i. S. d. Absatzes I all diejenigen, die der Pflege, der Behandlung oder sonstigen nach dem SGB XII zu deckenden Bedarfen oder der Erziehung dienen. § 13 I S. 1 SGB XII unterscheidet zwischen ambulanten Leistungen, die «außerhalb von Einrichtungen» erbracht werden und teilstationären bzw. stationären Leistungen, die durch teilstationäre oder stationäre Einrichtungen erbracht werden. Dies spricht auch mit Blick auf die Unterscheidung des § 75 I SGB XII klar dafür, dass die Leistungserbringer im

301 BT-Drs. 15/1514, S. 57.

ambulanten Bereich keine Einrichtungen i. S. d. § 13 SGB XII sind. Dennoch wird z. T. angenommen, dass der Einrichtungsbegriff des § 13 II SGB XII auch solche Einrichtungen umfasst, die ambulante Hilfen leisten.[302] Dies ist aber aufgrund des klaren Wortlauts des § 13 I S. 1 SGB XII wenig überzeugend.[303] Für den Bereich der Leistungserbringung ist die Abgrenzung von Einrichtungen und Diensten allerdings ohnehin nicht von Bedeutung, da gem. § 75 I S. 2 SGB XII die Vorschriften für Einrichtungen in den §§ 75- 80 SGB XII auch für Dienste Anwendung finden, soweit nicht etwas anderes bestimmt ist.[304]

Als Träger der Einrichtungen und Dienste kommen sämtliche natürliche oder juristische Personen in Frage. Darauf, ob der Träger privat, öffentlich oder freigemeinnützig ist, kommt es im SGB XII nicht an. Eine Regelung wie § 72 III S. 2 SGB XI existiert hier nicht. In § 75 II S. 1 SGB XII ist lediglich festgelegt, dass die Träger der Sozialhilfe eigene Einrichtungen nicht neu schaffen sollen, soweit geeignete Einrichtungen anderer Träger vorhanden sind bzw. ausgebaut oder geschaffen werden können.[305]

II. (Pflege-)Einrichtungen

Der Einrichtungsbegriff des SGB XII wird in der Rechtsprechung als ein in einer besonderen Organisationsform zusammengefasster Bestand an Personal- und Sachmitteln, der unter einer verantwortlichen Leitung steht und auf Dauer angelegt ist, definiert.[306] Dafür ist eine Bindung in räumlicher Hinsicht an ein Gebäude zwingend erforderlich.[307] Außerdem muss dieser, wie § 13 II SGB XII es fordert, der Pflege der Behandlung oder sonstigen nach dem SGB XI zu deckenden Bedarfe oder der Erziehung dienen. Während vollstationäre Einrichtungen Leistungen, bei denen die Gesamtverantwortung im Be-

302 *Hohm*, in: Schellhorn/Schellhorn/Hohm (Hrsg.), SGB XII, § 13 Rn. 11.

303 *BSG*, Urt. v. 13.07.2010 – B 8 SO 13/09 R –, in: NVwZ-RR 2011, 288 (289); *Höfer/Krahmer*, LPK-SGB XII, § 13 Rn. 13; *Piepenstock,* jurisPK-SGB XII, § 13 Rn. 49.; *Wahrendorf*, in: Grube/Wahrendorf (Hrsg.), SGB XII, § 13 Rn. 28.

304 *Jaritz/Eicher*, jurisPK-SGB XII, § 75 Rn. 33; *Münder*, LPK-SGB XII, § 75 Rn. 3. In anderen Bereichen, wie z. B. der örtlichen Zuständigkeit (§ 98 II SGB XII) oder bei der Frage, was Einrichtungen i. S. d. § 19 VI SGB XII sind (s. dazu *BSG*, Urt. v. 13.07.2010 – B 8 SO 13/09 R –, in: NVwZ-RR 2011, 288 f.), ist hingegen eine Abgrenzung zwingend erforderlich.

305 Zum Ganzen *Münder*, LPK-SGB XII, § 75 Rn. 4.

306 *BVerwG*, Urt. v. 24.02.1994 – 5 C 24/92 –, in: BVerwGE 95, 149 ff. noch zu § 100 I BSHG, die Definition ist aber auch heute weiterhin heranzuziehen, s. *LSG Baden-Württemberg*, Beschl. v. 13.03.2006 – L 13 AS 4377/05 ER-B–, juris.

307 *BSG*, Urt. v. 13.07.2010 – B 8 SO 13/09 R –, in: NVwZ-RR 2011, 288 (289) m. w. N.

reich der täglichen Lebensführung übernommen wird[308], erbringen und die Unterkunft und Pflege «rund um die Uhr» beinhalten, beschränken sich diese Leistungen bei teilstationären Einrichtungen nur auf gewisse Zeitabschnitte, etwa den Tag oder die Nacht.[309]

Somit muss eine Einrichtung, um als Leistungserbringer der Hilfeart Hilfe zur Pflege in Form einer vollstationären oder teilstationären Einrichtung in Frage zu kommen, in der Lage sein, die vorgesehenen Leistungen zu erbringen. Diese Leistungsangebot entspricht aufgrund der Verweisung in § 61 II S. 2 SGB XII auf die Regelungen des SGB XI in § 28 I Nr. 6-8 dem, das stationäre Pflegeeinrichtungen i. S. d. SGB XI vorhalten müssen. Durch den erweiterten Pflegebedürftigkeitsbegriff ergibt sich hier kein erweitertes Leistungsspektrum,[310] da eine stationäre Betreuung immer ein «Komplettpaket» für die Lebensführung im entsprechenden Zeitraum beinhaltet.

III. (Pflege-)Dienste

Wie im SGB XI stellen die Dienste das institutionelle Pendant zu den (stationären) Einrichtungen dar[311] und unterscheiden sich von ihnen lediglich durch ihr Leistungsangebot, das in der Erbringung von ambulanten Dienstleistungen besteht.

Um als Dienst im Pflegebereich der Sozialhilfe in Frage zu kommen, muss es einem solchen möglich sein, häusliche Pflegeleistungen zu erbringen. Es reicht dabei für die grundsätzliche Annahme eines Dienstes aus, dass irgendeine ambulante Unterstützungsart aus dem Spektrum der Pflege geleistet werden kann. Mit Blick auf den erweiterten Pflegebedürftigkeitsbegriff wäre es auch nicht möglich, ein umfassendes, unbeschränktes Leistungsangebot zu fordern, da die zu berücksichtigenden Verrichtungen und somit auch die Unterstützungshandlungen bei Verrichtungen nicht begrenzt sind.

---

308 *BVerwG*, Urt. v. 24.02.1994 – C 24/92 –, in: BVerwGE 95, 149 (153 f.).
309 *Piepenstock,* jurisPK-SGB XII, § 13 Rn. 45 f.
310 *H. Schellhorn*, in: Schellhorn/Schellhorn/Hohm (Hrsg.), SGB XII, § 61 Rn. 50.
311 *Jaritz/Eicher*, jurisPK-SGB XII, § 75 Rn. 33.

§ 8 Die Verantwortung der Länder für die pflegerische Versorgungsstruktur

A. Allgemeines

Während die Pflegeeinrichtungen nach der Grundstruktur des SGB XI für die Versorgung des einzelnen Pflegebedürftigen zuständig sind (§ 11 SGB XI) und die Pflegekassen die Sicherstellung der pflegerischen Versorgung ihrer Versicherten gewährleisten sollen (§ 12 SGB XI), obliegt die Verantwortung für die Vorhaltung einer leistungsfähigen, zahlenmäßig ausreichenden und wirtschaftlichen pflegerischen Versorgungsstruktur den Ländern (§ 9 S. 1 SGB XI). Insbesondere die Konkretisierung der Planung und Förderung von Pflegeeinrichtungen soll durch Landesrecht geregelt werden (§ 9 S. 1 SGB XI).

Die Bestimmung in § 9 S. 1 SGB XI stellt dabei keine Aufgabenzuweisung an die Länder dar. Nach der Kompetenzordnung des Grundgesetzes liegt die Gesetzgebungszuständigkeit für die Planung und Förderung von Pflegeeinrichtungen als Bestandteil der Daseinsvorsorge gem. Art. 30, 70 GG bei den Ländern. Die Kompetenznorm des Art. 74 I Nr. 12 GG, auf deren Grundlage die Regelungen zur sozialen Pflegeversicherung erlassen wurden, umfasst nur den Bereich der Sozialversicherung selbst, der grundsätzlich nur das Verhältnis zwischen dem Sozialversicherungsträger und dem Versicherten beinhaltet.[312] Somit ist die Vorschrift vielmehr als Klarstellung im System der Pflegeversicherung anzusehen.[313]

B. Das duale Finanzierungsmodell

I. Begriffsbestimmung

Die Förderung bezieht sich allgemein auf finanzielle Aufwendungen, die der Finanzierung von Pflegeeinrichtungen dienen, insbesondere aber auf die Investitionskosten.[314] Dem Recht der Pflegeversicherung liegt nämlich das sog.

312 *Thüringer OVG*, Beschl. v. 19.12.2007 – 3 ZKO 1262/05 –, in: ZFSH/SGB 2008, 179 (180); ausführlich zur Gesetzgebungskompetenz in diesem Bereich *Winter*, Ausgestaltung von Planungs- und Förderungskompetenzen nach § 9 SGB XI, S. 34 ff.

313 Zum Ganzen *Gebhardt*, Krauskopf, SGB XI, § 9 Rn. 3 m. w. N.

314 *Gebhardt*, Krauskopf, SGB XI, § 9 Rn. 4; *Wagner,* Hauck/Noftz, SGB XI, § 9 Rn. 8.

«duale Finanzierungsmodell»[315] zu Grunde. Dies sieht vor, dass die Betriebskosten grundsätzlich vom Sozialversicherungsträger (bzw. vom Hilfebedürftigen) und die betriebsnotwendigen Investitionskosten durch öffentliche Förderung getragen werden.[316]

Die Umsetzung erfolgt der Art, dass gem. § 82 II SGB XI bestimmte Kosten nicht Bestandteil der Pflegevergütung seien dürfen und somit nicht unter die Finanzierungszuständigkeit der Pflegekassen bzw. privaten Versicherungsunternehmen fallen. Die dort genannten Posten, bei denen es sich hauptsächlich um Investitionen handelt, kommen somit als Förderungsgegenstand im Landesrecht in Frage. Dabei sollen die Mittel eingesetzt werden, die die Träger der Sozialhilfe durch die Einführung der Pflegeversicherung, hauptsächlich im Bereich der Hilfe zur Pflege, einsparen (§ 9 S. 3 SGB XI).

Das Prinzip der dualen Finanzierung entstammt dem Recht der Krankenhausfinanzierung. Der Unterschied zum Recht der Pflegeversicherung besteht aber darin, dass den Krankenhäusern ein Anspruch auf Landesförderung zuerkannt wird (vgl. § 8 I KHG). Die Möglichkeit, die Länder bundesrechtlich zur Förderung zu verpflichten, besteht aufgrund der weitreichenderen Bundeskompetenz in diesem Bereich (Art. 74 I Nr. 19a GG). [317] Im Bereich der Pflegeversicherung sind die Länder in der Ausgestaltung in Bezug auf das «Ob» und «Wie» der Förderung frei.[318] Daher sieht das SGB XI eine subsidiäre Abwälzung von bestimmten – nicht von allen in § 82 II SGB XI aus der Pflegevergütung ausgeschlossenen – Investitionskosten auf den Pflegebedürftigen vor, wenn diese durch die öffentliche Förderung nicht vollständig abgedeckt werden (§ 82 III SGB XI) oder die Einrichtung überhaupt nicht gefördert wird (§ 82 IV SGB XI). Dies ist auch aus verfassungsrechtlichen Gründen erforderlich, um den Pflegeeinrichtungen eine Refinanzierung ihrer Kosten zu ermöglichen.[319] Besteht ein Anspruch der Pflegeeinrichtung gegen den Pflegebedürftigen nach diesen Regeln, so kann im Falle, dass sein Einkommen und Vermögen nicht ausreicht, eine Kostenzuständigkeit des Sozialhilfeträgers nach den Vorschriften des SGB XII entstehen.

---

315 Siehe etwa: *BVerfG*, Nichtannahmebeschl. v. 17.10.2007 – 2 BvR 1095/05 –, in: DVBl. 2007, 1555 ff.; *Gebhardt*, Krauskopf, SGB XI, § 9 Rn. 4.

316 BT-Drs. 12/5262, S. 142.

317 Zum Ganzen *Gebhardt*, Krauskopf, SGB XI, § 9 Rn. 3.

318 *Rudolph*, BArBl. 94, 48 (48).

319 *Rudolph*, BArBl. 94, 48 (49).

II. Entstehung

Der ursprüngliche Entwurf des SGB XI sah ein monistisches Finanzierungsmodell, d. h. eine einheitliche primäre Finanzierung der beiden Kostenelemente durch die Pflegekassen «aus einer Hand» vor.[320] Der Bund sollte sich an der Finanzierung durch Zuschüsse für die Investitionskosten an die Pflegekassen beteiligen.[321] Dieser Bundeszuschuss sollte aber im Ergebnis in voller Höhe aus Landes- und Gemeindemitteln finanziert werden, da diese durch die Einführung der Pflegeversicherung im Bereich der Sozialabgaben erheblich entlastet werden sollten. Eine solche Refinanzierung sollte etwa über die Verteilung des Aufkommens der Umsatzsteuer erfolgen.[322] Da es den Ländern widerstrebte, zwar mittelbar die Finanzierung der Investitionskosten zu übernehmen, aber keinen Einfluss auf die Steuerung und Planung der pflegerischen Infrastruktur zu haben, setzten sie im Vermittlungsverfahren das duale Finanzierungsmodell durch[323], obwohl dieses im ersten Gesetzesentwurf ausdrücklich als das weniger geeignete eingestuft wurde.[324]

C. Investitionskostenförderung

I. Begriffsbestimmung

1. Objektförderung

Im Rahmen der Investitionskostenförderung ist zwischen zwei Förderungsansätzen zu unterscheiden, dem der (institutionellen) Objekt- und dem der (personenbezogenen) Subjektförderung.

Bezugspunkt der Objektförderung ist die pflegende Einrichtung als solche, d. h. hier wird gezielt das Investitionsprojekt gefördert.[325] Eine Objektförderung wird somit auch immer an die Einrichtung selber ausgezahlt. Davon ist sowohl eine vorschüssige, auf die Anzahl der geplanten Pflegemöglichkeiten bezogene, als auch eine nachschüssige, von der tatsächlichen Nutzung der Pflegemöglichkeiten abhängige Förderung umfasst.[326]

---

320 BT-Drs. 12/5262, S. 35 f.: § 91 I, § 141 f.
321 BT-Drs. 12/5262, S. 30: § 69.
322 BT-Drs. 12/5262, S. 129.
323 *Höfer/Krahmer*, in: Klie/Krahmer (Hrsg.), SGB XI, § 9 Rn. 3; BT-Drs. 12/6424 S. 2.
324 BT-Drs. 12/5262, S. 129.
325 *Gebhardt*, Krauskopf , SGB XI, § 9 Rn. 6; *Staegemann*, Investitionsförderung, S. 34.
326 *Gebhardt*, Krauskopf , SGB XI, § 9 Rn. 6.

2. Subjektförderung

Bezugspunkt der Subjektförderung ist hingegen der einzelne Pflegebedürftige, der die Dienste einer Pflegeeinrichtung in Anspruch nimmt. Es soll ihm durch die Förderung ermöglicht werden, von der Einrichtung an ihn weitergegebene Investitionskosten zu erbringen.[327] Wird dabei die Förderung direkt an den Pflegebedürftigen ausgezahlt, handelt es sich eindeutig um eine Subjektförderung.

3. Abgrenzung und Auswirkungen

Abgrenzungsprobleme zwischen Subjekt- und Objektförderung können aber entstehen, wenn der Empfänger des Förderungsbetrags die Pflegeeinrichtung ist, die Gewährung jedoch von Umständen abhängig ist, die in der Person des Pflegebedürftigen liegen.

Zum Teil wurden Zuwendungen an Einrichtungen, die bewohnerbezogen und an deren Einkommen orientiert sind (eine solche Förderung wird i. d. R. als «Pflegewohngeld» bezeichnet), aber direkt an die Pflegeeinrichtung und nicht an den Pflegebedürftigen selber gezahlt werden, der Objektförderung zugeordnet. Der personelle Bezug auf den Pflegebedürftigen sei hier nur Tatbestandsmerkmal für eine Förderung der Institution.[328]

Die Rechtsprechung folgte dieser Ansicht nicht. Ein an die Pflegeeinrichtung geleisteter einkommensabhängiger Aufwendungszuschuss wurde nicht als öffentliche Förderung i. S. d. § 82 III SGB XI angesehen, da es sich dabei um subjektbezogene Förderung handele. Förderung i. S. d. § 9 SGB XI umfasse aber nur objektbezogene Förderung i. S. einer direkten Förderung der Pflegeeinrichtungen.[329] Sinn und Zweck des Pflegewohngeldes sei es hingegen, eine Sozialhilfebedürftigkeit des Pflegebedürftigen zu verhindern und den erforderlichen Betrag aus den Förderungsmitteln zu bestreiten. Somit handele es sich vielmehr um eine Sozialleistung (sui generis)[330] an den Heimbewohner, die der Einfachheit halber an die Pflegeeinrichtung ausgezahlt werde.[331]

---

327 *Rothgang*, ZSR 2000, 423 (441).

328 Zum Ganzen *Staegemann*, Investitionsförderung, S. 35; siehe auch LT-NW-Drs. 13/3498, S. 36.

329 *OVG Lüneburg*, Urt. v. 22.01.2003 – 4 LC 146/02 –, in: RsDE 57, 71 ff.; BSG, Urt. v. 24.07.2003 – B 3 P 1/03 R –, in: NZS 2004, 313 ff.

330 *BSG*, Urt. v. 24.07.2003 – B 3 P 1/03 R –, in: NZS 2004, 313 (314 f.).

331 *OVG Lüneburg*, Urt. v. 22.01.2003 – 4 LC 146/02 –, in: RsDE 57, 71 (72).

Die Folge dieser Rechtsprechung war, dass Einrichtungen, die nur eine solche Subjektförderung erhielten, nach § 82 IV SGB XI den Pflegebedürftigen ohne Zustimmung der zuständigen Landesbehörde weitere Investitionskosten berechnen konnte. Da dies als unbefriedigend angesehen wurde, wurde den Ländern durch Einführung des § 9 S. 2 2. Hs. SGB XI die Möglichkeit gegeben, eine Subjektförderung einer Objektförderung gleichzustellen.[332] Dabei legt § 9 S. 2 2. Hs. Nr. 2 SGB XI noch einmal ausdrücklich fest, dass Empfänger der an der wirtschaftlichen Leistungsfähigkeit des Pflegebedürftigen orientierten finanziellen Unterstützung auch die Pflegeeinrichtung sein kann.

Die Grenze zur Objektförderung wird aber dann überschritten, wenn der Förderungsbetrag, den die Einrichtung erhält, zwar von der tatsächlichen Belegung eines Pflegeplatzes durch einen Pflegebedürftigen, nicht aber von dessen Einkommen bzw. Vermögen abhängig ist. Vielmehr handelt es sich dann in diesem Fall um eine nachschüssige institutionelle objektbezogene Förderung. Somit ist die Orientierung am Einkommen und Vermögen als prägendes Element einer Sozialleistung das entscheidende Abgrenzungskriterium.[333]

II. Entwicklung der Investitionskostenförderung im ganzen Bundesgebiet

Nach der Einführung der Pflegeversicherung erließen alle Bundesländer Gesetze, die eine anteilige Förderung der Investitionskosten vorsahen. Die Förderungsmodalitäten waren in ihren Ausgestaltungen sehr unterschiedlich, alle Bundesländer entschieden sich aber für institutionelle Objektförderung. Teilweise sahen die Gesetze – hauptsächlich in Ergänzung zur Objektförderung – auch Subjektförderung in Bezug auf finanziell bedürftige Pflegebedürftige vor.[334] Die Objektförderung war überall, nur nicht in Bremen, an eine Bedarfsplanung geknüpft. Pflegeeinrichtungen sollten nur gefördert werden, wenn und soweit sie zur Deckung bestimmter pflegerischer Bedürfnisse, die gesetzlich festgelegt wurden, erforderlich waren.[335] Bei der Ermittlung des Bedarfs verfolgten die Länder ebenfalls unterschiedliche Ansätze.[336]

---

332 Siehe zur Entstehung *Gebhardt*, Krauskopf, SGB XI, § 9 Rn. 7 ff.

333 Zum Ganzen *OVG Lüneburg*, Beschl. v. 07.03.2006 – 11 ME 217/05 –, juris.

334 Siehe zum Inhalt der einzelnen Gesetze *Staegemann*, Investitionsförderung, S. 36 ff.

335 *Winter*, Ausgestaltung von Planungs- und Förderungskompetenzen nach § 9 SGB XI, S. 96.

336 Siehe dazu: *Klie*, VSSR 1999, 327 (331 ff.); *Winter*, Ausgestaltung von Planungs- und Förderungskompetenzen nach § 9 SGB XI, S. 97 ff.

Die Bedarfsplanung hatte zur Folge, dass Pflegeeinrichtungen, die zwar von den Pflegekassen als Leistungserbringer zugelassen worden waren, keine Investitionsförderung erhalten konnten, wenn sie nicht als bedarfsgerecht beurteilt wurden. Dies wurde als Verstoß gegen die Berufsfreiheit aus Art. 12 GG und das dem SGB XI immanenten Wettbewerbsprinzip[337] erkannt,[338] was einen bedeutenden Einschnitt im Bereich der Investitionskostenförderung darstellte. Die Landespflegegesetze wurden in den Jahren 2002 und 2003 dahingehend geändert, dass das Bedarfserfordernis als Voraussetzung für Förderungen abgeschafft wurde und verstärkt die rechtlich unproblematischere Form der Subjektförderung gewählt wurde, die sich auch aus wirtschaftswissenschaftlicher Sicht als vorteilhafter darstellte.[339]

III. Die Investitionskostenförderung in Nordrhein-Westfalen

1. Entwicklung

Das nach dem Inkrafttreten des SGB XI erlassene PfG NW[340] sah sowohl eine bedarfsabhängige Objektförderung von ambulanten, teilstationären und stationären Pflegeeinrichtungen[341] vor als auch eine Subjektförderung in Form eines bewohnerorientierten Aufwendungszuschusses für Investitionskosten

337 BT-Drs. 12/5262, S. 136.

338 *BSG*, Urt. v. 28.06.2001 –B 3 P 9/00 R –, in: BSGE 88, 215 ff.; s. zur Unvereinbarkeit mit Art. 12 GG auch *Staegemann*, Investitionsförderung, S. 51 ff.; *Winter*, Ausgestaltung von Planungs- und Förderungskompetenzen nach § 9 SGB XI, S. 145 ff. Auch verstieß die institutionelle bedarfsabhängige Förderung i. d. R. gegen das gemeinschaftsrechtliche Beihilfeverbot: *Münder/von Boetticher*; in: Köbl/Brünner (Hrsg.), Abschied von der Objektförderung, S. 33 ff.; *Staegemann*, a. a. O., S. 112 ff.; *Winter*, a. a. O., S. 175 ff.

339 Dazu *Tscheulin/Haderlein*, in: Köbl/Brünner (Hrsg.), Abschied von der Objektförderung, S. 69 ff. Zu den Unterschieden von Subjekt- und Objektförderung allgemein etwa *Haverkate*, SDSRV 1997, 89 ff.

340 Gesetz zur Umsetzung des Pflege-Versicherungsgesetzes (Landespflegegesetz – Nordrhein-Westfalen – PfG NW) vom 19. März 1996 (PfG NW a. F.), GV.NW. 1996, S. 137 ff.

341 Siehe für ambulante Pflegeeinrichtungen § 9 PfG NW a. F. i. V. m. der Verordnung über die Förderung ambulanter Pflegeeinrichtungen nach dem Landespflegegesetz (AmbPFFV) vom 04. Juni1996, GV.NW. 1996, S. 197 f.; für teilstationäre und vollstationäre Pflegeeinrichtungen: §§ 8 II, 11, 12, 13 PfG NW a. F. i. V. m. der Verordnung über die Förderung von Investitionen von Tages-, Nacht- und Kurzzeitpflegeeinrichtungen sowie von vollstationären Pflegeeinrichtungen (StatPflVO) vom 04. Juni 1996, GV.NW. 1996, S. 198 ff.

vollstationärer Pflegeeinrichtungen für finanziell bedürftige Heimbewohner (Pflegewohngeld)[342].

Für die Förderung waren zunächst die überörtlichen Träger der Sozialhilfe, also die Landschaftsverbände, zuständig[343]. Später wurde die Zuständigkeit für die Förderung ambulanter Pflegeeinrichtungen und das Pflegewohngeld auf die örtlichen Träger der Sozialhilfe, die Kreise und kreisfreien Städte übertragen.[344]

Nach der o. g. neuen verfassungsrechtlichen Beurteilung wurde das PfG 2003 grundlegend geändert.[345] Zusätzlicher Reformierungsbedarf bestand, weil sich unter der alten Gesetzeslage ein Investitionsrückstand von ca. 4,7 Mrd. Euro gebildet hatte.[346] Die Rechtslage nach der Änderung entspricht im Wesentlichen der heutigen.

2. Die aktuelle Rechtslage im Überblick

Bei der Förderung wird zwischen ambulanten Pflegeeinrichtungen (§ 10 PfG NW), Tages-, Nacht- und Kurzzeitpflegeeinrichtungen (§ 11 PfG NW) und vollstationärer Dauerpflegeeinrichtungen (§ 12 PfG NW) unterschieden.

Während bei den ambulanten Pflegeeinrichtungen eine Objektförderung über Pauschalbeträge gewählt wurde, erfolgt die Investitionskostenförderung bei den Tages-, Nacht- und Kurzzeitpflegeeinrichtungen zwar auch in Form einer nachschüssigen Objektförderung. Diese sieht aber anstatt einer Pauschalisierung eine konkrete Berechnung vor und orientiert sich an der tatsächlichen Belegung des Pflegeheimplatzes durch einen Pflegebedürftigen. Für die vollstationären Dauerpflegeeinrichtungen ist nur eine Subjektförderung[347] in Form eines bewohnerorientierten Aufwendungszuschusses an die Pflegeeinrichtungen vorgesehen, der auch hier als Pflegewohngeld bezeichnet wird und an die

342 Siehe § 14 PfG NW a. F. i. V. m. der Verordnung über Pflegewohngeld vom 04. Juni 1996, GV.NW. 1996, S. 197 f.

343 §§ 9 II, 11 II, 12 II, 13 II, 14 I PfG NW a. F.

344 Art. 21 Zweites Gesetz zur Modernisierung von Regierung und Verwaltung in Nordrhein-Westfalen (Zweites Modernisierungsgesetz – 2. ModernG) vom 09. Mai 2000, GV. NW. 2000, S. 462 (470).

345 Gesetz zur Änderung des Gesetzes zur Umsetzung des Pflegeversicherungsgesetzes (Landespflegegesetz Nordrhein-Westfalen – PfG NW) vom 08. Juli 2003, GV.NW. 2003, S. 380 ff.

346 LT-NW-Drs. 13/3498, S. 1.

347 A. A. noch im Gesetzentwurf, LT-NW-Drs. 13/3498, S. 36.

finanzielle Bedürftigkeit der Bewohner des Pflegeheims geknüpft (vgl. § 12 III PfG NW) ist.

Die Förderung ist nicht mehr an Bedarfsgesichtspunkte geknüpft. Jede Einrichtung, die die festgelegten Voraussetzungen erfüllt, hat einen Anspruch auf die Förderung. Anstelle der kommunalen Pflegebedarfsplanung ist eine kommunale Pflegeplanung (§ 6 PfG NW) getreten. Deren Hauptaufgabe es ist, festzustellen, ob die pflegerische Infrastruktur für die Versorgung ausreichend ist oder ob und welche Maßnahmen zur Verbesserung zu treffen sind. Dazu ist eine Bestandsaufnahme des lokalen Hilfsangebots für Pflegebedürftige und eine daran anknüpfende Überprüfung, ob dieses Angebot ausreichend und wirtschaftlich ist, vorgesehen.[348] Durch den Wegfall der Bedarfsplanung ist nun allerdings kein wirksames Steuerungsinstrument zur Gewährleistung einer ausreichende Pflegeinfrastruktur mehr vorhanden.

Die Zuständigkeit für die Förderung liegt nun nahezu vollständig bei den Kreisen und kreisfreien Städten (vgl. §§ 10 I, 11 II, 12 II PfG NW). Die Landschaftsverbände sind nur noch als Träger der Kriegsopferfürsorge für die Förderung von stationären Pflegeeinrichtungen zuständig, wenn der betroffene Pflegebedürftige bestimmte Leistungen für Kriegsopfer nach dem Bundesversorgungsgesetz erhält (§§ 11 II, 12 II PfG NW).

§ 9 Die vertragliche Beziehung zwischen dem Pflegebedürftigen und dem Leistungserbringer

A. Die Bedeutung des Vertrags zwischen Pflegebedürftigem und Pflegeeinrichtung im Sachleistungsprinzip

Es stellt sich die Frage, inwieweit ein Vertragsschluss zwischen Pflegebedürftigem und Pflegeeinrichtungen bei Geltung des in den Leistungssystemen vorgesehen Sachleistungsprinzips erforderlich ist.

Eindeutig erforderlich ist ein Vertragsschluss, wenn das Sachleistungsprinzip nicht gilt, etwa in dem – sehr seltenen – Fall, dass ein Pflegebedürftiger weder Leistungen aus einer Pflegeversicherung noch von der Sozialhilfe erhält oder wenn der Pflegebedürftige Leistungen aus einer privaten Pflegeversicherung erhält.

348 Zum Ganzen LT-NW-Drs. 13/3498, S. 33.

Trotz Geltung des Sachleistungsprinzips bedarf es in dem Fall, dass ein Pflegebedürftiger Leistungen der Sozialhilfe erhält, aufgrund der oben aufgezeigten Konstruktion[349] unbedingt eines Vertragsabschlusses zwischen diesen Beteiligten.

Zu klären ist hingegen die Bedeutung eines Vertrags in diesem Bereich im Rahmen der sozialen Pflegeversicherung. Hier gilt das rechtliche Verhältnis zwischen dem Versicherten und der Pflegeeinrichtung als «noch weitgehend ungeklärt».[350] Nach der Grundstruktur der Leistungserbringung hat der Pflegebedürftige einen Anspruch auf Gewährung von Sachleistungen gegen die Pflegekasse. Diese wiederum hat einen Anspruch gegen die zugelassenen Leistungserbringer auf eine den vertraglichen Vereinbarungen entsprechende Erbringung dieser Sachleistungen an den Pflegebedürftigen. Diesem Anspruch steht ein Anspruch der Pflegeeinrichtungen auf Übernahme der Pflegekosten nach den Regeln des SGB XI gegenüber. Ein Vertrag zwischen dem Pflegebedürftigen und der Pflegeeinrichtung ist in dieser Konstellation nicht ausdrücklich vorgesehen. Auch im Bereich der gesetzlichen Krankenversicherung, aus dem das Sachleistungsprinzip übernommen wurde, ist es nicht üblich, dass zwischen Kassenpatient und dem Vertragsarzt eine vertragliche Vereinbarung getroffen wird.[351] Dennoch ist es gängige Praxis, dass im Rahmen der sozialen Pflegeversicherung zugelassene Pflegeeinrichtungen mit Pflegebedürftigen, die ihre Dienste in Anspruch nehmen, einen Vertrag abschließen. Zu diesem sind im SGB XI auch Vorschriften enthalten. So trifft § 120 SGB XI Regelungen zum Pflegevertrag und § 119 SGB XI erweitert den Anwendungsbereich des Wohn- und Betreuungsvertragsgesetzes für Verträge zwischen zugelassenen stationären Pflegeeinrichtungen und deren Bewohnern, auf die es nicht ohnehin schon Anwendung findet.

In den meisten Konstellationen liegt allerdings auch hier das Abschlusserfordernis auf der Hand. So wird immer ein Vertrag benötigt, wenn die gedeckelten Leistungen der sozialen Pflegeversicherung nicht ausreichen, damit die Pflegeeinrichtung für das weitere Entgelt einen Anspruch gegenüber dem Pflegebedürftigen erhält. Da die Leistungen der Pflegeversicherung selten zur vollständigen Bedarfsdeckung ausreichen, hat dies zur Folge, dass in der Praxis fast immer Verträge geschlossen werden müssen.[352] Im stationären Be-

349 S. § 5 C 2.
350 *Muckel/Ogorek*, Sozialrecht, § 9 Rn. 58; *Waltermann*, Sozialrecht, Rn. 241.
351 *Muckel/Ogorek*, Sozialrecht, § 9 Rn. 58; *Waltermann*, Sozialrecht, Rn. 241.
352 *Muckel/Ogorek*, Sozialrecht, § 9 Rn. 58; *Waltermann*, Sozialrecht, Rn. 241.

reich ist zudem schon ein Vertragsschluss erforderlich, weil die Leistungen der Unterkunft und der Verpflegung vom Sachleistungsanspruch des Pflegebedürftigen gegen die Pflegekasse nicht erfasst werden.[353]

Somit stellt sich die Frage nach der Notwendigkeit einer vertraglichen Vereinbarung nur noch im Bereich der ambulanten Leistungen bei Nichtüberschreitung der Grenzen der sozialen Pflegeversicherung. Es spricht allerdings vieles dafür, dass § 120 I S. 1 gerade für diesen Fall eine Vertragsabschlusspflicht statuiert.[354] Unabhängig davon wird grundsätzlich nach den allgemeinen zivilrechtlichen Regelungen ein Vertrag vorliegen. Auch wenn eine solche Vereinbarung nicht ausdrücklich geschlossen wird, kommt sie regelmäßig stillschweigend aufgrund der erkennbaren Vorstellungen und Interessen der

353 Siehe § 10 C. II. 1. C. aa.

354 § 120 I S. 1 SGB XI lässt durchaus bei weiter Auslegung die Lesart zu, dass spätestens bis zum ersten Pflegeeinsatz ein Pflegevertrag zwischen Pflegebedürftigem und Pflegedienst abgeschlossen werden muss. Ansonsten würde die Vorschrift pratkisch kaum einen Regelungsgehalt aufweisen. Wendet sich jemand an einen Pflegedienst, um pflegebedürftigkeitsbedingt Unterstützungsleistungen von diesem zu erhalten, und kommt ein Arrangement zustande, kommt es i. d. R. schon nach den allgemeinen zivilrechtlichen Regeln zu einem Vertragsschluss zwischen den Beteiligten (*Knittel*, Krauskopf, SGB XI, § 120 Rn. 3; *Leitherer*, KassKomm, SGB XI § 120 Rn. 4.). Dafür spricht auch die Regelung des § 120 II S. 1 SGB XI, die festgelegt, dass ein Pflegedienst nach Aufforderung der zuständigen Pflegeversicherung dieser unverzüglich eine Ausfertigung des Pflegevertrags auszuhändigen hätte. Die Gesetzesbegründung kommentiert dieses dahingehend, dass der Pflegedienst über die «individualvertragliche Verpflichtung», die dieser nach Abs. I S. 1 spätestens mit Beginn des ersten Pflegeeinsatzes gegenüber dem Pflegebedürftigen eingehe, einen Pflegevertrag abschließen müsse. Begründet wird dies damit, dass es bisher bei den häuslichen Pflegehilfen oft nicht üblich gewesen sei, einen Vertrag abzuschließen (BT-Drs. 14/5395, S. 47). Diese Begründung des Abs. II ergibt ohne Weiteres keinen Sinn. Wenn es bereits zu einer «individualvertraglichen Verpflichtung» gekommen ist, muss kein Pflegevertrag mehr abgeschlossen werden. Dieser besteht ja schon in Form der Verpflichtung. Daher wird dieses überwiegend so verstanden, dass ein Vertragsschluss in (nicht konstitutiver) Schriftform gefordert wird, die für die Weitergabe an die zuständige Pflegekasse benötigt wird (*Bassen*, in: Udsching (Hrsg.), SGB XI, § 120 Rn. 3; *Knittel*, Krauskopf, SGB XI, § 120 Rn. 3, 6). Ein Vertrag in Schriftform ist für die Weitergabepflicht zweifellos erforderlich, dennoch könnte hier in der Anordnung «mit den Pflegebedürftigen einen Pflegevertrag abzuschließen» auch die Intention des Gesetzgebers dahinterstehen, dort eine Vertragsabschlusspflicht zu statuieren, wo es einer Vereinbarung im System der sozialen Pflegeversicherung eigentlich gar nicht bedarf. Darauf weisen auch die weiteren Ausführungen der Gesetzesbegründung hin: Dort wird moniert, dass es bei der häuslichen Pflege, anders als bei der stationären Versorgung, bislang keine Selbstverständlichkeit gewesen sei, zivilrechtliche Verträge abzuschließen. Der Vorteil von Vertragsabschlüssen sei, dass die Pflegebedürftigen hinreichend Informationen über ihre Rechte und Pflichten erhalten und dass ausreichende Rechtsklarheit im Rechtsverhältnis zwischen Pflegedienst und Pflegebedürftigem bestünde (BT-Drs. 14/5395, S. 47).

Beteiligten zustande. Oftmals wird es so sein, dass sich der Pflegebedürftige direkt an den Pflegedienst wendet und erst von diesem erfährt, wie er Leistungen von der Pflegekasse erhält und was diese bezahlt. Seine Vorstellung wird eher einem Kostenerstattungs- als einem Sachleistungsprinzip entsprechen, so dass er eine Vereinbarung mit dem Pflegedienst anstrebt. Ebenfalls liegt es in seinem Interesse, einen direkten Anspruch auf die Leistung gegen den Pflegedienst und somit auch im Falle der Leistungsstörung einen vertraglichen Schadensersatzanspruch zu haben. Auch der Pflegedienst dürfte an einem Vertragsschluss interessiert sein, um Rechtssicherheit zu schaffen und Konflikte mit dem Pflegebedürftigen zu vermeiden.

B. Der Heimvertrag

I. Allgemeines

Der Heimvertrag war bis zur Föderalismusreform im Heimgesetz (HeimG)[355] in den §§ 5-9, 14 geregelt. Daneben enthielt das Gesetz ordnungsrechtlich Vorschriften in Bezug auf den Heimbetrieb. Durch die Föderalismusreform[356] wurde das (ordnungsrechtliche) Heimrecht auf die Länder übertragen (vgl. Art. 74 I Nr. 7 GG). Der den Heimvertrag betreffende zivilrechtliche Teil unterfiel weiterhin der konkurrierenden Gesetzgebung des Bundes nach Art. 74 I Nr. 1 GG. Auf dieser Grundlage wurde das Heimvertragsrecht im Wohn- und Betreuungsvertragsgesetz (WBVG)[357] neu erlassen. Dabei wurden zum Teil die Regelungen des Heimgesetzes übernommen, aber auch neue Normen, insbesondere auf dem Gebiet des Verbraucherschutzes, ergänzt. Der Begriff des Heimvertrags wird im WBVG zwar nicht mehr verwendet, da es erklärtes Ziel des Gesetzes ist, auch Verträge bzgl. neuer Wohnformen, die nicht dem klassischen «Heim» entsprechen, zu erfassen.[358] Dennoch hat er sich als Bezeichnung für die durch das WBVG geregelte Vertragsart eingebürgert.[359]

Sinn und Zweck des Gesetzes ist es, ältere, pflegebedürftige oder behinderte volljährige Menschen in ihrer Eigenschaft als Verbraucher beim Abschluss

355 Neubekanntmachung vom 05. November 2001, BGBl. 2001, Teil I, S. 2970 ff.

356 Zum Heimvertrag und zur Föderalismusreform *Drasdo*, NVwZ 2008, 639 ff.

357 Gesetz zur Regelung von Verträgen über Wohnraum mit Pflege- oder Betreuungsleistungen (Wohn- und Betreuungsvertragsgesetz – WBVG) vom 29. Juli 2009, BGBl. 2009, Teil I, S. 2319 ff.

358 BT-Drs. 16/12409, S. 11.

359 Siehe etwa: *Drasdo*, NJW-Spezial 2011, 289 ff.; *ders.*, NVwZ 2008, 639 ff.

von Verträgen mit Unternehmern, in denen die Überlassung von Wohnraum mit der Erbringung von Pflege- oder Betreuungsleistungen kombiniert wird, zu schützen. Deren besondere Schutzwürdigkeit ergibt sich daraus, dass der Verbraucher durch die vertragliche Verbindung der beiden Bereiche in doppelter Weise von dem Unternehmer abhängig ist, dass es sich um eine langfristige, für das Leben elementare Entscheidung handelt, dass die vertraglichen Absprachen i. d. R. sehr komplex sind und dass der Verbraucher kein gleichberechtigter Verhandlungs- und Vertragspartner ist, da es ihm im Vergleich zum Unternehmer oft an Wissen und Erfahrung fehlt.[360]

II. Anwendungsbereich

Der Anwendungsbereich wird durch § 1 WBVG festgelegt.

Der persönliche Anwendungsbereich ist eröffnet, wenn es sich bei den Vertragsparteien um einen volljährigen Verbraucher und einen Unternehmer handelt. Für die Bestimmung der Begrifflichkeiten des Verbrauchers und des Unternehmers sind die Legaldefinitionen aus den §§ 13, 14 BGB heranzuziehen.[361] Konstellationen, in denen ein Pflegebedürftiger nicht die Verbrauchereigenschaft und eine Pflegeeinrichtung nicht die Unternehmereigenschaft erfüllen, sind schwer vorzustellen und dürften in der Praxis kaum vorkommen. Dies gilt insbesondere deshalb, weil die Unternehmereigenschaft nicht von einer Gewinnerzielungsabsicht abhängt und somit auch die Einrichtungen, die von freigemeinnützigen Trägern betrieben werden, Unternehmer i. S. d. § 14 BGB sind.[362] Die Begrenzung auf volljährige Verbraucher erfolgt, da im Rahmen der Kinder- und Jugendhilfe diverse Sonderregelungen und -konstellationen existieren, die durch das WBVG nicht berührt werden sollen.[363] In den hier behandelten Fällen der Leistung bei Pflegebedürftigkeit wird sie allerdings kaum Wirkung entfalten. Gemäß § 119 SGB XI soll das WBVG auch entsprechende Anwendung finden auf Verträge zwischen dem Träger einer zugelassenen stationären Pflegeeinrichtung i. S. d. SGB XI und pflegebedürftigen Bewohnern, auf die es eigentlich keine Anwendung findet. Der wohl ausschließliche Zweck dieser Vorschrift ist, dass das WBVG auch

360 Zum Ganzen BT-Drs. 16/12409, S. 1, 10 ff.
361 BT-Drs. 16/12409, S. 14.
362 Klarstellend BT-Drs. 16/12409, S. 14.
363 BT-Drs. 16/12409, S. 14.

angewendet wird, wenn der pflegebedürftige Vertragspartner noch nicht volljährig ist.[364]

Der sachliche Anwendungsbereich ist gegeben, wenn der Vertragsgegenstand neben der Überlassung von Wohnraum die Erbringung von Pflege- oder Betreuungsleistungen ist. Die Pflege- oder Betreuungsleistungen müssen auf die Bewältigung eines durch Alter, Pflegebedürftigkeit oder Behinderung bedingten Hilfebedarfs abzielen, die ausschließliche Erbringung allgemeine Unterstützungsleistungen, wie z. B. die Vermittlung von Pflege- oder Betreuungsleistungen ist hingegen ausdrücklich nicht ausreichend. Die Leistungen, die im Rahmen der stationären Pflege erbracht werden (vollstationäre Pflege, Kurzzeitpflege, Tages- bzw. Nachtpflege), beinhalten immer Pflegeleistungen und Unterkunft, so dass der Anwendungsbereich hier stets eröffnet ist.

III. Überblick über die gesetzlichen Vorgaben

Das WBVG enthält unter anderem Regelungen über vorvertragliche Informationspflichten, den Inhalt des Vertrags, mögliche Vertragsanpassungen, Entgelterhöhungen, Gewährleistungs- und Kündigungsrechte. Dabei sind die Vorschriften an die Vorgaben des SGB XI und XII angepasst (vgl. z. B. für das Entgelt § 7 II WBVG, für die Berücksichtigung ersparter Aufwendungen § 7 V WBVG).[365]

Für den hier behandelten Bereich der Finanzierung ist die Vorschrift des § 7 II WBVG von besonderer Bedeutung. Gemäß § 7 II S. 1 WBVG schuldet der Verbraucher die vereinbarte Vergütung nur, soweit sie im Verhältnis zu den vereinbarten Leistung angemessen ist. Erhält ein Pflegebedürftiger Leistungen nach dem SGB XI, gilt die nach den Vorschriften dieses Gesetzes festgelegte Höhe des Entgelts als vereinbart und angemessen (§ 7 II S. 2 WBVG). Gleiches gilt für Pflegebedürftige, die Leistungen der Sozialhilfe erhalten, in Bezug auf die Vorschriften des SGB XII für das Entgelt (§ 7 II S. 3 WBVG). Somit steht die Höhe des Entgelts in diesen Bereichen nicht mehr zur Disposition der am Vertragsschluss beteiligten Parteien.[366] Der Unternehmer muss das Entgelt für alle Verbraucher nach einheitlichen Grundsätzen bemessen

364 BT-Drs. 14/5395, S. 47 noch auf die vertraglichen Vorschriften des Heimgesetzes verweisend, die aber ebenfalls nur auf Volljährige Anwendung fanden.

365 Zu den öffentlich-rechtlichen Einflüssen auf den Heimvertrag allgemein *Drasdo*, NJW-Spezial 2012, 225 f.

366 BT-Drs. 16/12409, S. 21.

(§ 7 III S. 1 WBVG). Ausnahmen sind im Investitionskostenbereich zulässig (§ 7 III S. 2, 3 WBVG).

Das allgemeine Verhältnis zu den Vorschriften des SGB XI und XII regelt § 15 WBVG. Danach sind in Verträgen mit pflegebedürftigen Verbrauchern, die Leistungen nach dem SGB XI oder XII in Anspruch nehmen, alle Vereinbarungen unwirksam, die den Regelungen des Siebten und Achten Kapitels des SGB XI sowie den auf dieser Grundlage ergangenen Vereinbarungen bzw. den aufgrund des Zehnten Kapitels des SGB XII getroffenen Regelungen widersprechen. Die durch eine Unwirksamkeit entstehenden Regelungslücken sind im Wege einer ergänzenden Vertragsauslegung zu schließen.[367]

C. Der Pflegevertrag

I. Allgemeines

Anders als im Fall des Heimvertrags handelt es sich beim Pflegevertrag nicht um eine eigene Vertragsart, sondern um einen Dienstvertrag, bei dem insbesondere Vorschriften der §§ 611 ff. BGB einschlägig sind.[368] Sozialrechtliche Regelungen können sich über § 134 BGB auf den Vertrag auswirken. Für den Bereich des SGB XI besteht in Form des § 120 zusätzlich eine Sonderregelung.

II. Die Sonderregelung des § 120 SGB XII

1. Anwendungsbereich

Diese Regelung umfasst in ihrem persönlichen Anwendungsbereich nur Verträge zwischen von Pflegekassen zugelassenen Pflegediensten und den Pflegebedürftigen. Damit der sachliche Anwendungsbereich eröffnet ist, müssen Leistungen der pflegerischen und hauswirtschaftlichen Unterstützung, die das SGB XI als Pflegesachleistungen i. S. d. § 36 SGB XI vorsieht, Gegenstand des Vertrags sein (§ 120 I S. 1 SGB XI).

367 Klarstellend BT-Drs. 16/12409, S. 29.
368 *Bassen*, in: Udsching (Hrsg.), SGB XI, § 120 Rn. 3.

2. Vorgaben

Die Vorschrift enthält nahezu keine Vorgaben in Bezug auf den Vertrag, sondern stellt eigentlich nur fest, was sich bereits aus anderen Vorschriften ergibt.[369]

Zunächst sieht die Vorschrift ein besonderes Kündigungsrecht des Pflegebedürftigen innerhalb der ersten zwei Wochen nach dem ersten Pflegeeinsatz vor (§ 120 II S. 2, 3 SGB XI). Diese Regelung soll gewährleisten, dass der Pflegebedürftige den Pflegedienst zunächst «ausprobieren» kann, bevor er sich endgültig längerfristig bindet.[370] Durch das Pflege-Neuausrichtungs-Gesetz wird dieser Teil der Vorschrift allerdings durch die Regelung ersetzt, dass der Pflegebedürftige jederzeit ohne Einhaltung einer Frist den Pflegevertrag kündigen kann. Dabei handelt es sich auch nur um eine Klarstellung, da sich dieses aus den Regelungen des BGB ergibt.[371] Die probeweise Inanspruchnahme ist deshalb nicht mehr erforderlich.[372]

§ 120 III SGB XI beschreibt die Mindestbestandteile des Pflegevertrags. Diese ergeben sich allerdings schon aus den zivilrechtlichen Regelungen sowie den Vereinbarungen auf der Ebene zwischen der Pflegekasse und der Pflegeeinrichtung. Der Regelung kommt somit nur klarstellende Wirkung zu.[373]

Gesetzliche Vorgaben zum Vergütungsanspruch finden sich in § 120 IV SGB XI. Demnach muss sich die Pflegeeinrichtung bzgl. des Vergütungsanspruchs zunächst an die Pflegekasse halten (§ 120 IV S. 1 SGB XI). Erst wenn deren Leistungsgrenze überschritten ist, kann die Vergütung dem Pflegebedürftigen berechnet werden. Dabei darf von dem Pflegebedürftigen für die zusätzlichen Leistungen keine höhere Vergütung verlangt werden, als der Pflegedienst nach den Regeln des SGB XI vereinbart hat (§ 120 IV S. 2 SGB XI). Dies ergibt sich schon aus den allgemeinen Finanzierungsregelungen der §§ 82 ff. SGB XI. Auch diese Vorschrift dient also nur zur Klarstellung.[374]

369 Siehe zu § 120 SGB XI schon Fn. 354.
370 BT-Drs. 14/5395, S. 47.
371 *BGH*, Urt. v. 09.06.2011 – III ZR 203/10 –, in: BGHZ 190, 80 ff.
372 Zum Ganzen BT-Drs. 17/9369, S. 51.
373 BT-Drs. 14/5395, S. 48. Die Änderungen durch das PNG sind Folgen der Änderung von § 89 SGB XI.
374 BT-Drs. 14/5395, S. 48.

3. Teil: Regelung der Finanzierung im Bereich des Pflegeversicherungsrechts

§ 10 Die Beziehung zwischen Pflegebedürftigem und Pflegekassen

A. Bedeutung

Im Verhältnis zwischen Pflegebedürftigem und der Pflegekasse stellt sich die Frage, welche Leistungen das SGB XI vorsieht, auf die der Pflegebedürftige einen Anspruch hat. Hier werden nur Leistungen betrachtet, die durch Pflegeeinrichtungen erbracht werden. Dabei sollen die Anspruchsvoraussetzungen und der Anspruchsinhalt dargestellt werden.

B. Allgemeine Leistungsvoraussetzungen

I. Versicherte der sozialen Pflegeversicherung

Die erste Voraussetzung dafür, dass jemand einen Leistungsanspruch gegen die Pflegekassen hat, ist, dass er in der sozialen Pflegeversicherung versichert ist. Dem Grundsatz «Pflegeversicherung folgt Krankenversicherung» nach sind dies alle, die in der gesetzlichen Krankenkasse versichert sind. Dementsprechend wird eine Versicherungspflicht sowohl für Pflichtversicherte (§ 20 SGB XI) als auch für freiwillig Versicherte (§ 20 III SGB XI) statuiert. Letztere können sich allerdings von dieser Pflicht auf Antrag befreien lassen, wenn sie einen vergleichbaren privaten Versicherungsschutz nachweisen (§ 22 SGB XI). Die Versicherungspflicht tritt kraft Gesetzes ein, so dass es weder einer Kenntnis des Versicherten noch der Erfüllung irgendwelcher, auch nur formalen Voraussetzungen bedarf. Lediglich das Vorliegen der im Gesetz umschriebenen Umstände ist erforderlich.[375] Ebenfalls zum Kreis der Versicherten zählen im Rahmen einer beitragsfreien Familienversicherung (§ 25 SGB XI) Ehepartner, Lebenspartner und Kinder von Mitgliedern der sozialen Pflegeversicherung sowie die Kinder von familienversicherten Kindern, soweit diese Personen über kein oder ein sehr geringes eigenes Einkommen verfügen. Entfällt die Versicherungspflicht nach den §§ 20, 21 SGB XI oder erlischt die Familienversicherung, besteht unter gewissen Um-

375 Zum Ganzen *Baier*, Krauskopf, SGB XI, Vorb. §§ 20-27 Rn. 4.

ständen die Möglichkeit einer freiwilligen Weiterversicherung (§ 26 SGB XI). § 26a SGB XI sieht zusätzlich ein freiwilliges Beitrittsrecht für bestimmte Personengruppen vor. Dieses wurde erst nachträglich eingefügt als Reaktion auf ein Urteil des BVerfG[376], das darin, dass gleichermaßen schutzbedürftige Personen ohne Krankenversicherung der Zugang zur Pflegeversicherung verwehrt blieb, einen Verstoß gegen Art 3 I GG sah und für diese zumindest ein Beitrittsrecht forderte.[377]

II. Pflegebedürftigkeit

1. Begriff der Pflegebedürftigkeit

Im Rahmen der sozialen Pflegeversicherung findet der enge Pflegebedürftigkeitsbegriff Anwendung.[378] Infolge des Pflege-Neuausrichtungs-Gesetzes ist es nun in breiterem Umfang (bislang nur § 45b SGB XI) möglich, auch ohne das Vorliegen des engen Pflegebedürftigkeitsbegriffs Leistungen der Pflegeversicherung zu erhalten (§ 123 II SGB XI n. F.), wenn eine erheblich eingeschränkte Alltagskompetenz vorliegt. Die gilt aber nur für häusliche Pflegehilfen (und Pflegegeld).

2. Feststellung der Pflegebedürftigkeit

Die Pflegekassen haben gem. § 18 I S. 1 SGB XI durch den Medizinischen Dienst der Krankenversicherung prüfen zu lassen, ob die Voraussetzungen der Pflegebedürftigkeit erfüllt sind und welche Stufe der Pflegebedürftigkeit vorliegt. Außerdem überprüft dieser, ob eine erheblich eingeschränkte Alltagskompetenz nach § 45a SGB XI vorliegt und ob und in welchem Umfang Maßnahmen zur Beseitigung, Minderung oder Verhütung einer Verschlimmerung der Pflegebedürftigkeit einschließlich der Leistungen zur medizinischen Rehabilitation geeignet, notwendig und zumutbar sind (§ 18 I S. 2, 3 SGB XI).

Beim Medizinischen Dienst der Krankenversicherung (MDK) handelt es sich um eine Arbeitsgemeinschaft von Krankenkassen auf Landesebene (§ 278 I SGB V). Mitglieder sind die Landesverbände der Orts-, Betriebs- und Innungskrankenkassen, die landwirtschaftlichen Krankenkassen und die Ersatz-

376 *BVerfG*, Urt. v. 03.04.2001 – 1 BvR 81/98 –, in: BVerfGE 103, 225 ff.

377 Siehe dazu *Fuchs/Preis*, Sozialversicherungsrecht, S. 411 f.

378 Siehe dazu § 6 C.

kassen des jeweiligen Bundeslandes (§ 278 II SGB V). Die Medizinischen Dienste sind in den alten Bundesländern öffentlich-rechtlich als Körperschaften, in den neuen Bundesländern privat-rechtlich als eingetragene Vereine organisiert.[379] Die Finanzierung erfolgt im Wege einer Umlage, wobei neben den Mitgliedern der Arbeitsgemeinschaft, also den genannten Krankenkassen, die Pflegekassen die Hälfte der Umlage tragen (§ 281 I SGB V).[380]

In § 18 SGB XI wird festgelegt, wie der MDK bei der Ermittlung der erforderlichen Informationen vorzugehen hat (Abs. II, IV-XI), inwieweit der Pflegebedürftige dabei mitwirken muss (Abs. II S. 2, 3), wie Pflegekasse und MDK bei der Ermittlung zusammenwirken, wann ein beschleunigtes Begutachtungsverfahren durchzuführen ist (Abs. III) und wie der MDK personell ausgestattet sein muss (Abs. VII). Konkretisiert werden die Vorgaben in 5 PflRi und der auf Grundlage der §§ 17 u. 53a SGB XI erlassenen BRi[381].

Dabei handelt es sich lediglich um Regelungen zu Besonderheiten des Verwaltungsverfahrens. Es finden grundsätzlich die allgemeinen Verfahrensregelungen, die insb. im SGB X zu finden sind, Anwendung.[382] Denn bei der Feststellung der Pflegebedürftigkeit handelt es sich, anders als die Überschrift des § 18 SGB XI vermuten lässt, nicht um ein isoliertes, eigenständiges Verfahren, sondern lediglich um besondere Vorschriften zur Feststellung des Tatbestandsmerkmals der Pflegebedürftigkeit in Form einer zwingenden Beteiligung des MDK. So entscheidet letztlich die Pflegekasse, ob das Tatbestandsmerkmal erfüllt ist bzw. welche Pflegestufe vorliegt.[383] Sie kann

---

379 Nach § 278 I S. 2 SGB V ist die Arbeitsgemeinschaft nach Maßgabe des Art. 73 IV S. 3 u. 4 des Gesundheits-Reformgesetzes eine rechtsfähige Körperschaft des öffentlichen Rechts. Danach entfällt der Status als rechtfähige Körperschaft, sobald die Notwendigkeit der Dienstherrenfähigkeit nicht mehr besteht. Dem liegt zu Grunde, dass der Gesetzgeber die MDK privat-rechtlich organisieren wollte, dies aber in den alten Bundesländern nicht möglich war, da die Beschäftigten der Vorgängerorganisation der MDK des Vertrauensärztlichen Dienstes, der in den Landesversicherungsanstalten eingegliedert war, die vom MDK übernommen werden sollten, hauptsächlich Beamte waren. Da es in der DDR keine dem Vertrauensärztlichen Dienst entsprechende Organisation gab, konnte hier unproblematisch sofort eine Rechtsform des Zivilrechts gewählt werden.

380 Zum Ganzen *Fuchs/Preis*, Sozialversicherungsrecht, S. 243.

381 Richtlinien des GKV-Spitzenverbandes (als Spitzenverband Bund der Pflegekassen gem. § 53 SGB XI) zur Begutachtung von Pflegebedürftigkeit nach dem XI. Buch des Sozialgesetzbuches (Begutachtungs-Richtlinien – BRi) vom 08.06.2009.

382 *Gebhardt*, Krauskopf, SGB XI, § 18 Rn. 2; *Gürtner*, KassKomm, SGB XI, § 18 Rn. 3.

383 Zum Ganzen *Gebhardt*, Krauskopf, SGB XI, § 18 Rn. 2, 4; *Gürtner*, KassKomm, SGB XI, § 18 Rn. 3; *Udsching*, in: Udsching (Hrsg.), SGB XI, § 18 Rn. 3.

dazu auch andere Erkenntnisquellen als das Sachverständigengutachten des MDK heranziehen, z. B. Zeugenaussagen.[384]

Durch das Pflege-Neuausrichtungs-Gesetz werden die Regelungen zur Begutachtung der Pflegebedürftigkeit zwecks einer stärkeren Dienstleistungsorientierung geändert und ergänzt. Das Begutachtungsverfahren soll schneller vonstatten gehen und transparenter werden.[385] Diese Ziele sollen insbesondere dadurch erreicht werden, dass die Pflegekassen jetzt auch andere Gutachter als die des MDK einsetzen (vgl. § 18 I SGB XI n. F.) können, dass bei verzögerter Begutachtung (grds. muss diese nun innerhalb von fünf Wochen erfolgen) eine Strafzahlung durch die Pflegekassen (und privaten Pflegeversicherungsunternehmen) zu leisten ist (§ 18 IIIb SGB XI n. F.) und dass die Pflegekassen zur Erstellung von Dienstleistungsrichtlinien für das Begutachtungsverfahren verpflichtet werden (§ 18b SGB XI n. F.).[386]

III. Weitere Voraussetzungen

1. Antrag

Nach § 33 I S. 1 SGB XI bedarf es, um Leistungen der Pflegeversicherung zu erhalten, eines Antrags. Dieser ist nicht nur bei einem erstmaligen Leistungsbezug erforderlich, sondern auch dann, wenn ein Wechsel der Pflegeart oder eine andere bzw. höhere Pflegeleistung begehrt wird.[387]

Der erstmalige Antrag muss weder bestimmte Formerfordernisse erfüllen, noch muss bereits eine bestimmte Pflegeleistung ausgewählt werden. Es muss daraus nur deutlich werden, dass der Antragsteller Leistungen im Rahmen der sozialen Pflegeversicherung erhalten möchte.[388] Antragsberechtigt ist immer der Pflegebedürftige selbst, eine Ausnahme besteht nur bei den Leistungen für die Pflegepersonen (§§ 44 SGB XI ff.).[389] Adressat des Leistungsantrags ist die Pflegekasse, bei der der Antragsteller versichert ist (§ 16 I S. 1 SGB I). Falls der Antrag bei einem unzuständigen Leistungsträger gestellt wird, hat dieser ihn unverzüglich an die zuständige Pflegekasse weiterzuleiten. Der

384 *Udsching*, in: Udsching (Hrsg.), SGB XI, § 18 Rn. 3.
385 BT-Drs. 17/9369, S. 20.
386 BT-Drs. 17/9369, S. 20 f.
387 *Udsching*, in: Udsching (Hrsg.), SGB XI, § 33 Rn. 3.
388 Zum Ganzen *Udsching*, in: Udsching (Hrsg.), SGB XI, § 33 Rn. 4.
389 BT-Drs. 12/5262, S. 109.

Antrag gilt dann zu dem Zeitpunkt gestellt, an dem er bei dem unzuständigen Leistungserbringer einging (§ 16 II SGB I).

Der Zeitpunkt des Antrags wirkt sich auf den Leistungsbeginn aus. Dieser wird grundsätzlich ab dem Zeitpunkt der Antragsstellung gewährt oder, wenn dies bei der Antragstellung noch nicht der Fall ist, sobald die Anspruchsvoraussetzungen vorliegen (§ 33 I S. 2 SGB XI). Ist der Antragsteller zum Zeitpunkt des Antrags bereits über einen Monat pflegebedürftig, erhält er die Leistung ab dem Beginn des Monats der Antragstellung (§ 33 I S. 3 SGB XI).[390]

2. Vorversicherungszeit

Eine weitere Leistungsvoraussetzung ist die Erfüllung einer gewissen Vorversicherungszeit. Die erforderliche Vorversicherungszeit beträgt momentan mindestens einen Zeitraum von zwei Jahren innerhalb der letzten zehn Jahre vor der Antragstellung (§ 33 II S. 1 Nr. 6 SGB XI). Sinn und Zweck dieser Voraussetzung ist es, die Solidargemeinschaft der in der sozialen Pflegeversicherung Versicherten vor einer übermäßigen Beanspruchung, insb. durch Zuwanderer und Auslandsrückkehrer sowie deren mitversicherte Familienmitgliedern, die noch keine nennenswertem Beiträge erbracht haben, zu schützen.[391]

Als Vorversicherungszeit wird die Zeit, in der jemand als Mitglied bzw. im Rahmen einer Familienversicherung versichert oder gem. § 26 II SGB XI weiterversichert war, anerkannt (§ 33 II S. 1, 2 SGB XI).[392] Ebenfalls berücksichtigt wird im Falle des Eintritts der Versicherungspflicht in der sozialen Pflegeversicherung bei vorheriger privater Pflegeversicherung die in dieser zuvor ununterbrochen zurückgelegte Versicherungszeit (§ 33 III SGB XI). Für versicherte Kinder gilt die Vorversicherungszeit als erfüllt, wenn ein Elternteil sie erfüllt (§ 33 II S. 3 SGB XI).

---

390 Diese Regelung kann dazu führen, dass sich eine Antragstellung innerhalb der Monatsfrist für den Pflegebedürftigen nachteilig auswirken kann. Daher beginnt die Leistungsgewährung – abweichend vom Wortlaut – auch bei einer Antragsstellung innerhalb der Monatsfrist am Ersten des Monats, *Leitherer*, KassKomm, SGB XI, § 33 Rn. 10.

391 BT-Drs. 12/5262, S. 110; BT-Drs. 16/7439, S. 54.

392 Es wird nur die Weiterversicherung nach § 26 II SGB XI explizit genannt, da im Falle einer Weiterversicherung nach § 26 I SGB XI eine vollwertige Mitgliedschaft bzw. eine von einer solchen abhängige Familienversicherung besteht; *Leitherer*, KassKomm, SGB XI § 33 Rn. 17; *Udsching*, in: Udsching (Hrsg.), SGB XI, § 33 Rn. 9.

3. Kein Ausschluss der Leistung

a. Ausschluss wegen des Vorrangs von Rehabilitationsmaßnahmen

Der Vorrang von Rehabilitationsmaßnahmen vor den Leistungen der Pflegeversicherung ergibt sich aus den §§ 5, 31 SGB XI. Dieser «Vorrang» ist dahingehend zu verstehen, dass eine Pflicht der Pflegekassen besteht, festzustellen, ob für den Pflegebedürftigen geeignete und zumutbare Maßnahmen der Rehabilitation in Frage kommen. Er bedeutet grundsätzlich nicht, dass Leistungen der sozialen Pflegeversicherung immer ausgeschlossen sind, sobald noch Rehabilitationsmaßnahmen möglich sind.[393] Im Einzelfall ist es der Pflegekasse aber möglich, beantragte Pflegeleistungen abzulehnen, wenn sie dem Antragssteller im Zusammenwirken mit dem zuständigen Träger der Rehabilitation geeignete und zumutbare Maßnahmen anbietet und dieser das Angebot nicht annimmt.[394] Die diesbezügliche Pflicht zur Mitwirkung des Pflegebedürftigen ergibt sich aus § 6 SGB XI.

Das Pflege-Neuausrichtungs-Gesetz enthält einige Maßnahmen zur Stärkung des Grundsatzes «Rehabilitation vor Pflege», etwa die Übermittlung einer Rehabilitationsempfehlung (vgl. etwa § 18a I SGB XI n. F.).[395]

b. Ruhen der Leistungsansprüche

Das Ruhen von Leistungsansprüchen ist in § 34 SGB XI geregelt. Unter Ruhen des Leistungsanspruches versteht man, dass der Anspruch zwar dem Grunde nach besteht, der Leistungsverpflichtete ihn momentan vollständig oder teilweise nicht erfüllen muss und der Pflegebedürftige dies dementsprechend auch nicht fordern kann. Diese Wirkung tritt kraft Gesetzes ein.[396] Im Rahmen des § 34 SGB XI ist zwischen zwei Tatbestandsvarianten zu unterscheiden: Zwischen dem Ruhen, das sich aus einem Auslandsaufenthalt des Pflegebedürftigen ergibt (Abs. I Nr. 1) und dem, das aus dem Vorrang der Leistungen aus anderen Absicherungssystemen resultiert (Abs. I Nr. 2, II, III).

393 Zum Ganzen *Linke*, Krauskopf, SGB XI, § 31 Rn. 5.
394 *Udsching*, in: Udsching (Hrsg.), SGB XI, § 18 Rn. 2.
395 BT-Drs. 17/9369, S. 19.
396 Zum Ganzen *Höfer/Schuldzinski*, in: Klie/Krahmer (Hrsg.), SGB XI, § 34 Rn. 5; *Leitherer*, KassKomm, SGB XI, § 34 Rn. 4; *Reimer*, Hauck/Noftz, SGB XI, § 34 Rn. 7; *Udsching*, in: Udsching (Hrsg.), SGB XI, § 34 Rn. 3.

Befindet sich der Pflegebedürftige im Ausland, ruht grundsätzlich sein Anspruch gegen die Pflegekasse. Bei einem vorrübergehenden Aufenthalt von bis zu sechs Wochen pro Kalenderjahr wird das Pflegegeld nach den §§ 37, 38 SGB XI weitergewährt. Gleiches gilt auch für Pflegesachleistungen, allerdings nur, wenn die Pflegeperson den Pflegebedürftigen während seines Auslandaufenthalts begleitet. Die Begrenzung auf sechs Wochen gilt nicht für Pflegegeld oder anteiliges Pflegegeld, wenn der Pflegebedürftige sich in einem Mitgliedstaat der Europäischen Union, einem Vertragsstaat des Abkommens über den Europäischen Wirtschaftsraum oder der Schweiz aufhält (§ 34 Ia SGB XI).[397]

§ 34 I Nr. 2 SGB XI ordnet an, dass die Ansprüche ruhen, soweit jemand bestimmte Entschädigungsleistungen wegen seiner Pflegebedürftigkeit erhält. Dazu zählen Leistungen nach § 35 BVG bzw. solche aus Gesetzen, die eine entsprechende Anwendung des BVG vorsehen, Leistungen aus der gesetzlichen Unfallversicherung, aus öffentlichen Kassen aufgrund gesetzlich geregelter Unfallversorgung oder Unfallfürsorge sowie vergleichbare Leistungen aus dem Ausland oder von einer zwischenstaatlichen oder überstaatlichen Einrichtung. Dies entspricht der Vorrangregelung des § 13 I SGB XI.[398]

Der Anspruch auf durch Pflegedienste erbrachte Pflegesachleistungen i. S. d. § 36 SGB XI ruht ebenfalls, soweit im Rahmen der häuslichen Krankenpflege (§ 37 SGB V) der Anspruch neben der Behandlungspflege ausnahmsweise auch Grundpflege und hauswirtschaftliche Versorgung umfasst (§ 34 I S. 1, 1. Alt. SGB XI). Gleiches gilt bei einem Aufenthalt des Pflegebedürftigen in einer Einrichtung i. S. d. § 71 IV SGB XI (§ 34 II S. 1, 2. Alt. SGB XI). Während das Ruhen nach § 34 I Nr. 1 SGB XI ein allumfassendes Ruhen jeglicher Leistung bedeutet, ruhen die Leistungen nach § 34 I Nr. 2 u. II SGB XI nur, insofern sie mit denen der Pflegeversicherung deckungsgleich sind, also u. U. nur teilweise.[399]

---

397 Dass dies nicht für Pflegesachleistungen gilt, verstößt nicht gegen EU-Recht; *EuGH*, Urt. v. 12.07.2012 – C-562/10 –, juris.

398 Bzgl. der gegenüber den Leistungen der Pflegeversicherung nachrangigen Leistungen s. § 13 III SGB XI.

399 *Udsching*, in: Udsching (Hrsg.), SGB XI, § 34 Rn. 3.

c. Erlöschen der Leistungsansprüche

Leistungsansprüche des Pflegebedürftigen erlöschen nach § 35 SGB XI, wenn seine Mitgliedschaft erlischt. Das Erlöschen der Mitgliedschaft richtet sich nach § 49 I S. 2, III SGB XI.[400]

C. Durch Pflegeeinrichtungen erbrachte Leistungen

I. Häusliche Pflegehilfen

1. Besondere Voraussetzungen

Damit jemand Pflegesachleistungen nach dieser Vorschrift in Form von Grundpflege und hauswirtschaftlicher Versorgung erhalten kann, muss die Unterstützung als «häusliche Pflege» erfolgen (§ 36 I S. 1 SGB XI). Eine gewisse Konkretisierung der «Häuslichkeit» erfolgt in § 36 I S. 2 SGB XI in der Weise, dass demnach Leistungen der häuslichen Pflege auch zulässig sind, wenn der Pflegebedürftige nicht in seinem eigenen Haushalt gepflegt wird. Hingegen sind sie nicht zulässig, wenn Pflegebedürftige in einer stationären Pflegeeinrichtung oder in einer Einrichtung i. S. d. § 71 IV SGB XI gepflegt werden.

Die Bedeutung dieser Vorgaben ist umstritten. Ursprünglich sah § 36 SGB XI für den Erhalt häuslicher Pflegehilfen vor, dass der Pflegebedürftige in seinem oder einem anderen Haushalt, in dem er aufgenommen wurde, gepflegt wird.[401] Später wurde die Vorschrift durch das 1. SGB XI-ÄndG in die jetzige Fassung geändert.[402] Aus dieser Änderung wird überwiegend geschlossen, dass der Aufenthaltsort des Pflegebedürftigen keine Voraussetzung mehr für den Erhalt von Leistungen nach § 36 SGB XI sei und somit neben den allgemeinen Voraussetzungen keine weiteren bestünden. Sinn und Zweck der Regelung des § 36 I S. 2 SGB XI sei lediglich die Abgrenzung zur stationären Pflege und zur Pflege in Einrichtungen i. S. d. § 71 IV SGB XI über die Art und Weise der Durchführung.[403] Zum Teil wird aber das Erfordernis des Auf-

---

400 Für nachgehende Leistungsansprüche, wie sie für den Bereich der gesetzlichen Krankenkasse in § 19 II, III SGB V vorgesehen sind, sah der Gesetzgeber keine Notwendigkeit, BT-Drs. 12/5262, S. 111.

401 BGBl. 1994, Teil I, S. 1025.

402 BGBl. 1996, Teil I, S. 831.

403 *Linke*, Krauskopf, SGB XI, § 36 Rn. 7 f.; *Plantholz*, in: Klie/Krahmer (Hrsg.), SGB XI, § 36 Rn. 6; *Udsching*, in: Udsching (Hrsg.), SGB XI, § 36 Rn. 5.

enthalts im häuslichen Bereich weiterhin bejaht. Dieses ergebe sich schon aus dem Begriff der «häuslichen» Pflege und der Erwähnung der Wohnung in § 71 I SGB XI.[404] Allerdings sei der Begriff des häuslichen Bereichs weit auszulegen, insb. Altenwohnheime oder Behinderteneinrichtungen (die weder stationäre Pflegeeinrichtungen noch Einrichtungen i. S. d. § 71 IV SGB XI sind) fielen darunter, so dass es faktisch wohl keinen Unterschied mache, ob man diese Voraussetzung heranziehe oder nicht.[405] Somit kann im Ergebnis offen bleiben, ob es noch dieser weiteren Voraussetzung im Rahmen der Leistungen nach § 36 SGB XI bedarf.

Durch das Pflege-Neuausrichtungs-Gesetz tritt § 124 SGB XI n. F. als zweite Anspruchsgrundlage für Sachleistungen im häuslichen Bereich neben § 36 SGB XI.[406] Dieser sieht zusätzlich zu den Leistungen der Grundpflege und der hauswirtschaftlichen Versorgung des § 36 SGB XI Betreuungsleistungen[407] vor.[408] Voraussetzung für den Erhalt dieser häuslichen Betreuungsleistungen ist gem. § 124 III SGB XI n. F., dass Grundpflege und hauswirtschaftliche Versorgung im Einzelfall sichergestellt sind.

2. Leistungsinhalt

Der Anspruch des Pflegebedürftigen auf häusliche Pflege umfasst Unterstützungshandlungen im Bereich der Grundpflege und der hauswirtschaftlichen Versorgung im Rahmen der in § 14 IV SGB XI festgelegten Verrichtungen (§ 36 II 1. Hs. SGB XI).[409] Verrichtungsbezogene Maßnahmen der Behandlungspflege werden zwar bei der Ermittlung der Pflegebedürftigkeit berücksichtigt,[410] nicht aber, wie § 36 II 2. Hs. SGB XI klarstellt, von ihren Leistungserbringern zu Lasten der Pflegekassen erbracht. Sie werden als häusliche Krankenpflege nach § 37 SGB V von häuslichen Krankenpflegediensten bzw. von im Haushalt des Kranken lebenden Personen (vgl. § 37 III SGB V) erbracht. Erweitert wurde das Leistungsspektrum durch die 2008 eingeführte Möglichkeit, dass mehrere Pflegebedürftige ihre häuslichen Pflegehilfen gemeinsam in Anspruch nehmen (sog. «Poolen» von Leistungen, § 36 I S. 5-7

404 *Leitherer*, KassKomm, SGB XI § 36 Rn. 19 f.
405 *Leitherer*, KassKomm, SGB XI § 36 Rn. 21.
406 BT-Drs. 17/9369, S. 53.
407 Diese waren bislang nur im Bereich des «Poolens» möglich, siehe dazu den nächsten Gliederungspunkt.
408 BT-Drs. 17/9369, S. 53.
409 S. dazu § 6 C I.
410 Vgl. § 6 C I 1.

SGB XI). Dadurch sollen die Bedingungen für die Inanspruchnahme von Leistungen nach dem SGB XI in neuen Wohnformen, wie z. B. Wohngemeinschaften oder betreutes Wohnen, verbessert werden.[411] Die aus der gemeinsamen Versorgung resultierenden Einsparungen sollen den Beteiligten zugutekommen. Unter der Voraussetzung, dass die Grundpflege und die hauswirtschaftliche Versorgung aller beteiligten Pflegebedürftigen sichergestellt ist, können dann sogar Betreuungsleistungen als Sachleistung durch die Pflegekasse erbracht werden (§ 36 I S. 6 SGB XI). Dies gilt allerdings nur, wenn diese Leistungen nicht im Rahmen der Eingliederungshilfe für behinderte Menschen nach dem SGB XII, durch den zuständigen Träger der Eingliederungshilfe nach dem SGB VIII oder nach dem Bundesversorgungsgesetz finanziert werden (§ 36 I S. 7 SGB XI). Der Inhalt der Betreuungsleistungen entspricht denen, die nach § 45b I S. 3 Nr. 3 SGB XI als zusätzliche Betreuungsleistungen für Menschen mit demenzbedingten Fähigkeitsstörungen[412] vorgesehen sind oder denen der sozialen Betreuung im stationären Pflegebereich (vgl. § 43 II SGB XI).[413]

Der Leistungsinhalt der häuslichen Betreuung setzt sich aus Unterstützung und sonstigen Hilfen im häuslichen Umfeld des Pflegebedürftigen oder seiner Familie zusammen (§ 124 II S. 2 SGB XI n. F.). Zwecks Erleichterung von praktischen Umsetzungen[414] werden beispielhaft die Unterstützung von Aktivitäten im häuslichen Umfeld, die dem Zweck der Kommunikation und der Aufrechterhaltung sozialer Kontakte dienen (§ 124 II S. 2 Nr. 1 SGB XI n. F.) und die Unterstützung bei der Gestaltung des häuslichen Alltags (§ 124 II S. 2 Nr. 2 SGB XI n. F.) genannt.[415]

411 BT-Drs. 16/7439, S. 38.

412 Die §§ 45a, b SGB XI sehen zusätzliche Leistungen für Versicherte mit erheblichem allgemeinen Betreuungsbedarf, insb. mit demenzbedingten Fähigkeitsstörungen, vor. Die Besonderheit dieser Leistungen ist, dass sie nicht zwingend Pflegebedürftigkeit i. S. d. SGB XI voraussetzen (vgl. § 45a I Nr. 2 SGB XI). Die Leistungen bestehen in einem Geldleistungsanspruch des Berechtigten von bis zu 200 € im Monat (s. § 45b I S. 1 SGB XI). Der Geldbetrag dient der Erstattung von Aufwendungen, die dem Versicherten durch die Inanspruchnahme von Leistungen der teilstationären Pflege, der Kurzzeitpflege, besonderer Angebote von Pflegediensten der allgemeinen Anleitung und Betreuung, solange es sich dabei nicht um Leistungen der Grundpflege und hauswirtschaftlichen Versorgung handelt, oder nach Landesrecht anerkannter niedrigschwelliger Betreuungsangebote, die nach § 45c gefördert oder förderungsfähig sind, entstehen (§ 45a I Nr. 6 SGB XI).

413 BT-Drs. 16/7439, S. 54.

414 BT-Drs. 17/9369, S. 53.

415 Zu weiteren Einzelheiten siehe BT-Drs. 17/9369, S. 53 f.

Die Leistungsgrenzen sind gestaffelt nach Pflegestufen in § 36 III SGB XI festgelegt. Innerhalb dieser Grenzen kann der Pflegebedürftige Pflegeeinsätze abrufen. Welche Hilfen er genau in Anspruch nimmt, bleibt ihm dabei selbst überlassen. Insbesondere auf das Verhältnis zwischen Grundpflege und hauswirtschaftlicher Versorgung kommt es dabei nicht an, dies ist nur bei der Zuordnung zu einer Pflegestufe von Bedeutung.[416] Eine Härtefallregelung (§ 36 IV SGB XI) ermöglicht es Pflegebedürftigen der Pflegestufe III weitere Pflegeeinsätze bis zu einem Gesamtwert von 1.918 Euro monatlich zu gewähren, wenn bei diesen ein besonders hoher Pflegeaufwand besteht. Wann ein Härtefall vorliegt, wird durch eine Richtlinie des Spitzenverbandes Bund der Pflegekassen festgelegt (§ 17 I S. 3 SGB XI). Allerdings dürfen gem. § 36 IV S. 2 SGB XI nicht mehr als 3% der versicherten Pflegebedürftigen der Pflegestufe III, die häuslich gepflegt werden, die erweiterte Härtefallleistung erhalten.

Die Leistungsgrenzen des § 36 SGB XI gelten auch für die neue Leistung des § 124 SGB XI n. F.[417] Durch § 123 III SGB XI n. F. werde diese Leistungsgrenzen aber für Pflegebedürftige mit erheblich eingeschränkter Alltagskompetenz nun erhöht.

Neben den Pflegekräften von zugelassenen ambulanten Pflegeeinrichtungen, die eine Vergütungsvereinbarung abgeschlossen haben[418], können die Leistungen nach § 36 SGB XI auch durch Pflegekräfte, die bei der Pflegekasse selbst angestellt sind und durch Einzelpersonen, die einen Vertrag nach § 77 I SGB XI mit einer Pflegekasse abgeschlossen haben, erbracht werden (§ 36 I S. 3, 4 SGB XI). Die Bedeutung der Leistungserbringung durch Einzelpersonen nach § 77 I SGB XI wird durch das Pflege-Neuausrichtungs-Gesetz dahingehend gestärkt, dass § 77 I SGB XI von einer «Kann-» zur « Soll-» Regelung wird.[419] Wählt ein Pflegebedürftiger eine Person aus diesem Kreis als Pflegekraft, ist seiner Wahl Folge zu leisten.[420]

---

416 *Leitherer*, KassKomm, SGB XI, § 36 Rn. 40; *Linke*, Krauskopf, SGB XI, § 36 Rn. 13; *Mühlenbruch*, Hauck/Noftz, SGB XI, § 36 Rn. 15; *Plantholz,* in: Klie/Krahmer (Hrsg.), SGB XI, § 36 Rn. 19; *Udsching*, in: Udsching (Hrsg.), SGB XI, § 36 Rn. 12.

417 BT-Drs. 17/9369, S. 53.

418 Zwar setzt § 36 I S. 3 SGB XI nur den Abschluss eines Versorgungsvertrags voraus. Besteht aber mit der Pflegeeinrichtung keine Vergütungsvereinbarung, findet das Sachleistungsprinzip keine Anwendung, vgl. § 91 SGB XI.

419 Siehe dazu BT-Drs. 17/9369, S. 45.

420 *Udsching*, in: Udsching (Hrsg.), SGB XI, § 36 Rn. 6.

II. Stationäre Pflege

1. Tages- und Nachtpflege

a. Zweck der Leistung

Die teilstationäre Pflege stellt eine Ergänzung zur häuslichen Pflege dar.[421] Mit ihrer Hilfe soll dem grundsätzlich angeordneten Vorrang der häuslichen Pflege (§ 3 SGB XI) insoweit Geltung verschafft werden, dass diese auch noch praktiziert werden kann, wenn durch sie allein der Bedarf des Pflegebedürftigen nicht oder nicht ausreichend sichergestellt werden kann. Somit sollen Pflegebereitschaft und -fähigkeit im häuslichen Bereich erhalten bzw. gefördert und eine Alternative zur vollstationären Unterbringung geboten werden. Insbesondere eine Koordination von Erwerbs- und Pflegetätigkeit soll den pflegenden Angehörigen bzw. sonstigen nahe stehenden Personen ermöglicht werden.[422]

b. Besondere Voraussetzungen

Dementsprechend ist Voraussetzung für die teilstationäre Pflege, dass häusliche Pflege nicht in ausreichendem Umfang sichergestellt werden kann oder dass sie zur Ergänzung oder Stärkung der häuslichen Pflege erforderlich ist (§ 41 I S. 1 SGB XI). Dabei handelt es sich nicht um zwei voneinander unabhängige Tatbestände. Immer wenn die Pflege nicht ausreichend sichergestellt ist, bedarf es auch der Ergänzung.[423] Vielmehr wurde der zweite Satzteil lediglich eingefügt, um die Ergänzungsfunktion der teilstationären Pflege für die häusliche Pflege zu verdeutlichen.[424] Wann diese Voraussetzungen vorliegen, wird im Gesetz nicht genauer definiert. Daher kommt es auf eine Beurteilung der Umstände des Einzelfalls an.[425] Dabei sind nicht nur die objektiven Umstände der Pflegesituation heranzuziehen, sondern auch die Wünsche des Pflegebedürftigen und ggf. die der Personen, die häusliche Pflegeaufgaben wahrnehmen.[426] Als Beispiele für eine entsprechende Situation werden u. a.

---

421 BT-Drs. 14/6949, S. 14.

422 Zum Ganzen BT-Drs. 12/5262, S. 114.

423 *Linke*, Krauskopf, SGB XI, § 41 Rn. 4.

424 BT-Drs. 14/6949 S. 14.

425 *Vogel*, in: Klie/Krahmer (Hrsg.), SGB XI, § 41 Rn. 5.

426 *Udsching*, in: Udsching (Hrsg.), SGB XI, § 41 Rn. 6; *Vogel*, in: Klie/Krahmer (Hrsg.), SGB XI, § 41 Rn. 5.

genannt, eine vorübergehende Verschlechterung des Zustandes des Pflegebedürftigen, ein Entlastungsbedarf der Pflegeperson oder wenn Pflegebedürftige nur für einen gewissen Zeitraum des Tages der ständigen Beaufsichtigung bedürfen.[427]

c. Leistungsinhalt

aa. Allgemeines

Die Leistungen im Bereich der teilstationären Pflege umfassen unzweifelhaft die allgemeinen Pflegeleistungen, die soziale Betreuung, medizinische Behandlungspflege (vgl. § 41 II SGB XI)[428] und die Beförderung des Pflegebedürftigen von seinem Wohnort zur Pflegeeinrichtung (§ 41 I S. 2 SGB XI).

Unklar ist hingegen, ob der Pflegebedürftige im Bereich der stationären Pflege auch einen Sachleistungsanspruch gegen die Pflegekasse auf Unterkunft und Verpflegung hat. § 82 I S. 4 SGB XI legt zwar fest, dass der Pflegebedürftige für Unterkunft und Verpflegung selbst aufkommen muss, doch die Regelung lässt bzgl. des Leistungsanspruchs zwei Auslegungsmöglichkeiten zu. Zunächst kann die Vorschrift so gedeutet werden, dass sie jeglichen Leistungsanspruch des Pflegebedürftigen gegen die Pflegekasse im Bereich der Pflege und Unterkunft ausschließt.[429] Es könnte aber ebenso ein Sachleistungsanspruch des Pflegebedürftigen auf Unterkunft und Verpflegung angenommen und in der Regelung des § 82 I S. 4 SGB XI eine betragsmäßige Begrenzung, wie z. B § 41 II SGB XI, gesehen werden, wobei die Begrenzung auf den Betrag «0» erfolgt und der Pflegebedürftige somit die kompletten Kosten als Selbstbeteiligung tragen muss.[430] Beide Varianten werden dem Ziel der Vorschrift, Pflegebedürftige in stationärer Pflege mit Pflegebedürftigen in häuslicher Pflege, die ebenfalls für ihre Unterkunft und Verpflegung

427 BT-Drs. 12/5262 S. 114.

428 Auch wenn § 41 II SGB XI von der Übernahme von Aufwendungen spricht, ist allgemein anerkannt, dass die Leistung im Wege der Sachleistung und nicht als Kostenerstattung erbracht wird, s. etwa *Leitherer*, KassKomm, SGB XI § 41 Rn. 9; *Linke*, Krauskopf, SGB XI, § 41 Rn. 7; *Vogel*, in: Klie/Krahmer (Hrsg.), SGB XI, § 41 Rn. 7. Dies gilt für alle Leistungen der stationären Pflege: s. dazu auch: *Krasney*, VSSR 4/1994, 265 (278 f.).

429 So: *Reimer*, Hauck/Noftz, SGB XI, § 87 Rn. 3; *Schütze*, in: Udsching (Hrsg.), SGB XI, § 87 Rn. 2; wohl auch: *Vogel/Schmäing*, in: Klie/Krahmer (Hrsg.), SGB XI, § 87 Rn. 9.

430 *Schulin*, VSSR 1994, 285 (288).

aufkommen müssen, gleichzustellen,[431] gerecht, da jeweils der Pflegebedürftige die anfallenden Kosten tragen muss.

Für die erste Auslegungsmöglichkeit wird insbesondere der Wortlaut von § 82 I S. 4 SGB XI angeführt. Wenn der Pflegebedürftige für Unterkunft und Verpflegung «selbst aufzukommen» habe, sei es eben nicht Aufgabe der Pflegekasse, ihm diese Leistung zu verschaffen.[432] Allerdings kann dies ebenso gut bedeuten, dass der Pflegebedürftige lediglich alleiniger Kostenträger sein soll, was nach der zweiten genannten Auffassung ebenso der Fall ist. Hinzu kommt, dass der Wortlaut im vorliegenden Bereich oft unpräzise ist[433], so dass es schwierig ist, ihn zur alleinigen Begründung heranzuziehen.

Für eine Einbeziehung in den Sachleistungsanspruch spricht die Regelung des § 87 SGB XI, wonach die Höhe des Entgelts für Unterkunft und Verpflegung zwischen dem Träger der Pflegeeinrichtung und den als Pflegesatzparteien betroffenen Leistungsträgern ausgehandelt wird. Die Vereinbarung von Entgelten zwischen Leistungsträger und Pflegeeinrichtung ist ein typisches Element des Sachleistungsprinzips und deutet darauf hin, dass die Pflegeeinrichtung die Leistung als Leistungserbringer für die Pflegekasse als Leistungsträger erbringt und dementsprechend der Pflegebedürftige auch einen Anspruch darauf gegen die Pflegekasse hat.

Dagegen spricht allerdings schon die systematische Stellung der Vorschrift. Hätte der Gesetzgeber Unterkunft und Verpflegung wie allgemeine Pflegeleistungen, soziale Betreuung und medizinische Behandlungspflege behandeln wollen, hätte er sie genauso gut in die entsprechende Regelung des Pflegesatzverfahrens, in § 84 I SGB XI einfügen können. Weiterhin wird in der Gesetzesbegründung des § 87 SGB XI dargelegt, die Pflegekassen und die anderen Kostenträger handelten beim Abschluss der Vereinbarung als «Sachwalter» für die Pflegebedürftigen.[434] Somit wird klar, dass die Pflegekassen hier nicht im eigenen Interesse handeln, um den Pflegebedürftigen Leistungen zu verschaffen, zu deren Erbringung sie ihnen gegenüber verpflichtet sind. Vielmehr handeln sie für die Pflegebedürftigen, um ein angemessenes Entgelt (vgl. § 87 II S. 2 SGB XI) auszuhandeln, wozu der einzelne Pflegebedürftige

431 BT-Drs. 12/5262, S. 143.

432 *Schütze*, in: Udsching (Hrsg.), SGB XI, § 87 Rn. 2.

433 Siehe nur das Beispiel in Fn. 428.

434 BT-Drs. 12/5262, S. 147 (im Gesetzesentwurf handelte es sich noch um § 97).

– sei es aufgrund fehlender Fachkompetenz oder aufgrund fehlender «Verhandlungsmacht – wohl kaum in der Lage wäre.[435]

Eine andere Frage ist, ob es nicht sinnvoll gewesen wäre, den Bereich der Unterkunft und Verpflegung einzubeziehen. Zweifellos kann der Sicherstellungsauftrag der Pflegekassen aus § 69 SGB XI ohne die Bereitstellung von Unterkunft und Pflege im Rahmen der stationären Pflege eigentlich nicht erfüllt werden.[436] Daher ist es gerechtfertigt, dass die Pflegekassen über ihre Landesverbände in den Rahmenverträgen gem. § 75 II Nr. 1 SGB XI gewisse Mindestvorgaben bzgl. Unterkunft und Verpflegung machen. Letztlich ist auch aus dem Sicherstellungauftrag die Rechtfertigung für die Beteiligung der Pflegekassen an der Festsetzung der Vergütung zu sehen.[437] Dieser «Umweg» wäre bei einer Einbeziehung in das Sachleistungsprinzip nicht erforderlich gewesen.

Eine Unterscheidung zwischen Tages- und Nachtpflege wird in § 41 SGB XI nicht getroffen. Unter Tagespflege versteht man eine stationäre Betreuung des Pflegebedürftigen tagsüber, während er nachts im häuslichen Bereich gepflegt wird. Dabei wird neben der Entlastung der pflegenden Personen insb. die Förderung der sozialen Kommunikation und Ermöglichung von Rehabilitationsleistungen (die allerdings, von § 32 SGB XI abgesehen, im SGB XI nicht vorgesehen sind) angestrebt.[438] Im Rahmen der Nachtpflege wird der Pflegebedürftige entsprechend zur Nachtzeit stationär betreut. Dies zielt auf Pflegebedürftige ab, die z. B. besondere Hilfestellung beim Zubettgehen bzw. Aufstehen oder eine Nachtwache benötigen.[439]

Die Leistungserbringung erfolgt durch stationäre Pflegeeinrichtungen i. S. d. § 71 II SGB XI, die als Tages- oder Nachtpflegeeinrichtung zugelassen sind. Der Anspruch ist auf die in § 41 II SGB XI genannten Wertgrenzen beschränkt.

bb. Allgemeine Pflegeleistungen

Wie bereits erwähnt, spricht § 41 II SGB XI nur von der Übernahme der pflegebedingten Aufwendungen. § 4 II S. 2 SGB XI enthält bzgl. der pflegebe-

---

435 Zum Ganzen *Schulin*, VSSR 1994, 285 (289).

436 *Schütze*, in: Udsching (Hrsg.), SGB XI, § 87 Rn. 2; *Vogel/Schmäing*, in: Klie/Krahmer (Hrsg.), SGB XI, § 87 Rn. 9.

437 *Schütze*, in: Udsching (Hrsg.), SGB XI, § 87 Rn. 2.

438 Zum Ganzen *Leitherer*, KassKomm, SGB XI, § 41 Rn. 7.

439 Zum Ganzen *Leitherer*, KassKomm, SGB XI, § 41 Rn. 8.

dingten Aufwendungen bei teil- und vollstationärer Pflege eine Legaldefinition. Danach handelt es sich um alle Aufwendungen, die für die Versorgung des Pflegebedürftigen nach Art und Schwere der Pflegebedürftigkeit erforderlich sind. Da dies der Definition im Leistungserbringungsrecht für die allgemeinen Pflegeleistungen entspricht (s. o.) und diese Bezeichnung dem Charakter als Sachleistung eher gerecht wird, soll sie an dieser Stelle verwendet werden.[440]

Hat der Pflegebedürftige somit einen Anspruch auf alle Maßnahmen, die zu seiner Versorgung nach Art und Schwere seiner Pflegebedürftigkeit erforderlich sind, ist dieser, anders als bei den ambulanten Pflegehilfen, nicht grundsätzlich nur auf Unterstützung bei den in § 14 IV SGB XI beschriebenen Verrichtungen beschränkt.[441] Vielmehr soll eine umfassende Betreuung erfolgen, die mit der, die ein Pflegebedürftiger im häuslichen Bereich von seinen Angehörigen erhält, vergleichbar ist.[442] Dementsprechend wird auch die in der Vorschrift nicht genannte hauswirtschaftliche Versorgung mit umfasst, soweit sie aufgrund der Pflegebedürftigkeit erforderlich ist.[443] Dies ist im Rahmen der teilstationären Pflege z. B. bei einem Wechseln der Kleider denkbar.[444] Alle Pflegeleistungen, die aus medizinisch-pflegerischer Sicht nicht zwingend von Nöten sind, kommen allenfalls als Zusatzleistungen nach § 88 SGB XI in Frage, die nicht in die Finanzierungszuständigkeit der Pflegekassen fallen.[445] Die konkrete Bestimmung der allgemeinen Pflegeleistungen sowie die Abgrenzung von den Leistungen der Unterkunft und der Pflege sowie den Zusatzleistungen erfolgt gem. § 75 II Nr. 1 SGB XI in den Rahmenverträgen.

cc. Soziale Betreuung

Zu den Leistungen der sozialen Betreuung gehört insbesondere die Wahrnehmung von Leistungen im Zusammenhang mit solchen zwischenmenschlichen Kontakten, die im Regelfall zu Familienmitgliedern oder sonstigen

440 Vergleiche *Vogel*, in: Klie/Krahmer (Hrsg.), SGB XI, § 41 Rn. 13.
441 *Linke*, Krauskopf, SGB XI, § 41 Rn. 14; *Vogel*, in: Klie/Krahmer (Hrsg.), SGB XI, § 41 Rn. 13.
442 *Linke*, Krauskopf, SGB XI, § 41 Rn. 14.
443 *Linke*, Krauskopf, SGB XI, § 41 Rn. 14; *Vogel*, in: Klie/Krahmer (Hrsg.), SGB XI, § 41 Rn. 19.
444 *Vogel*, in: Klie/Krahmer (Hrsg.), SGB XI, § 41 Rn. 19.
445 *Vogel*, in: Klie/Krahmer (Hrsg.), SGB XI, § 41 Rn. 13.

Haushaltsangehörigen bestehen.[446] Zentraler Bereich ist dabei die Kommunikation mit dem Pflegebedürftigen, aber auch sonstige Dienstleistungen, wie z. B. Behördengänge, kommen im Rahmen der teilstationären Pflege in Betracht.[447]

dd. Medizinische Behandlungspflege

Ebenfalls Bestandteil des Leistungsanspruchs ist die medizinische Behandlungspflege, und zwar nicht nur die verrichtungsbezogenen krankheitsspezifischen Pflegemaßnahmen, die auch im Rahmen der Bestimmung der Pflegebedürftigkeit berücksichtigt werden, sondern zunächst die gesamte, die bei der teilstationären Betreuung notwendig wird.[448] Dieser Anspruch führt dazu, dass die Pflegekassen auch für Leistungen zuständig sind, die sich auf eine Krankheit als solche beziehen, was mit Blick auf die sonstige Zuständigkeitsverteilung eigentlich systemwidrig ist.[449] In der ersten Fassung des SGB XI war die medizinische Behandlungspflege als Leistungsinhalt auch nicht vorgesehen, sie wurde erst durch das 1. SGB XI-ÄndG eingefügt[450] und war bis 2007 nur als vorläufige Regelung enthalten. Die dauerhafte Einbeziehung erfolgte letztlich aufgrund von Finanzierungsproblemen der gesetzlichen Krankenversicherung.[451]

ee. Notwendige Beförderung

Da der Pflegebedürftige auch einen Anspruch auf die Beförderung von seiner Wohnung zur Pflegeeinrichtung und zurück hat, muss diese Hin- und Rückfahrt von den stationären Pflegeeinrichtungen angeboten und organisiert werden. Ein Anspruch auf eine Beförderung durch einen selbständig tätigen Fahrdienst besteht hingegen nicht.[452]

446 *Linke*, Krauskopf, SGB XI, § 41 Rn. 16; *Vogel*, in: Klie/Krahmer (Hrsg.), SGB XI, § 41 Rn. 15.
447 *Vogel*, in: Klie/Krahmer (Hrsg.), SGB XI, § 41 Rn. 15 mit weiteren Beispielen.
448 Siehe dazu *Udsching*, in: Udsching (Hrsg.), SGB XI, § 43 Rn. 13. Zum Begriff der medizinischen Behandlungspflege § 6 C I 1.
449 Vergleiche § 6 C I 1.
450 BGBl. 1996, Teil I, S. 832.
451 *Vogel*, in: Klie/Krahmer (Hrsg.), SGB XI, § 41 Rn. 17.
452 Zum Ganzen BT-Drs. 12/5262, S. 114.

d. Kombinationsmöglichkeiten

In § 41 III-VI SGB XI sind Kombinationsmöglichkeiten von teilstationärer Pflege und den Leistungen der häuslichen Pflege, also Pflegegeld und Pflegesachleistungen nach § 36 SGB XI vorgesehen. Diese sind eine logische Konsequenz, da die teilstationäre Pflege die häusliche eben ergänzen soll. Um einen Anreiz für eine solche Art der Pflege zu schaffen, können die Ansprüche nebeneinander wahrgenommen werden, was dazu führen kann, dass sich die einzelne betragsmäßige Beschränkung auf das 1,5-fache erhöht. So besteht z. B. bei einer 100%igen Inanspruchnahme des Sachleistungsanspruchs aus § 36 SGB XI der Anspruch aus § 41 SGB XI daneben zu 50%.[453]

2. Kurzzeitpflege

a. Zweck der Leistung

Auch die Kurzzeitpflege soll als vollstationäre Pflege für einen beschränkten Zeitraum den Vorrang der häuslichen Pflege gewährleisten. Sie dient dazu, Zeiträume zu überbrücken, in denen eine häusliche Pflege ausnahmsweise nicht möglich ist. Insbesondere soll sie verhindern, dass jemand bei einem Ausfall seiner Pflegeperson direkt auf Dauer vollstationäre Pflege in Anspruch nehmen muss.[454]

b. Besondere Voraussetzungen

Die Leistung der Kurzzeitpflege nach § 42 SGB XI setzt voraus, dass jemand grundsätzlich zu Hause gepflegt werden soll und kann, also keine dauerhafte vollstationäre Pflege erforderlich ist, die häusliche Pflege aber zeitweise nicht, noch nicht oder nicht im erforderlichen Umfang möglich ist (§ 42 I S. 1 SGB XI). Dabei wird zwischen zwei Tatbeständen unterschieden, dem der sog. Anschlusskurzzeitpflege (§ 42 I S. 2 Nr. 1 SGB XI) und dem der sonstigen Krisensituationen (§ 42 I S. 2 Nr. 2 SGB XI).

Die Anschlusskurzzeitpflege kommt im Anschluss an eine stationäre Behandlung des Pflegebedürftigen in Betracht. Dabei wurde insbesondere an den Fall

---

453 Siehe zu den einzelnen Kombinationsmöglichkeiten und den prozentualen Werten etwa *Udsching*, in: Udsching (Hrsg.), SGB XI, § 41 Rn. 7 ff.

454 BT-Drs. 12/5262, S. 115; u. U. kommen auch neben den Leistungen des § 42 SGB XI Leistungen der Verhinderungspflege nach § 39 in Frage.

gedacht, dass jemand in Folge einer Krankheit pflegebedürftig geworden ist und im Anschluss an einen Aufenthalt in einem Krankenhaus oder einer Rehabilitationseinrichtung die häusliche Pflege nicht sofort möglich ist, weil es noch einer gewissen Vorbereitung, z. B. in Form von Umbauarbeiten in der Wohnung, bedarf.[455]

Der zweite Tatbestand der sonstigen Krisensituationen, in denen vorübergehend häusliche oder teilstationäre Pflege nicht möglich oder nicht ausreichend ist, ist hingegen wesentlich weiter gefasst und mit Blick auf den Zweck der Leistung, insbesondere Pflegepersonen zu entlasten und verfrühte dauerhafte vollstationäre Pflege zu verhindern, auch entsprechend weit auszulegen.[456] Als Beispiele werden eine kurzfristige erhebliche Verschlimmerung des Pflegebedarfs, der völlige Ausfall der bisherigen Pflegeperson und sonstige Hinderungsgründe, die in der Pflegeperson liegen, etwa Krankheit oder Urlaub, wenn diese nicht mit Verhinderungspflege nach § 39 SGB XI überbrückt werden können, genannt.[457]

c. Leistungsinhalt

Der Leistungsinhalt entspricht dem der vollstationären Pflege. Er umfasst also allgemeine Pflegeleistungen, soziale Betreuung und medizinische Behandlungspflege (s. u.).

Da es sich nur um eine vorübergehende Leistung handelt, ist der Anspruch in doppelter Hinsicht begrenzt. Neben der üblichen betragsmäßigen Beschränkung (vgl. § 42 II S. 2 SGB XI), die bei der Kurzzeitpflege unabhängig von der Pflegestufe ist, erfolgt eine zeitliche Einschränkung auf vier Wochen pro Kalenderjahr (§ 42 II S. 2 SGB XI). Der Pflegebedürftige kann diesen Zeitraum nach seinen Wünschen aufteilen.[458]

Die Leistungserbringung erfolgt auch hier grundsätzlich durch stationäre Pflegeeinrichtungen i S. d. 71 II SGB XI. Eine Ausnahme davon kann bei zu

---

455 BT-Drs. 12/5262, S. 115.

456 *Linke*, Krauskopf, SGB XI, § 42 Rn. 9.

457 BT-Drs. 12/5262, S. 115; s. zum Verhältnis zwischen Kurzzeitpflege und Verhinderungspflege nach § 39 SGB XI: *Pöld-Krämer/Richter*, in: Klie/Krahmer (Hrsg.), SGB XI, § 42 Rn. 9.

458 *Linke*, Krauskopf, SGB XI, § 42 Rn. 12; *Udsching*, in: Udsching (Hrsg.), SGB XI, § 42 Rn. 6; *Pöld-Krämer/Richter*, in: Klie/Krahmer (Hrsg.), SGB XI, § 42 Rn. 12, die sogar eine stundenweise Inanspruchnahme für möglich halten.

Hause gepflegten Kindern bis zur Vollendung des 18.[459] Lebensjahres gemacht werden, hier kommen auch andere Einrichtungen als Leistungserbringer in Frage (vgl. § 42 III SGB XI). Das Pflege-Neuausrichtungs-Gesetz sieht nun in Form des § 42 IV SGB XI n. F. vor, dass davon abweichend ein Anspruch auf Kurzzeitpflege auch in Einrichtungen besteht, die stationäre Leistungen zur medizinischen Vorsorge oder Rehabilitation erbringen, wenn während einer Maßnahme der medizinischen Vorsorge oder Rehabilitation für eine Pflegeperson eine gleichzeitige Unterbringung und Pflege des Pflegebedürftigen erforderlich ist.

Zusätzlich wird nun bezogenes Pflegegeld während der Kurzzeitpflege weitergewährt (§ 37 II S. 2, § 38 S. 4 SGB XI n. F.), um so Angehörigen, die den Pflegebedürftigen versorgen, eine Auszeit zu erleichtern.[460]

3. Vollstationäre Pflege

a. Zweck der Leistung

In Form der vollstationären Pflege wird eine dauerhafte, allumfassende Versorgung des Pflegebedürftigen gewährleistet. Obwohl schon aus den Voraussetzungen der bisher beschriebenen Leistungen deutlich wird, dass alle Vorschriften des SGB XI eine Vermeidung der vollstationären Pflege anstreben,[461] ist umstritten, ob die Leistung in einem Subsidiaritätsverhältnis zu den anderen steht (s. dazu den nächsten Abschnitt).

b. Besondere Voraussetzungen

§ 43 I SGB XI legt fest, dass vollstationäre Pflege nur beansprucht werden kann, wenn häusliche oder teilstationäre Pflege nicht möglich ist oder wegen der Besonderheit des einzelnen Falls nicht in Betracht kommt.

Trotz des scheinbar klaren Wortlauts wird teilweise angenommen, dass dadurch keine weitere zwingende Voraussetzung für die Inanspruchnahme vollstationärer Pflege statuiert wird. Jeder Pflegebedürftige, der mindestens die Voraussetzungen der Pflegestufe I erfülle, könne vollstationäre Pflege erhalten, soweit er diese aus einem «sachlichen Grund» anstrebe. Ein Nach-

459 Die Altersgrenze wird durch das PNG auf 25 angehoben.
460 BT-Drs. 17/9369, S. 19.
461 *Udsching*, in: Udsching (Hrsg.), SGB XI, § 43 Rn. 2.

rang gegenüber den anderen Arten der Pflege bestehe demnach nicht. Zur Begründung werden das Selbstbestimmungsrecht des Pflegebedürftigen aus § 2 SGB XI sowie «elementare Grundrechte des Pflegebedürftigen und potentieller Pflegepersonen» angeführt.[462]

Zu Recht wird diese Auffassung überwiegend abgelehnt. [463] Der Wortlaut und die Gesetzessystematik lassen sie nicht zu. Die Regelung des § 43 IV SGB XI, die vorschreibt, dass Pflegebedürftige lediglich einen Zuschuss in Höhe des in § 36 III SGB XI für die jeweilige Pflegestufe vorgesehenen Gesamtwertes erhalten, wenn sie vollstationäre Pflege wählen, obwohl diese nach Feststellung der Pflegekasse nicht erforderlich ist, wäre wohl ohne jeglichen Anwendungsbereich, wenn allein der Wunsch des Pflegebedürftigen die Erforderlichkeit begründen könnte.[464] Auch ist der Vorrang der häuslichen Pflege mit der entsprechenden Konsequenz des Nachrangs der stationären Pflege einer der zentralen Grundsätze des SGB XI (s. § 3 SGB XI). Unklar ist ebenfalls, wie der «sachliche Grund» zu definieren wäre. Das Selbstbestimmungsrecht und die einschlägigen Grundrechte können im Rahmen der Einzelfallprüfung hinreichend berücksichtigt werden.

Demnach müssen die besonderen Voraussetzungen von § 43 I SGB XI vorliegen, damit vollstationäre Pflege gewährt werden kann. Wann diese gegeben sind, kann grundsätzlich nicht schematisch bestimmt werden. Vielmehr kommt es immer auf eine Abwägung in der individuellen Situation an.[465] Die Voraussetzungen können u. a. bei drohender oder bereits eingetretener Überforderung von Pflegepersonen oder bei Selbst- bzw. Fremdgefährdungstendenzen des Pflegebedürftigen erfüllt sein (s. BRi: D 5.5 mit weiteren Bsp.). Bei Pflegebedürftigen der Pflegestufe III wird allerdings immer von der Erforderlichkeit vollstationärer Pflege ausgegangen (BRi: 5.2.3).

c. Leistungsinhalt

Die vollstationäre Pflege umfasst allgemeine Pflegeleistungen, soziale Betreuung und medizinische Behandlungspflege (vgl. § 43 II S. 1 SGB XI). Diesbezüglich. ist auf die allgemeinen Ausführungen bei der Tages- und

---

462 Zum Ganzen: *Udsching*, in: Udsching (Hrsg.), SGB XI, § 43 Rn. 2, 6.

463 *Leitherer*, KassKomm, SGB XI, § 43 SGB XI Rn. 17; *Linke*, Krauskopf, SGB XI, § 43 Rn. 7; *Pöld-Krämer/Richter*, in: Klie/Krahmer (Hrsg.), SGB XI, § 43 Rn. 6; *Reimer*, Hauck/Noftz, SGB XI, § 43 Rn. 5.

464 *Leitherer*, KassKomm, SGB XI, § 43 Rn. 17; *Linke*, Krauskopf, SGB XI, § 43 Rn. 7.

465 *Leitherer*, KassKomm, SGB XI, § 43 Rn. 16; *Pöld-Krämer/Richter*, in: Klie/Krahmer (Hrsg.), SGB XI, §43 Rn. 6

Nachtpflege zu verweisen.[466] Da die vollstationäre Pflege aber nicht nur auf einen Teil des Tages bzw. der Woche beschränkt ist, ist der tatsächliche Betreuungsaufwand im Verhältnis natürlich wesentlich höher.

Die Begrenzung der Leistung unterscheidet sich hier von denen der anderen in der Weise, dass kein Höchstbetrag, sondern ein an den Pflegestufen orientierter Pauschalbetrag festgelegt ist (§ 43 II S. 2 SGB XI).[467] Auch hier gibt es eine Härtefallregelung (vgl. § 43 II S. 2 Nr. 4, III SGB XI). Wie bei den häuslichen Pflegehilfen ist ihre Anwendung aber beschränkt, i. d. F. auf nicht mehr als 5% aller versicherten Pflegebedürftigen der Pflegestufe III, die stationäre Pflegeleistungen erhalten (§ 43 III S: 2 SGB XI). Eine zusätzliche Leistungsbegrenzung enthält § 43 II S. 3 SGB XI. Dort werden die Pauschalbeträge in der Weise eingeschränkt, dass sie, einschließlich der Dynamisierung nach § 30 SGB XI, 75% des Gesamtbetrags aus Pflegesatz, Entgelt für Unterkunft und Verpflegung und möglicherweise nach § 82 III, IV SGB XI gesondert berechenbaren Investitionskosten nicht übersteigen dürfen. So soll sichergestellt werden, dass der Pflegebedürftige, der stationäre Pflege in Anspruch nimmt, nicht auf Kosten der anderen Versicherten von seiner Verpflichtung zur Tragung des Entgelts für Unterkunft und Verpflegung entlastet wird.[468]

§ 11Die Beziehung zwischen Pflegebedürftigem und Versicherungsunternehmen

Das Verhältnis zwischen einem privatversicherten Pflegebedürftigem und dem Versicherungsunternehmen, mit dem er einen Pflegeversicherungsvertrag abgeschlossen hat, soll hier nur noch kurz überblicksartig umrissen werden. Die relevanten Grundlagen ergeben sich bereits aus den allgemeinen Ausführungen zur privaten Pflegeversicherung[469] sowie aus den entsprechenden Ausführungen zum Verhältnis zwischen dem in der sozialen Pflegeversicherung versicherten Pflegebedürftigen und der Pflegekasse[470].

---

466 § 10 C. II. 1. C. aa.-dd.

467 Siehe zum ursprünglichen Leistungskonzept und zur Entwicklung *Udsching*, in: Udsching (Hrsg.), SGB XI, § 43 Rn. 3 ff.

468 *Pöld-Krämer/Richter*, in: Klie/Krahmer (Hrsg.), SGB XI, § 43 Rn. 21; *Udsching*, in: Udsching (Hrsg.), SGB XI, § 43 Rn. 12.

469 Siehe § 5 B.

470 Siehe § 10.

Die Voraussetzungen für die jeweiligen Leistungen müssen denen, die im SGB XI für die soziale Pflegeversicherung genannt sind, entsprechen. Für die Pflegebedürftigkeit (§ 23 VI Nr. 1 SGB XI) und die Wartezeiten (§ 110 I Nr. 2 c) bzw. III Nr. 4 SGB XI) ist dies ausdrücklich normiert. Für die jeweiligen besonderen Voraussetzungen ergibt sich dies aus dem Gleichwertigkeitsgebot des § 23 I S. 2 SGB XI, das bzgl. Art und Umfang der Leistungen auf die Regelungen des vierten Kapitels des SGB XI verweist. Die erforderlichen Feststellungen, insb. ob Pflegebedürftigkeit vorliegt, werden nicht durch den MDK, sondern durch die MEDICPROOF GmbH, einer 100% Tochter des Verbandes der privaten Krankenversicherung e. V., getroffen.[471] Die gleichwertigen Leistungen unterscheiden sich von denen der sozialen Pflegeversicherung derart, dass sie nicht als Sach-, sondern als Geldleistung erbracht werden.[472]

§ 12 Die Beziehung zwischen Pflegeeinrichtung und Pflegekasse

A. Bedeutung

In diesem Verhältnis stellt sich die Frage, welche Pflegeeinrichtungen bestimmte Leistungen zu welchem Preis zu Lasten der Pflegekassen erbringen dürfen. Dies wird durch eine Reihe von Verträgen geregelt, den Versorgungsvertrag, den Rahmenvertrag und die Entgeltvereinbarung. Die Wirkung der Verträge geht i. d. R. über die hier betrachtete Beziehung weit hinaus. Sie sind bei der Finanzierung von Pflegeeinrichtungen von zentraler Bedeutung.

B. Der Versorgungsvertrag

I. Bedeutung

Der Versorgungsvertrag nach § 72 SGB XI fungiert als «Ticket zum Eintritt in den Anbietermarkt für soziale Pflegeleistungen».[473] Durch den Abschluss wird die Pflegeeinrichtung für die Dauer des Vertrags zur pflegerischen Versorgung der Versicherten zu Lasten der sozialen Pflegeversicherung zugelassen (§ 72 IV S. 1 SGB XI). Der Vertragsschluss hat für die Pflegeeinrichtung und alle Pflegekassen im Inland eine unmittelbare Wirkung (§ 72 II S. 2 SGB XI). Auch die Leistungen im Rahmen der privaten Pflegeversicherung

471 *Gebhardt*, Krauskopf, SGB XI, § 18 Rn. 6.
472 Siehe § 5 B. V. 2.
473 *Igl/Welti*, Sozialrecht, § 24 Rn. 1.

erfolgen grundsätzlich nur, wenn der Pflegebedürftige einen Vertrag mit einer zugelassenen Pflegeeinrichtung abschließt.[474] Verstärkt wird die Bedeutung des Versorgungsvertrags in NRW zusätzlich dadurch, dass auch die Investitionskostenförderung daran anknüpft (vgl. § 9 II PfG NW).

Dieses Modell ist an die Regelungen im Bereich der gesetzlichen Krankenkasse in Bezug auf die Zulassung von Krankenhäusern sowie Vorsorge- und Rehabilitationseinrichtungen angelehnt (§§ 108 ff. SGB V).[475] Der Unterschied besteht aber darin, dass die Vorschriften des SGB V auf eine Bedarfsplanung und die Absicherung der erforderlichen Behandlungskapazitäten abzielen[476], während das SGB XI einen bedarfsunabhängigen Anspruch auf Zulassung bei Erfüllung der entsprechenden Voraussetzungen vorsieht (§ 72 III S. 1 SGB XI).[477] Somit hat der Versorgungsvertrag hier vordergründig eine «statusbegründende Funktion».[478]

Der Versorgungsvertrag ist seiner Rechtsnatur nach ein öffentlich-rechtlicher Vertrag i. S. d. SGB X. Der Vertragsschluss muss aus Gründen der Rechtssicherheit schriftlich erfolgen (§ 73 I SGB XI).[479]

II. Vertragsparteien

1. Der Träger der Pflegeeinrichtung

Die erste hier behandelte Vertragspartei ist der Träger der Pflegeeinrichtung, durch welche Pflegeleistungen erbracht werden sollen. Dieser hat nach § 72 II

474 Siehe dazu: § 5 B. V. 2.

475 BT-Drs. 12/5262, S. 135.

476 *Schütze*, in: Udsching (Hrsg.), SGB XI, § 72 Rn. 3.

477 Da jede Einrichtung, die die Voraussetzungen erfüllt, einen Anspruch auf den Abschluss eines Versorgungsvertrags hat, ist unklar, welchen Regelungsgehalt die Vorschrift des § 72 III S. 2 SGB XI hat, die festlegt, dass im Falle einer notwendigen Auswahl zwischen mehreren, gleich geeigneten Pflegeeinrichtungen Versorgungsverträge vorrangig mit freigemeinnützigen und privaten Trägern abgeschlossen werden sollen. Allgemein wird angenommen, dass die Vorschrift keinerlei Anwendungsbereich hat und somit überflüssig ist: *Maschmann*, SGb 1996, 49 (53); *Plantholz/Schmäing*, in: Klie/Krahmer (Hrsg.), SGB XI, § 72 Rn. 6; *Knittel*, Krauskopf, SGB XI, § 72 Rn. 20; *Schulin*, VSSR 1994, 285 (303); *Schütze*, in: Udsching (Hrsg.), SGB XI, § 72 Rn. 3.

478 BT-Drs. 12/5262, S. 135. Anders als der Wortlaut der Gesetzesbegründung dies nahelegt, ist dies nicht die einzige Funktion; insb. enthält der Versorgungsvertrag auch Vereinbarungen über Art, Inhalt und Umfang der Pflegeleistungen (§ 72 I S. 2 SGB XI), *Schütze*, in: Udsching (Hrsg.), SGB XI, § 72 Rn. 3.

479 BT-Drs. 12/5262, S. 137.

S. 1 1. Hs. SGB XI auch die Möglichkeit, sich durch eine vertretungsberechtigte Vereinigung gleicher Träger beim Vertragsschluss vertreten zu lassen. Eine Bevollmächtigung lassen aber schon die allgemeinen Regelungen zu (§§ 13 I S. 1 i. V. m. 12 I Nr. 3 SGB X), so dass der Vorschrift des SGB XI überwiegend eine bloß deklaratorische Funktion zugeschrieben wird.[480] Ein Träger, der nicht nur eine Pflegeeinrichtung betreibt, kann für mehrere oder alle der selbständig wirtschaftenden Einrichtungen, sofern sie örtlich und organisatorisch miteinander verbunden sind, einen einheitlichen Versorgungsvertrag abschließen (sog. Gesamtversorgungsvertrag) (§ 72 II S. 1 2. Hs SGB XI).[481]

2. Die Landesverbände der Pflegekassen

Weitere Vertragspartner sind die Landesverbände der Pflegekassen. Als solche fungieren die Landesverbände der Ortskrankenkassen, der Betriebskrankenkassen und der Innungskrankenkassen, die Deutsche Rentenversicherung Knappschaft-Bahn-See, die nach § 36 des Zweiten Gesetzes über die Krankenversicherung der Landwirte als Landesverband tätigen landwirtschaftlichen Krankenkassen und die Ersatzkassen (§ 52 I S. 1 SGB XI). Diese erfüllen gem. § 81 I S. 1 SGB XI ihre Aufgaben grundsätzlich[482] gemeinsam und entscheiden somit einheitlich über den Versorgungsvertrag.

Zusätzlich bedürfen die Landesverbände nach § 72 II S. 1 1. Hs. SGB XI des Einvernehmens des überörtlichen Trägers der Sozialhilfe im jeweiligen Bundesland, soweit nicht nach Landesrecht der örtliche Träger für die Pflegeeinrichtung zuständig ist. Eine solche Zuständigkeitsverlagerung ist in NRW nicht erfolgt, somit sind hier die Landschaftsverbände als überörtliche Träger der Sozialhilfe am Vertragsschluss zu beteiligen. Durch die Beteiligung soll der besondere Sachverstand der Sozialhilfeträger im Bereich der Pflege ge-

---

480 *Knittel*, Krauskopf, SGB XI, § 72 Rn. 10; *Leitherer*, KassKomm, SGB XI § 72 Rn. 13; *Schulin*, VSSR 1994, 285 (295); *Schütze*, in: Udsching (Hrsg.), SGB XI, § 72 Rn. 14. Einzig *Neumann*, in: Schulin (Hrsg.), HS-PV, § 21 Rn. 3, sieht darin eine Einschränkung der allgemeinen Vertretungsbefugnis in der Weise, dass nicht jedermann, sondern nur die Vereinigungen der Träger zur Vertretung befugt sein sollen. Diese Auslegungsvariante wird von *Schulin* (s. o.) ausdrücklich abgelehnt.

481 Durch das PNG wird «örtlich» durch «vor Ort» ersetzt, um Gesamtversorgungsverträge in allen Ländern, auch in NRW, zu ermöglichen, siehe dazu BT-Drs. 17/9369, S. 45.

482 Falls die Landesverbände sich nicht einigen, ist die Beschlussfassung in § 81 I S. 2 SGB XI geregelt.

nutzt werden, den sie in ihrer Rolle als jahrzehntelanger nahezu allein zuständiger öffentlich-rechtlicher Träger gesammelt haben.[483]

Das notwendige «Einvernehmen» ist als Zustimmungserfordernis anzusehen, so dass ohne dessen Erfüllung der Vertrag (zumindest zunächst[484]) nicht zustande kommt.[485] Dennoch sind die Sozialhilfeträger keine Vertragspartei.[486]

III. Voraussetzungen

1. Anforderungen des § 71 SGB XI

Die Voraussetzungen für einen Vertragsschluss sind in § 72 III SGB XI normiert. Danach soll die in Frage kommende Pflegeeinrichtung zunächst den Anforderungen des § 71 SGB XI genügen (Nr. 1). Liegen die Voraussetzungen des § 71 SGB XI allerdings nicht vor, handelt es sich per definitionem schon um keine Pflegeeinrichtung i. S. d. SGB XI. Daher wird hier keine Voraussetzung statuiert, dieser Teil der Regelung ist überflüssig.[487]

2. Leistungsfähige und wirtschaftliche Versorgung

Die Pflegeeinrichtung muss eine leistungsfähige und wirtschaftliche pflegerische Versorgung gewährleisten können (Nr. 2 1. Hs.). Diesen beiden Kriterien kommt aber kaum eine praktische Bedeutung zu.[488]

Dies resultiert im Bereich der Leistungsfähigkeit daraus, dass die Anforderungen daran bereits weitestgehend im Rahmen des § 71 SGB XI bei der Definition der Pflegeeinrichtung festgelegt werden. Eine Versagung des Abschlusses eines Versorgungsvertrags kommt bei Erfüllung der

483 BT-Drs. 12/5262, S. 136.

484 Verweigert der Sozialhilfeträger die Zustimmung, erfolgt eine Entscheidung im Verfahren nach § 81 II SGB XI.

485 *Knittel*, Krauskopf, SGB XI, § 72 Rn. 11; *Leitherer*, KassKomm, SGB XI § 72 Rn. 15; *Maschmann*, SGb 1996, 49 (53); *Neumann*, in: Schulin (Hrsg.), HS-PV, § 21 Rn. 12; *Orthen*, Hauck/Noftz, SGB XI, § 72 Rn. 21; *Plantholz/Schmäing*, in: Klie/Krahmer (Hrsg.), SGB XI, § 72 Rn. 10; *Schütze*, in: Udsching (Hrsg.), SGB XI, § 72 Rn. 15.

486 BT-Drs. 12/5262, S. 136.

487 *Schütze*, in: Udsching (Hrsg.), SGB XI, § 72 Rn. 5.

488 *Leitherer*, KassKomm, SGB XI, § 72 Rn. 19; *Plantholz/Schmäing*, in: Klie/Krahmer (Hrsg.), SGB XI, § 72 Rn. 14; *Quaas*, NZS 1995, 197 (200); *Schütze*, in: Udsching (Hrsg.), SGB XI, § 72 Rn. 6.

Voraussetzungen des § 71 SGB XI somit nur ausnahmsweise in Frage, z. B. wenn die hygienischen Verhältnisse der Einrichtung mangelhaft sind. [489]

Die Wirtschaftlichkeit, über die das Preis-Leistungs-Verhältnis beurteilt werden soll, kann beim Abschluss eines Versorgungsvertrags ebenfalls nicht festgestellt werden, da dafür eine Vergütungsvereinbarung erforderlich ist, die erst mit zugelassenen Pflegeeinrichtungen abgeschlossen wird.[490] Eine Ablehnung aus Wirtschaftlichkeitsgründen kann somit nur in besonders evidenten Fällen erfolgen, in denen von vornherein klar ist, dass die Einrichtung auf Dauer nicht am Markt bestehen kann.[491]

3. Ortsübliche Arbeitsvergütung

Weiterhin muss sich die Pflegeeinrichtung verpflichten, eine ortsübliche Arbeitsvergütung an ihre Beschäftigten zu zahlen (Nr. 2 2. Hs.). Diese Voraussetzung wurde erst nachträglich mit Wirkung zum 01.07.2008 durch das Pflege-Weiterentwicklungsgesetz statuiert. Ihr Bedeutungsgehalt ist noch nicht abschließend geklärt.

Die Vorschrift soll laut der Gesetzesbegründung sicherstellen, dass sich die von den Pflegeeinrichtungen an ihre Beschäftigten gezahlte Arbeitsvergütung auf einem nicht näher umschriebenen «Lohnniveau im Wirtschaftskreis» bewegt.[492] Letztendlich soll «Lohndumping» verhindern werden. So soll der Pflegeberuf attraktiver gemacht und letztlich auch die Qualität der Pflege gewahrt werden.[493] Da dabei an das ortsübliche Lohnniveau angeknüpft wird, hat das aber auch eine gewisse Vereinheitlichung der Arbeitsentgelte der Beschäftigten zur Folge. Eine solche kollidiert allerdings mit den geltenden Grundsätzen, die bei der Refinanzierung von Pflegeeinrichtungen gelten. Im Rahmen der Entgeltvereinbarungen sollen ausdifferenzierte und nicht einheitliche Vergütungen angestrebt werden.[494]

---

489 *Knittel*, Krauskopf, SGB XI, § 72 Rn. 16; *Quaas*, NZS 1995, 197 (200).

490 *Plantholz/Schmäing*, in: Klie/Krahmer (Hrsg.), SGB XI, §72 Rn. 14; *Quaas*, NZS 1995, 197 (200).

491 *Quaas*, NZS 1995, 197 (200); *Schütze*, in: Udsching (Hrsg.), SGB XI, § 72 Rn. 6.

492 BT-Drs. 16/7439, S. 67.

493 Vergleiche «Interpretations- und Anwendungshilfe zur Umsetzung von § 72 Abs. 3 SGB XI» des Bundesministeriums für Arbeit und Soziales und des Bundesministeriums für Gesundheit; *Thüsing*, SGb 2008, 629 (629).

494 Zum Ganzen *Schütze*, in: Udsching (Hrsg.), SGB XI, § 72 Rn. 7, § 84 Rn. 13.

Die zentrale Frage ist aber, wie die Höhe der ortsüblichen Vergütung der Beschäftigten zu ermitteln ist.[495] Ein einheitliches Lohnniveau in der Weise, dass die Träger der in einem Ort ansässigen Pflegeeinrichtungen alle die gleichen Arbeitsentgelte bezahlen, wird es kaum geben. Als «Ort» wird regelmäßig die betreffende Stadt oder gegebenenfalls auch der Kreis heranzuziehen sein.[496]

Zunächst soll bei der Ermittlung an die einschlägigen «Tarifverträge» angeknüpft werden, zu denen hier auch die kirchlichen Vergütungsregelungen zählen,[497] wenn die Zahlung eines Tariflohns üblich ist. [498] Unklar ist aber, wann eine «Üblichkeit» angenommen werden kann und welcher Tarifvertrag als Maßstab herangezogen werden soll, wenn mehrere einschlägig sind.[499] Bei der Heranziehung von tariflichen Regelungen sind stets die von Art. 9 III GG umfasste Koalitionsfreiheit und die Berufsfreiheit aus Art. 12 GG zu beachten.[500] Unabhängig davon, ob bzw. welche Restriktionen man für die Anknüpfung aus dieser herleitet, bleibt das Problem, dass in der Praxis entweder gar keine bzw. kaum Tarifverträge oder aufgrund der unterschiedlichen Träger verschiedene Tarifverträge, von denen keiner das Lohnniveau hinreichend prägt, existieren.[501]

Für diesen Fall soll nach der Gesetzesbegründung auf das «allgemeine örtliche Lohnniveau in Pflegeeinrichtungen» abgestellt werden.[502] Dieses soll laut

495 Siehe zu den Begriffen «Beschäftigter» und «Vergütung»: *Thüsing*, SGb 2008, 629 (630 f.).

496 «Interpretations- und Anwendungshilfe zur Umsetzung von § 72 Abs. 3 SGB XI» des Bundesministeriums für Arbeit und Soziales und des Bundesministeriums für Gesundheit.

497 «Interpretations- und Anwendungshilfe zur Umsetzung von § 72 Abs. 3 SGB XI» des Bundesministeriums für Arbeit und Soziales und des Bundesministeriums für Gesundheit.

498 BT-Drs. 16/7439, S. 67.

499 Siehe dazu den Vorschlag von *Hänlein*, Externer Vergleich und ortsübliche Vergütung, S. 27 f.: Er geht von einer üblichen tariflichen Bezahlung aus, wenn diese ca. 2/3 der betroffenen Arbeitnehmer zukommt und legt nahe, dann den Tarifvertrag heranzuziehen, der die niedrigste Vergütungssätze enthält. Die Interpretations- und Anwendungshilfe sieht einen Rückgriff auf einen einzelnen Tarifvertrag bzw. die dementsprechende aus dem «dritten Weg» resultierende kirchliche Regelung allerdings nur vor, wenn sie das örtliche Lohnniveau prägen.

500 *Schütze*, in: Udsching (Hrsg.), SGB XI, § 72 Rn. 8; s. dazu auch: *Hänlein*, Externer Vergleich und ortsübliche Vergütung, S. 30 ff.; *Plantholz/Schmäing*, in: Klie/Krahmer (Hrsg.), SGB XI, § 72 Rn. 14 m. w. N.

501 *Plantholz/Schmäing*, in: Klie/Krahmer (Hrsg.), SGB XI, § 72 Rn. 14; *Schütze*, in: Udsching (Hrsg.), SGB XI, § 72 Rn. 8; *Thüsing*, SGb 2008, 629 (631).

502 BT-Drs. 16/7439, S. 67.

der Interpretationshilfe «in Anlehnung an die Durchschnittslöhne» zu bestimmen sein. Das kann aber nicht bedeuten, dass einfach der rechnerische Durchschnitt aller im Ort bezahlten Arbeitsentgelte als ortsübliches Entgelt deklariert werden kann. Mitunter käme dabei ein Arbeitslohn heraus, den in dieser Höhe keine Pflegeeinrichtung zahlt. Ein solcher kann von vornherein schon nicht «üblich» sein.[503] Auch würde sich dann die Frage stellen, was mit den einberechneten Pflegeeinrichtungen passieren sollte, die ein Entgelt unterhalb dieses Durchschnitts zahlen. Würde man verlangen, dass sie dieses erhöhen, würde sich gleichzeitig der Durchschnittswert erhöhen.

Zur Bestimmung existieren unterschiedliche Ansätze.

Zum Teil wird angenommen, dass ein bestimmter Betrag das «allgemeine örtliche Lohnniveau» nicht festlegen könne. Vielmehr sei es sinnvoller, dass dieses durch einen gewissen Korridor von Entgelten festgelegt werde, es also eine Mehrzahl von ortsüblichen Entgelten gebe. In diesem Korridor lägen alle Vergütungen, die von nicht gänzlich untergeordneten Anbietern im betroffenen Gebiet gezahlt werden. Unterschreite jemand das so umschriebene Lohnniveau erheblich, erfülle er die Voraussetzung der Bezahlung einer ortsüblichen Arbeitsvergütung nicht. Wann eine Unterschreitung erheblich ist, müsse im Wege einer Gesamtbetrachtung des Einzelfalls ermittelt werden.[504]

Nach einem anderen Vorschlag, ist ein Lohn als ortsunüblich anzusehen, wenn er mehr als 10% unter dem Durchschnittslohn, dem Medianlohn oder dem Modalwert liegt.[505]

Ungeklärt war bei der Bestimmung der ortsüblichen Arbeitsvergütung auch die Rolle des seit dem 01. August 2010 in der Pflegebranche geltenden Mindestlohns. Dieser ist in § 2 der auf der Grundlage des § 11 AentG erlassenen Pflegearbeitsbedingungenverordnung[506] festgelegt und beträgt zurzeit in West-Deutschland 8,75 Euro pro Stunde und in Ost-Deutschland 7,75 Euro pro Stunde. Eine Abstimmung mit der Regelung des § 72 III S. 1 Nr. 2 2. Hs. SGB XI erfolgte insoweit nicht. Klar war zwar, dass der Mindestlohn die absolute Untergrenze im Rahmen der ortsüblichen Arbeitsvergütung darstellt, denkbar war aber auch, dass eine Pflegeeinrichtung zwar den Mindest-

503 Zum Ganzen *Thüsing*, SGb 2008, 629 (631).

504 Zum Ganzen: *Thüsing*, SGb 2008, 629 (632).

505 *Hänlein*, Externer Vergleich und ortsübliche Vergütung, S. 28 f.

506 Verordnung über zwingende Arbeitsbedingungen in der Pflegebranche vom 15. Juli 2010 (Pflegearbeitsbedingungenverordnung – PflegeArbbV) (BAnz. 2010 Nr. 110 S. 2571).

lohn zahlt, jedoch nicht zur Versorgung zugelassen wird, weil der Lohn ortsunüblich ist. Als praktikabelste Lösung wurde daher in der Literatur angesehen, den Abschluss eines Versorgungsvertrages von der Zahlung des Mindestlohns abhängig zu machen.[507] Genau diesen Weg geht nun das Pflege-Neuausrichtungs-Gesetz, das die Regelung um die Formulierung ergänzt «soweit diese nicht von einer Verordnung über Mindestentgeltsätze aufgrund des Gesetzes über zwingende Arbeitsbedingungen für grenzüberschreitend entsandte und für regelmäßig im Inland beschäftigte Arbeitnehmer und Arbeitnehmerinnen (Arbeitnehmer-Entsendegesetz) erfasst sind». Somit stellt sich die Frage der ortsüblichen Vergütung nur noch, wenn diese Regelungen nicht einschlägig sind, etwa bei Betreuungskräften und Küchenkräften.[508]

4. Anforderungen an die Qualitätssicherung

Zuletzt muss die Pflegeeinrichtung gewisse Anforderungen im Bereich der Qualitätssicherung der zu erbringenden Pflege erfüllen (Nr. 3, 4). Dazu muss sich die Einrichtung verpflichten, ein internes Qualitätsmanagement nach Maßgabe des § 113 SGB XI einzurichten und sicherstellen, dass alle Expertenstandards nach § 113a SGB XI angewendet werden. Zur Einhaltung dieser Vorschriften ist die Pflegeeinrichtung wegen der vertragsrechtlichen Bindungen ohnehin verpflichtet[509], durch ihre Deklarierung als Teile der Grundvoraussetzung für die Zulassung zur Leistungserbringung wird ihre Bedeutung zusätzlich gestärkt.

IV. Inhalt

In dem Versorgungsvertrag ist der Versorgungsauftrag der jeweiligen Pflegeeinrichtung, also Art, Inhalt und Umfang der allgemeinen Pflegeleistungen i. S. d. § 84 IV SGB XI[510], zu bestimmen (§ 72 I S. 2 SGB XI).

---

507 So *Hänlein*, Externer Vergleich und ortsübliche Vergütung, S. 30; s. *ders.* zu den europarechtlichen Auswirkungen sowohl des geltenden Rechts als auch seines Vorschlags, a. a. O., S. 36 ff.

508 BT-Drs. 17/9369, S. 45.

509 *Schütze*, in: Udsching (Hrsg.), SGB XI, § 72 Rn. 9.

510 § 84 IV SGB XI befindet sich in dem Abschnitt «Vergütung der stationären Pflegeleistungen» und bezieht sich somit nur auf stationäre Pflegeeinrichtungen. Dennoch wird allgemein davon ausgegangen, dass der Hinweis bzgl. der Regelung der allgemeinen Pflegeleistungen sich auch auf ambulante Pflegeeinrichtungen bezieht: *Orthen*, Hauck/Noftz, SGB XI, § 72 Rn. 11; *Schütze*, in: Udsching (Hrsg.), SGB XI, § 72 Rn. 16.

Zu den «Mindestinhalten» gehört dabei zunächst die Festlegung, welche Art von Pflege die Einrichtung erbringen soll: ambulante Betreuung, vollstationäre Pflege, teilstationäre Pflege in Form von Tages- oder Nachtpflege oder Kurzzeitpflege. Weiterhin soll festgelegt werden, welche Gruppen von Pflegebedürftigen die Pflegeeinrichtung versorgen soll. Eine Differenzierung kann dabei insbesondere nach Pflegestufen und Betreuungsbedarf erfolgen. In Bezug auf den «Umfang» soll die voraussichtliche durchschnittliche Betreuungskapazität der Einrichtung vereinbart werden. Grundsätzlich muss der jeweilige Versorgungsauftrag in dem Versorgungsvertrag weitergehend, z. B. in Bezug auf räumliche, personelle und sachlich-technische Ausstattung, konkretisiert werden. Dieses Erfordernis entfällt nur, wenn diese Punkte bereits in den Rahmenverträgen nach § 75 SGB XI geregelt wurden. Diese sind sowohl für die Pflegekassen als auch für die zugelassenen Pflegeeinrichtungen unmittelbar verbindlich (§ 75 I S. 4 SGB XI) und gehen somit den Abreden in den Versorgungsverträgen vor.[511] In der Praxis erfolgt die Regelung auch in den Rahmenverträgen. Da es sich dabei um Kollektivverträge zwischen den Landesverbänden der Pflegekassen und den Vereinigungen der Einrichtungsträger handelt, ist der Verwaltungsaufwand im Verhältnis zu einer individuellen Regelung in den Versorgungsverträgen wesentlich geringer.[512]

Bei den Pflegediensten muss gem. § 72 III S. 3 SGB XI zusätzlich ein Einzugsbereich bestimmt werden, in dem die ambulanten Pflegeleistungen erbracht werden. Diese Festlegung ist erforderlich, um die Versorgungsstruktur und die Wirtschaftlichkeit der Leistungserbringung beurteilen zu können.[513]

V. Rechtsfolgen

1. Zulassung

Die wichtigste Rechtsfolge ist die bereits angesprochene Zulassung zur pflegerischen Versorgung im Rahmen der sozialen Pflegeversicherung. Diese Berechtigung haben die Pflegeeinrichtungen gem. § 72 IV S. 1 SGB XI für die Dauer des Vertrags, also von seinem Abschluss an bis hin zur Kündigung. Da der Versorgungsvertrag im gesamten Inland verbindlich ist, kann die Einrichtung Leistungen für Pflegebedürftige aus dem gesamten Bundesgebiet erbringen.

---

511 Zum Ganzen BT-Drs. 12/5262, S. 135 f.
512 *Orthen*, Hauck/Noftz, SGB XI, § 72 Rn. 15 f.
513 BT-Drs. 16/7439, S. 67.

2. Versorgungspflicht

Mit dem Versorgungsrecht korrespondiert eine Versorgungspflicht. Die zugelassene Pflegeeinrichtung muss die Versicherten im Rahmen ihres Versorgungsauftrags pflegerisch versorgen (§ 72 IV S. 2 SGB XI). Dennoch ist den Pflegeeinrichtungen ein gewisses Wahlrecht bzgl. der Aufnahme eines Pflegebedürftigen zuzubilligen.[514]

3. Vergütungspflicht

Gem. § 72 IV S. 3 SGB XI entsteht mit Abschluss des Vertrags auch die Pflicht der Pflegekassen, die Leistungen der Pflegeeinrichtung nach den Vorschriften des 8. Kapitels des SGB XI zu vergüten. Somit entsteht die Vergütungspflicht nur dem Grunde nach und bedarf einer weiteren Konkretisierung in Form von Vergütungsvereinbarungen.[515]

C. Der Rahmenvertrag

I. Bedeutung

Ziel des Rahmenvertrags ist es, in einem Bundesland eine wirksame und wirtschaftliche pflegerische Versorgung der Versicherten sicherzustellen (§ 75 I S. 1 SGB XI). Dies soll durch das Leistungserbringungsrecht konkretisierende Vereinbarungen auf der Selbstverwaltungsebene zwischen Leistungserbringern und Kostenträgern erreicht werden. Durch die Verlagerung auf diese Ebene soll zum einen der Gesetzgeber entlastet und zum anderen der besondere Sachverstand der Beteiligten genutzt werden. Dieser Regelungsmechanismus ist an das Recht der gesetzlichen Krankenkassen im Bereich der vertragsärztlichen Versorgung (vgl. §§ 82 ff. SGB V) und des Krankenhausrechts (vgl. §§ 112 ff. SGB V) angelehnt.[516]

II. Vertragsparteien

Vertragsparteien sind zunächst die Landesverbände der Pflegekassen und je nach Regelungsgegenstand entweder die Vereinigungen der Träger der ambu-

---

514 *Schütze*, in: Udsching (Hrsg.), SGB XI, § 72 Rn. 21.
515 *Maschmann*, SGb 1996, 49 (56).
516 Zum Ganzen: *Schütze*, in: Udsching (Hrsg.), SGB XI, § 75 Rn. 2.

lanten oder stationären Pflegeeinrichtungen (§ 75 I S. 1 SGB XI).[517] Bei Rahmenverträgen über ambulante Pflege kommen noch die Arbeitsgemeinschaften der örtlichen Träger der Sozialhilfe hinzu, bei Verträgen über stationäre Pflege die überörtlichen Träger der Sozialhilfe und die Arbeitsgemeinschaften der örtlichen Träger der Sozialhilfe (§ 75 I S. 3 SGB XI) sind weitere Vertragsparteien. Dass die Sozialhilfeträger bzw. die Arbeitsgemeinschaften hier, anders als beim Versorgungsvertrag, vollwertige Vertragspartner sind, ergibt sich aus dem Wortlaut des Gesetzes, der eine Beteiligung «als Vertragspartei» vorsieht.

Unstreitig keine Vertragspartei ist der MDK, dessen «Beteiligung» in § 75 I S. 1 SGB XI ebenfalls vorgesehen ist.[518] Sinn und Zweck der Beteiligung ist lediglich die Nutzbarmachung seiner Erfahrungen im Pflegebereich beim Abschluss der Rahmenverträge.[519] Fraglich ist hingegen die Rolle des Verbandes der privaten Krankenversicherung e. V. Deren «Beteiligung» wurde erst durch das Gesetz zur Qualitätssicherung und zur Stärkung des Verbraucherschutzes in der Pflege vom 9. September 2001 eingefügt.[520] Dadurch sollte eine bessere Einbindung der Versicherungsunternehmen, die private Pflegeversicherungen anbieten, in die vertraglichen Regelungen, die auf Grundlage des SGB XI erlassen werden, erfolgen.[521] Ob diese Einbindung eine Vertragsabschlusskompetenz des Verbandes zur Folge hat, wurde aber nicht ausdrücklich geregelt. Die systematische Stellung der Einfügung in die Vorschrift des § 75 I S. 1 SGB XI, die an den MDK anschließt, deutet darauf hin, dass der Verband der privaten Krankenversicherung e. V. die gleiche Stellung wie dieser hat. Somit wäre der Verband keine Vertragspartei.[522] Allerdings unterscheidet sich der MDK von allen anderen Beteiligten dadurch,

---

517 Siehe zur Sonderregelung des § 75 I S. 2 SGB XI für Pflegeeinrichtungen, die einer Kirche oder Religionsgemeinschaft des öffentlichen Rechts oder einem sonstigen freigemeinnützigen Träger zuzuordnen sind, *Neumann*, in: Schulin (Hrsg.), HS-PV, § 21 Rn. 61.

518 *Knittel*, Krauskopf, SGB XI, § 75 Rn. 2; *Leitherer*, KassKomm, SGB XI, § 75 Rn. 5; *Neumann*, in: Schulin (Hrsg.), HS-PV, § 21 Rn. 60; *Orthen*, Hauck/Noftz, SGB XI, § 75 Rn. 6; *Plantholz*, in: Klie/Krahmer (Hrsg.), SGB XI, § 75 Rn. 6; *Schütze*, in: Udsching (Hrsg.), SGB XI, § 75 Rn. 9.

519 BT-Drs. 12/5952, S. 46.

520 Gesetz zur Qualitätssicherung und zur Stärkung des Verbraucherschutzes in der Pflege (Pflege-Qualitätssicherungsgesetz – PQsG) vom 9. September 2001, BGBl. 2001, Teil I, S. 2320 (2321).

521 BT-Drs. 14/5395, S. 28.

522 So *Leitherer*, KassKomm, SGB XI § 75 Rn. 5; *Plantholz*, in: Klie/Krahmer (Hrsg.), SGB XI, §75 Rn. 6 (allerdings kritisch).

dass er keine eigenen wirtschaftlichen Interessen hat.[523] Der Verband der privaten Krankenversicherung e. V. ist hingegen klar der «Kostenträgerseite» zuzuordnen. Daher ist von einer Stellung als Vertragspartei auszugehen, eine beratende Funktion wie im Falle des MDK ist nicht überzeugend.[524]

Der Vertragsschluss muss gemeinsam und einheitlich erfolgen (§ 75 I S. 1 SGB XI). Das heißt, es kann in einem Bundesland nur einen Rahmenvertrag geben, dem alle Vertragsparteien zustimmen müssen. Kommt es sechs Monate nach einer schriftlichen Aufforderung zur Vertragsverhandlung durch eine Partei zu keiner oder keiner vollständigen Einigung, wird der Inhalt nach Maßgabe des § 76 SGB XI auf Antrag einer Vertragspartei durch eine Schiedsstelle festgesetzt (§ 75 IV SGB XI).[525] Der Schiedsstelle gehören gem. § 76 II S.1 1. Hs., 2 SGB XI zunächst Vertreter der Pflegekassen und Pflegeeinrichtungen in gleicher Zahl, ein unparteiischer Vorsitzender und zwei weitere unparteiische Mitglieder an. Hinzu kommen ein Vertreter des Verbandes der privaten Krankenversicherung. V. sowie einer der überörtlichen oder, sofern Landesrecht dies bestimmt, eines örtlichen Trägers der Sozialhilfe im Land, die auf die Zahl der Vertreter der Pflegekassen angerechnet werden. Die aufgrund von § 76 V SGB XI erlassene Rechtsverordnung[526] sieht in der Schiedsstelle mit Sitz in Düsseldorf jeweils acht Vertreterinnen oder Vertretern der Kostenträger und der Träger von Pflegeeinrichtungen sowie keine Beteiligung der örtlichen Träger der Sozialhilfe vor (vgl. §§ 2, 3).

---

523 *Orthen*, Hauck/Noftz, SGB XI, § 75 Rn. 6, 6a.

524 *Schütze*, in: Udsching (Hrsg.), SGB XI, § 75 Rn. 9. Unklar hingegen: *Orthen*, Hauck/Noftz, SGB XI, § 75 Rn. 6a, der zwar von einem Zustimmungserfordernis ausgeht, den Verband aber der Beteiligungsform der Sozialhilfeträger gleichstellt. Diese sind seiner Ansicht nach keine Vertragsparteien, was mit Blick auf den klaren Wortlaut des § 75 I S. 3 SGB XI verwundert.

525 Umstritten ist, ob auch das Verfahren des § 81 SGB XI zur Anwendung kommen kann. Während dies zum Teil bejaht wird (*Orthen*, Hauck/Noftz, SGB XI, § 75 Rn. 9; *Plantholz*, in: Klie/Krahmer (Hrsg.), SGB XI, § 75 Rn. 7), sehen andere in § 75 III SGB XI eine vorgehende Spezialregelung (*Knittel*, Krauskopf, SGB XI, § 75 Rn. 13; *Schütze*, in: Udsching (Hrsg.), SGB XI, § 75 Rn. 10).

526 Verordnung über die Schiedsstelle nach dem Sozialgesetzbuch (SGB)-Elftes Buch (XI) – Soziale Pflegeversicherung (Schiedsstellenverordnung-SGB XI – SchV-SGB XI) vom 21.März 1995, GV.NW, S. 285, zuletzt geändert durch Drittes Gesetz zur Befristung des Landesrechts Nordrhein-Westfalen vom 05. April 2005, GV.NW S. 306.

III. Inhalt

Der Mindestinhalt der Rahmenverträge ist in § 75 II, III SGB XI festgelegt.[527] Dabei kann zwischen zwei Arten von Inhalten unterschieden werden: zwischen Regelungsgegenständen, die die Leistungsabwicklung betreffen, und Regelungsgegenständen, die die Qualität und die Wirtschaftlichkeit der Leistung behandeln. Zur ersten Gruppe gehören insbesondere die inhaltliche Festlegung der zu erbringenden Leistungen (§ 75 II S. 1 Nr. 1, 8 SGB XI), die Regelung des Verfahrens der Bewilligung und Prüfung (Nr. 4) sowie die Vereinbarung der Abrechnungsmodalitäten (Nr. 2, 5). Der Absicherung von Qualität und Wirtschaftlichkeit der Versorgung dienen in erster Linie Vereinbarungen, die die persönliche und sachliche Ausstattung der Einrichtung konkretisieren (Nr. 3).[528]

Wie das Wort «insbesondere» in § 75 II S.1 SGB XI zeigt, sind die Vertragsparteien aber nicht auf die genannten Vertragsinhalte beschränkt. Sowohl bei den benannten Regelungsgegenständen als auch bei sonstigen Vereinbarungsmöglichkeiten stellt sich aber die Frage, wie weit die Regelungskompetenz der Parteien in einem Rahmenvertrag überhaupt geht. Die Grenze bildet insoweit das Leistungsrecht des SGB XI. Der Anspruch des Pflegebedürftigen darf durch den Vertrag somit nicht zu seinen Lasten eingeschränkt werden.[529] Anders als die Zweckformulierung «eine wirksame und wirtschaftliche pflegerische Versorgung der Versicherten sicherzustellen» es also vermuten lässt, haben die Vertragsparteien des Rahmenvertrags nicht das Recht, das Leistungsrecht autonom auszugestalten. Vielmehr obliegt ihnen nur die «leistungserbringungsrechtliche Abwicklung», so dass Inhalt des Vertrags lediglich Regelungen sein dürfen, die die Leistungserbringung nach den Vorgaben des Leistungsrechts ausgestalten und auf eine wirksame und wirtschaftliche Versorgung abzielen.[530]

Empfehlungen zum Inhalt der Rahmenverträge sollen durch den Spitzenverband Bund der Pflegekassen und die Vereinigungen der Träger der Pflegeeinrichtungen auf Bundesebene unter Beteiligung des Medizinischen Dienstes des Spitzenverbandes Bund der Krankenkassen, des Verbandes der privaten Krankenversicherung e. V. sowie unabhängiger Sachverständiger gemeinsam

---

527 Siehe zu den einzelnen Vertragsgegenständen etwa: *Plantholz*, in: Klie/Krahmer (Hrsg.), SGB XI, § 75 Rn. 13 ff.; *Leitherer*, KassKomm, SGB XI § 75 Rn. 14 ff.

528 Siehe zum Ganzen *Schütze*, in: Udsching (Hrsg.), SGB XI, § 75 Rn. 5 ff.

529 *Orthen*, Hauck/Noftz, SGB XI, § 75 Rn. 12a.

530 Zum Ganzen *Schütze*, in: Udsching (Hrsg.), SGB XI, § 75 Rn. 4.

mit der Bundesvereinigung der kommunalen Spitzenverbände und der Bundesarbeitsgemeinschaft der überörtlichen Träger der Sozialhilfe in Zusammenarbeit mit den Verbänden der Pflegeberufe sowie den Verbänden der Behinderten und der Pflegebedürftigen abgegeben werden (§ 75 VI SGB XI). Durch diese unverbindlichen Hinweise soll erreicht werden, dass trotz eines Rahmenvertrags pro Bundesland im gesamten Bundesgebiet eine gewisse Einheitlichkeit besteht.[531]

IV. Unmittelbare Verbindlichkeit

Die Rahmenverträge sind gem. § 75 I S. 4 SGB XI für alle Pflegekassen und zugelassenen Pflegeeinrichtungen im Inland unmittelbar verbindlich. Daraus ergibt sich zum einen, dass der Rahmenvertrag eines Bundeslandes auch für Pflegekassen und Pflegeeinrichtungen anderer Bundesländer gilt, wenn sie Pflegebedürftige versorgen, zum anderen, dass die Regelungen aus den Rahmenverträgen den individuellen Abreden in den Versorgungsverträgen vorgehen.[532] Somit handelt es sich bei den Rahmenverträgen nicht bloß um öffentlich-rechtliche Verträge, sondern darüber hinaus um normsetzende Vereinbarungen.[533]

Gegen die Vorschrift bestehen aber überwiegend verfassungsrechtliche Bedenken, insbesondere mit Blick darauf, dass von der Verbindlichkeit der Rahmenverträge auch Pflegeeinrichtungen erfasst werden, die keiner der Vereinigungen, die am Vertragsschluss beteiligt sind, angehören (sog. Außenseiterproblematik).[534] Aus diesem Grund wird in der Praxis in allen Versorgungsverträgen die Geltung des jeweiligen Rahmenvertrags durch konkrete Inbezugnahme zusätzlich noch einmal vereinbart.[535]

---

531 *Plantholz*, in: Klie/Krahmer (Hrsg.), SGB XI, § 75 Rn. 31.

532 *Schütze*, in: Udsching (Hrsg.), SGB XI, § 75 Rn. 13.

533 *Knittel*, Krauskopf, SGB XI, § 75 Rn. 8 f.; *Leitherer*, KassKomm, SGB XI § 75 Rn. 11; *Orthen*, Hauck/Noftz, SGB XI, § 75 Rn. 10; *Plantholz*, in: Klie/Krahmer (Hrsg.), SGB XI, 75 Rn. 9.

534 Siehe dazu ausführlich und grundlegend *Neumann*, in: Schulin (Hrsg.), HS-PV, § 21 Rn. 76 ff.

535 *Leitherer*, KassKomm, SGB XI § 75 Rn. 13; *Orthen*, Hauck/Noftz, SGB XI, § 75 Rn. 13. Oft wird in diesem Zusammenhang auf das Problem der dynamischen Verweisung hingewiesen (s. nur *Leitherer,* a. a. O.). Unter dynamischer Verweisung versteht man, dass in einem Vertrag oder einer Norm auf einen anderen Vertrag bzw. eine andere Norm in der jeweils aktuellen Fassung verwiesen wird. *Neumann*, in: Schulin (Hrsg.), HS-PV, § 21 Rn. 77 ff., ist der Auffassung, dass es sich bei § 75 I S. 4 SGB XI, sähe man ihn als dynamische Verweisung an, um eine verfassungs-

D. Die Vergütungsvereinbarungen

I. Allgemeines

1. Bedeutung

Die Vergütungsvereinbarungen auf Grundlage des SGB XI sind für die Finanzierung von Pflegeeinrichtungen von zentraler Bedeutung. Durch sie wird festgelegt, welche Vergütung die Einrichtung für die einzelnen erbrachten Leistungen erhält. Dabei muss zwischen drei unterschiedlichen Arten von Vergütungsvereinbarungen unterschieden werden. Die «leistungsgerechte Vergütung für die allgemeinen Pflegeleistungen» (§ 82 I S. 1 Nr. 1 SGB XI) wird bei stationären Pflegeeinrichtungen in Pflegesatzvereinbarungen (§ 85 f. SGB XI) und bei ambulanten Pflegeeinrichtungen in Pflegevergütungsvereinbarungen (§ 89 SGB XI) geregelt. Im stationären Bereich kommen noch Vereinbarungen in Bezug auf die Vergütung von Unterkunft und Verpflegung hinzu (§ 87 SGB XI).[536] Die Wirkungen der Vereinbarungen gehen weit über

---

widrige dynamische Verweisung handeln würde. Eine dynamische Verweisung in einem Versorgungsvertrag sollte hingegen unproblematisch sein, vgl. *Orthen,* a. a. O. Eine weitere Frage, die sich stellt, ist, ob die «Außenseiter» in ihren Versorgungsverträgen vom Rahmenvertrag abweichende Regelungen treffen können. Da es sich bei den Versorgungsverträgen nicht um subordinationsrechtliche Verträge handelt, müsste dies grundsätzlich möglich sein (so *Plantholz*, in: Klie/Krahmer (Hrsg.), SGB XI, § 75 Rn. 9, der dementsprechend den allgemeinen Vorrang des Rahmenvertrags gegenüber dem Versorgungsvertrag ablehnt). Dies würde allerdings zu einer Aushöhlung des Vorrangs des Rahmenvertrags vor individualvertraglichen Regelungen im Versorgungsvertrag führen. Die Vereinheitlichung von Rahmenbedingungen und die Standardisierung von Leistungsabwicklungen sind aber von zentraler Bedeutung für die Leistungserbringung, da so ein transparentes Leistungsgeschehen, die Vergleichbarkeit von Leistungen, die Vereinfachung der Verwaltungsvorgänge und die Überprüfung der Leistungen in den Einrichtungen gefördert bzw. zum Teil erst möglich gemacht wird (*Schütze*, in: Udsching (Hrsg.), SGB XI, § 75 Rn. 13, der mit dieser Begründung aber wohl für eine Verfassungsmäßigkeit des § 75 I S. 4 SGB XI plädiert). Daher ist es erforderlich, den Abschluss des Versorgungsvertrags von der Anerkennung des Rahmenvertrags abhängig zu machen. Würde das System der Rahmenverträge durch eine Vielzahl von abweichenden individuellen Vereinbarungen konterkariert, wäre eine leistungsfähige und wirtschaftliche Versorgung allein schon aufgrund des zusätzlichen Verwaltungsaufwandes kaum mehr möglich, so dass an die Regelung des § 72 III Nr. 2 1. Hs. SGB XI angeknüpft werden kann.

536 Vollstationäre Pflegeeinrichtungen haben nach Maßgabe des § 87b SGB XI zusätzlich einen Anspruch auf den Abschluss einer Vereinbarung, die leistungsgerechte Zuschläge zur Pflegevergütung für die zusätzliche Betreuung und Aktivierung der pflegebedürftigen Heimbewohner mit erheblichem Bedarf an allgemeiner Beaufsichtigung und Betreuung i. S. d. § 45a SGB XI vorsieht und auf die hier nicht weiter eingegangen werden soll. Der Zuschuss ist allein von den Pflegekassen bzw. den privaten Pflegeversicherungsunternehmen zu tragen (vgl. § 87b II S. 1). S. dazu etwa die Kommentierung von *Schütze*, in: Udsching (Hrsg.), SGB XI u. *Vogel/Schmäing*,

das Verhältnis zwischen den Pflegekassen und der entsprechenden Einrichtung hinaus. Dies geschieht insbesondere dadurch, dass die Pflegeeinrichtungen, wenn eine Vergütung nach den Regeln des SGB XI vereinbart wurde, bei allen betreuten Pflegebedürftigen – unabhängig davon, ob diese in der sozialen Pflegeversicherung versichert sind – nur die vereinbarte Vergütung verlangen können. Eine Abweichung ist weder nach unten noch nach oben gestattet, die Vergütung muss einheitlich erfolgen (§§ 84 III, 87 S. 3, 1. Alt, 89 I S. 1 SGB XI). Auch im Bereich der Hilfe zur Pflege kommen die Vereinbarungen über § 75 V S. 1 SGB XII regelmäßig zur Anwendung.

Im Folgenden werden zuerst einige Grundzüge der Vergütungsfestlegung erläutert, bevor dann die Vergütungsvereinbarungen mit stationären und mit ambulanten Pflegeeinrichtungen dargestellt werden.

2. Grundsätzliches zur Festlegung der Vergütung

a. Vergütete Leistungen

Die in den Pflegesatzvereinbarungen und Pflegevergütungsvereinbarungen vereinbarten Entgelte stellen die Gegenleistungen für die allgemeinen Pflegeleistungen dar (§ 82 I S. 1 Nr. 1 SGB XI). Unter die allgemeinen Pflegeleistungen fallen korrespondierend zum Leistungsrecht alle im Rahmen der Ansprüche des Versicherten nach den §§ 36, 41-43 SGB XI erbrachten Leistungen. Dementsprechend werden bei den Pflegesatzvereinbarungen auch die soziale Betreuung und, soweit kein Anspruch auf Krankenpflege nach § 37 SGB V besteht, die medizinische Behandlungspflege als zu vergütende Leistungen berücksichtigt (§ 82 I S. 3 SGB XI).[537] Hingegen fließen in den Pflegesatz nicht die Leistungen Unterkunft und Verpflegung ein, da für dieses Entgelt ja eine separate Vereinbarung getroffen wird (§ 82 I S. 1 Nr. 2 SGB XI). Durch die vereinbarten Entgelte werden die entsprechenden Gegenleistungen vollständig abgegolten (§§ 84 IV, 87 S. 3, 2. Alt, 89 III S. 4, 1. Alt. SGB XI). Weitergehende Ansprüche sind nur ausnahmsweise möglich, soweit sie gesetzlich vorgesehen sind.

---

in: Klie/Krahmer (Hrsg.), SGB XI. Durch das PNG erstreckt sich die Regelung nun auf alle stationären Pflegeeinrichtungen.

537 *Schütze*, in: Udsching (Hrsg.), SGB XI, § 82 Rn. 6. Zu beachten ist, dass wenn im Leistungserbringungsrecht von «allgemeinen Pflegeleistungen» gesprochen wird, wie z. B. in § 84 IV SGB XI, im stationären Bereich auch die soziale Betreuung und die medizinische Behandlungspflege umfasst sind. Der Begriff ist hier somit weiter als im Leistungsrecht (vgl. § 10 C. II. bb.).

b. Zu berücksichtigende Aufwendungen

aa. Betriebskosten

Dem dualen Finanzierungsmodell entsprechend können bei der Festlegung der Vergütung nur Betriebskosten, aber keine Investitionskosten berücksichtigt werden. Die entsprechende Abgrenzung wird in § 82 II SGB XI vorgenommen. Dort wird festgelegt, welche Aufwendungen dem Bereich der Investitionen zuzuordnen sind und somit nicht in die Pflegevergütung bzw. das Entgelt für Unterkunft und Verpflegung einfließen. In § 83 I Nr. 5 SGB XI ist eine Ermächtigung für die Konkretisierung durch eine Rechtsverordnung vorgesehen. Obwohl es bereits 1995 einen Entwurf[538] gab, wurde eine solche Abgrenzungsverordnung bis heute allerdings nicht erlassen.[539]

Zunächst werden alle Aufwendungen dem Bereich der Investitionskosten zugeordnet, die dazu dienen, die für den Betrieb der Pflegeeinrichtung notwendigen Gebäude und sonstigen abschreibungsfähigen Anlagegüter herzustellen, anzuschaffen, wiederzubeschaffen, zu ergänzen, instandzuhalten oder instandzusetzen (§ 82 II Nr. 1 1.Hs. SGB XI). Anlagegüter sind alle Güter der Pflegeeinrichtung, die zum Anlagevermögen gehören. Wann dies der Fall ist, wird – genau wie die Abschreibungsfähigkeit – nach den im Steuer- und Handelsrecht geltenden Bilanzierungsgrundsätzen beurteilt.[540] Ausgenommen und den in der Vergütung umfassten Betriebskosten zugeordnet werden allerdings Aufwendungen zur Beschaffung von Gütern, die zum Verbrauch bestimmt sind (Verbrauchsgüter) (§ 82 II Nr. 1 1.Hs. SGB XI). Ebenfalls zu den Investitionskosten zählen die Aufwendungen, die durch den Erwerb und die Erschließung von Grundstücken oder die Miete, Pacht, Nutzung oder Mitbenutzung von Grundstücken, Gebäuden oder sonstigen Anlagegütern entstehen (§ 82 II Nr. 2, 3 SGB XI). Ansonsten werden noch die – in der Praxis selten vorkommenden[541] – Kosten für den Anlauf oder die innerbetriebliche Umstellung von Pflegeeinrichtungen und die Schließung von Pflegeeinrichtungen oder ihre Umstellung auf andere Aufgaben als Investitionskosten deklariert.

538 BR-Drs. 289/95.
539 *Schütze*, in: Udsching (Hrsg.), SGB XI, § 83 Rn. 5.
540 *Gürtner*, KassKomm, SGB XI, § 82 Rn. 10.
541 *Plantholz/Pöld-Krämer*, in: Klie/Krahmer (Hrsg.), SGB XI, § 82 Rn. 13.

bb. Ausbildungsvergütung und ehrenamtliche Unterstützung

Die systematisch schwer einzuordnenden Vorschriften der §§ 82a, b SGB XI[542] stellen im Ergebnis konkretisierende Regelungen dar, welche Aufwendungen im Rahmen der allgemeinen Pflegeleistungen berücksichtigt werden. Dabei werden aber nur die Teilbereiche der Ausbildungsvergütung und der Finanzierung von Maßnahmen bei ehrenamtlicher Unterstützung erfasst. Der Regelungsgehalt ist in beiden Fällen gering. § 82b SGB XI hat schon nach der Gesetzesbegründung eine bloß klarstellende Funktion.[543] Die dort umschriebenen Kosten könnten auch ohne die Regelung im Rahmen der Vergütung berücksichtigt werden. Dies gilt grundsätzlich auch für die Ausbildungsvergütung. Allerdings sind in § 82a III, IV SGB XI auch notwendige Regelungen getroffen worden.[544] Lange war nämlich ungeklärt, ob in den Ländern, in denen eine Umlage von Pflegeeinrichtungen erhoben wird, die nicht ausbilden, diese Umlage auch berücksichtigt wird.[545] Nunmehr werden in § 82a III SGB XI Voraussetzungen festgelegt, bei deren Vorliegen die Umlage in die Vergütung mit einbezogen werden kann. § 82a IV SGB XI regelt das Verfahren in Bezug auf die Festlegung der Höhe und sieht für den Fall von Meinungsverschiedenheiten der Beteiligten eine Zuständigkeit der Schiedsstelle vor. In NRW ist ein Umlageverfahren in der Altenpflegefachkraftausbildung Anfang 2012 durch die AltPflAusglVO[546] eingeführt werden.

3. Art der Vergütung

a. Pflegesätze

Der Begriff des Pflegesatzes beschreibt einerseits die Entgelte der Heimbewohner oder ihrer Kostenträger für die teil- oder vollstationären Pflegeleistungen des Pflegeheims sowie für die soziale Betreuung und, soweit kein Anspruch auf Krankenpflege nach § 37 SGB V besteht, für die medizinische

---

542 *Reimer*, Hauck/Noftz, SGB XI, § 82a, Rn. 2.

543 BT-Drs. 16/7439, S. 70. Durch das PNG wird durch Anfügen eines Abs. II zusätzlich klargestellt, dass stationäre Pflegeeinrichtungen Aufwandsentschädigungen für ehrenamtliche Unterstützung bei Pflegeleistungen zahlen können und solche in der Vergütungsvereinbarung zu berücksichtigen sind, BT-Drs. 17/9369, S. 45.

544 *Reimer*, Hauck/Noftz, SGB XI, § 82a Rn. 2.

545 *Reimer*, Hauck/Noftz, SGB XI, § 82a Rn. 1.

546 Verordnung über die Erhebung von Ausgleichsbeträgen zur Finanzierung der Ausbildungsvergütungen in der Altenpflege (Altenpflegeausbildungsausgleichsverordnung – AltPflAusglVO) vom 10. Januar 2012, GV.NRW, S. 1 ff.

Behandlungspflege (so die Legaldefinition in § 84 I S. 1 SGB XI). Andererseits bezeichnet er aber auch eine bestimmte Art der Vergütung. Dabei wird ein tagesgleicher Betrag als pauschales Entgelt für die zu erbringenden Leistungen festgelegt. Dies geht aus dem SGB XI nicht unmittelbar hervor, die Bezeichnung entstammt dem Recht der Krankenhausfinanzierung (vgl. § 10 I Nr. 1 BPflV) und wird wohl daher nicht mehr näher erläutert. Mittelbar geht die Vergütungsart aber mittlerweile auch aus der Berechnungsregelung des § 87a I SGB XI hervor.[547] Sie findet bei der Vergütung der allgemeinen Pflegeleistungen im stationären Bereich und bei der Vergütung von Unterkunft und Verpflegung Anwendung.

b. Vergütungssystem bei ambulanten Pflegeleistungen

Im Bereich der ambulanten Pflegeleistungen hat der Gesetzgeber den Parteien der Vergütungsvereinbarungen in Bezug auf das Vergütungssystem einen gewissen Spielraum gelassen. So können die Vergütungen, je nach Art und Umfang der Pflegeleistung, nach dem dafür erforderlichen Zeitaufwand oder unabhängig vom Zeitaufwand nach dem Leistungsinhalt des jeweiligen Pflegeeinsatzes, nach Komplexleistungen oder in Ausnahmefällen auch nach Einzelleistungen bemessen werden. Für sonstige Leistungen, wie hauswirtschaftliche Versorgung, Behördengänge oder Fahrtkosten, ist auch eine Vergütung durch Pauschalen möglich (§ 89 III S. 1 SGB XI).

In der Praxis hat sich allerdings weitestgehend ein Leistungskomplexsystem durchgesetzt, das auf einer Empfehlung der Spitzenverbände der Pflegekassen beruht.[548] Dabei werden unterschiedliche Leistungskomplexe (z. B. Teilwaschung oder selbständige Nahrungsaufnahme) bestimmt, die hauptsächlich auf den nach § 36 SGB XI zu erbringenden Leistungen basieren. Diesen wird ein gewisser Punktwert zugeordnet. Zusätzlich wird festgelegt, welche Tätigkeiten mindestens ausgeführt werden müssen, damit der entsprechende Leistungskomplex abgerechnet werden kann. Der jeweilige Punktwert soll einerseits den durchschnittlichen Aufwand, der für die Erbringung des Komplexes erforderlich ist, und andererseits das Verhältnis zum Aufwand der anderen Leistungskomplexe abbilden. Durch die Anknüpfung an den durchschnittlichen und nicht den tatsächlichen Aufwand kommt es somit auch hier in einem gewissen Maße zu einer pauschalisierten Betrachtung. Bei den Vergütungs-

547 Zum Ganzen *Schütze*, in: Udsching (Hrsg.), SGB XI, § 84 Rn. 3.
548 Empfehlung der Spitzenverbände der Pflegekassen für ein System zur Vergütung von Leistungen der häuslichen Pflege nach dem SGB XI vom 08.11.1996.

verhandlungen wird dann ein Betrag in Cent ausgemacht, der einem einzelnen Punkt entspricht. Der Gesamtbetrag, der für die ambulanten Pflegeleistungen zu entrichten ist, ergibt sich dann aus einer Addition der Punktwerte der tatsächlich erbrachten Leistungskomplexe. Sinn und Zweck dieses Systems ist es in erster Linie, dem Pflegebedürftigen eine individuelle und flexible Zusammenstellung seiner erwünschten Leistungen zu ermöglichen.[549]

Das Pflege-Neuausrichtungs-Gesetz ändert den § 89 III S. 1 SGB XI dahingehend, dass die Pflegevergütung ab 2013 einmal nach Zeitaufwand und einmal unabhängig vom Zeitaufwand nach dem Leistungsinhalt des jeweiligen Pflegeeinsatzes, nach Komplexleistungen oder in Ausnahmefällen auch nach Einzelleistungen je nach Art und Umfang der Pflegeleistung zu bemessen ist. Die Abrechnung nach Zeitaufwand wird als sinnvollere Methode mit Blick auf die Abrechnung von Betreuungsleistungen gesehen. Durch die Verpflichtung zur Vereinbarung einer alternativen Vergütungsregelung soll zudem ermöglicht werden, dass die individuellen Bedürfnisse des Pflegebedürftigen besser berücksichtigt werden können. [550]

II. Mit stationären Pflegeeinrichtungen

1. Pflegesatzvereinbarungen

a. Abschluss

Parteien der Pflegesatzvereinbarung sind gem. § 85 II SGB XI auf der einen Seite der Träger der Pflegeeinrichtung und auf der anderen Seite die Pflegekassen oder sonstige Sozialversicherungsträger (z. B. Träger der gesetzlichen Unfallversicherung), die für die Bewohner der Pflegeeinrichtung zuständigen Träger der Sozialhilfe und die Arbeitsgemeinschaften der Sozialversicherungsträger bzw. Sozialhilfeträger. Die Beteiligung auf Kostenträgerseite setzt voraus, dass auf den einzelnen Kostenträger oder die Arbeitsgemeinschaft im Jahr vor Beginn der Pflegesatzverhandlungen jeweils mehr als 5 % der Berechnungstage des Pflegeheims entfallen.

Partei ist somit zunächst immer der Träger der Pflegeeinrichtung. Er kann sich aber, wie die anderen Parteien auch, nach allgemeinen Regeln von Dritten vertreten lassen (vgl. § 85 IV S. 3 SGB XI) oder der Bestimmung der

549 *Schmäing*, in: Klie/Krahmer (Hrsg.), SGB XI, § 89 Rn. 11a.
550 Zum Ganzen BT-Drs 17/9369, S. 47.

Pflegesätze durch eine Pflegesatzkommission nach § 86 SGB XI zustimmen.[551]

Das Quorum im Bereich der restlichen Vertragspartner dient dazu, die Anzahl der Beteiligten auf einem praktikablen Niveau zu halten.[552] Arbeitsgemeinschaften waren ursprünglich nicht als Vertragspartner vorgesehen. Zunächst wurden die der Sozialversicherungsträger hinzugefügt, da insbesondere nur einzelne Pflegekassen das Quorum erfüllten und so drohte, dass die Hauptkostenträger dauerhaft nicht an den Pflegesatzvereinbarungen beteiligten sein würden.[553] Später wurden dann auch die Arbeitsgemeinschaften der Sozialhilfeträger hinzugefügt, um so das Ziel einer größtmöglichen, kontinuierlichen Beteiligung aller Kostenträger bei gleichzeitig überschaubarer Anzahl an Beteiligten zu erreichen.[554]

Eine Beteiligungsmöglichkeit – ohne zur Vertragspartei zu werden – besteht für die Vereinigungen der Pflegeheime, den Landesverband der Pflegekassen sowie den Verband der privaten Krankenversicherung e.V. des jeweiligen Landes (§ 85 II S. 3 SGB XI).[555]

Die Pflegesatzvereinbarung, bei der es sich ebenfalls um einen öffentlich-rechtlichen Vertrag auf Gleichordnungsebene handelt[556], kommt gem. § 85 IV S. 1 SGB XI schon zustande, wenn der Träger des Pflegeheims und die Mehrheit der Kostenträger nach § 85 II S. 1 SGB XI, die an der Pflegesatzverhandlung teilgenommen haben, sich einigen. Dass nicht alle Vertragsparteien zustimmen müssen, sondern nur die Mehrheit der Kostenträgerseite, soll gewährleisten, dass Pflegesatzvereinbarungen zügig abgeschlossen werden können und der Abschluss nicht von einer Minderheit verhindert werden kann.[557] Kommt es innerhalb von sechs Wochen, nachdem eine Partei schriftlich zu Verhandlungen aufgefordert hat, zu keiner Einigung, werden die Pflegesätze auf Antrag einer Vertragspartei durch die Schiedsstelle nach § 76 SGB XI festgesetzt (§ 85 V S. 1 SGB XI). Eine Sonderstellung nimmt zusätz-

---

551 Siehe auch BT-Drs. 12/5262, S. 145.

552 BT-Drs. 12/5262, S. 145.

553 BT-Drs. 13/3696, S. 16.

554 BT-Drs. 17/7439, S. 72.

555 Umstritten ist, ob diese sonstigen Beteiligten einen durchsetzbaren Rechtsanspruch auf die Beteiligung haben (dafür *Gürtner*, KassKomm, SGB XI § 85 Rn. 5; dagegen *Knittel*, Krauskopf, SGB XI, § 85 Rn. 7). Einigkeit herrscht aber darüber, dass bei einem Verstoß gegen das Beteiligungsrecht die Wirksamkeit der Pflegesatzvereinbarung nicht berührt wird.

556 BT-Drs. 12/5262, S. 145.

557 BT-Drs. 12/5262, S. 145.

lich der zuständige Träger der Sozialhilfe i. S. d. § 85 II S. 1 Nr. 2 SGB XI ein. Dieser kann, wenn er bei den Pflegesatzvereinbarungen überstimmt worden ist, die Entscheidung durch alleinige Anrufung der Schiedsstelle wieder aufheben (§ 85 V S. 2 SGB XI). Grund für die Einführung dieser Regelung war die bis dahin gängige Praxis der Pflegekassen, bei Meinungsverschiedenheiten den Sozialhilfeträger zu überstimmen und so im Endeffekt über dessen Ausgaben zu bestimmen. Besonders problematisch erschien dies im Bereich der Vereinbarungen über Unterkunft und Pflege[558], da diese überhaupt nicht von den Pflegekassen getragen werden.[559] Gegen die Festsetzung der Pflegesätze ist der Rechtsweg zu den Sozialgerichten eröffnet (§ 85 V S. 3 SGB XI). Bei der Festsetzung handelt es sich um einen Verwaltungsakt, so dass die Anfechtungsklage die einschlägige Klageart ist.[560] Die Schiedsstellen haben aber bei ihrer Entscheidung einen Beurteilungsspielraum, so dass die richterliche Kontrolle entsprechend eingeschränkt ist.[561]

b. Inhalt

aa. Leistungs- und Qualitätsmerkmale

In der Pflegesatzvereinbarung wird der im Versorgungsvertrag allgemein umschriebene Versorgungsauftrag in Bezug auf die wesentlichen Leistungs- und Qualitätsmerkmale der Einrichtung konkretisiert (§ 84 V SGB XI). Dabei sollen insbesondere Vereinbarungen über die Zuordnung des voraussichtlich zu versorgenden Personenkreises sowie Art, Inhalt und Umfang der Leistungen, die von der Einrichtung während des nächsten Pflegesatzzeitraums erwartet werden (Nr. 1), über die von der Einrichtung für den voraussichtlich zu versorgenden Personenkreis individuell vorzuhaltende personelle Ausstattung (Nr. 2) und über Art und Umfang der Ausstattung der Einrichtung mit Verbrauchsgütern i. S. d. § 82 II Nr. 1 SGB XI getroffen werden. Diese Festlegungen bilden dann die individuelle Grundlage für die Bestimmung des Pflegesatzes

558 Bei diesen kommt der § 85 SGB XI über § 87 S. 3 SGB XI zur Anwendung.

559 BR-Drs. 228/1/96, S. 7 f.

560 *Gürtner*, KassKomm, SGB XI, § 85 Rn. 12; *Knittel*, Krauskopf, SGB XI, § 85 Rn. 15; *Schütze*, in: Udsching (Hrsg.), SGB XI, § 85 Rn. 10; *Vogel/Schmäing*, in: Klie/Krahmer (Hrsg.), SGB XI, § 85 Rn. 18; a. A. *Orthen*, Hauck/Noftz, SGB XI, § 76 Rn. 15.

561 *BSG*, Urt. v. 14.12.2000 – B 3 P 19/00 R –, in: BSGE 87, 199 (202).

bb. Pflegesatz

(1) Allgemeines

Hauptinhalt der Pflegesatzvereinbarungen ist der Pflegesatz, also der Betrag, den die stationäre Pflegeeinrichtung als pauschale Gegenleistung für die Pflegeleistungen, die soziale Betreuung und die zu erbringende medizinische Behandlungspflege pro Tag erhält.

Bei der Höhe des Betrags wird nach drei Pflegeklassen differenziert. Die Pflegeklassen richten sich nach dem Versorgungsaufwand, den der Pflegebedürftige nach Art und Schwere seiner Pflegebedürftigkeit benötigt. Zusätzlich können für Pflegebedürftige, die als Härtefall anerkannt sind, Zuschläge zum Pflegesatz der Pflegeklasse III bis zu einer Höhe des kalendertäglichen Differenzbetrags, der sich aus § 43 II S. 2 Nr. 3 u. 4 SGB XI ergibt, vereinbart werden (§ 84 II S. 2 SGB XI). Welche Pflegeklasse für einen Pflegebedürftigen einschlägig ist, richtet sich grundsätzlich nach seiner Pflegestufe. Eine Ausnahme besteht dann, wenn sich nach gemeinsamer Beurteilung des MDK und der Pflegeleitung des Pflegeheims ergibt, dass die Zuordnung zu einer anderen Pflegeklasse notwendig oder ausreichend ist (§ 84 II S. 3 SGB XI).[562]

Da die Pflegesätze für alle Bewohner des Pflegeheimes nach einheitlichen Grundsätzen zu bemessen sind und insbesondere eine Differenzierung nach Kostenträgern unzulässig ist (§ 84 III SGB XI), kann jeweils nur ein Betrag vereinbart werden, der dann für alle Pflegebedürftigen gilt

(2) Bemessung des Pflegesatzes

(a) Grundsätze

Pflegesätze sind immer für einen zukünftigen Zeitraum festzulegen (vgl. 85 III S. 1, VI S. 2 SGB XI). Sie müssen leistungsgerecht sein und einer

562 Dem Pflegeheim steht kein eigenes Recht zu, die Zuordnung eines pflegebedürftigen Heimbewohners in eine höhere Pflegestufe zu verlangen. Allerdings hat es in den Fällen, in denen Anhaltspunkte dafür bestehen, dass der Heimbewohner aufgrund der Entwicklung seines Zustands einer höheren Pflegestufe zuzuordnen ist, gem. § 87a II SGB XI einen Anspruch gegen den Pflegebedürftigen, dass dieser den entsprechenden Antrag auf Höhergruppierung bei der Pflegekasse stellt. Nach Durchführung des Verfahrens gem. § 87a II S. 1 SGB XI kann das Pflegeheim aber die Zahlung des erhöhten Pflegesatzes von der Pflegekasse verlangen und auch einklagen, *BSG*, Urt. v. 01.09.2005 – B 3 P 4/04 R –, in: BSGE 95, 102 ff; *BSG*, Urt. v. 07.10.2010 – B 3 P 4/09 R –, in: BSGE 107, 37 ff.

stationären Pflegeeinrichtung bei wirtschaftlicher Betriebsführung ermöglichen, ihren Versorgungsauftrag zu erfüllen (§ 84 II S. 1, 3 SGB XI).[563] Eventuelle Überschüsse verbleiben bei der Einrichtung, gleichzeitig hat sie aber auch entstehende Verluste zu tragen (§ 84 II S. 4 SGB XI). In diesen Vorgaben spiegelt sich eindeutig die Vorstellung des Gesetzgebers wider, dass die leistungserbringenden Pflegeeinrichtungen im Wettbewerb zueinander stehen und sich somit die Festlegung der Vergütung an den Regeln des freien Marktes orientiert.[564] Dabei entschied er sich bewusst gegen ein Selbstkostenerstattungsprinzip.[565]

Daran knüpfte die Rechtsprechung an, obwohl sie betonte, dass das Prinzip des freien Wettbewerbs im SGB XI nicht konsequent durchgehalten sei, etwa weil die Pflegekassen in Form eines Nachfragekartells auftreten würden oder nach § 79 SGB XI weitreichende Rechte zu Wirtschaftlichkeitsprüfungen hätten.[566] Sie legte dennoch fest, dass die Vergütung vordergründig über die Feststellung von Marktpreisen zu bestimmen sei.[567] Dieser Marktpreis sei in erster Linie durch einen Vergleich mit dem Angebot und der Vergütung der Leistungen anderer Pflegeeinrichtungen (sog. externer Vergleich) zu ermitteln.[568] Auf die Gestehungskosten des Anbieters komme es grundsätzlich nicht an. Sie spielten nur eine mittelbare Rolle, da alle Anbieter ihre Preise zumindest nicht dauerhaft unterhalb der ihnen entstehenden Kosten kalkulieren könnten.[569] Ausnahmsweise könnten die Gestehungskosten als Maßstab herangezogen werden, wenn es nicht möglich sei, einen üblichen Marktpreis zu ermitteln, etwa weil aufgrund von Besonderheiten des betreffenden Pfle-

563 Durch das PNG wird eingefügt, dass die Pflegesätze einem Pflegeheim bei wirtschaftlicher Betriebsführung auch ermöglichen müssen, «seine Aufwendungen zu finanzieren». Was damit ausgedrückt werden soll, wird nicht erläutert. Der Gesetzesentwurf sah vor, «seine Personalaufwendungen zu finanzieren» einzufügen, um klarzustellen, dass die Zahlung von Tariflöhen der wirtschaftlichen Betriebsführung entspricht, BT-Drs. 17/9369, S. 46. Der Ausschuss für Gesundheit nahm dann aber die Änderung vor. Es ist davon auszugehen, dass es sich um eine Klarstellung handelt, die mit der Aufnahme der Aufwendungen, deren gestärkte Berücksichtigung im Rahmen des externen Vergleiches (s. u.) beinhaltet.

564 BT-Drs. 12/5262, S. 136.

565 BT-Drs. 12/5262, S. 143.

566 *BSG*, Urt. v. 14.12.2000 – B 3 P 19/00 R –, in: BSGE 87, 199 (203).

567 *BSG*, Urt. v. 14.12.2000 – B 3 P 19/00 R –, in: BSGE 87, 199 (202 f.).

568 *BSG*, Urt. v. 14.12.2000 – B 3 P 19/00 R –, in: BSGE 87, 199 (199, 204).

569 *BSG*, Urt. v. 14.12.2000 – B 3 P 19/00 R –, in: BSGE 87, 199 (203).

geheims keine ausreichende Anzahl von vergleichbaren Angeboten existierte.[570]

Das Kriterium des externen Vergleichs wurde dann auch vom Gesetzgeber übernommen und als § 84 II S. 7 SGB XI durch das Pflege-Weiterentwicklungsgesetz[571] in der Weise eingefügt, dass bei der Bemessung der Pflegesätze einer Pflegeeinrichtung die Pflegesätze derjenigen Pflegeeinrichtungen, die nach Art und Größe sowie hinsichtlich der in § 84 V SGB XI genannten Leistungs- und Qualitätsmerkmale im Wesentlichen gleichartig sind, angemessen berücksichtigt werden können[572].

Die Grundausrichtung der Rechtsprechung wurde in der Folgezeit stark kritisiert. Ein freier Wettbewerb in Form eines funktionierenden Pflegemarktes existiere nicht, so dass es schon keine Grundlage für die Orientierung an Marktpreisen im Wege eines externen Vergleichs ohne die Berücksichtigung der individuellen Gestehungskosten gebe.[573]

Dies fand letztendlich auch in der Rechtsprechung Anklang.[574] Am «marktorientierten Versorgungskonzept» wurde mit Blick auf den Wortlaut, die Systematik und die Entstehungsgeschichte der einschlägigen Vorschriften festgehalten, insbesondere eine bloße Erstattung der voraussichtlichen Kosten ausdrücklich abgelehnt.[575] Dennoch wurde den Gestehungskosten eine weitaus zentralere Bedeutung zugestanden. Ein Pflegesatz ist demnach grundsätz-

---

570 *BSG*, Urt. v. 14.12.2000 – B 3 P 19/00 R –, in: BSGE 87, 199 (203).

571 BGBl. 2008, Teil I, S. 874 (886).

572 Am Wort «können» und der Begründung des Regierungsentwurfs anknüpfend, stellte sich die Frage, ob der externe Vergleich nur zur Anwendung kommt, wenn dies von allen beteiligten Parteien gewollt sei. Der Regierungsentwurf spricht zwar einerseits davon, dass durch die Regelung «die Vertragsparteien zur angemessenen Berücksichtigung der Pflegesätze derjenigen Einrichtungen verpflichtet» werden, andererseits» sollen die Grundsätze und Maßstäbe nicht gegen den Willen einer Vertragspartei, sondern nur noch auf gemeinsamen Wunsch aller Vertragsparteien zur Anwendung kommen dürfen» (BT-Drs. 16/7439, S. 71). Das BSG verneinte die Frage ausdrücklich (*BSG*, Urt. v. 29.01.2009 – B 3 P 7/08 R –, in: BSGE, 102, 227 (241 f.)). Der externe Vergleich wird unabhängig vom Konsens der Parteien angewendet. S. dazu auch *Hänlein*, Externer Vergleich und ortsübliche Vergütung, S. 46 ff. m. w. N.

573 Siehe etwa *Broll*, in: Köbl/Brünner (Hrsg.), Abschied von der Objektförderung, S. 84; *Brünner*, Vergütungsvereinbarungen für Pflegeeinrichtungen nach SGB XI, S. 166 ff.; *Bröcheler*, in: Köbl/Brünner (Hrsg.), Die Vergütung von Einrichtungen und Diensten nach SGB XI und BSHG, S. 70 ff.; *Neumann*, in: Köbl/Brünner (Hrsg.), Die Vergütung von Einrichtungen und Diensten nach SGB XI und BSHG, S. 33 ff.; *ders*, , in: Köbl/Brünner (Hrsg.), Abschied von der Objektförderung, S. 66; .*Neumann/Bieritz-Harder*, Die leistungsgerechte Pflegevergütung, S. 32 f.

574 Grundlegend: *BSG*, Urt. v. 29.01.2009 – B 3 P 7/08 R –, in: BSGE 102, 227 ff.

575 *BSG*, Urt. v. 29.01.2009 – B 3 P 7/08 R –, in: BSGE 102, 227 (236).

lich als leistungsgerecht anzusehen, wenn er die voraussichtlichen Kosten der Einrichtung, inklusive Zuschläge für das Unternehmensrisiko, für einen u. U. erbrachten persönlichen Arbeitseinsatz und für eine angemessene Eigenkapitalverzinsung, deckt und die wirtschaftliche Betriebsführung gewahrt bleibt.[576] In Bezug auf die Berücksichtigung einer angemessenen Eigenkapitalverzinsung ist es in letzter Zeit in der Rechtsprechung allerdings zu einigen Anmerkungen gekommen, die Anlass zur Diskussion geben. Grundsätzlich wird – mit Blick auf Art. 14 GG[577]– anerkannt, dass der Träger einer Pflegeeinrichtung auch eine angemessene Verzinsung des von ihm eingesetzten Eigenkapitals verlangen kann.[578] Derjenige, der seine eigenen Mittel einsetzt und diese somit nicht gewinnbringend anlegen kann, soll gegenüber dem, der fremdes Kapital einsetzt und die dafür gezahlten Zinsen als Kosten in den Pflegesatz einbringen kann, nicht schlechter gestellt werden.[579] In Frage gestellt wird aber, inwieweit dies auch für nicht-gewerbliche Einrichtungsträger – also insbesondere Wohlfahrtverbände – gelten kann, die das eingesetzte Kapital – mit Blick auf ihre Gemeinnützigkeit und die Zwecke zu denen es ihnen überlassen wurde – i. d. R. nur begrenzt anlegen könnten.[580] Eine Entscheidung wurde mangels Entscheidungserheblichkeit diesbezüglich nicht getroffen. Käme es zu einer Entscheidung, die gemeinnützigen Einrichtungsträger die Verzinsung ihres eingesetzten Kapitals verwehrt, wäre das eine «kleine Revolution der Einrichtungsfinanzierung», die wohl dazu führen würde, dass die Betroffenen von der Errichtung selbstgenutzter Immobilien absehen würden.[581]

Bei der Ermittlung sollen im Wege einer zweistufigen Prüfung zunächst die voraussichtlichen Kosten, die der Einrichtung durch die Leistungserbringung entstehen, ermittelt werden und diese in einem zweiten Schritt auf die Leis-

---

576 *BSG*, Urt. v. 29.01.2009 – B 3 P 7/08 R –, in: BSGE 102, 227 (238).

577 Siehe dazu *BSG*, Urt. v. 23.03.2006 – B 3 P 2/05 R –, in: BSGE 96, 126 (133). Allerdings werden die Eigenkapitalzinsen hier noch entweder den Investitionskosten oder dem Entgelt für Unterkunft und Verpflegung zugeordnet. Dies wird mittlerweile nicht mehr vertreten, BSG, Urt. v. 08.09.2011 – B 3 P 2/11 R –, in: BSGE 109, 96 (109).

578 *BSG*, Urt. v. 08.09.2011 – B 3 P 2/11 R –, in: BSGE 109, 96 (109).

579 *BSG*, Urt. v. 10.03.2011 – B 3 P 3/10 R –, in: BSGE 108, 14 (26), auch hier geht es noch um die Berücksichtigung im Rahmen von Investitionskosten, siehe dazu noch unten.

580 *BSG*, Urt. v. 10.03.2011 – B 3 P 3/10 R –, in: BSGE 108, 14 (26); *BSG*, Urt. v. 08.09.2011 – B 3 P 2/11 R –, in: BSGE 109, 96 (108).

581 *Phillip*, SRa 2012, 132.

tungsgerechtigkeit hin untersucht werden.[582] Begründet wurde dies zum einen mit den Regelungen zum Pflegesatzverfahren in § 85 III S. 2-4 SGB XI. Diese statuieren eine Pflicht der Pflegeeinrichtung, Art, Inhalt, Umfang und insbesondere Kosten der Leistungen, für die sie eine Vergütung beansprucht, darzulegen und falls erforderlich, weitere Auskünfte und Nachweise zu erteilen.[583] Weiterhin hätten sich die Erwartungen sowohl des Gesetzgebers als auch der Rechtsprechung bzgl. der reinen Wettbewerbsorientierung nicht wie gewünscht erfüllt. Hinzu komme auch, dass die erste Grundsatzentscheidung des BSG aus dem Jahr 2000 auf der Vorstellung fußte, dass Pflegeleistungen weitgehend einheitlich erbracht werden, der Gesetzgeber im Folgenden aber eine stärkere Ausdifferenzierung anstrebte.[584]

Als weiteres Kriterium der Pflegesatzbemessung wird in § 84 II S. 6 SGB XI der Grundsatz der Beitragsstabilität genannt. Dieser Grundsatz wird in § 70 I SGB XI in der Weise definiert, dass die Pflegekassen in den Verträgen mit den Leistungserbringern über Art, Umfang und Vergütung der Leistungen sicherstellen sollen, dass ihre Leistungsausgaben die Beitragseinnahmen nicht überschreiten. Vergütungsvereinbarungen, die dem Grundsatz widersprechen, sollen nach § 70 II SGB XI sogar nichtig sein. Diese Regelung des § 70 SGB XI wurde von Anfang an als absolute Fehlleistung des Gesetzgebers angesehen, da sie sich nicht ansatzweise in die Systematik des SGB XI einfügt und aufgrund der daraus resultierenden Nichtvollziehbarkeit sogar eine Nichtigkeit erwogen.[585] Dementsprechend wird auch der Nennung des Grundsatzes in § 84 II S. 6 SGB XI kaum Bedeutung zugemessen.[586]

(b) Konkrete Bemessung

Die betroffene Pflegeeinrichtung muss zunächst die Gestehungskosten, die sie für den zu beurteilenden Pflegesatzzeitraum erwartet, darlegen. Die Aufstellung der Kosten muss auf Grundlage von § 85 III S. 2 1. Hs u. S. 3 SGB XI plausibel und nachvollziehbar sein. Dies ist der Fall, wenn sie die Kostenstruktur der Einrichtung erkennen lässt und so im Einzelnen eine Beurteilung von Wirtschaftlichkeit und Leistungsfähigkeit ermöglicht. Die Vorlage einer

582 *BSG*, Urt. v. 29.01.2009 – B 3 P 7/08 R –, in: BSGE 102, 227 (237 f.); dazu noch ausführlich der nächste Gliederungspunkt.
583 *BSG*, Urt. v. 29.01.2009 – B 3 P 7/08 R –, in: BSGE 102, 227 (236).
584 Zum Ganzen *BSG*, Urt. v. 29.01.2009 – B 3 P 7/08 R –, in: BSGE 102, 227 (236 f.).
585 Grundlegend: *Schulin*, VSSR 1994, 285 (304 ff.); *ders.*, NZS 1994. 433 (443 f.).
586 *Gürtner*, KassKomm, SGB XI, § 84 Rn. 8; *Reimer*, Hauck/Noftz, SGB XI, § 84 Rn. 16; *Vogel/Schmäing*, in: Klie/Krahmer (Hrsg.), SGB XI, § 84 Rn. 17.

bloßen Kostenkalkulation wird in der Regel nicht genügen. Belege und Erläuterungen zu den einzelnen Posten sind somit erforderlich.[587] Bedarf es zusätzlicher Angaben, sind diese nach Maßgabe der § 85 III S. 3-5 SGB XI zu erteilen.[588]

Werden die prognostizierten Gestehungskosten im Ergebnis als plausibel anerkannt, kann über sie der Pflegesatz bemessen werden, wenn sie in einem zweiten Prüfungsschritt als leistungsgerecht im Sinne des § 84 II S. 1 SGB XI zu beurteilen sind.[589] Die Leistungsgerechtigkeit wird weiterhin – unter Beachtung der Grundsätze der *wirtschaftlichen Betriebsführung* – im Wege eines externen Vergleichs mit anderen Einrichtungen ermittelt.[590] Allerdings kommt dem externen Vergleich dabei eine neue Bedeutung zu. Er bestimmt die Leistungsgerechtigkeit nun nicht mehr abschließend. Eine Pflegesatzforderung ist vielmehr als leistungsgerecht anzusehen, wenn der als nachvollziehbar festgestellte Aufwand im Vergleich zu der Vergütung anderer Pflegeeinrichtungen nicht unwirtschaftlich ist. Dabei kann zwischen drei Fallgruppen unterschieden werden:[591]

Leistungsgerecht sind selbstverständlich solche Pflegesätze, die dem günstigsten Pflegesatz vergleichbarer Einrichtungen[592] entsprechen oder diesen sogar unterschreiten.[593]

Auch – ohne weitergehende Prüfung – als leistungsgerecht zu werten sind solche Pflegesätze, die sich im unteren Drittel der zum Vergleich heranzuziehenden Pflegesätze bewegen. Dies wird durch eine Parallelwertung zur Vorschrift des § 35 V S. 4 SGB XI begründet, der ebenfalls der Rechtsgedanke zu

587 Zum Ganzen: *BSG*, Urt. v. 29.01.2009 – B 3 P 7/08 R –, in: BSGE 102, 227 (238).

588 *BSG*, Urt. v. 29.01.2009 – B 3 P 7/08 R –, in: BSGE 102, 227 (239).

589 *BSG*, Urt. v. 29.01.2009 – B 3 P 7/08 R –, in: BSGE 102, 227 (240).

590 *BSG*, Urt. v. 29.01.2009 – B 3 P 7/08 R –, in: BSGE 102, 227 (241 f.).

591 *BSG*, Urt. v. 29.01.2009 – B 3 P 7/08 R –, in: BSGE 102, 227 (242 f.).

592 Das BSG geht davon aus, dass in den externen Vergleich grundsätzlich alle Pflegeeinrichtungen in einem Bezirk bzw. einer Stadt oder einem Kreis unabhängig von ihrer Größe oder ihrer sonstigen äußeren Beschaffenheit einbezogen werden (*BSG*, Urt. v. 29.01.2009 – B 3 P 7/08 R –, in: BSGE 102, 227 (245). Dies steht aber im klaren Widerspruch zum Wortlaut der Regelung des § 82 II S. 7 SGB XI und somit wenig überzeugend, *Hänlein*, Externer Vergleich und ortsübliche Vergütung, S. 52 ff.

593 *BSG*, Urt. v. 29.01.2009 – B 3 P 7/08 R –, in: BSGE 102, 227 (243).

Grunde liegt, eine Wettbewerbssituation zu schaffen und so Wirtschaftlichkeitsreserven hinreichend auszuschöpfen.[594]

Pflegesätze, die sich oberhalb dieses unteren Drittels befinden, können aber ebenfalls leistungsgerecht sein, soweit eine Prüfung des Einzelfalls ergibt, dass der zusätzliche finanzielle Aufwand auf besonderen Gründen beruht und den Grund-sätzen der wirtschaftlichen Betriebsführung entspricht. Als spezielle Gründe kommen insbesondere Besonderheiten des Versorgungsvertrags in Frage, aus denen sich etwa besondere personalintensive Betreuungserfordernisse ergeben können. Aber auch die Lage und die Größe der Pflegeeinrichtung können herangezogen werden, wenn diese wirtschaftliche Nachteile zur Folge haben.[595]

c. Unmittelbare Verbindlichkeit

Die Verbindlichkeit der Pflegesätze erstreckt sich nach § 85 VI S. 1 2. Hs SGB XI über das Verhältnis der am Vertragsschluss bzw. an der Schiedsstellenentscheidung Beteiligten hinaus auch unmittelbar auf die Pflegeeinrichtung und sämtliche in der Einrichtung versorgten Pflegebedürftigen bzw. deren Kostenträger. Eine zugelassene Pflegeeinrichtung, die eine Pflegesatzvereinbarung abgeschlossen hat, kann somit für Leistungen, die denen im SGB XI geregelten entsprechen, grundsätzlich von niemanden andere Entgelte als die vereinbarten verlangen.

2. Vereinbarungen über das Entgelt für Unterkunft und Verpflegung

Gemäß § 87 S. 1 SGB XI müssen die nach § 85 II SGB XI als Pflegesatzparteien betroffenen Leistungsträger mit dem Träger der stationären Pflegeeinrichtung auch – getrennt von den Pflegesätzen – die Entgelte für Unterkunft und Verpflegung vereinbaren, die der Pflegebedürftige nach der Konstruktion des SGB XI selbst zu tragen hat. In § 87 S. 3 SGB XI wird auf die meisten Regelungen für die Pflegesätze, auf die einheitliche Bemessung (§ 84 III), die vollständige Abgeltung der Leistungen (§ 84 IV SGB XI) sowie die Regelungen zum Verfahren (§ 85) und zur Pflegesatzkommission (§ 86), verwiesen. Bezüglich der Höhe des Entgelts erfolgt allerdings keine Verweisung auf § 84 II SGB XI und somit auf die Leistungsgerechtigkeit. Vielmehr legt § 87 S. 2 SGB XI fest, dass das Entgelt in einem «angemessenen Verhältnis» zu den

594 *BSG*, Urt. v. 29.01.2009 – B 3 P 7/08 R –, in: BSGE 102, 227 (243 f.).
595 Zum Ganzen *BSG*, Urt. v. 29.01.2009 – B 3 P 7/08 R –, in: BSGE 102, 227 (244 f.).

Leistungen stehen muss. Was darunter zu verstehen ist, wird weder im Gesetz noch in der Gesetzesbegründung erläutert. Daraus, dass nicht der Begriff der Leistungsgerechtigkeit verwendet wurde und «angemessenes Verhältnis» vom Wortlaut eher weiter zu verstehen ist, wird zum Teil abgeleitet, dass hier eine reine «Billigkeitskontrolle» bezüglich der Kosten stattfinden soll.[596]

Mit Blick darauf, dass es sich bei der Entgeltfestsetzung um ein hoheitliches Verfahren handelt, dessen Ergebnis bindend ist und welches auf einen Interessenausgleich zwischen dem pflegebedürftigen Bewohner und dem Pflegeheim gerichtet ist, der letztendlich auch durch eine Schiedsstellenentscheidung bewirkt werden kann, überzeugt diese konturenlose Auslegung nicht.[597] Auch wäre es merkwürdig, wenn die Pflegekassen, die hier ja als «Sachwalter» im Interesse der Pflegebedürftigen handeln, lockereren gesetzlichen Vorgaben unterliegen würden als wenn sie – wie bei den Pflegesätzen – auch eigene finanzielle Interessen verfolgen. Gleiches gilt in Bezug darauf, dass über die Vereinbarung auch die Ausgaben der Sozialhilfeträger festgelegt werden. Da über § 87 S. 3 SGB XI i. V. m. § 85 III SGB XI auch die im Rahmen der Beurteilung der Leistungsgerechtigkeit sehr bedeutenden Vorschriften über die Nachweispflichten zur Anwendung kommen[598], spricht alles dafür, Angemessenheit und Leistungsgerechtigkeit gleichzusetzen und die gleichen Beurteilungskriterien heranzuziehen.

III. Mit ambulanten Pflegeeinrichtungen

1. Vorrang der Gebührenordnung

Die Vergütung von ambulanten Pflegeleistungen und Leistungen der hauswirtschaftlichen Versorgung ist nur im Wege der Vereinbarung zu regeln, soweit nicht eine Gebührenordnung nach § 90 SGB XI Anwendung findet (§ 89 I S. 1 SGB XI). Zum Erlass einer solchen wird gem. § 90 I S. 1 SGB XI das Bundesministerium für Gesundheit im Einvernehmen mit dem Bundesministerium für Familie, Senioren, Frauen und Jugend und dem Bundesministerium für Arbeit und Soziales mit Zustimmung des Bundesrats ermächtigt. Von dieser Ermächtigung wurde aber bis heute kein Gebrauch gemacht, so dass Vergütungsvereinbarungen erforderlich sind.

---

596 *Reimer*, Hauck/Noftz, SGB XI, § 87 Rn. 10 f.; *Vogel/Schmäing*, in: Klie/Krahmer (Hrsg.), SGB XI, § 87 Rn. 10.
597 *Schütze*, in: Udsching (Hrsg.), SGB XI, § 87 Rn. 4.
598 *Schütze*, in: Udsching (Hrsg.), SGB XI, § 87 Rn. 4.

2. Abschluss

Der Abschluss von Vergütungsvereinbarungen im ambulanten Bereich unterscheidet sich kaum von dem von Pflegesatzvereinbarungen und Vereinbarungen über Unterkunft und Verpflegung. Die in § 89 II SGB XI genannten Vertragsparteien sind genau die gleichen. Der Unterschied besteht allein darin, dass die 5 %-Klausel nicht an die abgerechneten Pflegetage anknüpft, sondern an die Anzahl der von der ambulanten Pflegeeinrichtung betreuten Pflegebedürftigen. Auch das Mehrheitsprinzip bei den Leistungsträgern (§ 85 IV S. 1 SGB XI) und die Schiedsstellenlösung (§ 76 SGB XI) kommen über § 89 III S. 4 SGB XI zur Anwendung.

3. Inhalt

Dem gängigen Leistungskomplexsystem entsprechend ist der Hauptinhalt der Vergütungsvereinbarung der Punktwert sowie die Festlegung von Pauschalbeträgen in bestimmten Bereichen und nach dem PNG auch die Bestimmung der zeitabhängigen Vergütung. Die Kriterien für Bemessung sind dabei die gleichen wie im stationären Bereich. Die nach einheitlichen Grundsätzen (§ 89 I S. 1 SGB XI) für die Zukunft zu bestimmende (§ 89 III S. 4 i. V. m. § 85 III S. 1 SGB XI) Vergütung muss leistungsgerecht sein (§ 89 I S. 2 SGB XI). Aufgrund der Möglichkeit des «Poolens» von Leistungen müssen die Vergütungen berücksichtigen, dass Leistungen von mehreren Pflegebedürftigen gemeinsam abgerufen und in Anspruch genommen werden können und die sich aus einer gemeinsamen Leistungsinanspruchnahme ergebenden Zeit- und Kostenersparnisse dem Pflegebedürftigen im Ergebnis zu Gute kommen (§ 89 III S. 3 SGB XI).

4. Unmittelbare Verbindlichkeit

Die Anordnung der unmittelbaren Verbindlichkeit kommt ebenfalls zur Anwendung (§ 89 III S. 4 i. V. m. § 85 VI S. 1 2. Hs SGB XI). Der Geltungsbereich der Vergütungsvereinbarung erstreckt sich aber gem. § 89 II S. 2 SGB XI nur auf den nach § 72 III S. 3 SGB XI vereinbarten Einzugsbereich, soweit nicht ausdrücklich etwas anderes vereinbart wurde. Unklar ist, inwiefern es möglich sein soll, Abweichendes zu vereinbaren, wenn der Pflegedienst außerhalb seines Zulassungsbereichs sowieso keine Leistungen erbringen darf.[599]

599 Mit einem Deutungsversuch: *Udsching*, in: Udsching (Hrsg.), SGB XI, § 89 Rn. 12.

4. Teil: Regelung der Finanzierung der Investitionskosten

§ 13 Die Investitionskostenförderung

A. Allgemeines

Die Investitionskostenförderung auf der Grundlage des PfG NW unterscheidet – wie bereits erwähnt – zwischen der Förderung von ambulanten Pflegeeinrichtungen, von Tages-, Nacht- und Kurzzeitpflegeeinrichtungen und von vollstationären Pflegeeinrichtungen. An dieser Stelle soll zunächst der Investitionskostenbegriff des PfG NW erläutert werden. Dann folgt eine Darstellung der allgemeinen Fördervoraussetzungen. Dabei wird zuerst auf die eingegangen, die für alle Pflegeeinrichtungen gelten und dann auf die, die nur bei stationären Pflegeeinrichtungen Anwendung finden. Daran anschließend werden die einzelnen Förderarten dargestellt.

B. Der Investitionskostenbegriff des PfG NW

Da die Bundesländer in der Ausgestaltung ihrer die Investitionskostenförderung betreffenden Gesetze grundsätzlich frei sind, können sie auch bestimmen, welche Kosten sie als «Investitionskosten» fördern. Ein Anhaltspunkt wird dabei sicher durch die Regelung des § 82 II SGB XI und die darin enthaltenen Posten, die aus der Pflegevergütung und dem Entgelt für Unterkunft und Verpflegung ausgeklammert werden, gegeben. Nach § 9 I PfG NW werden in NRW betriebsnotwendige Investitionsaufwendungen und Aufwendungen für Miete, Pacht, Nutzung oder Mitnutzung von Gebäuden oder sonstigen abschreibungsfähigen Anlagegütern gemäß § 82 III S. 1 SGB XI gefördert. Durch die Anknüpfung an § 82 III S. 1 SGB XI wird zunächst deutlich, dass die als «Investitionsaufwendungen» umschriebenen Kosten solche i. S. d. § 82 II Nr. 1 SGB XI sind. Also handelt es sich um Kosten, die durch Maßnahmen entstehen, die dazu bestimmt sind, die für den Betrieb der Pflegeeinrichtung notwendigen Gebäude und sonstigen abschreibungsfähigen Anlagegüter herzustellen, anzuschaffen, wiederzubeschaffen, zu ergänzen, instandzuhalten oder instandzusetzen.[600] Vom Investitionskostenbegriff werden somit die in § 82 I Nr. 1 u. 3 SGB XI umschriebenen Aufwendungen

600 Vergleiche auch LT-NW-Drs. 12/194, S. 38.

erfasst. Da § 82 III S. 1 SGB XI die Kosten bestimmt, die im Rahmen der Investitionen grundsätzlich auf die Pflegebedürftigen umgelegt werden dürfen, soweit sie nicht durch öffentliche Förderung vollständig gedeckt werden, beschränkt sich die Förderung in NRW somit auf die in § 82 II SGB XI enthaltenen Posten, die auch die Pflegebedürftigen belasten könnten.

C. Allgemeine Fördervoraussetzungen

I. Für alle Pflegeeinrichtungen

Pflegeeinrichtungen i. S. d. PfG NW sind gem. § 8 I PfG NW ambulante Pflegeeinrichtungen (Nr. 1), Tages- und Nachtpflegeeinrichtungen (Nr. 2), Kurzzeitpflegeeinrichtungen (Nr. 3) und vollstationäre Dauerpflegeeinrichtungen (Nr. 4).

Ambulante Pflegeeinrichtungen werden als selbständig wirtschaftende Einrichtungen, die unter ständiger Verantwortung einer ausgebildeten Pflegefachkraft Pflegebedürftige in ihrer Wohnung pflegen und hauswirtschaftlich versorgen, definiert (§ 8 II PfG NW). Tages- und Nachtpflegeeinrichtungen sind gem. § 8 III PfG NW Einrichtungen, die der Aufrechterhaltung der selbständigen Lebensführung Pflegebedürftiger dienen, indem sie entweder tagsüber oder nachts Pflegeleistungen, einschließlich psychosozialer Betreuung, in der Einrichtung erbringen. Kurzzeitpflegeeinrichtungen sind Einrichtungen, in welchen Menschen zeitlich befristet vollstationär gepflegt, betreut und versorgt werden (§ 8 IV PfG NW). Als vollstationäre Dauerpflegeeinrichtungen werden selbständig wirtschaftende Einrichtungen bezeichnet, in denen Pflegebedürftige unter ständiger Verantwortung einer ausgebildeten Pflegefachkraft zeitlich unbefristet gepflegt, untergebracht und verpflegt werden, wobei die Pflege auch die psychosoziale Betreuung umfasst (§ 8 V PfG NW).

Diese Definitionen entsprechen der Sache nach denen, die im SGB XI zu Grunde gelegt werden. Das PfG NW hätte aber im Vergleich zum SGB XI insbesondere im Bereich der Anforderungen, die erfüllt werden müssen, damit überhaupt eine Pflegeeinrichtung gegeben ist, allenfalls weitergehende Voraussetzungen statuieren können. Grundvoraussetzung für eine Förderung ist gem. § 9 II S. 1 1. Alt., dass die Einrichtung einen Versorgungsvertrag nach § 72 SGB XI abgeschlossen hat. Somit müssen die Anforderungen des SGB XI sowieso erfüllt werden. Eine weitere Grundvoraussetzung ist, dass die Pflegeeinrichtung eine vertragliche Vereinbarung über die Vergütung nach dem SGB XI (nach § 85 SGB XI bzw. § 89 SGB XI) geschlossen hat

(§ 9 II S. 1 2. Alt. PfG NW). Pflegeeinrichtungen, die zwar einen Versorgungsvertrag, aber keine Vergütungsvereinbarung getroffen haben und deren leistungsnehmende Pflegebedürftige somit gem. § 91 II SGB XI im Rahmen der Pflegeversicherung immerhin einen Anspruch auf eine (Teil-)Kostenerstattung ihrer pflegebedingten Aufwendungen haben, fallen daher aus der Förderung nach dem PfG NW heraus.

II. Für stationäre Pflegeeinrichtungen

1. Bauliche Anforderungen an das Gebäude

a. Anforderungen

Stationäre Pflege setzt in jeder Form eine ortsfeste Einrichtung, also ein Gebäude voraus, in dem die Pflegeleistungen erbracht werden und die Pflegebedürftigen sich aufhalten bzw. wohnen. An dieses Gebäude werden als Voraussetzung für eine Förderung gewisse bauliche Anforderungen gestellt. Durch diese Vorgaben soll ein Ausgleich geschaffen werden zwischen den funktionalen Anforderungen der Pflege, die oft aus alters- und pflegebedingten Einschränkungen der Mobilität der Bewohner resultieren, betriebswirtschaftlichen Gesichtspunkten und den Anforderungen an die Wohnlichkeit, die mit Blick darauf, dass die Einrichtung in der Regel einen dauerhaften räumlichen Lebensmittelpunkt bilden, von besonderer Bedeutung sind.[601]

Die Einrichtung muss für die Bewohner überschaubar und ortsnah gelegen sein sowie eine angemessene Größe und bauliche Ausstattung aufweisen (§ 9 II S. 2 PfG NW). Die angemessene Größe wird im Gesetz selbst schon dahingehend konkretisiert, dass sie in der Regel vorliegt, wenn 80 Plätze nicht überschritten werden (§ 9 II S. 3 PfG NW). Dieser Wert wird damit begründet, dass die Erfahrungen gezeigt hätten, dass bei einer Größe von 40-80 Bewohnern einerseits der wohnliche Charakter, andererseits aber auch betriebswirtschaftliche Grundsätze gewahrt blieben.[602]

Weitere Bestimmungen zur Angemessenheit der Größe, zur baulichen Ausstattung der Räume, zu den Verkehrsflächen, den sanitären Anlagen und den technischen Einrichtungen in stationären Pflegeeinrichtungen finden sich in der auf Grundlage von § 9 III PfG NW erlassenen Verordnung über die allgemeinen Grundsätze der Förderung von Pflegeeinrichtungen nach dem Lan-

601 LT-NW-Drs. 13/3498, S. 34.
602 LT-NW-Drs. 13/3498, S. 35.

despflegegesetz (AllgFörderPflegeVO) vom 15. Oktober 2003[603]. So sollen etwa bei Dauer- und Kurzzeitpflegeeinrichtungen 50 qm Nettogrundfläche je Bewohner berücksichtigt werden, wobei 45 qm auf keinen Fall unterschritten werden dürfen (§ 3 S. 1 u. 2 AllgFörderPflegeVO). Tages- und Nachtpflegeeinrichtungen müssen eine Nettogrundfläche von 18 qm je Bewohner vorsehen (§ 3 S. 3 AllgFörderPflegeVO). Einzelzimmer sollen eine Mindestwohnfläche von 14 qm, Doppelzimmer von 24 (jeweils ohne Bad) aufweisen (§ 4 II S. 1 AllgFörderPflegeVO). Der Einzelzimmeranteil soll bei 80 % liegen (§ 4 I AllgFörderPflegeVO).

Von den Vorgaben der AllgFörderPflegeVO kann auf Antrag eines Einrichtungsträgers abgewichen werden, soweit ordnungsbehördliche Bestimmungen nicht entgegenstehen und die Erfüllung der Bestimmungen der Verordnung im Wesentlichen als gesichert angesehen werden können (§ 1 II AllgFörderPflegeVO). Ansonsten gelten die baulichen Bestimmungen des § 9 II S. 2, 3 PfG NW für alle Neubauten von Einrichtungen seit dem Inkrafttreten der Regelungen am 01. August 2003.[604] Pflegeeinrichtungen, die zu diesem Zeitpunkt bereits bestanden und ansonsten einen Anspruch auf Förderung nach den §§ 11, 12 PfG NW haben, wird eine Anpassungsfrist gewährt. Sie müssen die Vorgaben erst bis zum 01. August 2018 erfüllen, wenn sie dann weiterhin eine Förderung erhalten wollen (§ 17 III PfG NW[605]).

b. Verfahren

Stationäre Pflegeeinrichtungen, die nach dem 31. Juli 2003 fertiggestellt, saniert oder modernisiert werden, haben einen Anspruch darauf, dass festgestellt wird, ob die Einrichtung nach Größe, baulicher Ausstattung und technischer Einrichtung den Anforderungen nach § 9 II PfG NW entspricht. Zuständig für die Feststellung sowie die eventuelle Genehmigung von Abweichungen ist der örtliche Träger der Sozialhilfe (§ 1 I S. 1, II AllgFörderPflegeVO). Eine Abstimmung zwischen dem örtlichen Träger der Sozialhilfe und dem Einrichtungsträger soll aber bereits in der Planungsphase erfolgen (§ 1 I S. 2 AllgFörderPflegeVO).

603 GV.NW, S. 610.
604 GV.NW, S. 380.
605 Die Vorschrift verweist allerdings fälschlicherweise auf «die baulichen Voraussetzungen nach § 9 Abs. 2 Sätze 1 und 2». Korrekterweise müsste auf die Sätze 2 und 3 verwiesen werden.

2. Gesonderte Berechnung

a. Bedeutung

Die Förderung im stationären Bereich wird auf Grundlage einer gesonderten Berechnung nach § 13 PfG NW gewährt, durch die die als betriebsnotwendig anerkennungsfähigen Investitionskosten ermittelt werden (§ 11 I S. 2 PfG NW für Tages-, Nacht-und Kurzzeitpflegeeinrichtungen, § 12 I S. 2 PfG NW für vollstationäre Dauerpflegeeinrichtungen). Voraussetzung für die Förderung ist somit eine Zustimmung zur gesonderten Berechnung (§ 1 Nr. 2 PflFEinrVO[606] für Tages-, Nacht-und Kurzzeitpflegeeinrichtungen[607] , § 4 I Nr. 2 PflFEinrVO für vollstationäre Dauerpflegeeinrichtungen). Die gesonderte Berechnung nicht geförderter Aufwendungen nach § 13 PfG NW soll eigentlich festlegen, in welcher Höhe die Pflegeeinrichtung Investitionskosten vom Pflegebedürftigen verlangen kann. Daher stellt § 13 PfG NW eine landesrechtliche Regelung i. S. d. § 82 III S. 3 SGB XI dar, der vorsieht, dass durch Landesrecht insbesondere Art, Höhe und Laufzeit sowie die Verteilung der den Pflegebedürftigen berechenbaren Aufwendungen bei nicht deckender öffentlicher Förderung festgelegt werden. Da auch die bewohnerbezogene Förderung daran anknüpft, kommt § 13 PfG NW somit eine doppelte Bedeutung zu.

Konkretisiert wird die gesonderte Berechnung in der auf Grundlage von § 13 III PfG NW erlassenen Verordnung über die gesonderte Berechnung nicht geförderter Investitionsaufwendungen für Pflegeeinrichtungen nach dem Landespflegegesetz (GesBerVO) vom 15. Oktober 2003.[608]

Das Ergebnis der gesonderten Berechnung ist der Betrag, den die Pflegeeinrichtung pro Belegungstag (vom Pflegebedürftigen bzw. von der für Investitionskostenförderung zuständigen Behörde) als Ersatz für ihre Investitionskosten verlangen kann.

---

606 Verordnung über die Förderung der Investitionen von Tages-, Nacht- und Kurzzeitpflegeeinrichtungen sowie über den bewohnerorientierten Aufwendungszuschuss vollstationärer Dauerpflegeeinrichtungen 'Pflegewohngeld' (Pflegeeinrichtungsförderverordnung – PflFEinrVO) vom 15. Oktober 2003, GV.NW, S. 613; erlassen auf Grundlage von §§ 11 IV, 12 VII PfG NW.

607 § 1 Nr. 2 PflFEinrVO spricht von «Bestätigung der gesonderten Berechnung gemäß § 13 PfG NW». Da eine «Bestätigung» in irgendeiner Form weder in § 13 PfG NW noch sonst irgendwo vorgesehen ist, ist davon auszugehen, dass «Zustimmung» gemeint ist (siehe auch LT-NW-Drs. 13/3498, S. 37).

608 GV.NW, S. 611, zuletzt geändert am 21.04.2008, GV.NW, S. 376.

b. Berechnung

aa. Betriebsnotwendige Kosten

(1) Definition

Als betriebsnotwendige Kosten können im Rahmen der gesonderten Berechnung grundsätzlich Bau- und Baunebenkosten für Neu- und Erweiterungsbauten, Bau- und Baunebenkosten für Umbau oder Modernisierungen zur Anpassung an die Vorgaben der AllgFörderPflegeVO, Kosten des Erwerbs von Gebäuden und Gebäudeteilen zum erstmaligen Betrieb, Kosten für Mieten von Gebäuden sowie Einrichtungsgegenständen, soweit die damit verbundenen Kosten die Vergleichskosten bei Eigentum nicht überschreiten und Kosten der Erstbeschaffung von Einrichtungsgegenständen berücksichtigt werden (§ 3 I GesBerVO). Ausdrücklich nicht berücksichtigungsfähig sind die Kosten für die zum Verbrauch bestimmten Wirtschaftsgüter und die Kosten für den Erwerb und die Miete oder Pacht von Grundstücken (§ 3 VII GesBerVO).

Konkret umfasst werden dabei Nutzungsentgelte für abschreibungsfähige Anlagegüter, Zinsen auf Eigen- und Fremdkapital, Bürgschaftsprovisionen und Aufwendungen für Abnutzung auf Anlagegüter nach betriebswirtschaftlichen Grundsätzen einschließlich der Instandhaltung und Wiederbeschaffung (§ 13 I PfG NW).

(2) Grenzen

Die berücksichtigungsfähigen Kosten sind sowohl nach oben als auch nach unten begrenzt.

Eine «Bagatellgrenze» nach unten wird dahingehend gesetzt, dass Kosten von Baumaßnahmen bzw. von Einrichtungsgegenständen erst berücksichtigt werden können, wenn mehr als 2.500 € pro Platz oder mehr als 200.000 € pro Pflegeeinrichtung erreicht werden (§ 3 IV GesBerVO).

Bei der Begrenzung nach oben wird zwischen Tages- und Nachtpflegeeinrichtungen auf der einen Seite sowie Kurzzeitpflegeeinrichtungen und vollstationäre Dauerpflegeeinrichtungen auf der anderen Seite unterschieden.

Bei vollstationären Pflegeeinrichtungen und Kurzzeitpflegeeinrichtungen können i. d. R. nur 85.250 € pro Pflegeplatz bei der gesonderten Berechnung berücksichtigt werden (§ 3 V S. 3 GesBerVO). Eine Ausnahme ist für Spezialeinrichtungen im Einvernehmen mit dem örtlichen Sozialhilfeträger möglich (vgl. § 3 III S. 2 GesBerVO).

Die Beschränkung bei Tages- und Nachtpflegeeinrichtungen erfolgt in der Weise, dass pro Quadratmeter Nettogrundfläche der Pflegeeinrichtung nur ein bestimmter Betrag beachtet wird und die heranzuziehende Nettogrundfläche pro Bewohner ebenfalls beschränkt ist. Die Obergrenze für die Nettogrundfläche pro Bewohner ist auf 18 qm festgelegt (§ 3 II S. 2 GesBerVO). Der Betrag liegt im Jahr 2012 bei 1.536 € pro zu berücksichtigendem Quadratmeter. Die Obergrenze wurde für das Basisjahr 2003 auf 1.300 € beziffert (§ 3 II S. 1 GesBerVO) und wird anhand der »Entwicklung der Preisindizes für Wohngebäude (Bauleistungen am Bauwerk) in Nordrhein-Westfalen seit 1962 nach verschiedenen Basisjahren (1962 = 100)» fortgeschrieben, wobei jeweils die Mai-Indizes des der Betriebsaufnahme vorausgehenden Jahres gelten (§ 3 V S. 1, 2 GesBerVO).[609]

bb. Konkrete Berücksichtigung

(1) Allgemeines

Die konkrete Art und Weise der Berücksichtigung der anzuerkennenden betriebsnotwendigen Kosten ist in § 4 GesBerVO geregelt. Dabei wird unterschieden, ob die zu berücksichtigen Anlagegüter, also Gebäude oder Einrichtungsgegenstände, im Eigentum des Einrichtungsträgers stehen (§ 4 I GesBerVO) oder dies nicht der Fall ist und dafür Miete oder sonstiger Nutzungsentgelte bezahlt werden müssen (§ 4 II GesBerVO).

---

609 § 3 II S. 1, III GesBerVO sieht ein entsprechendes Obergrenzen-Ermittlungsprinzip mit anderen Werten auch für vollstationäre Pflegeeinrichtungen und Kurzzeitpflegeeinrichtungen vor. Dieses hatte aber mit der Einführung des § 3 V S. 3 GesBerVO nur noch Bedeutung für Pflegeeinrichtungen, die vor dem 1. Juli 2008 einen Antrag auf Abstimmung des Raumprogramms bei der zuständigen Behörde nach § 1 AllgFörderPflegeVO gestellt haben (Art. 1 Ziffer 6 der Verordnung zur Änderung der Verordnung über die gesonderte Berechnung nicht geförderter Investitionsaufwendungen für Pflegeeinrichtungen nach dem Landespflegegesetz (GesBerVO) vom 21. April 2008, GV.NW, S. 376. Dem Wortlaut nach findet § 3 V S. 3 GesBerVO eigentlich auch auf Tages- und Nachtpflegeeinrichtungen Anwendung. § 3 II S. 1, 2 GesBerVO soll hier aber solange zur Anwendung kommen, wie nach dieser Methode der Betrag von 85.250 € nicht überschritten wird.

(2) Aufwendungen für im Eigentum des Einrichtungsträgers stehende Anlagegüter

(a) Abschreibungen und Instandhaltung

Zunächst werden Aufwendungen für Abschreibungen gem. § 4 I Nr. 4 GesBerVO berücksichtigt. Dabei wird zwischen langfristigen Anlagegütern – Gebäuden – und sonstigen Anlagegütern unterschieden. Die Abschreibungen für beide sind linear über die gesamte Nutzungsdauer zu verteilen, wobei bei Gebäuden 50 Jahre und bei sonstigen Anlagegütern 10 Jahre zu Grunde zu legen sind. Bei den Gesamtaufwendungen für Abschreibungen fließen die langfristigen und sonstigen Anlagegüter im Verhältnis von 85:15 ein.

Als Aufwendungen für Instandhaltung und Instandsetzung abschreibungsfähiger Anlagegüter wird jährlich 1% der Herstellungs- und Anschaffungskosten hinzugerechnet (§ 4 I Nr. 3 GesBerVO).

Die Bemessungsbasis der Aufwendungen für Instandhaltung und Instandsetzung und für sonstige Anlagegüter wird alle zwei Jahre, erstmalig ab dem 1. Januar 2005, nach den Preisindizes für Wohngebäude (Bauleistungen am Bauwerk) in Nordrhein-Westfalen seit 1962 nach verschiedenen Basisjahren (1962 = 100) angepasst (§ 4 I Nr. 3, Nr. 4 S. 2 GesBerVO).[610]

(b) Zinsen

Die Zinsen für den Einsatz von Eigenkapital des Trägers der Pflegeeinrichtung, das zur Herstellung und Anschaffung abschreibungsfähiger Anlagegüter eingesetzt wird, sind in Höhe von 4 % bei einer maximalen Laufzeit von 31 Jahren zu berücksichtigen (§ 4 I Nr. 2 GesBerVO).

610 Sowohl bei der Berechnung der Aufwendungen für Abschreibungen als auch bei den Aufwendungen für Instandhaltung und Instandsetzung wird der maximal berücksichtigungsfähige Betrag zu Grunde gelegt. Dies gilt auch dann, wenn die tatsächlichen Kosten darunterliegen. Somit ergibt sich bei vollstationären Pflegeeinrichtungen und Kurzzeitpflegeeinrichtungen immer ein Anfangswert von 3.581 € (85.250*(0,85*0.02 [=Gebäude]+0,15*0,1 [=sonstige Anlagegüter]+0,01 [=Instandhaltung])). Bei Tages- und Nachtpflegeeinrichtungen ist der Wert abhängig von der jeweiligen Betrags-Obergrenze. Bei Zugrundelegung von aktuell 1.536 € sind 1.161 € (18 [=qm Nettogrundfläche]*1.536*(0,85*0.02 [=Gebäude]+0,15*0,1 [=sonstige Anlagegüter]+0,01 [=Instandhaltung])) zu berücksichtigen. Siehe dazu http://www.lwl.org/LWL/Der_LWL/Aufgaben/Fachbereiche/Andere_Abteilungen/finabt/pflegesatz/sgbxi_pfgnw/#Allgemeines (abgerufen am 21.08.2012).

Gleiches gilt für gezahlte Zinsen auf – zum gleichen Zweck verwendetes – Fremdkapital für bestimmte Annuitätendarlehen oder Darlehen (siehe dazu § 4 I Nr. 1 GesBerVO).

Als Berechnungswert sind jeweils die tatsächlichen Kosten bis zur jeweiligen Betrags-Obergrenze heranzuziehen. Die Spitzabrechnung von Zinsen erfolgt in beiden Fällen alle zwei Jahre (§ 4 I Nr. 1 S. 2, Nr. 2 2. Hs. GesBerVO).

(3) Miete oder sonstige Nutzungsentgelte für Anlagegüter

Miete oder sonstige Nutzungsentgelte für betriebsnotwendige Anlagegüter, also Gebäude und Inventarteile (die nicht im Eigentum des Einrichtungsträgers stehen), gehen derart in die gesonderte Berechnung ein, dass grundsätzlich die tatsächlichen Mietkosten zu Grunde gelegt werden. Dabei darf aber ein gewisser Betrag, der sich aus einer Vergleichsrechnung für die im Jahr der Inbetriebnahme anerkennungsfähigen Aufwendungen gemäß §§ 3 u 4 GesBerVO ergibt, nicht überschritten werden (§ 4 II S. 1 GesBerVO). Die zu berücksichtigenden Aufwendungen sollen somit nicht höher sein als die, die berücksichtigungsfähig wären, wenn der Einrichtungsträger Eigentümer der Anlagegüter wäre.

Bei der Ermittlung der Vergleichskosten für Aufwendungen für Abschreibungen und für Instandhaltung und Instandsetzung ist die oben beschriebene Berechnungsmethode für das Eigentum zu verwenden. Schwieriger ist hingegen die Ermittlung eines Vergleichswertes für die Zinsen, da diese bei der Eigentumsvariante vom Einzelfall abhängt. Somit legt § 4 II S. 2 GesBerVO fest, dass der Vergleichsbetrag auf einen über die Gesamtlaufzeit von 25 Jahren ermittelten Jahresdurchschnitt eines Annuitätendarlehens mit jährlicher Tilgung und mit festem kalkulatorischen Zinssatz festgelegt wird. Dieser Zinssatz wird mit den Monatswerten der Statistik der Deutschen Bundesbank über Wohnungsbaukredite an private Haushalte (mit anfänglicher Zinsbindung von über 5 Jahren bis 10 Jahren, Effektivzins, Durchschnittszinssatz) und zwar als Durchschnitt aus dem Zehnjahreszeitraum, der 12 Monate vor Inbetriebnahme endet, ermittelt (§ 4 II S. 3 GesBerVO). Bei der Berechnung der hypothetischen Zinsen wird der jeweils maximal berücksichtigungsfähige Betrag verwendet.

(4) Kombination von im Eigentum stehenden und gemieteten Anlagegütern

Auch eine Kombination aus Eigentums- und Mietlösung ist möglich. Dabei wird für den Eigentumsteil der Anlagegüter zunächst eine Berechnung nach den hierfür geltenden Grundsätzen durchgeführt. Dieser Betrag wird dann von dem im Rahmen der Mietlösung geltenden Vergleichsbetrag abgezogen. Die sich daraus ergebende Differenzsumme bildet dann die Grenze, bis zu welcher die tatsächlichen Mietkosten berücksichtigt werden können.

cc. Ermittlung des Betrags pro Tag

Nach Berechnung des Betrags, der pro Pflegeplatz jährlich berücksichtigt werden kann, muss dieser in eine Summe, die auf den einzelnen Pflegebedürftigen pro Tag, den er sich in der Pflegeeinrichtung befindet, umgewandelt werden. Dabei darf grundsätzlich nicht zwischen den einzelnen Pflegebedürftigen differenziert werden (insb. nicht nach Kostenträgern) (§ 13 I S. 2 PfG NW, § 3 VI S. 1 GesBerVO). Eine Differenzierung kommt ausnahmsweise in Betracht, wenn diese an die Unterschiede des Raumangebots anknüpft (z. B. Einzelzimmerzuschlag) (§ 3 VI S. 2 GesBerVO).

Bei der Umlegung auf Tage ist bei vollstationären Pflegeeinrichtungen eine durchschnittliche Auslastung von 95% (also 346,75 Tage) zu Grunde zu legen (§ 3 VI S. 2 1. Hs. GesBerVO). Bei Tages- und Nachtpflegeeinrichtungen sowie Kurzzeitpflegeeinrichtungen ist hingegen die tatsächliche Auslastung des Vorjahres, mindestens jedoch 80% der Auslastung, zu beachten (§ 3 VI S. 2 2. Hs. GesBerVO), wobei bei Tages- und Nachtpflegeeinrichtungen bei einer betrieblichen Nutzung von 5 Tagen pro Woche 250 Betriebstage im Jahr zu Grunde zu legen sind (§ 3 VI S 3 GesBerVO) (also bei Kurzzeitpflegeeinrichtungen mind. 292 Tage, bei Tages- und Nachtpflegeeinrichtungen mind. 200 Tage).

c. Verfahren

Zur gesonderten Berechnung bedarf es der Zustimmung des zuständigen überörtlichen Trägers der Sozialhilfe (§ 13 II PfG NW). Der Antrag auf Zustimmung ist beim Landschaftsverband zu stellen, in dessen Bezirk die Pflegeeinrichtung liegt (§ 1 I S. 1 GesBerVO). Bei Pflegeeinrichtungen, die im Eigentum des Einrichtungsträgers stehen, sind dem Antrag Angaben über Zinsen und zinsähnliche Aufwendungen und bei Neubau- und Umbaumaßnahmen eine Bescheinigung der zuständigen Stelle gem. § 9 II PfG NW über die Erfüllung der Voraussetzungen der AllgFörderPflegeVO beizufügen (§ 1 II GesBerVO). Der Antrag muss grundsätzlich bis zur Betriebsaufnahme nach Abschluss einer Neubaumaßnahme oder einer Maßnahme zur baulichen Anpassung an die AllgFörderPflegeVO eingereicht werden (§ 1 I S. 2 GesBerVO). Die Erteilung der Zustimmung erfolgt in der Regel für einen Zeitraum von zwei Kalenderjahren (§ 1 III GesBerVO).

D. Förderung ambulanter Pflegeeinrichtungen

I. Voraussetzungen

Neben den allgemeinen Anforderungen ist die einzige Voraussetzung für ambulante Pflegeeinrichtungen, um Förderungsmittel zu erhalten, dass sie den Pflegebedürftigen keine Investitionsaufwendungen berechnen (§ 2 Nr. 3 AmbPFFV[611]).[612]

II. Art der Förderung

Nach § 10 I PfG NW werden die Investitionsaufwendungen von ambulanten Pflegeeinrichtungen durch angemessene Pauschalen gefördert. Die Pauschale beträgt 2,15 € pro volle Pflegestunde für Leistungen nach dem SGB XI (§ 3 S. 2 AmbPFFV). Allerdings wird bislang nicht die tatsächlich für die Erbringung von Pflegeleistungen benötigte Zeit zu Grunde gelegt, sondern Durchschnittswerte, die sich an den im Rahmen des Komplexleistungssystems abgerechneten Punktwerten orientieren. Dabei werden 10 abgerechnete Punkte als eine Minute Pflegezeit angesehen, wobei das Vorjahr[613] zu Grunde gelegt wird (§ 4 I S.2 Nr. 3 AmbPFFV). Um die Förderung für eine Pflegestunde zu erhalten, werden somit jeweils 600 Punkte benötigt.

---

611 Verordnung über die Förderung ambulanter Pflegeeinrichtungen nach dem Landespflegegesetz (AmbPFFV) vom 4. Juni 1996, GV.NW, S. 197, zuletzt geändert am 15.10.2003, GV.NW, S. 611; erlassen auf Grundlage von § 9 III PfG NW a. F. (=§ 10 II PfG NW).

612 § 2 Nr. 2 AmbPFFV schreibt zwar zusätzlich vor, dass die ambulante Pflegeeinrichtung «die Qualitätsvorgaben nach der Vereinbarung zur Qualitätssicherung gemäß § 80 SGB XI einhält», allerdings wurde § 80 SGB XI durch das Pflege-Weiterentwicklungsgesetz aufgehoben, so dass es diese Vereinbarungen nicht mehr gibt.

613 Nimmt die ambulante Pflegeeinrichtung im Bewilligungsjahr erstmalig ihren Betrieb auf, erhält sie auf der Basis der im Bewilligungsjahr gültigen Leistungskomplexe eine Abschlagszahlung auf die zu erwartende jährliche Zuwendung (§ 4 III AmbPFFV).

Zu klären ist aber, welche Punkte als «Leistungen nach dem SGB XI» zu berücksichtigen sind. Unproblematisch nicht berücksichtigt werden andere erbrachte Leistungen als die im SGB XI in § 36 bzw. § 37 III vorgesehenen. Für solche existiert schon kein Punktwert im Komplexleistungssystem. Leistungen nach dem SGB XI erbringen zunächst die Pflegekassen als Sachleistung. Diese Leistungen sind betragsmäßig beschränkt. Daher können nur die Punktwerte berücksichtigt werden, die bei den Pflegekassen abgerechnet werden. Die Leistungen, die der Pflegedienst gegenüber dem Pflegebedürftigen erbringt und für die dieser selbst bezahlt – etwa weil die gedeckelten Leistungen der Pflegeversicherung überschritten sind oder der Pflegebedürftige gar keine Ansprüche gegen eine Pflegekasse hat – werden nicht mit einbezogen. Eine Ausnahme besteht aber dann, wenn dem Pflegebedürftigen seine Ausgaben aufgrund der privaten Pflegepflichtversicherung von einem Pflegeversicherungsunternehmen (oder bei Beamten aufgrund der Beihilfe u. U. auch von einer Beihilfestelle) in den Grenzen des § 36 III SGB XI erstattet werden, da auch diese Leistungen im SGB XI vorgesehen bzw. vorausgesetzt werden.

III. Verfahren

Der Träger der ambulanten Pflegeeinrichtung muss die Förderung jährlich bis zum 01. März des Jahres schriftlich beim zuständigen örtlichen Träger der Sozialhilfe beantragen (§ 4 I S. 1 AmbPFFV). Dem Antrag müssen der Versorgungsvertrag, eine schriftliche Bestätigung, dass den Pflegebedürftigen keine Investitionskosten berechnet werden, und eine Stundenberechnung nach der oben genannten Methode beigefügt werden (§ 4 I S. 2 AmbPFFV). Zum 01. Juli wird dann die Investitionskostenpauschale für das gesamte Jahr ausgezahlt (§ 4 II AmbPFFV).

E. Förderung von Tages-, Nacht- und Kurzzeitpflegeeinrichtungen

I. Voraussetzungen

1. Tatsächliche Nutzung durch Pflegebedürftige

Neben den allgemeinen Voraussetzungen für alle Pflegeeinrichtungen und denen für stationäre Pflegeeinrichtungen müssen die Tages-, Nacht-und Kurzzeitpflegeeinrichtungen, um eine Förderung zu erhalten, tatsächlich von Pflegebedürftigen genutzt werden, die einen Anspruch auf Leistungen nach den

§§ 39, 41 und 42 SGB XI haben (§ 1 Nr. 4 PflFEinrVO).[614] Keinen Anspruch auf die genannten Leistungen haben die privat versicherten Pflegebedürftigen, da Voraussetzung eine Mitgliedschaft in der sozialen Pflegeversicherung ist. Somit ist fraglich, ob auch ein Anspruch auf Förderung besteht, wenn die Pflegeeinrichtung Leistungen gegenüber Pflegebedürftigen erbringt, die einen Anspruch auf die den §§ 39, 41 und 42 SGB XI entsprechenden Geldleistungen aufgrund eines vergleichbaren privaten Versicherungsvertrags haben. Dagegen sprechen zunächst systematische Erwägungen. Bei der Förderung von vollstationären Pflegeeinrichtungen werden vergleichbare private Versicherungsverträge ausdrücklich neben dem Anspruch aus § 43 I SGB XI erwähnt (§ 4 I Nr. 4 d) PflFEinrVO). Allerdings ist nicht ersichtlich, warum gerade hier eine unterschiedliche Behandlung von Versicherten der sozialen und privaten Pflegeversicherung erfolgen sollte. Die beiden Systeme stehen zur (Teil-)Absicherung des Risikos der Pflegebedürftigkeit nebeneinander. Im SGB XI erfolgt – sofern die Unterschiede von Sach- und Geldleistungsprinzip dies ermöglichen – eine Gleichbehandlung. Auch im Rahmen des PfG NW ist dies ansonsten nicht anders. Würde man allerdings die Versicherten der privaten Pflegeversicherung hier ausklammern, müssten die Pflegeeinrichtungen ihnen stets die durch die gesonderte Berechnung ermittelten Kosten in Rechnung stellen, da sie diese nicht durch die Förderung erhalten. Dass eine so weitreichende Ungleichbehandlung gewollt ist, ist nicht ersichtlich. Daher sind die «Leistungen nach den §§ 39, 41 und 42 SGB XI» dahingehend auszulegen, dass auch die vergleichbaren Leistungen der privaten Pflegeversicherungsunternehmen gemeint sind.[615]

2. Keine Berechnung von Investitionsaufwendungen für Pflegebedürftige

Zu klären ist, ob eine weitere Voraussetzung für den Erhalt der Förderung ist, dass den Pflegebedürftigen keine weiteren Investitionskosten nach § 82 III SGB XI berechnet werden. Anders als bei den ambulanten Pflegeeinrichtun-

---

614 Mit Blick auf § 3 I S. 1 PflFEinrVO ist diese Voraussetzung auch als gegeben anzusehen, wenn ein Anspruch auf die entsprechenden Leistungen nach dem BVG besteht, solange der betreffende Pflegebedürftige auch als pflegebedürftig i. S. d. SGB XI anzusehen ist (vgl. § 11 II PfG NW).

615 Liegen die Voraussetzungen vor, kann auch im Falle der sog. «eingestreuten» Kurzzeitpflege die Förderung verlangt werden, *OVG NRW*, Urt. v. 06.02.2008 – 16 A 3989/06 –, in: ZFSH/SGB 2008, 610 ff. Von «eingestreuter» Kurzzeitpflege spricht man, wenn eine stationäre Pflegeeinrichtung laut ihres Versorgungsvertrags grundsätzlich vollstationäre Pflegeleistungen erbringt, aber auch eine gewisse Zahl an Pflegeplätzen für Kurzzeitpflege bereithält.

gen ist der Verzicht auf eine weitere Investitionskostenberechnung hier nicht ausdrücklich normiert.

Zum Teil wird aber angenommen, dass sich aus der Systematik der bundesrechtlichen Regelungen des § 82 III und IV SGB XI im Zusammenspiel mit den Regelungen des PfG NW und der PflFEinrVO ergebe, dass eine Abrechnung von Investitionskosten entweder nur über eine öffentliche Bezuschussung oder nur im Wege der privaten Liquidation erfolgen könne. Die Pflegeeinrichtung könne die Investitionskosten (fast ausschließlich) nach ihren Vor-Vorstellungen über § 82 IV SGB XI von den Pflegebedürftigen verlangen und auf die öffentliche Förderung verzichten oder nach Einholung der Zustimmung zur gesonderten Berechnung die gedeckelte, aber 100 % der nach der GesBerVO anerkennungsfähigen Kosten umfassende (§ 2 PflFEinrVO) Förderung beziehen. Voraussetzung der Förderung sei der Verzicht auf eine Abrechnung von Investitionskosten bei den Pflegebedürftigen, deren Pflegeplätze nach Maßgabe des PfG NW gefördert werden.[616]

Diese Ansicht des VG Düsseldorf wurde vom OVG NRW allerdings abgelehnt. Es betonte, dass die Förderungsvoraussetzungen im PfG NW und in der PflFEinrVO abschließend geregelt seien und diese eben nicht das Erfordernis, dass Pflegebedürftigen keine weiteren Investitionskosten nach § 82 III SGB XI berechnet werden, enthalten würden. Auch der Wille des Gesetzgebers sowie die Systematik des Gesetzes lasse die zusätzliche Voraussetzung nicht erkennen. Die Frage, inwieweit die Pflegeeinrichtung dem Pflegebedürftigen Investitionskosten in Rechnung stellen dürfe, stelle sich nicht im Rahmen der Förderungsvoraussetzungen, sondern im Verhältnis von Pflegeeinrichtung und Pflegebedürftigen.[617]

Der Ansatz des VG Düsseldorf überzeugt zunächst dahin gehend nicht, dass private Liquidation und Förderung in Bezug auf die gesamte Einrichtung nicht zwangsläufig in einem Alternativverhältnis stehen müssen. Hat ein Pflegebedürftiger keinen Anspruch auf Leistungen nach den §§ 39, 41 und 42 SGB XI bzw. vergleichbare vertragliche Leistungen, etwa weil er die Voraussetzungen der Pflegestufe I nicht erfüllt, die erforderliche Vorversicherungszeit nicht vorweist oder gar nicht pflegeversichert ist, so hat die betreffende Tages-, Nacht- oder Kurzzeitpflegeeinrichtung auch keinen Anspruch auf

616 Zum Ganzen *VG Düsseldorf*, Urt. v. 11.04.2009 – 21 K 5374/06 –, juris.

617 Zum Ganzen *OVG NRW*, Urt. v. 15.07.2009 – 12 A 1488/08 –, in: NWVBl. 2010, 77 ff.

Förderung. Ist das der Fall, liegt es nahe, dass sie den gesondert berechneten Betrag gem. § 82 III S. 1 SGB XI von dem Pflegebedürftigen verlangen kann. Ein Ausschluss auch dieser Berechnung als Fördervoraussetzung überzeugt nicht, da es sich anders als bei ambulanten Pflegeeinrichtungen nicht um eine pauschale Förderung handelt, sondern um eine, die an den konkreten Umständen der Einrichtung ansetzt.

Dennoch ist es – entgegen der Auffassung des OVG NRW – als Voraussetzung der Förderung anzusehen, dass sich die Einrichtung verpflichtet, Pflegebedürftigen, für deren Pflegeplätze sie dann tatsächlich eine Förderung erhält, keine Investitionskosten zu berechnen. Dies ist der besonderen Systematik des PfG NW geschuldet. Wenn die Grundlage der Förderung der Betrag ist, der nach § 13 PfG NW grundsätzlich vom Pflegebedürftigen verlangt werden kann und die Förderung 100 % dieses Betrags umfasst (§ 2 S. 1 PflFEinrVO), spricht dies dafür, dass dem Pflegebedürftigen im Falle der Förderung keine weiteren Kosten berechnet werden sollen. Eine losgelöste Betrachtung der Fördervoraussetzungen – ohne Berücksichtigung der daraus resultierenden Folgen auf das Verhältnis zwischen Pflegeeinrichtung und Pflegebedürftigen – ist nicht möglich. Sie würde zu unvertretbaren Ergebnissen führen.[618]

II. Art der Förderung

Gemäß § 2 S. 1 PflFEinrVO wird ein Förderzuschuss an die Pflegeeinrichtung gezahlt, der 100 % des mit Hilfe der gesonderten Berechnung ermittelten Betrags pro Tag entspricht. Dabei gelten der Aufnahmetag und der Entlassungstag als je ein Tag (§ 2 S. 3 PflFEinrVO).

III. Verfahren

Der Antrag auf Gewährung der Förderung ist monatlich, jeweils zum 15. des folgenden Kalendermonates zu stellen (§ 3 II PflFEinrVO). Ihm ist eine Bestätigung der gesonderten Berechnung und eine Aufstellung über die Belegungstage beizufügen (§ 3 I S. 3 PflFEinrVO).

Sachlich zuständig ist entweder der örtliche Träger der Sozialhilfe oder, für Berechtigte nach dem BVG, der überörtliche Träger der Kriegsopferfürsorge (§ 3 I S. 1 PflFEinrVO). Die örtliche Zuständigkeit bestimmt sich nach dem gewöhnlichen Aufenthalt des Einrichtungsnutzers zum Zeitpunkt der Auf-

618 Siehe dazu § 14 B. II. 2. b. dd.

nahme in die Einrichtung oder in den zwei Monaten vor der Aufnahme (§ 3 I S. 2 PflFEinrVO).

F. Förderung vollstationärer Pflegeeinrichtungen

I. Voraussetzungen

1. Tatsächliche Nutzung durch Pflegebedürftige

Auch die Förderung vollstationärer Pflegeeinrichtungen setzt neben den allgemeinen Voraussetzungen sowie den besonderen für stationäre Pflegeeinrichtungen voraus, dass ein Pflegeheimplatz tatsächlich von einem Pflegebedürftigen genutzt wird (§ 4 I Nr. 4 PflFEinrVO). Zu klären ist, welche Anforderungen § 4 I Nr. 4 PflFEinrVO an den Nutzer stellt.

Der Begriff des Pflegebedürftigen wird nicht näher erläutert. Somit kann damit nur der Pflegebedürftigkeitsbegriff des SGB XI gemeint sein, da das PfG NW der Umsetzung des Pflege-Versicherungsgesetzes dient und dabei an dessen Mechanismen anknüpft.[619]

Weiterhin ist vorgesehen, dass der nutzende Pflegebedürftige Leistungen nach dem SGB XII (§ 4 I Nr. 4 a) PflFEinrVO) bzw. nach dem BVG (§ 4 I Nr. 4 b) PflFEinrVO)[620] erhält oder Leistungen nach einem der Gesetze wegen der gesonderten Berechnung zuzüglich eines weiteren Selbstbehalts von 50 € erhalten würde (§ 4 I Nr. 4 c) PflFEinrVO). Zusätzlich muss der Pflegebedürftige nach § 4 I Nr. 4 d) PflFEinrVO einen Anspruch auf vollstationäre Pflege gem. § 43 I SGB XI oder als privat Versicherter auf die entsprechende Geldleistung aufgrund eines vergleichbaren privaten Versicherungsvertrags haben (§ 4 I Nr. 4 PflFEinrVO). Fraglich ist aber, ob sich dieses Erfordernis auf alle vorgenannten Fälle (a), b), c)) erstreckt, es also immer zwingend eines solchen Anspruchs des Pflegebedürftigen bedarf, oder ob es sich um bloße weitere Anforderungen im Rahmen des § 4 I Nr. 4 c) PflFEinrVO handelt, der § 4 I Nr. 4 d) PflFEinrVO mit einem «und» anschließen lässt. Die enumerative Aufzählung auf gleicher Ebene ist nicht eindeutig. Gegen die zweite Auslegungsvariante spricht aber, dass – hätte man diese gewollt – die weiteren Tatbestandsmerkmale auch direkt in § 4 I Nr. 4 c) PflFEinrVO hätte einfügen können. Gegen die erste Variante könnte aber sprechen, dass § 12 II

619 *VG Aachen*, Urt. v. 30.10.2009 – 9 K 358/08 –, in: ZFSH/SGB 2010, 123 ff.
620 Hier wird im Folgenden nur auf die Vorschriften des SGB XII eingegangen.

PfG NW die Voraussetzung des § 4 I Nr. 4 d) PflFEinrVO nicht vorsieht. Allerdings ist auch hier auf die Umsetzungsfunktion des PfG NW in Bezug auf das SGB XI zu verweisen, die auch die Anknüpfung an die dortige Anspruchsberechtigung nahelegt.[621] Somit ist festzustellen, dass Voraussetzung für eine Förderung der Pflegeeinrichtung immer ist, dass der nutzende Pflegebedürftige einen Anspruch auf vollstationäre Pflege gemäß § 43 I SGB XI oder aufgrund eines vergleichbaren privaten Versicherungsvertrages hat.[622]

§ 4 I Nr. 4 a)-c) PflFEinrVO umschreiben hingegen eher überblickartig Fallgruppen, in denen die Gewährung grundsätzlich in Frage kommt. Die Förderung einer vollstationären Pflegeeinrichtung ist zusätzlich an ein gewisses Maß an Einkommens- und Vermögenslosigkeit des einzelnen Pflegebedürftigen geknüpft. Wird dieses Maß nicht bzw. nur teilweise erreicht, muss sich die Einrichtung bzgl. des im Wege der gesonderten Berechnung ermittelten Betrags ganz oder eben teilweise an den Pflegebedürftigen halten. Die Anforderungen bzgl. Einkommens- und Vermögenslosigkeit werden aber für alle diese Fälle in § 12 III PfG NW bzw. § 4 II PflFEinrVO konkretisiert.[623]

Zusätzlich muss der betreffende Pflegebedürftige grundsätzlich seinen gewöhnlichen Aufenthalt vor Heimeintritt im Land Nordrhein-Westfalen gehabt haben (§ 12 VI S. 1 PfG NW). Es reicht aber auch aus, wenn der Pflegebedürftige nachweist, dass in dem Kreis oder der kreisfreien Stadt, in dem oder in der die Pflegeeinrichtung ihren Sitz hat, ein in gerader oder nicht gerader Linie Verwandter des ersten oder zweiten Grades im Sinne des § 1589 BGB seinen gewöhnlichen Aufenthalt i. S. v. § 30 III S. 2 SGB I hat (§ 12 VI S. 2 PfG NW).[624]

2. Einkommen und Vermögen nicht ausreichend zur Finanzierung der Investitionskosten

Das Einkommen und Vermögen eines Heimbewohners – und seines nicht getrennt lebenden Ehegatten oder nicht getrennt lebenden eingetragenen Le-

621 *VG Aachen*, Urt. v. 12.11.2010 – 9 K 2277/08 –, juris.

622 Der jeweilige Anspruch muss tatsächlich bestehen. Alle erforderlichen Voraussetzungen, wie die Erfüllung der Vorversicherungszeit, müssen erfüllt sein. Das bloße Vorliegen der Pflegestufe I bei gleichzeitiger Mitgliedschaft in der sozialen Pflegeversicherung allein ist nicht ausreichend, *VG Aachen*, Urt. v. 12.11.2010 – 9 K 2277/08 –, juris.

623 Siehe dazu den nächsten Gliederungspunkt.

624 Die Voraussetzung, dass dem Pflegebedürftigen (komplett oder teilweise) keine Investitionskosten berechnet werden, ist hier aufgrund der Zuordnung des Pflegewohngeldes zur Subjektförderung nicht erforderlich, vgl. § 14 B. II. 2. b. dd.

benspartners – darf also zur Finanzierung der Aufwendungen für Investitionskosten ganz oder teilweise nicht ausreichen (§ 12 III S. 1 PfG NW bzw. § 4 II S. 1 PflFEinrVO). Zur Bestimmung des anrechenbaren Einkommens und des Vermögens wird grundsätzlich auf die Vorschriften des Ersten bis Dritten Abschnitts des Elften Kapitels des SGB XII verwiesen (§ 12 III S. 2 PfG NW bzw. § 4 II S. 2 PflFEinrVO). Allerdings werden – neben dem bereits genannten zusätzlichen Selbstbehalt – weitere Modifizierungen zu Gunsten des Pflegebedürftigen vorgenommen.

So darf die Gewährung nicht davon abhängig gemacht werden, dass kleinere Barbeträge und sonstige Geldwerte in Höhe von bis zu 10.000 € eingesetzt bzw. verwertet werden. (§ 12 III S. 4 PfG NW bzw. § 4 II S. 4 PflFEinrVO).[625] Dieser Betrag erhöht sich auf 20.000 €, wenn beide Eheleute in einer vollstationären Dauerpflegeeinrichtung leben, da vordergründig auf das Vermögen des einzelnen Heimbewohners abgestellt wird und somit bei zwei Heimbewohnern eine Verdoppelung begründet ist.[626] Dass sich nur ein Ehepartner im Pflegeheim aufhält, während der andere weiterhin die eheliche Wohnung bewohnt, reicht dementsprechend nicht für den doppelten Vermögensschonbetrag aus.[627]

Weiterhin wird explizit darauf hingewiesen[628], dass der Fünfte Abschnitt des Elften Kapitels des SGB XII, der u. a. die Heranziehung weiterer Unterhaltspflichtiger regelt, keine Anwendung findet (§ 12 III S. 5 PfG NW bzw. § 4 II S. 5 PflFEinrVO), so dass es nur auf das Einkommen und das Vermögen des Pflegebedürftigen bzw. seines nicht getrennt lebenden Ehegatten oder nicht getrennt lebenden eingetragenen Lebenspartners ankommt.

Gegenüber der Beihilfe ist die Pflegewohngeldleistung nachrangig. Gemäß § 4 II S. 6 PflFEinrVO wird Personen, die nach beamtenrechtlichen Vor-

625 Siehe zum entsprechenden Betrag der Sozialhilfe, der von unterschiedlichen Komponenten, wie der Anzahl der unterhaltberechtigten Personen, abhängig, aber im Ergebnis deutlich niedriger ist: §§ 1, 2 Verordnung zur Durchführung des § 90 Abs. 2 Nr. 9 des Zwölften Buches Sozialgesetzbuch vom 11. Februar 1988, BGBl. I S. 150, zuletzt geändert durch Art. 15 G zur Einordnung des Sozialhilferechts in das SGB vom 27.12.2003, BGBl. I S. 3022.

626 *OVG NRW*, Urt. v. 25.05.2009 – 12 A 2663/06 –, in: NWVBl 2010, 76 f.

627 So aber zunächst *VG Gelsenkirchen*, Urt. v. 31.08.2010 – 11 K 1856/09–, juris. Dann aufgrund *OVG NRW*, Beschl. v. 27.12.2010 – 12 A 2494/10 –, juris doch ablehnend *VG Gelsenkirchen*, Urt. v. 15.07.2011 – 11 K 131/10 –, juris.

628 Dies ergibt sich bereits daraus, dass in § 12 III S. 2 PfG NW bzw. § 4 II S. 2 PflFEinrVO nur auf die Vorschriften des Ersten bis Dritten Abschnitts des Elften Kapitels des SGB XII verwiesen wird.

schriften oder Grundsätzen bei Krankheit und Pflege Anspruch auf Beihilfe oder Heilfürsorge haben, Pflegewohngeld nur insoweit gewährt, als die gesondert berechenbaren Aufwendungen bei der Beihilfegewährung nicht berücksichtigt werden.

II. Art der Förderung

Die Höhe des Anspruchs beläuft sich höchstens auf den im Wege der gesonderten Berechnung ermittelten Geldbetrag (vgl. § 12 IV PfG NW). Die genaue Höhe ist durch eine Berechnung nach § 5 PflFEinrVO zu ermitteln, der die oben genannte Regelungssituation in Bezug auf Einkommen und Vermögen zu Grunde legt.

Zunächst ist das nach den Regeln des SGB XII anrechenbare Einkommen zu ermitteln (vgl. § 5 II PflFEinrVO). Davon ist dann in einem ersten Schritt der Barbetrag zur persönlichen Verfügung nach § 35 II SGB XII (mittlerweile § 27b II SGB XII) abzuziehen (§ 5 II a) 1. Hs. PflFEinrVO).[629]

Danach sind die Kosten für Unterkunft und Verpflegung und die von der Pflegekasse (bzw. dem Versicherungsunternehmen) nicht abgedeckten Pflegekosten in Abzug zu bringen (§ 5 II b), c) 1. Hs. PflFEinrVO).

Bleibt nach diesen Abzügen noch etwas von dem anrechenbaren Einkommen übrig, ist der zusätzliche Selbstbehalt von 50 € abzusetzen, jedoch beschränkt auf den jeweiligen Einkommensüberhang (§ 5 II d) PflFEinrVO).

Ist das Ergebnis dieser Berechnung nun «0» oder negativ, erhält die Pflegeeinrichtung die maximale Förderung. Bleibt allerdings ein positiver Betrag, ist dieser dann in einen Geldbetrag/Tag[630] umzurechnen, der dann mit dem maximalen Förderungsbetrag verglichen werden muss. Übersteigt das verbleibende Einkommen diesen, erhält die Einrichtung keine Förderung. Ist es geringer als der maximale Förderungsbetrag, ergibt sich die Höhe der konkreten Förderung aus der Differenz zwischen maximalem Förderungsbetrag und verbleibendem Einkommen.

---

629 Bei Personen, die sich bereits am 31. Dezember 2004 in einer stationären Einrichtung befanden, wird der zusätzliche Barbetrag des § 133a SGB XII abgezogen (§ 5 II a) 2. Hs. PflFEinrVO).

630 Dies ergibt sich aus der Regelung des § 5 III S. 2 PflFEinrVO, aus der deutlich wird, dass eine tagesgenaue Berechnung möglich sein muss.

Ausgeschlossen ist die Förderung allerdings, solange der Pflegebedürftige noch über nach den Regelungen des SGB XII (§§ 90, 91) – unter Beachtung des erhöhten Barbetrages von 10.000 € – verwertbares Vermögen verfügt.

III. Verfahren

Der Einrichtungsträger muss das Pflegewohngeld beim örtlichen Träger der Sozialhilfe bzw. für Berechtigte nach dem BVG beim überörtlichen Träger der Kriegsopferfürsorge beantragen (§ 6 I S. 1, 2 PflFEinrVO). Örtlich ist jeweils der Träger zuständig, in dessen Gebiet der Heimbewohner seinen gewöhnlichen Aufenthalt zum Zeitpunkt der Aufnahme in ein Heim hat oder in den letzten zwei Monaten vor Aufnahme hatte (§ 6 I S. 3 PflFEinrVO).[631] Stellt die Einrichtung den Antrag nicht, obwohl die Voraussetzungen vorliegen, kann dieser auch durch den betroffenen Pflegebedürftigen gestellt werden (§ 6 II PflFEinrVO[632]).[633]

Die Gewährung der Leistung erfolgt grundsätzlich ab Antragstellung, frühestens jedoch ab Vorliegen der Förderungsvoraussetzungen (§ 7 I S. 1 PflFEinrVO). Eine Gewährung vor Antragstellung ist ausnahmsweise möglich, wenn der Antrag binnen 3 Monaten nach dem Tag des Eintritts der Voraussetzungen gestellt wird. Dann wird Pflegewohngeld ab diesem Tag bewilligt (§ 7 I S. 2 PflFEinrVO). Die Bewilligung erfolgt grundsätzlich, wenn die Voraussetzungen weiterhin vorliegen, für einen Zeitraum von zwölf Monaten (§ 7 II S. 1 PflFEinrVO). Die Ermittlung des zustehenden Pflegewohngeldes erfolgt monatlich. Dabei wird grundsätzlich ein Jahresdurchschnittswert von 30,42 Tagen pro Monat zu Grunde gelegt. Lediglich im Monat des Ein- oder Auszugs erfolgt eine Berechnung nach der exakten Anzahl der Tage (§ 5 III PflFEinrVO).

---

631 Für die Plätze von solchen Heimbewohnern oder Heimbewohnerinnen, für die nach § 12 VI S. 2 PfG NW eine Pflegewohngeldberechtigung besteht, ist hingegen der Träger der Sozialhilfe oder der überörtliche Träger der Kriegsopferfürsorge des tatsächlichen Aufenthaltes zuständig (§ 6 I S. 4 PflFEinrVO).

632 Dem Wortlaut des § 6 II PflFEinrVO nach sind die Pflegebedürftigen zwar antragsberechtigt, wenn sie «Leistungen im Sinne des § 4 Abs. 2 dieser Verordnung erhalten würden» und kein Antrag durch die Pflegeeinrichtung gestellt wird, die Leistung erhält aber immer die Einrichtung, nicht der Pflegebedürftige.

633 Die Gewährung von Pflegewohngeld erfolgt auch im Interesse des Pflegebedürftigen, insbesondere um eine Sozialhilfebedürftigkeit zu verhindern. Dementsprechend ist der einzelne Pflegebedürftige im Falle der Versagung von Pflegewohngeld auch klagebefugt, *OVG NRW*, Urt. v. 09.05.2003 – 16 A 2789/02 –, in: ZFSH/SGB 2003, 692 ff.

§ 14 Die Umlegung der Investitionskosten auf den Pflegebedürftigen

A. Allgemeines

Die Möglichkeit, Investitionskosten auf Pflegebedürftige umzulegen, wurde erst durch die Abkehr vom ursprünglich geplanten monistischen Finanzierungssystem zu einer dualen Finanzierung erforderlich. Aufgrund des freien Gestaltungsspielraums der Länder bei der Förderung musste bundesrechtlich auch im Bereich der Investitionskosten die Refinanzierung der Pflegeeinrichtungen gewährleistet werden. Dazu dient § 82 III u. IV SGB XI. Er soll den Pflegeeinrichtungen einen Anspruch gegen die Pflegebedürftigen auf Erstattung der Kosten verschaffen, die gem. § 82 II SGB XI aus der Vergütung nach § 82 I SGB XI ausgenommen sind, nicht nach Landesrecht gefördert werden und die auch nicht endgültig die Pflegeeinrichtung selbst tragen soll (§ 82 II Nr. 2, 4, 5 SGB XI).[634] Dabei wird differenziert, ob die betreffende Pflegeeinrichtung eine öffentliche Förderung erhält (§ 82 III SGB XI) oder nicht (§ 82 IV SGB XI). Geförderte Einrichtungen brauchen für die gesonderte Berechnung eine Zustimmung der zuständigen Landesbehörde (§ 82 III S. 3 SGB XI), nicht geförderte müssen diese lediglich mitteilen (§ 82 IV S. 2 SGB XI).

Neben diesen bundesrechtlichen Regelungen sind landesrechtliche Konkretisierungen möglich (vgl. nur § 82 III S. 3 SGB XI). Aufgrund der konkurrierenden Gesetzgebung in diesem Bereich sind die Landesgesetzgeber aber an die Vorgaben und Strukturen der § 82 III u. IV SGB XI gebunden.[635] Die Einführung der Vorschriften im Vermittlungsverfahren und die daher fehlende Gesetzesbegründung sowie das Nichtvorhandensein vergleichbarer Regelungen in anderen Systemen haben dazu geführt, dass der genaue Bedeutungsgehalt bis heute nicht abschließend geklärt ist und die Ausformung durch die Rechtsprechung noch andauert.

Im Folgenden wird zunächst die Rechtslage bei geförderten Einrichtungen dargestellt. Dabei wird zuerst auf die in § 82 III SGB XI enthaltenen bundesrechtlichen Vorgaben eingegangen, bevor dann die Regelungssituation in NRW auf Grundlage des PfG NW erläutert wird. Danach erfolgt die Darstel-

634 Zum Ganzen *BSG*, Urt. v. 08.09.2011 – B 3 P 2/11 R –, in: BSGE 109, 96 (103 f.).
635 Dazu etwa *BSG*, Urt. v. 08.09.2011 – B 3 P 2/11 R –, in: BSGE 109, 96 (107) m. w. N.

lung der Umlegungsmöglichkeiten von Investitionskosten im Falle einer fehlenden Förderung.

B. Entgelt für Investitionsaufwendungen bei öffentlicher Förderung

I. Vorgaben des SGB XI

1. Öffentliche Förderung

Die Voraussetzung der öffentlichen Förderung ist erfüllt, wenn die Pflegeeinrichtung irgendeine Förderung i. S. d. § 9 SGB XI erhält.[636] Der Begriff der öffentlichen Förderung dort umfasst grundsätzlich nur die Objektförderung.[637] Über § 9 S. 2 2. Hs. SGB XI können aber gewisse Formen der Subjektförderung durch den Landesgesetzgeber der Objektförderung gleichgestellt werden. Dazu muss es sich um eine finanzielle Unterstützung handeln, die an der wirtschaftlichen Leistungsfähigkeit der Pflegebedürftigen orientiert ist. Diese Unterstützung kann sowohl der Pflegebedürftige zur Tragung der ihm von der Pflegeeinrichtung berechneten betriebsnotwendigen Investitionsaufwendungen (Nr. 1) als auch die Pflegeeinrichtung zur Tragung ihrer betriebsnotwendigen Investitionsaufwendungen (Nr. 2) erhalten.

Die Pflegeeinrichtung muss die Förderung tatsächlich erhalten. Die bloße Fördermöglichkeit nach Landesrecht ist nicht ausreichend, um den Anwendungsbereich des § 82 III SGB XI zu eröffnen.[638]

Bietet eine stationäre Pflegeeinrichtung mehrere Pflegeformen an – also etwa vollstationäre Pflege und Tagespflege – und erhält nur für eine Förderung, so gelten auch die anderen als gefördert i. S. d. § 82 III SGB XI, so dass auch hier eine Zustimmung zur gesonderten Berechnung erforderlich ist. Ansonsten bestünde eine Missbrauchsgefahr durch «Mittelverschiebung».[639]

---

636 *BSG*, Urt. v. 06.09.2007 – B 3 P 3/07 R –, in: BSGE 99, 57 (61 f.); *Plantholz/Schmäing*, in: Klie/Krahmer (Hrsg.), SGB XI, § 82 Rn. 17; *Schütze*, in: Udsching (Hrsg.), SGB XI, § 82 Rn. 19; a. A. *Roth*, SGb 2006, 724 (728 f.).

637 Siehe etwa *BSG*, Urt. v. 24.07.2003 – B 3 P 1/03 R –, in: NZS 2004, 313 (314 f.).

638 *BVerwG*, Beschl. v. 20.09.2001 – 5 B 54/01 –, in: FEVS 53, 504 f.

639 Zum Ganzen *BSG*, Urt. v. 10.03.2011 – B 3 P 3/10 R –, in: BSGE 108, 14 (19), dies gilt demnach aber nicht, wenn die unterschiedlichen Pflegeformen in rechtlich selbstständige Einrichtungen aufgespalten sind (etwa in Form von mehreren GmbH) und sich nur «unter einem Dach» befinden. Dann besteht die Missbrauchsgefahr nicht.

2. Zustimmung zur gesonderten Berechnung

a. Systematik

Gemäß § 82 III S. 3 1. Hs. SGB XI bedarf die gesonderte Berechnung von betriebsnotwendigen Investitionsaufwendungen bzw. Aufwendungen für Miete, Pacht, Nutzung oder Mitbenutzung von Gebäuden oder sonstige abschreibungsfähige Anlagegüter der Zustimmung der zuständigen Landesbehörde. Nach § 82 III S. 3 2. Hs. SGB XI soll Näheres insbesondere zur Art, Höhe und Laufzeit sowie zur Verteilung der gesondert berechenbaren Aufwendungen auf die Pflegebedürftigen im Landesrecht geregelt werden. Somit erfolgt die Refinanzierung bestimmter Investitionskosten auf der Grundlage des SGB XI und die Zustimmung zur gesonderten Berechnung ist daher auf Bundesrecht gestützt. Im Landesrecht müssen hingegen die erforderlichen Konkretisierungen getroffen werden.[640] Dem Erfordernis der Zustimmung liegt wohl der Gedanke zu Grunde, dass verhindert werden soll, dass eine Pflegeeinrichtung ein Entgelt doppelt verlangt, sowohl im Wege der Förderung als auch vom Pflegebedürftigen.[641] Mit Blick darauf, dass die Förderung auch Sache des Landesrechts ist, liegt eine landesrechtliche Konkretisierung für die weitere Berechnung daher nahe.[642]

Die Auswirkungen der bundes- und landesrechtlichen Verflechtung zeigen sich insbesondere beim Rechtsweg. So ist bei Streitigkeiten über die Investitionskostenförderung der Verwaltungsrechtsweg eröffnet, während für Streitigkeiten in Bezug auf die gesonderte Berechnung die Sozialgerichtsbarkeit (nach § 51 I Nr. 2 SGG) zuständig ist,[643] obwohl beides oft weitestgehend im gleichen (Landes-)Gesetz geregelt ist.

640 *Schütze*, in: Udsching (Hrsg.), SGB XI, § 82 Rn. 15.

641 *BSG*, Urt. v. 24.07.2003 – B 3 P 1/03 R –, in: NZS 2004, 313 (315); *Knittel*, Krauskopf, SGB XI, § 82 Rn. 8; *Rudolph*, BArBl. 94, 48 (49).

642 *Gürtner*, KassKomm, SGB XI, § 82 Rn. 12.

643 Siehe etwa *BSG*, Beschl. v. 31.01.2000 – B 3 SF 1/99 –, in: NZS 2000, 523 f. BSG, Urt. v. 24.07.2003 – B 3 P 1/03 R –, in: NZS 2004, 313 (315); *BVerwG*, Beschl. v. 30.06.2004 – 3 B 89/03 –, in: NZS 2005, 317; *Schütze*, in: Udsching (Hrsg.), SGB XI, § 82 Rn. 20. Zum zeitweilig aufkeimenden Streit über den einschlägigen Rechtsweg zwischen Verwaltungs- und Sozialgerichtsbarkeit *Udsching*, in: Köbl/Brünner (Hrsg.), Abschied von der Objektförderung, S. 27 f.; *van Schewick*, in: Köbl/Brünner (Hrsg.), Abschied von der Objektförderung, S. 29 f.

b. Umlagefähige Kosten

Nach § 82 III S.1 SGB XI können Aufwendungen für Maßnahmen, die dazu bestimmt sind, die für den Betrieb der Pflegeeinrichtung notwendigen Gebäude und sonstige abschreibungsfähige Anlagegüter herzustellen, anzuschaffen, wiederzubeschaffen, zu ergänzen, instand zu halten oder instand zu setzen sowie Aufwendungen für Miete, Pacht, Nutzung oder Mitbenutzung von Gebäuden oder sonstige abschreibungsfähige Anlagegüter auf den Pflegebedürftigen umgelegt werden. Die anderen, nicht genannten Aufwendungen, die in § 82 II SGB XI dem Investitionsbereich zugeordnet werden, können dementsprechend nicht umgelegt werden. Da sie auch nicht bei der Pflegevergütung und bei den Entgelten für Unterkunft und Verpflegung berücksichtigt werden dürfen, müssen sie, soweit sie nicht von einer öffentlichen Förderung erfasst werden, von der Pflegeeinrichtung selber getragen werden.

Das BSG hat zuletzt in grundlegenden Urteilen[644] konkretisiert, wie den oben genannten Bereichen zuzuordnende Kosten auf die Pflegebedürftigen umgelegt werden dürfen.

Zunächst wurde klargestellt, dass fiktive Zinsen auf von der Pflegeeinrichtung eingesetztes Eigenkapital nicht in die umlagefähigen Aufwendungen einbezogen werden darf. Dies ergebe sich aus der Systematik und der Funktion der Vorschrift des § 82 SGB XI. § 82 III u. IV SGB XI soll die Refinanzierung von Bestandteilen, die in § 82 II SGB XI aus der Vergütung nach § 82 I SGB XI ausgeschlossen werden, gewährleisten. Die Verzinsung von Eigenkapital ist aber im Rahmen des § 82 I SGB XI als allgemeines Vergütungsinteresse bei Vereinbarung einer leistungsgerechten Vergütung zu berücksichtigen[645] und kann somit gemäß § 82 III u. IV SGB XI nicht als umlagefähige Aufwendung berücksichtigt werden.[646] Bis dahin hatte das BSG die Berücksichtigung im Rahmen des § 82 III u. IV SGB XI und der Vereinbarungen über Unterkunft und Verpflegung[647] für möglich gehalten.[648] Kosten für

644 *BSG*, Urt. v. 08.09.2011 – B 3 P 2/11 R –, in: BSGE 109, 96 ff.; sowie die Parallelentscheidungen – B 3 P 3/11 R – und – B 3 P 4/10 R –.

645 Siehe § 12 C. II. 1. b. bb. (2) (a).

646 Zum Ganzen *BSG*, Urt. v. 08.09.2011 – B 3 P 2/11 R –, in: BSGE 109, 96 (104, 108 f.).

647 Daran wird nur insoweit festgehalten, als die eingesetzten Mittel eindeutig ausschließlich diesen Punkten zuzuordnen sind, *BSG*, Urt. v. 08.09.2011 – B 3 P 2/11 R –, in: BSGE 109, 96 (109).

648 *BSG*, Urt. v. 23.03.2006 – B 3 P 2/05 R –, in: BSGE 96, 126 ff.

Fremdkapital, die den bei § 82 III SGB XI berücksichtigungsfähigen Aufwendungen zurechenbar sind, können aber weiterhin umgelegt werden.[649]

Eine weitere zentrale Aussage ist, dass unter Aufwendungen nur solche zu verstehen sind, die tatsächlich angefallen sind oder in der zu berücksichtigenden Zeitperiode mit Sicherheit anfallen werden (etwa Mietkosten). Eine pauschale Bemessung, wie sie insbesondere im Bereich der Instandhaltung bzw. Instandsetzung üblich ist, scheidet daher aus. Argumentiert wird hier mit der Ausgleichsfunktion der Vorschriften, dem Wortlaut von «gesondert berechnen»– aus dem folge, dass § 82 III SGB XI allein auf die Abwälzung von Kosten, die bereits angefallen sind, abziele – und der Schutzfunktion des Zustimmungserfordernisses in § 82 III S. 3 1. Hs, die insbesondere gewährleisten soll, dass der Pflegebedürftige nicht mit vermeintlichen Kosten für Maßnahmen belastet wird, die gar nicht durchgeführt werden.[650]

Bei der Betrachtung, welche der in § 82 II SGB XI aus der Vergütung nach § 82 I SGB XI ausgeschlossenen Bestandteile nach § 82 II S. 1 SGB XI umlagefähig sind, fällt auf, dass grundsätzlich jeder Aufwand für Gebäude und die sonstige Infrastruktur umlagefähig ist, davon aber – zumindest dem Wortlaut nach – der Aufwand, der sich auf Grundstücke bezieht, ausgenommen ist.[651] So werden in § 82 III S. 1 SGB XI alle Elemente des § 82 II Nr. 3 SGB XI bis auf die Miete, Pacht, Nutzung bzw. Mitbenutzung von Grundstücken übernommen, auf § 82 II Nr. 2 SGB XI, der die Aufwendungen für den Erwerb und die Erschließung von Grundstücken beinhaltet, wird gar nicht verwiesen. Für den Bereich der Mietkosten von Grundstücken hat das BSG schon vor einiger Zeit im Wege einer verfassungskonformen Auslegung mit Blick auf die Berufsfreiheit entschieden, dass diese auch von § 82 III S.1 SGB XI erfasst werden. Die Grenze des Wortlautes werde bei einer solchen Auslegung nicht überschritten, da die Miete von Gebäuden genannt sei und Gebäude nach den Regelungen des bürgerlichen Rechts grundsätzlich wesentlicher Bestandteil eines Grundstücks seien (§§ 94, 95 BGB).[652] Gleiches gilt für Erbbauzinsen.[653] Ungeklärt blieb aber lange die Frage, ob auch die Aufwendungen für den Erwerb und die Erschließung von Grundstücken umlagefähig sind. Das BSG, das diese Frage im Rahmen der Entscheidung zu den

649 *BSG*, Urt. v. 08.09.2011 – B 3 P 2/11 R –, in: BSGE 109, 96 (114).
650 Zum Ganzen *BSG*, Urt. v. 08.09.2011 – B 3 P 2/11 R –, in: BSGE 109, 96 (109 ff.).
651 *Schütze*, in: Udsching (Hrsg.), SGB XI, § 82 Rn. 16.
652 *BSG*, Urt. v. 24.07.2003 – B 3 P 1/03 R –, in: NZS 2004, 313 (316).
653 *BSG*, Urt. v. 08.09.2011 – B 3 P 6/10 R –, in: BSGE 109, 86 ff.

Mietkosten nicht entscheiden musste, äußert an dieser Stelle aber bezüglich eines Ausschlusses der Refinanzierung verfassungsrechtliche Zweifel, deutet aber zugleich an, dass eine verfassungskonforme Auslegung wie bei der Miete aufgrund des fehlenden Ansatzpunktes wohl nicht möglich sei.[654] In der Literatur wird die Frage uneinheitlich beantwortet.[655] In den neusten Grundsatzurteilen des BSG wurde die Verfassungskonformität aber bejaht. Es wurde darauf verwiesen, dass Grundstücke i. d. R. keinem Wertverzehr ausgesetzt sind und somit der Einrichtung kein Verlust entstehe, der umgelegt werden müsse.[656]

Die Vorgabe des Bundesgesetzgebers, welche Aufwendungen dem Pflegebedürftigen berechnet werden dürfen, ist für die einzelnen Landesgesetzgeber bindend. Gleiches gilt für die verfahrensrechtlichen Voraussetzungen und die Festlegung, was eine öffentliche Förderung i. S. d. § 9 SGB XI ist.[657] Die Länder können unter Einhaltung dieser Vorgaben Konkretisierungen, insbesondere in Bezug auf Art, Höhe, Laufzeit und Verteilung der gesondert berechenbaren Aufwendungen (§ 82 III S. 3 2. Hs. SGB XI), treffen. Zusätzlich haben sie sonst nur noch die Möglichkeit, zu regeln, ob bzw. in welchem Umfang eine evtl. Subjektförderung als Förderung i. S. d. des SGB XI gelten soll (§ 9 S. 2 SGB XI). Dementsprechend kann landesrechtlichen Förderbescheiden auch keine Tatbestandswirkung bei der Ermittlung der umlagefähigen Investitionskosten zukommen.[658]

Den neuen, umfassenden Vorgaben des BSG entspricht – insbesondere im Hinblick auf das Verbot einer pauschalisierten Berechnung – keine landesrechtliche Regelung, die im Bereich des § 82 III S. 3 2. Hs. SGB XI erlassen wurde.[659] Dies hat das BSG in seinen Urteilen berücksichtigt und aus Rechtssicherheitsgründen Neuregelungen bis spätestens Ende 2012 gefordert.[660] Die Länder streben aber wohl eine andere Lösung an. Im Gesetzgebungsverfahren

654 *BSG*, Urt. v. 24.07.2003 – B 3 P 1/03 R –, in: NZS 2004, 313 (316).

655 Für eine Verfassungskonformität etwa *Schütze*, in: Udsching (Hrsg.), SGB XI, § 82 Rn. 17; dagegen *Neumann*, in: Schulin (Hrsg.), HS-PV, § 22 Rn. 11; *Udsching*, in: Köbl/Brünner (Hrsg.), Abschied von der Objektförderung, S. 27.

656 *BSG*, Urt. v. 08.09.2011 – B 3 P 2/11 R –, in: BSGE 109, 96 (115). Zusätzlich wird darauf verwiesen, dass zum Grundstückserwerb eingesetztes Eigenkapital im Rahmen des § 82 I SGB XI berücksichtigt werden kann, Fremdkapitalkosten in diesem Bereich muss die Einrichtung hingegen selber tragen.

657 *BSG*, Urt. v. 24.07.2003 – B 3 P 1/03 R –, in: NZS 2004, 313 (316).

658 *BSG*, Urt. v. 06.09.2007 – B 3 P 3/07 R –, in: BSGE 99, 57 ff.

659 *Richter*, DSTR 2012, 1141 (1143).

660 *BSG*, Urt. v. 08.09.2011 – B 3 P 2/11 R –, in: BSGE 109, 96 (107).

zum Pflege-Neuausrichtungs-Gesetz schlug der Bundesrat eine Änderung des § 82 III SGB XI in der Weise vor, dass landesgesetzlich auch angemessene Pauschalen festgelegt werden können.[661] Die Bundesregierung lehnte diesen Vorschlag – zumindest im Rahmen des PNG – ab und verwies darauf, dass in Bezug auf eventuelle Änderungen eine sorgfältige und vertiefte Prüfung erforderlich sei.[662] Diese Lösung ist somit weiterhin eine denkbare Option.

c. Konkretisierung, insbesondere in Bezug auf Art, Höhe, Laufzeit und Verteilung

Die oben dargestellte zwingende Zugrundelegung der tatsächlichen Kosten wirkt sich auch auf die durch Landesrecht zu konkretisierenden Bereiche, insbesondere auf Laufzeit und Verteilung, aus.

So muss der Zeitraum, für den die Zustimmung erteilt wird, so gewählt sein, dass die Höhe der Kosten sicher feststellbar ist. Dies schließt eine unbefristete Erteilung i. d. R. aus und legt eine Orientierung am Geschäftsjahr der Pflegeeinrichtung nahe.[663]

Bei der Verteilung der zu berücksichtigenden Aufwendungen auf die Pflegebedürftigen müssen ebenfalls grundsätzlich die tatsächlichen Verhältnisse, also die tatsächlichen Belegungsquoten, zu Grunde gelegt werden. Die Heranziehung einer niedrigeren Belegungsquote als der tatsächlichen würde betriebliche Überschüsse zur Folge haben, die – wie dargelegt – über die gesonderte Berechnung aber nicht angestrebt werden. Denkbar ist aber eine fiktive über der tatsächlichen Quote liegende Berechnungsquote, um Pflegebedürftige vor übermäßiger Beanspruchung bei unterdurchschnittlicher Auslastung, die etwa auf die Anlaufphase, Überkapazitäten oder Mängel im Einrichtungsbereich zurückzuführen ist, zu bewahren. Das wirtschaftliche Risiko einer ungewöhnlich geringen Frequentierung der Einrichtung soll diese selbst und nicht der Pflegebedürftige tragen.[664]

Bei den Konkretisierungsmöglichkeiten der Länder nach § 82 III S. 3 2. Hs. SGB XI stellt sich weiterhin die Frage, inwieweit von der explizit genannten Bestimmung der Höhe der gesondert berechenbaren Aufwendungen Gebrauch

661 BT-Drs. 17/9669, S. 35.
662 BT-Drs. 17/9669, S. 77.
663 Zum Ganzen *BSG*, Urt. v. 08.09.2011 – B 3 P 2/11 R –, in: BSGE 109, 96 (111 f.).
664 Zum Ganzen *BSG*, Urt. v. 08.09.2011 – B 3 P 2/11 R –, in: BSGE 109, 96 (112 f.).

gemacht werden kann. Solche Bestimmungen sind in Form von Bagatellgrenzen und Obergrenzen denkbar.

Dabei stellen sich die Obergrenzen als wesentlich problematischer dar. In der Rechtsprechung wurde zum Teil sogar abgelehnt, dass die Länder überhaupt einschränkende Regelungen über Obergrenzen treffen dürften.[665] Dies überzeugt aber nicht. Sinn und Zweck der gesonderten Berechnung ist es – wie oben bereits dargestellt – den Pflegeeinrichtungen einen Anspruch auf Erstattung der Kosten zu verschaffen, die nach § 82 II SGB XI aus der Vergütung nach § 82 I SGB XI ausgenommen sind, nicht nach Landesrecht gefördert werden und auch nicht endgültig von der Pflegeeinrichtung selbst getragen werden müssen. Die Kosten, die nicht aus der Vergütung nach § 82 I SGB XI ausgeschlossen sind, kann die Einrichtung auch nur in den vom SGB XI in diesem Bereich gesetzten Grenzen verlangen. Das Kostendeckungsprinzip ist eben nicht vorgesehen. Dies gilt auch bei der gesonderten Berechnung.[666] Aus diesem Grund ist wohl auch die Höhe der Aufwendungen in § 82 III S. 3 2. Hs SGB XI explizit aufgeführt. Etwas anderes ergibt sich auch nicht aus dem Erfordernis der Zugrundelegung der tatsächlichen Aufwendungen. Insoweit wird klargestellt, dass nur diese im Grundsatz umlagefähig sind, dass aber nicht zwingend eine vollständige, sondern nur eine angemessene Berücksichtigung verlangt werden kann.[667] Die Obergrenze ist angemessen, wenn sie einer – durchschnittlichen – Pflegeeinrichtung bei wirtschaftlicher Betriebsführung – zusammen mit der Förderung nach § 9 SGB XI – ermöglicht, ihre Aufwendungen nach § 82 II Nr. 1 u. Nr. 3 SGB XI zu refinanzieren. Da eine pauschale Festlegung nicht immer zu gerechten Ergebnissen führen wird, ist eine Ausnahmeregelung vorzusehen.

---

665 *LSG Schleswig-Holstein*, Urt. v. 11.12.2002 – L 3 P 13/01 –, in: RsDE 55, 94 ff.

666 Siehe *BSG*, Urt. v. 24.07.2003 – B 3 P 1/03 R –, in: NZS 2004, 313 (317).

667 *BSG*, Urt. v. 08.09.2011 – B 3 P 2/11 R –, in: BSGE 109, 96 (106); BSG, Urt. v. 24.07.2003 – B 3 P 1/03 R –, in: NZS 2004, 313 (317). Dies ergibt sich auch schon mit Blick auf Art. 12 GG. Eine Obergrenze stellt einen rechtfertigungsbedürftigen Eingriffe in den Schutzbereich der Berufsfreiheit in Form einer Berufsausübungsregelung dar, mit dem der legitime Zweck der Kostendämpfung im Pflegebereich verfolgt wird (*VG Düsseldorf*, Urt. v. 11.04.2009 – 21 K 5374/06 –, juris, Rn. 55 f.) und der angemessen sein muss.

d. Rechtsfolgen der Zustimmung

Die Zustimmung zur gesonderten Berechnung hat grundsätzlich[668] zur Folge, dass die Pflegeeinrichtung in dem mit dem Pflegebedürftigen geschlossenen Vertrag Investitionskosten in der Höhe, wie sie in der Zustimmung festgelegt wurden, verlangen darf. Die Zustimmung bzw. auch die Verweigerung stellt einen Verwaltungsakt gegenüber der Pflegeeinrichtung, nicht allerdings gegenüber dem Pflegebedürftigen dar.[669] Da § 82 III SGB XI in erster Linie dem Interesse der Pflegeeinrichtung dient und die Pflegebedürftigen dadurch allenfalls mittelbar – etwa durch die Verhinderung einer Doppelberechnung – geschützt werden, sind diese nicht widerspruchs- bzw. klagebefugt.[670]

Die Bestätigung der gesonderten Berechnung durch die zuständige Landesbehörde bindet auch den Sozialhilfeträger – selbst wenn die zuständige Landesbehörde nicht mit dem zuständigen Sozialhilfeträger identisch ist –, weil über sie der Einfluss des ebenfalls für die Sozialhilfe zuständigen Bundeslandes gesichert ist.[671] Dies zeigt auch die Regelung des § 75 V S. 3 SGB XII, die Vereinbarungen auf Grundlage des SGB XI für die Übernahme von Investitionskosten durch den Sozialhilfeträger nur im Falle des § 82 IV SGB XI verlangt. Hier ist die Befugnis des Sozialhilfeträgers umstritten, Widerspruch bzw. Klage zu erheben[672], was praktisch wohl nur in Bundesländern in Frage kommen kann, in denen die Zustimmung nicht durch Sozialhilfeträger, sondern durch eine «neutrale Behörde» erteilt wird.[673]

---

668 Zu den Besonderheiten bei an die gesonderte Berechnung anknüpfenden Förderungen siehe unten die Regelungssituation in NRW.

669 *Gürtner*, KassKomm, SGB XI, § 82 Rn. 13.

670 *LSG-Berlin-Brandenburg*, Urt. v. 11.12.2008 – L 27 P 73/08 –, in: SRa 2009, 104 ff; *Hübsch*, NZS 2004, 462 (464); *Neumann*, in:Hauck/Noftz (Hrsg.), SGB XII, § 75 Rn. 50. Die Pflegebedürftigen können die Tragung von Investitionskosten, die im Heimvertrag geregelt ist, aber zivilgerichtlich überprüfen, *Hübsch*, NZS 2004, 462 (465); *Neumann*, a. a. O.

671 *VG Karlsruhe*, Urt. v. 11.11.2003 – 5 K 3104/00 –,juris; *Jaritz/Eicher,* jurisPK-SGB XII, § 75 Rn. 82; *Griep*, RsDE 66, 27 (36); *Neumann*, Hauck/Noftz, SGB XII, § 75 Rn. 50; *W. Schellhorn*, in: Schellhorn/Schellhorn/Hohm (Hrsg.), SGB XII, § 75 Rn. 59.

672 Ablehnend *Bayerisches LSG*, Urt. v.04.05.2011 – L 2 P 20/09 –, in: SRa 2011, 221 f.; *Hübsch*, NZS 2004, 462 (464) mit gleicher Argumentation wie bei den Pflegebedürftigen; bejahend *Neumann*, Hauck/Noftz, SGB XII, § 75 Rn. 50, mit Verweis auf das kommunale Selbstverwaltungsrecht.

673 *Phillip*, SRa 2011, 222 (222 f.).

II. Die Regelungssituation in Nordrhein-Westfalen

1. Bei ambulanten Pflegeeinrichtungen

Bei ambulanten Pflegeeinrichtungen kommt eine gesonderte Berechnung nach § 82 III SGB XI nicht in Frage. Dementsprechend enthält das PfG NW dafür auch keine Regelungen.

Der Ausschluss resultiert aus der Fördervoraussetzung des § 2 Nr. 3 AmbPFFV, dass der Pflegedienst den Pflegebedürftigen keine Investitionsaufwendungen berechnet. Wenn er den Pflegebedürftigen dennoch Investitionsaufwendungen berechnen möchte, verliert er somit seinen Anspruch auf eine öffentliche Förderung, was zur Folge hat, dass der Anwendungsbereich von § 82 III SGB XI nicht eröffnet ist. Die gesonderte Berechnung muss dann auf der Grundlage von § 82 IV SGB XI erfolgen. Da die Bundesländer in Bezug auf das «Ob» und «Wie» der Förderung frei sind, können sie auch eine solche Voraussetzung statuieren.

2. Bei stationären Pflegeeinrichtungen

a. Öffentliche Förderung

Zunächst ist zu klären, ob der Anwendungsbereich des § 82 III SGB XI eröffnet ist, wenn eine stationäre Pflegeeinrichtung eine Förderung nach § 11 oder 12 PfG NW erhält. Dazu müsste es sich dabei um eine öffentliche Förderung i. S. d. SGB XI handeln. Somit bedarf es einer Objektförderung oder einer solchen über § 9 S. 2 2. Hs. SGB XI gleichgestellten Subjektförderung.

Bei der Förderung von Tages-, Nacht- und Kurzzeitpflegeeinrichtungen handelt es sich, obwohl sie als Aufwendungszuschuss[674] bezeichnet wird und grundsätzlich der gleichen Regelungssystematik folgt wie das Pflegewohngeld, um eine nachschüssige Objektförderung, da sie nicht von den Einkommens- und Vermögensverhältnissen des Pflegebedürftigen abhängt.[675] Das an vollstationäre Pflegeeinrichtungen gezahlte Pflegewohngeld unterfällt als Sozialleistung sui generis[676] der Subjektförderung[677] und kann, da es an die

674 Der Begriff des Aufwendungszuschusses wird in der Regel als Synonym zum Pflegewohngeld benutzt, vgl. *Klie*, VSSR 1999, 327 (334); *Propp/Kuhn-Zuber*, RdDE, 59, 1 (7).

675 Siehe dazu § 8 C. I. 1. u. 3.

676 § 8 C. I. 2. u. 3.

Pflegeeinrichtung gezahlt wird, nach § 9 S. 2 2. Hs. Nr. 2 SGB XI durch Bestimmung im Landesrecht als öffentliche Förderung gelten.

Somit stellt sich die Frage, ob eine solche Bestimmung in NRW erfolgt ist. Zur Beantwortung muss zunächst ein Blick auf die Entstehungsgeschichte des § 9 S. 2 2. Hs. SGB XI geworfen werden. Dieser wurde erst durch das Pflege-Weiterentwicklungsgesetz mit Wirkung zum 01.07.2008 eingeführt,[678] obwohl er auf einen Vorschlag der Enquete-Kommission «Demographischer Wandel – Herausforderungen unserer älter werdenden Gesellschaft an den Einzelnen und an die Politik»[679] aus dem Jahr 2002 zurückgeht.[680] Die reine Subjektförderung im vollstationären Bereich gibt es in NRW seit 2003. Im gleichen Jahr stellte das BSG klar, dass es sich dabei um keine öffentliche Förderung i. S. d SGB XI handele.[681] Daraus folgt, dass zumindest im Zeitraum bis zum 01.07.2008 der Anwendungsbereich des § 82 III SGB XI nicht eröffnet war. Die Pflegeeinrichtungen hatten also die Möglichkeit, gem. § 82 IV SGB XI den Pflegebedürftigen Investitionskosten zu berechnen.[682] Die «gesonderte Berechnung» nach § 13 PfG NW war somit nur noch Förderungsvoraussetzung, aber keine gesonderte Berechnung nach § 82 III SGB XI.[683]

Nach dem 01.07.2008 gab es keine ausdrückliche Änderung des PfG NW mit Blick auf die Einführung von § 9 S. 2 2. Hs. SGB XI. Dieser bedurfte es aber auch nicht. Die Systematik des PfG NW zeigt eindeutig, dass der Landesge-

677 Siehe auch *Köbl*, in: Köbl/Brünner (Hrsg.), Abschied von der Objektförderung, S. 10.

678 BGBl. 2008, Teil I, S. 874 (877).

679 Siehe BT-Drs. 14/8800, S. 266.

680 BT-Drs. 16/7439, S. 50.

681 *BSG*, Urt. v. 24.07.2003 – B 3 P 1/03 R –, in: NZS 2004, 313 ff.

682 *BSG*, Urt. v. 24.07.2003 – B 3 P 1/03 R –, in: NZS 2004, 313 (insb. 315).

683 Der nordrhein-westfälische Gesetzgeber sah im Gegensatz zum BSG im Pflegewohngeld eine nachschüssige Objektförderung (LT-NW-Drs. 13/3498, S. 36) und hielt entsprechend § 82 III SGB XI für anwendbar (vgl. LT-NW-Drs. 13/3498, S. 37). Das Urteil des BSG bezog sich allerdings nicht auf die Regelungen in NRW, sondern auf solche in Schleswig-Holstein. Entsprechende Urteile bzw. eine Reaktion auf das Urteil hat es in NRW – soweit ersichtlich – nicht gegeben. Daher ist davon auszugehen, dass in der Praxis die Finanzierung der Rechtsauffassung des Landesgesetzgebers folgte, so dass es im Ergebnis keinen Unterschied zur heutigen Gesetzeslage gab. *Brünner*, in: Köbl/Brünner (Hrsg.), Abschied von der Objektförderung, S. 104, spricht diesbezüglich von einem «Ignorieren» der tatsächlichen Rechtslage durch den Landesgesetzgeber. *Klein*, in: Köbl/Brünner (Hrsg.), Abschied von der Objektförderung, S. 113, wies bereits kurz nach dem Inkrafttreten der entsprechenden Regelungen auf das Erfordernis einer richterlichen Klärung dieser Problematik hin.

setzgeber davon ausgeht, dass es sich beim Pflegewohngeld vollumfänglich um eine öffentliche Förderung handelt.[684] Die vorherige gesonderte Berechnung und die daran anknüpfende Förderung machen nur Sinn, wenn die gesonderte Berechnung auch für alle verbindlich ist und nicht über § 82 IV SGB XI unterlaufen werden kann. Auch die Regelung in § 1 IV GesBerVO bestätigt dies. Diese Ansicht wurde durch das Bundesrecht, in dem bestimmt wird, welche Förderung eine i. S. d. SGB XI ist, aber erst durch die Einführung des § 9 S. 2 2. Hs. SGB XI zugelassen. Somit ist das Pflegewohngeld des PfG NW seit dem 01.07.2008 der Objektförderung gleichgestellt und der Anwendungsbereich des § 82 III SGB XI eröffnet.

b. Zustimmung zur gesonderten Berechnung

aa. Systematik

Die Zustimmung zur gesonderten Berechnung nach § 13 PfG NW[685] liegt in zeitlicher Hinsicht vor der Entscheidung, ob die Einrichtung überhaupt eine Förderung erhält. Dies liegt daran, dass die Zustimmung Voraussetzung für die Förderung ist und die Förderung in der Höhe daran anknüpft.[686] Dies stellt auch keinen Verstoß gegen das Verbot dar, dass landesrechtlichen Förderbescheiden keine Tatbestandswirkung bei der Ermittlung der umlagefähigen Investitionskosten zukommen darf.[687] Die Situation stellt sich hier genau andersherum dar. Die ermittelten umlagefähigen Investitionskosten bilden die Grundlage für die Förderung. Auch ansonsten ergibt sich aus der Systematik des SGB XI nicht die Unzulässigkeit dieser Konstruktion. Denn § 9 II S. 2 2. Hs. SGB XI ermöglicht eine reine Subjektförderung im Rahmen des § 82 III SGB XI und für eine reine Subjektförderung, die einer Objektförderung gleichgestellt wird[688], ergibt sich diese Abfolge zwangsläufig. Der Betrag, den der einzelne Pflegebedürftige tragen müsste, muss feststehen, bevor die daran anknüpfende Förderung ermittelt werden kann.[689]

684 Siehe nur die vorhergehende Fußnote.
685 Siehe § 13 B. II. 2.
686 Zur Voraussetzung § 13 B. 2, zur Höhe § 13 D. u. E. jeweils II.
687 Siehe § 14 B. I. 2. b.
688 Denkbar ist bei einer Subjektförderung auch eine Anknüpfung an eine Berechnung nach § 82 IV SGB XI.
689 Es zeigt sich hier, dass der Sinn der Zustimmung nicht ausschließlich darin bestehen kann, Doppelabrechnungen zu verhindern. Dieser mag insbesondere bei der «klassischen» vorschüssigen Objektförderung im Vordergrund gestanden haben. Bei den hier gewählten Modellen erfüllt die Zustimmung diese Funktion nicht (s. zum Prob-

Dennoch ergibt sich aus dieser Systematik eine Konsequenz. Im Zeitpunkt der Zustimmung zur gesonderten Berechnung steht noch nicht fest, ob die stationäre Pflegeeinrichtung später wirklich eine Förderung enthält. Mit Blick auf § 82 III u. IV SGB XI kommt eine Zustimmung nur in Frage, wenn die Einrichtung tatsächlich eine Förderung erhält.[690] Daher muss die vorab erfolgende Zustimmung zur gesonderten Berechnung unter dem Vorbehalt stehen, dass die betroffene Pflegeeinrichtung tatsächlich gefördert wird. Solange dies nicht der Fall ist, darf sie keine Rechtswirkungen entfalten.

bb. Umlagefähige Kosten

Das PfG NW entspricht – nach der letzten Konkretisierung des BSG – momentan hinsichtlich der umlagefähigen Kosten[691] nicht den bundesrechtlichen Vorgaben. So werden Eigenkapitalzinsen als umlagefähig (§ 13 I PfG NW) angesehen und im großen Umfang pauschale Berechnungen verwendet (etwa bei Aufwendungen für Instandhaltung und Instandsetzung § 4 I Nr. 3 GesBerVO).

cc. Konkretisierung, insbesondere in Bezug auf Art, Höhe Laufzeit und Verteilung

Auch die weiteren Konkretisierungen entsprechen zum Teil nicht den Vorgaben des Urteils. So wird bei vollstationären Pflegeeinrichtungen immer ein Auslastungsgrad von 95 % zu Grunde gelegt (§ 3 VI S. 3 GesBerVO). Auch die grundsätzliche Geltungsdauer der Zustimmung von 2 Jahren (§ 1 III GesBerVO) dürfte zu lang sein.

dd. Rechtsfolgen

Durch die gesonderte Berechnung sollen die dem Pflegebedürftigen gesondert berechnungsfähigen betriebsnotwendigen Investitionsaufwendungen (§ 13 I S. 1 PfG NW) ermittelt werden. Somit ist die Rechtsfolge der Zustimmung

---

lem der Doppelabrechnung noch unten § 14 B. II. 2. b. dd.). Vielmehr wirkt sich aus, dass sich der Zustimmungsakt nicht nur auf das «Ob» sondern auch das «Wie», insbesondere die Höhe der gesonderten Berechnung bezieht. So kommt der Zustimmung der gesonderten Berechnung eine Kostenlenkungsfunktion zur Gewährleistung eines möglichst wirtschaftlichen Pflegesystems zu. Dies stößt nicht auf verfassungsrechtliche Bedenken, solange die oben bezüglich der Höhe umschriebenen Grenzen eingehalten werden.

690 Siehe § 14 B I. 1.

691 Siehe dazu § 13 B. II. 2.

zur gesonderten Berechnung grundsätzlich, dass der dort genannte Betrag vom Pflegebedürftigen verlangt werden darf. An dieser Stelle ist aber auf das Verhältnis zur Förderung nach §§ 11 u. 12 PfG NW einzugehen. Dies ist insbesondere mit Blick auf die Doppelrolle des § 13 PFG NW als Fördervoraussetzung und Bestimmung i. S. d. § 82 III SGB XI und die Tatsache, dass die auf bundesrechtlicher Grundlage erlassene Zustimmung zur gesonderten Berechnung unabhängig vom landesrechtlichen Förderbescheid ist, von Interesse. Es stellt sich die Frage, inwieweit die geförderte Pflegeeinrichtung den nach § 13 PfG NW ermittelten Betrag tatsächlich vom Pflegebedürftigen verlangen kann.

In Bezug auf das Pflegewohngeld folgt die Lösung aus dessen Einordnung als Sozialleistung sui generis. Das Pflegewohngeld wird nur der Einfachheit halber an die Pflegeeinrichtung gezahlt Es handelt sich eigentlich um eine Leistung an den Pflegebedürftigen. [692] Somit ist klar, dass die Pflegeeinrichtung den im Wege der gesonderten Berechnung ermittelten Betrag nur einmal verlangen kann. Bestandteile, die als Pflegewohngeld gezahlt werden, sind dem Pflegebedürftigen zuzurechnen.

Fraglich ist aber, wie sich dieses bei der Förderung von Tages-, Nacht- und Kurzzeitpflegeeinrichtungen darstellt, da es sich dabei um eine Objektförderung i. S. d. SGB XI handelt.

Lehnte man – wie das OVG NRW – die zusätzliche Fördervoraussetzung, dass dem Pflegebedürftigen, dessen Pflegeplatz gefördert wird, keine Investitionskosten berechnet werden, ab, würde sich die Situation folgendermaßen darstellen. Eine geförderte Tages-, Nacht- bzw. Kurzzeitpflegeeinrichtung könnte den gleichen Betrag, den sie pro Belegungstag als Förderung vom örtlichen Sozialhilfeträger erhält, noch einmal vom Pflegebedürftigen verlangen. Ist dieser einkommens- und vermögenslos i. S. d. SGB XII müsste aufgrund der Tatbestandswirkung der gesonderten Berechnung der im Rahmen der Hilfe zur Pflege zuständige Sozialhilfeträger diesen Betrag noch einmal übernehmen. Dass diese Doppelbelastung gewollt wäre, ist nicht ersicht-

692 Siehe dazu § 8 C. I. 2. u. 3.

lich.[693] Vielmehr ist die gesonderte Berechnung so ausgestaltet, dass die zu refinanzierenden Kosten bei einmaligem Erhalt des Betrags gedeckt sind.[694]

Zusammenfassend ergibt sich daher folgendes Bild. Bei Tages-, Nacht- und Kurzzeitpflegeeinrichtungen kommt eine gesonderte Berechnung beim Pflegebedürftigen nach § 82 III SGB XI i. V. m. § 13 PfG NW grundsätzlich nicht in Frage, da im Falle der Förderung diese 100% der nach der GesBerVO ermittelten Aufwendungen pro Platz beträgt. Sie kommt nur in Betracht, wenn die einzige in der Person des Pflegebedürftigen liegende Fördervoraussetzung, dass dieser einen entsprechenden Anspruch nach dem SGB XI bzw. aus einem Versicherungsvertrag hat[695], nicht erfüllt ist.[696] Bei vollstationären Pflegeeinrichtungen kann eine gesonderte Berechnung zum einen ebenfalls erfolgen, wenn die entsprechenden Ansprüche des Pflegebedürftigen nicht vorliegen, zum anderen aber auch dann, wenn und soweit ihm nach den Regelungen des PfG NW in Bezug auf Einkommen und Vermögen zugemutet werden kann, die Investitionskosten selbst zu tragen.

---

693 So aber wohl *OVG NRW*, Urt. v. 15.07.2009 – 12 A 1488/08 –, in NWVBl. 2010, 77 (79), das die Frage aber nicht entscheiden musste.

694 Bei Zugrundelegung der Ansicht des OVG NRW könnte eine Doppelberechnung nur verhindert werden, indem man bei der Zustimmung zur gesonderten Berechnung von der Rechtsfolge ausgeht: «Der Betrag darf pro Belegungstag von Pflegebedürftigen verlangt werden, soweit er nicht bereits durch die Förderung nach § 11 (oder § 12 PfG NW) gedeckt ist.» Diese Auslegung ist aber mit Blick auf den Wortlaut von § 13 PfG NW und die Frage, ob§ 82 III SGB XI sie zulässt, eher zweifelhaft.

695 Siehe § 13 D. I. 1.

696 Fraglich ist, wie sich die Rechtslage bei Heimbewohnern der Pflegestufe 0 gestaltet. Sowohl § 82 III SGB XI als auch § 13 PfG NW sprechen im Rahmen der gesonderten Berechnung von «Pflegebedürftigen». Somit wäre hier konsequenterweise der Pflegebedürftigkeitsbegriff des SGB XI mit der Mindestanforderung der Pflegestufe I zu Grunde zu legen, damit das Ergebnis der gesonderten Berechnung verbindlich ist. Mit Blick auch auf die allgemeine Systematik des SGB XI in Bezug darauf, dass etwa Entgeltvereinbarungen – solange sie nicht wie Pflegesätze explizit an die Pflegestufe anknüpfen – für alle Nutzer einer Pflegeeinrichtung verbindlich sind, ist aber eher davon auszugehen, dass hier nicht der Pflegebedürftige «im technischen Sinne» gemeint ist, sondern der einzelne Nutzer der Pflegeeinrichtung.

C. Entgelt für Investitionsaufwendungen bei fehlender öffentlicher Förderung

I. Fehlende öffentliche Förderung

Den obigen Ausführungen entsprechend[697] fehlt es an einer öffentlichen Förderung, wenn die Pflegeeinrichtung tatsächlich keine Objektförderung oder keine dieser gleichgestellten Subjektförderung erhält.

II. Umlagefähige Kosten

§ 82 IV S. 1 SGB XI legt fest, dass nicht geförderte Pflegeeinrichtungen «ihre betriebsnotwendigen Investitionsaufwendungen den Pflegebedürftigen ohne Zustimmung der zuständigen Landesbehörde gesondert berechnen» können. Der Begriff der «betriebsnotwendigen Investitionsaufwendungen» wird auch in § 82 III S. 1 SGB XI verwendet und zwar als Bezeichnung für die in § 82 II Nr. 1 SGB XI umschriebenen Aufwendungen. Dies könnte dafür sprechen, dass im Rahmen des § 82 IV SGB XI nur diese Kosten umlagefähig sind, nicht aber – wie bei geförderten Einrichtungen – die für Miete, Pacht, Nutzung oder Mitbenutzung von Gebäuden oder sonstige abschreibungsfähige Anlagegüter nach § 82 II Nr. 1 SGB XI. Dafür, dass die dem Grunde nach umlagefähigen Kosten bei nicht geförderten Einrichtungen gegenüber denen bei geförderten Einrichtungen eingeschränkt werden sollen, bestehen aber keine Anhaltpunkte.[698] Vielmehr ist davon auszugehen, dass es sich bei der Bezeichnung um ein Redaktionsversehen handelt.[699]

Genauso wenig besteht aber Anlass, den Begriff weiter zu verstehen. Es ist nicht ersichtlich, warum im Rahmen des § 82 IV SGB XI andere Posten aus § 82 II SGB XI als die auch von § 82 III SGB XI umfassten in die Berechnung einfließen sollten.[700]

Das BSG geht grundsätzlich davon aus, dass auch § 82 IV SGB XI – zumindest hinsichtlich der umlagefähigen Investitionsaufwendungen – landesrechtlich ausgestaltet werden kann. Dabei verweist es zunächst darauf, dass § 82 IV SGB XI im Ganzen ausgelegt werden müsse wie § 82 III SGB XI, der

697 Siehe § 14 B. I. 1.

698 *BSG*, Urt. v. 24.07.2003 – B 3 P 1/03 R –, in: NZS 2004, 313 (317); *Neumann*, in: Schulin (Hrsg.), HS-PV, § 22 Rn. 13.

699 *BSG*, Urt. v. 24.07.2003 – B 3 P 1/03 R –, in: NZS 2004, 313 (317).

700 So aber wohl *Gürtner*, KassKomm, SGB XI, § 82 Rn. 14.

diese Ausgestaltung eben vorsehe. Falls man dieses ablehne, bestehe die Möglichkeit des Landesgesetzgebers schon nach den allgemeinen Regeln der konkurrierenden Gesetzgebung, da der Bundesgesetzgeber sich weder eigene Regelungen vorbehalten noch die bestehende Regelungslage als abschließend betrachtet habe.[701]

Die Ausgestaltungsregeln (insb. §§ 3, 4 GesBerVO) in Nordrhein-Westfalen beziehen sich aber eindeutig ausschließlich auf die Zustimmung zur gesonderten Berechnung, also § 82 III SGB XI (vgl. etwa §13 II PfG NW oder § 2 I S. 1 GesBerVO). Dass sie auch im Rahmen des § 82 IV SGB XI zur Anwendung kommen sollen, ist nicht ersichtlich.

III. Mitteilung

Für die gesonderte Berechnung nach § 82 IV SGB XI ist keine Zustimmung erforderlich (S. 1). Die gesonderte Berechnung ist der zuständigen Landesbehörde lediglich mitzuteilen (S. 2). Die Zuständigkeit liegt in NRW bei dem Landschaftsverband, in dessen Bezirk die Pflegeeinrichtung liegt (§ 1 I, IV GesBerVO).

Sinn und Zweck dieser Mitteilung ist es, dass die Bundesländer einen Überblick über die nicht geförderten Pflegeeinrichtungen erhalten und daran anknüpfend entscheiden können, ob die Förderung nicht auf diese erweitert werden soll.[702] Dementsprechend ist die Mitteilung mit keinen Rechtswirkungen verbunden. Selbst wenn sie nicht erfolgt, berührt dies die Gültigkeit einer vertraglichen Vereinbarung zwischen der Pflegeeinrichtung und dem Pflege-

---

701 Zum Ganzen *BSG*, Urt. v. 23.03.2006 – B 3 P 2/05 R –, in: BSGE 96, 126 (130). Unklar ist, wie weit der Ausgestaltungsspielraum mit Blick auf den Sinn und Zweck der Mitteilung sein kann. Fraglich ist aber schon, ob diese Argumentation insbesondere mit Blick auf landesrechtliche Begrenzungen der Höhe der umlagefähigen Aufwendungen überhaupt überzeugt. Es erscheint nicht fernliegend, dass eine solche nur im Rahmen des § 82 III SGB XI in Frage kommen soll. Derjenige, der eine öffentliche Förderung erhält, könnte demnach im Gegenzug für den Wettbewerbsvorteil der Förderung Begrenzungen ausgesetzt sein. Kann allerdings jemand keine Förderung erhalten oder entscheidet sich bewusst dagegen, weil ihm die Begrenzungen nicht hoch genug sind, erscheint es gerechtfertigt, dass er bei der Umlage nach § 82 IV SGB XI keinen Beschränkungen ausgesetzt ist. Die Möglichkeit, nach § 82 IV SGB XI unbegrenzt Investitionskosten zu berechnen, würde auch den Eingriff in Art. 12 GG, der mit den Begrenzungen der Höhe im Rahmen des § 82 III SGB XI verbunden ist, abmildern (in diese Richtung auch wohl *VG Düsseldorf*, Urt. v. 11.04.2009 – 21 K 5374/06 –, juris, Rn. 56). Mit ähnlichen Zweifeln *Griep*, RsDE 66, 27 (37).

702 *BSG*, Urt. v.24.07.2003 – B 3 P 1/03 R –, in: NZS 2004, 313 (315); *Rudolph*, BArBl. 94, 48 (50).

bedürftigen über das Entgelt für Investitionskosten nicht.[703] Auch hat die zuständige Landesbehörde kein Recht zu prüfen, ob die getätigten Aufwendungen tatsächlich betriebsnotwendig[704] waren.[705]

Eine behördliche Überprüfung kann allenfalls bei stationären Pflegeeinrichtungen im Wege der Heimaufsicht erfolgen. Nach § 5 II WTG NRW müssen die für die Leistungen verlangten Entgelte im Verhältnis zu den Leistungen angemessen sein. Dafür sind die Kreise und kreisfreien Städten zuständig (§ 13 I S. 1 WTG NRW). Aufgrund der für alle Arten der Pflege vorhandenen Förderungsmöglichkeiten ist aber davon auszugehen, dass § 82 IV SGB XI in Nordrhein-Westfalen nahezu keinen Anwendungsbereich hat.

---

703 *Gürtner*, KassKomm, SGB XI, § 82 Rn. 14.

704 Siehe zum Begriff der Betriebsnotwendigkeit: *Schütze*, in: Udsching (Hrsg.), SGB XI, § 82 Rn. 14.

705 *OVG Lüneburg*, Urt. v. 22.1.2003 – 4 LC 146/02 –, in: RsDE 57, 71 ff. Inwieweit dieses «weite» Verständnis der Funktion der Mitteilung mit Blick auf den zumindest vom BSG angenommenen Ausgestaltungsspielraum noch Bestand hat, ist unklar. Soweit es aber zu keinen landesrechtlichen Ausgestaltungen gekommen ist, besteht kein Grund, davon abzuweichen.

5. Teil: Regelung der Finanzierung im Bereich der Sozialhilfe

§ 15 Die Beziehung zwischen Pflegebedürftigem und Sozialhilfeträger

A. Bedeutung

Im diesem Verhältnis ist zur klären, welche Leistungen der Pflegebedürftige nach dem SGB XII gegenüber dem zuständigen Träger der Sozialhilfe beanspruchen kann. Dabei sollen nur die Anspruchsvoraussetzungen und Inhalte von Leistungen dargestellt werden, die durch Pflegeeinrichtungen und Pflegedienste erbracht werden.

B. Allgemeine Leistungsvoraussetzungen

I. Allgemeines

Hier sollen zunächst die allgemeinen Voraussetzungen behandelt werden, die immer erforderlich sind, um im Falle der Pflegebedürftigkeit die dafür im Rahmen der Sozialhilfe vorgesehenen Leistungen zu erhalten. Danach wird auf die besonderen Voraussetzungen und die Inhalte der einzelnen Leistungen eingegangen.

Zentrale allgemeine Voraussetzung ist das Vorliegen von Pflegebedürftigkeit. Der Begriff der Pflegebedürftigkeit im SGB XII wurde bereits im ersten Teil dieser Arbeit dargestellt, so dass an dieser Stelle in erster Linie die Feststellung der Pflegebedürftigkeit von Interesse ist.

Weitaus mehr Ausführungen bedarf allerdings die zweite allgemeine Leistungsvoraussetzung. Die Sozialhilfe als letztes Netz der sozialen Sicherung setzt voraus, dass ein Empfänger sich – u. U. mit Hilfe gewisser Angehöriger – nicht selbst helfen kann. Dabei steht der Einsatz von Einkommen und Vermögen im Mittelpunkt. Der Pflegebedürftige muss somit finanziell bedürftig sein.

Ein Antrag ist grundsätzlich keine Voraussetzung für den Erhalt von Sozialhilfe. Sie setzt bereits ein, sobald dem Träger der Sozialhilfe oder den von ihm beauftragten Stellen bekannt wird, dass die Voraussetzungen für die Leistung vorliegen (§ 18 I SGB XII).

II. Pflegebedürftigkeit

1. Begriff der Pflegebedürftigkeit

Im Rahmen der Hilfe zur Pflege gilt neben dem engen Pflegebedürftigkeitsbegriff auch der erweiterte.[706]

2. Feststellung der Pflegebedürftigkeit

a. Bindung an die Entscheidung der Pflegekasse

aa. Allgemeines

Nach § 62 SGB XII besteht eine Bindung an die Entscheidung der Pflegekasse in der Weise, dass die Entscheidung der Pflegekasse über das Ausmaß der Pflegebedürftigkeit nach SGB XI auch bei der Beurteilung im Rahmen der Hilfe zur Pflege zu Grunde zu legen ist, soweit sie auf Tatsachen beruht, die bei beiden Entscheidungen zu berücksichtigen sind. So soll eine größtmögliche Vereinheitlichung des Pflegebedürftigkeitsbegriffs erreicht und durch die Vermeidung unnötiger doppelter Feststellungsverfahren der Verwaltungsaufwand minimiert werden.[707]

bb. Entscheidung der Pflegekasse

Der Sozialhilfeträger ist nur an Beurteilungen von Pflegekassen gebunden. Die Entscheidungen privater Pflegeversicherungsunternehmen umfasst die Vorschrift nicht.[708]

Eine «Entscheidung» i. S. d. § 62 SGB XII ist gegeben, sobald die Pflegekasse bezüglich der Feststellung der Pflegebedürftigkeit gegenüber dem Pflegebedürftigen einen Verwaltungsakt bekannt gegeben hat, der i. d. R. auf einem Gutachten des MDK beruht, und dieser bestandskräftig geworden ist. Eine

706 Siehe dazu § 6 D.

707 *Lachwitz*, in: Fichtner/Wenzel (Hrsg.), SGB XII, § 62 Rn. 1; *Grube*, in: Grube/Wahrendorf (Hrsg.), SGB XII, § 62 Rn. 1; *Krahmer/Sommer*, LPK-SGB XII, § 62 Rn. 2; *Meßling*, jurisPK-SGB XII, § 62 Rn. 8 f.; *H. Schellhorn*, in: Schellhorn/Schellhorn/Hohm (Hrsg.), SGB XII, § 62 Rn. 1.

708 *Meßling*, jurisPK-SGB XII, § 62 Rn. 12; *H. Schellhorn*, in: Schellhorn/Schellhorn/Hohm (Hrsg.), SGB XII, § 62 Rn. 9.

Bindungswirkung vor dem Eintreten der Bestandskraft kommt nicht in Frage, sonst würde durch eventuelle spätere Änderungen in einem Widerspruchs- oder Gerichtsverfahren der Sinn und Zweck einer einheitlichen Beurteilung konterkariert werden.[709] Umstritten ist, ob es sich um eine «positive» Entscheidung handeln muss, eine Bindungswirkung also nur in Betracht kommt, wenn durch die Pflegekasse mindestens die Voraussetzungen der Pflegestufe I festgestellt worden sind.[710] Dass § 62 SGB XII allerdings – unabhängig vom Ergebnis – auf die zugrunde liegenden Tatsachen der Entscheidung abstellt, spricht gegen ein solches Erfordernis.[711] Allerdings darf die ablehnende Entscheidung nicht aufgrund fehlender versicherungsrechtlicher Voraussetzungen ergehen. Dann kommt es zu keiner Prüfung der Pflegebedürftigkeit und es fehlt an diesbezüglich zugrunde liegenden Tatsachen, die eine Bindungswirkung entfalten können. [712]

cc. Umfang der Bindungswirkung

Die Bindungswirkung erstreckt sich auf «das Ausmaß der Pflegebedürftigkeit», also nicht nur auf die Feststellung, ob jemand als pflegebedürftig angesehen wird, sondern auch auf die Einstufung in eine konkrete Pflegestufe.[713] Unklar ist aber diesbezüglich, ob darüber hinaus auch der festgestellte zeitliche Mindestpflegeaufwand verbindlich ist. Dies wird mit unterschiedlicher bzw. teilweise auch ohne Begründung überwiegend bejaht.[714] Zum einen wird auf die «Feststellungswirkung» von § 62 SGB XII verwiesen[715], zum anderen

709 Zum Ganzen *OVG Lüneburg*, Beschl. v. 03.11.1995 – 4 M 5190/95 –, in: FEV 46, 457 (460); *Grube*, in: Grube/Wahrendorf (Hrsg.), SGB XII, § 62 Rn. 1; *Krahmer/Sommer*, LPK-SGB XII, § 62 Rn. 3; *Lachwitz*, in: Fichtner/Wenzel (Hrsg.), SGB XII, § 62 Rn. 5; *Meßling*, jurisPK-SGB XII, § 62 Rn. 11; *H. Schellhorn*, in: Schellhorn/Schellhorn/Hohm (Hrsg.), SGB XII, § 62 Rn. 9.

710 So *H. Schellhorn*, in: Schellhorn/Schellhorn/Hohm (Hrsg.), SGB XII, § 62 Rn. 5.

711 *Meßling*, jurisPK-SGB XII, § 62 Rn. 15.

712 Zum Ganzen *Meßling*, jurisPK-SGB XII, § 62 Rn. 16.

713 *Grube*, in: Grube/Wahrendorf (Hrsg.), SGB XII, § 62 Rn. 3; *Meßling*, jurisPK-SGB XII, § 6 Rn. 14; *H. Schellhorn*, in: Schellhorn/Schellhorn/Hohm (Hrsg.), SGB XII, § 62 Rn. 3.

714 *Grube*, in: Grube/Wahrendorf (Hrsg.), SGB XII, § 62 Rn. 3; *Krahmer/Sommer*, in: LPK-SGB XII, § 62 Rn. 5; *Meßling*, jurisPK-SGB XII, § 62 Rn. 14; *Lachwitz*, in: Fichtner/Wenzel (Hrsg.), SGB XII, § 62 Rn. 2; *H. Schellhorn*, in: Schellhorn/Schellhorn/Hohm (Hrsg.), SGB XII, § 62 Rn. 7; a. A. *LSG Niedersachsen*, Beschl. v. 29.0.2009 – L 8 SO 177/09 B ER –, in: FEVS 61, 381 (383); unklar hingegen *BVerwG*, Urt. v. 15.06.2000 – 5 C 34/99 –, in: BVerwGE 111, 241(246); vgl. dazu etwa *Meßling*, jurisPK-SGB XII, § 62 Fn. 11; *H. Schellhorn*, a. a. O.

715 *Meßling*, jurisPK-SGB XII, § 62 Rn. 13 f.

auf den Verweis in § 61 VI SGB XII[716] oder den Sinn und Zweck der Norm, Doppelbegutachtungen zu vermeiden[717].

Vom «Ausmaß» eindeutig nicht umfasst sind die Art der Pflege (ambulant, teilstationär bzw. stationär), die Art der Leistung (Pflegegeld, Sachleistungen) und der Leistungsumfang.[718]

Die Bindungswirkung scheidet aus, sobald die Entscheidung im Rahmen der Hilfe zur Pflege auf anderen Tatsachen beruht als denen nach dem SGB XI. Dies ist der Fall, wenn der erweiterte Pflegebedürftigkeitsbegriff einschlägig ist, insbesondere wenn Hilfsbedarf «für andere Verrichtungen» i. S. d. § 61 I S. 2 SGB XII zu beurteilen ist.[719]

Trotz einer Bindung an die Entscheidung der Pflegekasse ist die Kenntnis des Sozialhilfeträgers von den Leistungsvoraussetzungen weiterhin erforderlich.[720]

b. Keine Bindung an die Entscheidung der Pflegekasse

Ist der Sozialhilfeträger nicht an eine Entscheidung einer Pflegekasse gebunden – sei es, weil es eine solche nicht gegeben hat, sie weggefallen ist[721] oder die entscheidenden Tatsachen nicht von der Bindungswirkung erfasst werden – muss er den jeweiligen Sachverhalt von Amts wegen nach den §§ 20, 21 SGB X selbst ermitteln. Diese Ermittlungen können etwa durch das Gesundheitsamt oder den sozialen Dienst des Sozialhilfeträgers erfolgen. Denkbar ist

716 *H. Schellhorn*, in: Schellhorn/Schellhorn/Hohm (Hrsg.), SGB XII, § 62 Rn. 7.

717 *Krahmer/Sommer*, in: LPK-SGB XII, § 62 Rn. 5; *Lachwitz*, in: Fichtner/Wenzel (Hrsg.), SGB XII, § 62 Rn. 2.

718 *Grube*, in: Grube/Wahrendorf (Hrsg.), SGB XII, § 62 Rn. 3; *Krahmer/Sommer*, LPK-SGB XII, § 62 Rn. 8; *Lachwitz*, in: Fichtner/Wenzel (Hrsg.), SGB XII, § 62 Rn. 4; *Meßling*, jurisPK-SGB XII, § 62 Rn. 17 f.; *H. Schellhorn*, in: Schellhorn/Schellhorn/Hohm (Hrsg.), SGB XII, § 62 Rn. 6.

719 Zum Ganzen *Grube*, in: Grube/Wahrendorf (Hrsg.), SGB XII, § 62 Rn. 4; *Krahmer/Sommer*, in: LPK-SGB XII, § 62 Rn. 4; *Lachwitz*, in: Fichtner/Wenzel (Hrsg.), SGB XII, § 62 Rn. 1; *Meßling*, jurisPK-SGB XII, § 62 Rn. 16; *H. Schellhorn*, in: Schellhorn/Schellhorn/Hohm (Hrsg.), SGB XII, § 62 Rn. 8.

720 Die Kenntnis des Sozialhilfeträger muss sich allerdings nicht auf das konkrete Ausmaß der Pflegebedürftigkeit beziehen; zum Ganzen *BSG*, Urt. v. 02.02.2012 – B 8 SO 5/10 R –, in: NJW 2012, 2540 ff.

721 Dies ist insbesondere denkbar, wenn ein zunächst bestehender Versicherungsschutz des Pflegebedürftigen in der sozialen Pflegeversicherung entfällt und keine Weiterversicherung erfolgt. In diesen Fällen kann sich der Sozialhilfeträger aber an dem bestehenden Gutachten des MDK orientieren; *Lachwitz*, in: Fichtner/Wenzel (Hrsg.), SGB XII, § 62 Rn. 7; *Meßling*, jurisPK-SGB XII, § 62 Rn. 19.

aber auch, dass der MDK unter Erstattung der Verwaltungskosten beauftragt wird, ein entsprechendes Gutachten zu erstellen.[722]

Insbesondere in Eilfällen ist es möglich, dass der Sozialhilfeträger die Pflegebedürftigkeit eines Betroffenen vor dessen Pflegekasse beurteilt. Die Pflegekasse ist dann aber an die vorhergehenden Feststellungen des Sozialhilfeträgers nicht gebunden, da eine Vorschrift wie § 62 SGB XII im SGB XI nicht existiert.[723] Fällt die Entscheidung abweichend aus, ist dann wiederum aber der Sozialhilfeträger nach den Vorgaben des § 62 SGB XII gebunden.[724]

III. Finanzielle Bedürftigkeit

1. Allgemeines

§ 2 I SGB XII besagt, dass Leistungen der Sozialhilfe nicht erhält, wer sich insbesondere durch Einsatz seines Einkommens und seines Vermögens selbst helfen kann. Der Einsatz von Einkommen und Vermögen ist für die Hilfsarten der Hilfe zum Lebensunterhalt und die Hilfe zur Pflege unterschiedlich geregelt.

Hilfe zum Lebensunterhalt erhält, wer seinen notwendigen Lebensunterhalt nicht oder nicht ausreichend aus eigener Kraft und eigenen Mitteln, insbesondere aus Einkommen und Vermögen, bestreiten kann (§ 19 I SGB XII). Dabei kommt es nicht nur auf das Einkommen und das Vermögen des Leistungsberechtigten an, sondern auch auf das von nicht getrennt lebenden Ehegatten oder Lebenspartnern (§ 27 II S. 2 SGB XII) und unter Umständen auf das der Eltern (§ 27 II S. 3 SGB XII).

Nach § 19 III SGB XII setzt die Hilfe zur Pflege, wie die sonstigen Hilfen in besonderen Lebenslagen auch, voraus, dass dem Pflegebedürftigen, seinem nicht getrennt lebenden Ehegatten oder Lebenspartner und, sollte er minderjährig und unverheiratet sein, auch seinen Eltern oder einem Elternteil die Aufbringung der Mittel aus dem Einkommen und Vermögen nach den Vorschriften des Elften Kapitels des SGB XII nicht zuzumuten ist. Der Begriff

722 Zum Ganzen *Meßling*, jurisPK-SGB XII, § 62 Rn. 20; *H. Schellhorn*, in: Schellhorn/Schellhorn/Hohm (Hrsg.), SGB XII, § 62 Rn. 15.

723 *BSG*, Urt. v. 26. 11. 1998 – B 3 P 20/97 –, in: NZS 1999, 343 (346).

724 Zum Ganzen *Lachwitz*, in: Fichtner/Wenzel (Hrsg.), SGB XII, § 62 Rn. 6; *Meßling*, jurisPK-SGB XII, § 62 Rn. 25. Zum Problem der rückwirkenden Erhöhung der Pflegestufe durch die Pflegekasse siehe *Meßling*, jurisPK-SGB XII, § 62 Rn. 20 m. w. N.

der Zumutbarkeit markiert den Unterschied der Hilfsarten in Bezug auf den Mitteleinsatz. Im Bereich der Hilfe zum Lebensunterhalt wird ein weitergehender Mitteleinsatz gefordert.

Sind diese – noch zu konkretisierenden–Voraussetzungen neben den anderen, sich nicht auf Einkommen und Vermögen beziehenden, erfüllt, muss der Sozialhilfeträger die Sozialhilfe erbringen. Dies bedeutet allerdings nicht, dass die entstehenden Kosten letztlich bei ihm verbleiben. Denn nach § 93 f. SGB XII gehen gewisse Ansprüche auf den Sozialhilfeträger über, wenn er die Leistung erbringt. Von besonderer praktischer Relevanz ist dabei der Übergang von Ansprüchen gegen einen nach bürgerlichem Recht Unterhaltspflichtigen, insbesondere gegen eventuelle Kinder des Pflegebedürftigen nach § 94 SGB XII. Auch wenn es sich dabei um keine Voraussetzung des Anspruchs auf Sozialhilfe handelt, soll der Übergang hier aufgrund der Sachnähe behandelt werden.[725] Auf die Regelungen zum Kostenersatz (§§ 102 ff. SGB XII), etwa durch Erben (§ 102 SGB XII) oder bei schuldhaftem Verhalten (§ 103 SGB XII), wird hingegen nicht eingegangen.

2. Einsatz des Einkommens

a. Definition des Einkommens

Die §§ 82 ff. SGB XII definieren den Einkommensbegriff für das komplette SGB XII. Als Einkommen werden zunächst alle Einkünfte in Geld oder Geldwert definiert (§ 82 I S. 1 1. Hs. SGB XII). Geldwerte Einkünfte sind solche, die einen Marktwert haben und unproblematisch in Geld realisierbar sind. Dies können etwa Waren oder auch Dienstleistungen sein.[726] Vom Einkommen ausgenommen sind die in § 82 I S. 1 2. Hs., 2 SGB XII genannten Einkünfte, etwa alle Leistungen nach dem SGB XII. Neben den hier genannten Ausnahmen sind weitere in sondergesetzlichen Regelungen statuiert. Eine solche existiert für den Bereich der Pflegeversicherung in Form des § 13 V SGB XI. Demnach bleiben die Leistungen der Pflegeversicherung als Einkommen bei Sozialleistungen und bei Leistungen nach dem Asylbewerberleistungsgesetz, deren Gewährung von anderen Einkommen abhängig ist,

725 Die Regelungen zum Einsatz von Einkommen und Vermögen und zum Übergang von Ansprüchen auf den Sozialhilfeträger werden im Folgenden nur in den Grundzügen dargestellt und Besonderheiten für den Bereich der Pflege hervorgehoben.

726 Zum Ganzen *Geiger*, LPK-SGB XII, § 82 Rn. 3 ff.; *Hohm*, in: Schellhorn/Schellhorn/Hohm (Hrsg.), SGB XII, § 82 Rn. 13, *Schmidt*, jurisPK-SGB XII, § 82 Rn. 32; *Wolf*, in: Fichtner/Wenzel (Hrsg.), SGB XII, § 82 Rn. 10 ff.

unberücksichtigt (S. 1). Dasselbe gilt bei nach Art und Umfang gleichwertigen Vertragsleistungen aus privaten Pflegeversicherungen (S. 2). So soll sichergestellt werden, dass die Leistungen der Pflegeversicherungen, insbesondere das Pflegegeld, ihrem Zweck entsprechend zur Pflege und nicht zum Bestreiten des Lebensunterhalts eingesetzt werden können.[727]

Von dem so ermittelten Einkommen werden gewisse, in § 82 II, III SGB XII genannte, Posten abgesetzt. Dazu gehören etwa auf das Einkommen entrichtete Steuern (II Nr. 1) oder Pflichtbeiträge zur Sozialversicherung (II Nr. 2), wie der Beitrag zur sozialen Pflegeversicherung. Beiträge zu einer privaten Pflegepflichtversicherung fallen hingegen als Beiträge zu einer privaten Versicherung, die in Abzug gebracht werden, soweit sie gesetzlich vorgeschrieben oder nach Grund und Höhe angemessen sind, unter § 82 II Nr. 3 SGB XII.

Eine Einschränkung besteht auch bei Leistungen, die aufgrund öffentlich-rechtlicher Vorschriften zu einem ausdrücklich genannten Zweck erbracht werden. Diese können gem. § 83 I SGB XII nur ausnahmsweise so weit als Einkommen berücksichtigt werden, als die Sozialhilfe im einschlägigen Fall demselben Zweck dient. Sinn und Zweck der Vorschrift ist es einerseits, den Leistungsberechtigten zu schützen, damit er die Leistungen auch ihrem Zweck entsprechend nutzen kann,[728] andererseits soll verhindert werden, dass mehrmals Leistungen aus öffentlichen Mitteln für den gleichen Zweck gewährt werden.[729]

§ 84 SGB XII regelt die Beachtung von Zuwendungen der freien Wohlfahrtpflege[730] (Abs. I) und sonstiger Personen oder Organisationen (Abs. II). Zuwendungen der freien Wohlfahrtpflege bleiben grundsätzlich bei der Berechnung des Einkommens außer Betracht, es sei denn, dass durch diese die Lage des Leistungsberechtigten so günstig beeinflusst wird, dass eine zusätzliche Gewährung von Sozialhilfe ungerechtfertigt wäre. Als Zuwendungen kommen auch Sachleistungen in Frage.[731] Allerdings müssen sie als Ausdruck

727 BT-Drs. 12/5262, S. 94.

728 *Hohm*, in: Schellhorn/Schellhorn/Hohm (Hrsg.), SGB XII, § 83 Rn. 4; *Schmidt*, jurisPK-SGB XII, § 83 Rn. 6; *Wahrendorf*, in: Grube/Wahrendorf (Hrsg.), SGB XII, § 83 Rn. 1.

729 *BVerwG*, Urt. v. 16.05.1974 – V C 46.73 –, in BVerwGE 45, 157 (159 f.); *Hohm*, in: Schellhorn/Schellhorn/Hohm (Hrsg.), SGB XII, § 83 Rn. 4; *Schmidt*, jurisPK-SGB XII, § 83 Rn. 6; *Wahrendorf*, in: Grube/Wahrendorf (Hrsg.), SGB XII, § 83 Rn. 1; *Wolf*, in: Fichtner/Wenzel (Hrsg.), SGB XII, § 83 Rn. 1.

730 Zum Begriff der freien Wohlfahrtspflege siehe etwa *Schmidt*, jurisPK-SGB XII, § 84 Rn. 9 ff.

731 *Hohm*, in: Schellhorn/Schellhorn/Hohm (Hrsg.), SGB XII, § 83 Rn. 4.

karitativer Tätigkeit freiwillig erfolgen, d. h., es darf keine rechtliche Verpflichtung bestehen.[732] Zuwendungen anderer, die ohne das Bestehen einer rechtlichen oder sittlichen Pflicht erbracht werden, werden grundsätzlich[733] berücksichtigt, es sei denn, die Berücksichtigung führt zu einer besonderen Härte für den Leistungsberechtigten.

b. Einkommenseinsatz bei der Hilfe zum Lebensunterhalt in Einrichtungen

Für die Kostenanteile, die in den Bereich der Hilfe zum Lebensunterhalt in Einrichtungen fallen[734], muss ein allein lebender Pflegebedürftiger grundsätzlich sein gesamtes Einkommen einsetzen. Abgezogen – und dem Pflegebedürftigen somit belassen – werden allenfalls ein Barbetrag zur persönlichen Verfügung und eine Bekleidungspauschale (vgl. § 27b II SGB XII). Wenn dann noch etwas vom Einkommen übrig bleibt, muss dieses nach den Regeln für den Einkommenseinsatz bei der Hilfe zur Pflege verwendet werden.[735]

Etwas anderes gilt, wenn neben dem Pflegebedürftigen andere Personen in die Bedarfsgemeinschaft fallen, der Pflegebedürftige also insbesondere mit seinem Ehepartner bzw. Lebenspartner zusammenwohnt(e). In diesem Fall soll den im Haushalt verbleibenden Personen weiterhin so viel Einkommen zur Verfügung stehen, dass diese die Möglichkeit haben, ihren Lebensbedarf angemessen zu bestreiten. Dies wird durch die Vorschrift des § 92a SGB XII gewährleistet.[736] Das Aufbringen der Mittel kann hier nur insoweit verlangt werden, wie Aufwendungen für den häuslichen Lebensunterhalt erspart werden (§ 92a I SGB XII) und ansonsten, sollte der Pflegebedürftige längere Zeit vollstationäre Pflege benötigen, in einem angemessenen Umfang (§ 92a II, III SGB XII).[737] Alles, was über den so bestimmten Betrag hinausgeht, ist für die Kosten der stationären Pflege zu verwenden und zwar zunächst für die Le-

732 *Hohm*, in: Schellhorn/Schellhorn/Hohm (Hrsg.), SGB XII, § 83 Rn. 5. Die Träger der freien Wohlfahrtspflege sind aber als wichtige Träger von Pflegeeinrichtungen i. d. R. Leistungserbringer im Rahmen des SGB XI und SGB XII, so dass § 84 SGB XII einen geringen Anwendungsbereich haben wird.

733 Zum Regel-Ausnahme-Verhältnis *Hohm*, in: Schellhorn/Schellhorn/Hohm (Hrsg.), SGB XII, § 84 Rn. 7.

734 Siehe dazu noch unten.

735 Zum Ganzen *Sommer*, in: Krahmer (Hrsg.), Hilfe zur Pflege nach dem SGB XII, S. 58, Beispielsrechnung, S. 59.

736 Zum Ganzen *Sommer*, in: Krahmer (Hrsg.), Hilfe zur Pflege nach dem SGB XII, S. 58.

737 Zu Einzelheiten mit Beispielsrechnungen siehe *Kaune*, ZfF 2007, 241 ff; *Krahmer*, in: Krahmer (Hrsg.), Hilfe zur Pflege nach dem SGB XII, S. 92 ff.

bensunterhaltskosten und dann für den in die Hilfe zur Pflege fallenden Bereich.[738]

c. Einkommenseinsatz bei der Hilfe zur Pflege

aa. Systematik

Hier wird grundsätzlich nicht der Einsatz des gesamten Einkommens verlangt, sondern es wird eine Einkommensgrenze festgelegt (§ 85 f. SGB XII) und der Einsatz über und unter der Einkommensgrenze geregelt (§§ 87-89 SGB XII).

bb. Einkommensgrenze

(1) Funktion

Die Einkommensgrenze des § 85 SGB XII fungiert nicht als Bedürftigkeitsgrenze in der Weise, dass das unter der Grenze liegende Einkommen vollständig angerechnet werden kann und beim Erreichen der Grenze eine Hilfe ausscheidet.[739] Da es bei der Hilfe zur Pflege auf die Frage ankommt, ob der Einkommenseinsatz zumutbar ist (vgl. § 19 III SGB XII), stellt die Einkommensgrenze des § 85 SGB XII in Bezug darauf eine Mindestgrenze dar.[740] Diese Grenze muss erreicht werden, damit die Zumutbarkeit des Einkommenseinsatzes überhaupt in Frage kommt. Ist dies nicht der Fall, muss die Hilfe grundsätzlich[741] vollständig gewährt werden.[742] Wird die Grenze überschritten, bedeutet dies dementsprechend aber auch nicht, dass der darüber hinausgehende Teil des Einkommens vollständig berücksichtigt wird. Vielmehr geschieht dies nur «in angemessenem Umfang» (vgl. § 87 I S. 1 SGB XII).

(2) Berechnung

Bei der Berechnung ist zwischen zwei Fallgruppen zu unterscheiden. Ist der Pflegebedürftige volljährig oder minderjährig, aber verheiratet, richtet sich die Berechnung nach § 85 I SGB XII. Dabei wird auf das monatliche Einkommen

---

738 *Sommer*, in: Krahmer (Hrsg.), Hilfe zur Pflege nach dem SGB XII, S. 58.

739 *Hohm*, in: Schellhorn/Schellhorn/Hohm (Hrsg.), SGB XII, § 85 Rn. 6.

740 *Hohm*, in: Schellhorn/Schellhorn/Hohm (Hrsg.), SGB XII, § 85 Rn. 7; *Wolf*, in: Fichtner/Wenzel (Hrsg.), SGB XII, § 85 Rn. 2.

741 Eine Ausnahme bildet insoweit der Einsatz des Einkommens unter der Einkommensgrenze nach Maßgabe des § 88 SGB XII.

742 *Wolf*, in: Fichtner/Wenzel (Hrsg.), SGB XII, § 85 Rn. 2.

der nachfragenden Person und, falls der Betreffende verheiratet bzw. verpartnert ist, zusätzlich auf das ihres nicht getrennt lebenden Ehegatten oder Lebenspartners während der Dauer des Bedarfs abgestellt. Ist die nachfragende Person minderjährig und unverheiratet, ist hingegen § 85 II SGB XII einschlägig. Dann kommt es auf das monatliche Einkommen der nachfragenden Person und ihrer Eltern während der Dauer des Bedarfs an.

Die Einkommensgrenze setzt sich jeweils aus bis zu drei Elementen zusammen: Einem Grundbetrag in Höhe des Zweifachen der Regelbedarfsstufe 1 (§ 85 I Nr. 1, II Nr. 1 SGB XII), den tatsächlichen[743] Kosten einer Unterkunft, soweit die Aufwendungen hierfür den der Besonderheit des Einzelfalles angemessenen Umfang nicht übersteigen (§ 85 I Nr. 2, II Nr. 3 SGB XII) und einem etwaigen Familienzuschlag für die jeweils benannten Personen in Höhe von 70% des Betrags der Regelbedarfsstufe 1 (§ 85 I Nr. 3, II Nr. 3 SGB XII).

cc. Einsatz des Einkommens über der Einkommensgrenze

(1) Überblick

Das Einkommen der zu berücksichtigenden Personen, das über der jeweiligen Einkommensgrenze liegt, muss in einem angemessenen Umfang verwendet werden (§ 87 I S. 1 SGB XII). Der unbestimmte Rechtsbegriff[744] der Angemessenheit soll insbesondere nach den in § 87 I S. 2 SGB XII genannten Kriterien beurteilt werden, die so einen Rahmen abstecken, an dem sich der Sozialhilfeträger im Einzelfall bei seiner Entscheidung orientieren kann. Dazu gehören die Art des Bedarfs, die Art oder Schwere der Behinderung bzw. Pflegebedürftigkeit, die Dauer und Höhe der erforderlichen Aufwendungen sowie besondere Belastungen der nachfragenden Person und ihrer unterhalts-

743 Diese beinhalten etwa die Miete, bei Eigenheimen die Darlehenszinsen und in engen Grenzen auch die Tilgungsbeiträge sowie die Nebenkosten. Umstritten ist hingegen, ob darin auch die Heizkosten enthalten sind. Siehe etwa *Conradis*, LPK-SGB XII, § 85 Rn. 5 ff.; *Gutzler*, jurisPK-SGB XII, § 85 Rn. 32 ff.; *Hohm*, in: Schellhorn/Schellhorn/Hohm (Hrsg.), SGB XII, § 85 Rn. 22 f.; *Wolf*, in: Fichtner/Wenzel (Hrsg.), SGB XII, § 85 Rn. 9

744 *BVerwG*, Urt. v. 26.10.1989 – 5 C 30/86 –, in: NVwZ 1990, 370 f. (zur Vorgängervorschrift des § 84 I BSHG); *Gutzler*, jurisPK-SGB XII, § 87 Rn. 20; *Hohm*, in: Schellhorn/Schellhorn/Hohm (Hrsg.), SGB XII, § 87 Rn. 9; *Schoch*, LPK-SGB XII, § 87 Rn. 3; *Wahrendorf*, in: Grube/Wahrendorf (Hrsg.), SGB XII, § 87 Rn. 8; *Wolf*, in: Fichtner/Wenzel (Hrsg.), SGB XII, § 87 Rn. 1.

berechtigten Angehörigen. Ob dem Sozialhilfeträger bei der Entscheidung ein Beurteilungsspielraum zugebilligt werden muss, ist allerdings umstritten.[745]

(2) Bedarf

Das Kriterium der Art des Bedarfs weist darauf hin, dass bei der Höhe der Eigenbeteiligung das jeweilige sozialpolitische Ziel einer Leistung beachtet und nicht durch eine übermäßige Inanspruchnahme gefährdet werden soll.[746] So ist es bei ambulanter Pflege durchaus denkbar, dass das damit verfolgte Ziel, den Pflegebedürftigen in seiner gewohnten Umgebung zu belassen und u. U. auch durch die Familie pflegen zu lassen, durch eine hohe finanzielle Belastung konterkariert wird. Darauf, ob der Bedarf verschuldet wurde oder nicht, kommt es an dieser Stelle hingegen nicht an.[747]

(3) Art oder Schwere der Behinderung bzw. Pflegebedürftigkeit

Die Vorgabe der Orientierung an Art oder Schwere der Behinderung bzw. Pflegebedürftigkeit wird teilweise in § 87 I S. 3 SGB XII dahingehend konkretisiert, dass bei schwerstpflegebedürftigen Menschen nach § 64 III SGB XII und blinden Menschen nach § 72 SGB XII ein Einsatz des Einkommens über der Einkommensgrenze in Höhe von mindestens 60 % nicht zumutbar ist. Dies bedeutet, dass das über der Einkommensgrenze liegende Einkommen höchstens zu 40 % berücksichtigt werden darf. Der Verweis auf § 64 III SGB XII wirft einige Fragen auf.

Zunächst ist zu klären, ob damit lediglich die Personengruppe der Schwerstpflegebedürftigen, die in die Pflegestufe III eingeordnet sind, erfasst wird[748] oder ob diesen zusätzlich auch die in § 64 SGB XII geregelte Leistung, das Pflegegeld, gewährt werden muss, damit die Regelung des § 87 I S. 3

745 Zustimmend *Hohm*, in: Schellhorn/Schellhorn/Hohm (Hrsg.), SGB XII, § 87 Rn. 9; *Schoch*, LPK-SGB XII, § 87 Rn. 3; *Wahrendorf*, in: Grube/Wahrendorf (Hrsg.), SGB XII, § 87 Rn. 8; unklar aber wohl auch *Wolf*, in: Fichtner/Wenzel (Hrsg.), SGB XII, § 87 Rn. 1. Ablehnend *Gutzler*, jurisPK-SGB XII, § 87 Rn. 20.

746 *Hohm*, in: Schellhorn/Schellhorn/Hohm (Hrsg.), SGB XII, § 87 Rn. 11; *Gutzler*, jurisPK-SGB XII, § 87 Rn. 23; *Schoch*, LPK-SGB XII, § 87 Rn. 7.

747 *Gutzler*, jurisPK-SGB XII, § 87 Rn. 23; *Wahrendorf*, in: Grube/Wahrendorf (Hrsg.), SGB XII, § 87 Rn. 12; a. A. *Wolf*, in: Fichtner/Wenzel (Hrsg.), SGB XII, § 87 Rn. 4.

748 So *SG Gotha*, Urt. v. 02.06.2008 – S 14 SO 998/06 –, in: ZFSH/SGB 2008, 559 (insb. 563 f.); *SG Duisburg*, Urt. v. 19.04.2010 – S 2 SO 8/08 –, juris; *SG Hamburg*, Urt. v. 26.01.2007 – S 56 SO 209/06 –, juris; *SG Karlsruhe*, Urt. v. 28.05.2009 – S 1 SO 2233/08 –, juris; *Hohm*, in: Schellhorn/Schellhorn/Hohm (Hrsg.), SGB XII, § 87 Rn. 21; *Krahmer*, ZfF 2007, 226 ff.

SGB XII zur Anwendung kommt[749]. Die Vorschrift wurde erst im Vermittlungsverfahren eingeführt[750], daher fehlt es an einer klarstellenden Gesetzesbegründung.

Der Wortlaut der Vorschrift lässt zunächst wohl beide Auslegungsvarianten zu. Insbesondere ist aber eine ausdrückliche und eindeutige Beschränkung auf Pflegegeldempfänger der Pflegestufe III nicht getroffen worden. Das systematisch orientierte Argument, dass der Gesetzgeber auf den Verweis auf § 64 III SGB XII hätte verzichten können, wenn er den Anwendungsbereich auf alle Pflegebedürftigen der Pflegestufe III hätte erstrecken wollen,[751] überzeugt hingegen nicht. Aufgrund der umständlichen Regelungssystematik der Pflegestufen im SGB XII[752] ist der Begriff der Schwerstpflegebedürftigkeit hier nur in § 64 III SGB XII definiert.

Allerdings könnte das Ziel der Vorschrift sein, die vorher in § 81 II S. 1 BSHG enthaltene Privilegierung für den darin umschriebenen Personenkreis beizubehalten.[753] § 81 II S. 1 BSHG sah im damaligen System, das neben einem allgemeinen Grundbetrag auch davon abweichende enthielt (s. etwa für den Bereich der Pflege § 81 I Nr. 5 BSHG), einen besonderen Grundbetrag vor. Dieser galt ausdrücklich «bei dem Pflegegeld nach § 69a Abs. 3«, also für Pflegegeldempfänger der Pflegestufe III. Gegen diesen Ansatz spricht zunächst, dass in § 81 II S. 1 BSHG eben anders als in § 64 III SGB XII die Leistung des Pflegegeldes ausdrücklich erwähnt wird. Fraglich ist aber schon, ob der Gesetzgeber überhaupt die Intention hatte, an diese Privilegierung anzuknüpfen. Als Begründung dafür wird nur angeführt, der Gesetzgeber wolle dies «ersichtlich».[754] Diese «Ersichtlichkeit» ergibt sich allerdings nicht aus der Gesetzesbegründung,[755] vielmehr lässt die Systematik des § 81 BSHG an dieser Auslegung eher zweifeln.[756]

749 So *Lücking*, Hauck/Noftz, SGB XI, § 87 Rn. 18.
750 BT-Drs. 15/2260, S. 4.
751 So *Lücking*, Hauck/Noftz, SGB XI, § 87 Rn. 18.
752 Siehe § 6 B.
753 *Gutzler*, jurisPK-SGB XII, § 87 Rn. 24; *Lücking*, Hauck/Noftz, SGB XI, § 87 Rn. 18.
754 *Lücking*, Hauck/Noftz, SGB XI, § 87 Rn. 18.
755 Dazu ausführlich *Krahmer*, ZfF 2007, 226 (227).
756 *Krahmer*, ZfF 2007, 226 (227 f.).

Im Ergebnis ist also festzuhalten, dass eine Auslegung über den Wortlaut, der nicht zwingend voraussetzt, dass der Pflegebedürftige der Pflegestufe III[757] auch das Pflegegeld als Leistung erhalten muss, hinaus nicht in Frage kommt.[758] Somit ist § 87 I S. 3 SGB XII bei allen Pflegebedürftigen der Pflegestufe III einschlägig.

Zum Teil wird zusätzlich angenommen, aus § 87 I S. 3 SGB XII ergebe sich, dass im Falle der Pflegebedürftigkeit generell eine abgestufte Beurteilung der Heranziehung des Einkommens nach dem Grad der Pflegebedürftigkeit erfolgen müsse. So wird vorgeschlagen, dass beim Vorliegen der Pflegestufe II immer mindestens 40 % und bei der Einstufung in Pflegestufe I mindestens 20 % des überschreitenden Einkommens anrechnungsfrei bleiben sollten.[759] Mit der oben abgelehnten einschränkenden Auffassung in Bezug auf die Bedeutung von § 87 I S. 3 SGB XII ist eine solche generelle, pauschale Berücksichtigung des Grades der Pflegebedürftigkeit zweifellos nicht vereinbar. Aber auch wenn man der weitergehenden Auffassung folgt, überzeugt dieser Ansatz nicht. Eine – wenn auch nur im Wege von Mindestgrenzen – pauschale Betrachtung ist vom Grundansatz her nicht mit der einzelfallbezogenen Ausrichtung des § 87 SGB XI in Einklang zu bringen. § 87 I S. 3 SGB XII ist also auch hier als Ausnahmevorschrift eng auszulegen.[760]

(4) Dauer und Höhe der erforderlichen Aufwendungen

Die Dauer der erforderlichen Aufwendungen ist in der Weise zu berücksichtigen, dass bei einem kürzeren oder einmaligen Bedarf[761] regelmäßig eine weitergehende Kostenbeteiligung zumutbar ist als bei einem langandauernderem Bedarf.[762] Im Rahmen der Hilfe zur Pflege ist grundsätzlich von einem dauerhaften Bedarf auszugehen.[763]

757 Eine andere Frage ist, ob es sinnvoll ist, diese Privilegierung gerade auf Pflegebedürftige der Pflegestufe III zu beschränken. Siehe dazu unter dem Aspekt des Gleichbehandlungsgrundsatzes *Hohm*, in: Schellhorn/Schellhorn/Hohm (Hrsg.), SGB XII, § 87 Rn. 21.

758 *SG Gotha*, Urt. v. 02.06.2008 – S 14 SO 998/06 –, in: ZFSH/SGB 2008, 555 (564); *SG Hamburg*, Urt. v. 26.01.2007 – S 56 SO 209/06 –, juris, Rn. 21.

759 *Jürgens*, NDV 2005, 9 (11).

760 Zum Ganzen *Gutzler*, jurisPK-SGB XII, § 87 Rn. 24.

761 Siehe dazu auch die Sonderregelungen in § 87 II SGB XII für einen kurzen Bedarf und § 87 III SGB XII für einen einmaligen Bedarf.

762 *Gutzler*, jurisPK-SGB XII, § 87 Rn. 25; *Hohm*, in: Schellhorn/Schellhorn/Hohm (Hrsg.), SGB XII, § 87 Rn. 13; *Schoch*, LPK-SGB XII, § 87 Rn. 9.

763 *Schoch*, LPK-SGB XII, § 87 Rn. 9.

Die Höhe der erforderlichen Aufwendungen für die benötigten Leistungen als solche kann bei der Abwägung keine Rolle spielen.[764] Berücksichtigt werden unter diesem Punkt vielmehr Nebenaufwendungen des Betroffenen und insbesondere auch der sonstigen, in die Bedarfsgemeinschaft einbezogenen Personen (etwa Fahrtkosten oder Mithilfe bei häuslicher Pflege) sowie vor Inanspruchnahme der Sozialhilfe getätigte eigene Anstrengungen, die Notlage in den Griff zu bekommen.[765]

(5) Besondere Belastungen

Bei der Berücksichtigung besonderer Belastungen der nachfragenden Person und ihrer unterhaltsberechtigten Angehörigen ist unklar, warum hier neben der nachfragenden Person ausdrücklich auf die unterhaltsberechtigten Angehörigen und nicht etwa die in die Bedarfsgemeinschaft einbezogenen Personen abgestellt wird.[766] Da die genannten Kriterien aber nicht abschließend sind, müssen im Wege einer umfassenden Bewertung auch die besonderen Belastungen der in § 19 III SGB XII einbezogenen Personen berücksichtigt werden.[767]

Was als besondere Belastung anerkannt wird, ist sehr stark vom Einzelfall abhängig. In Frage kommen zunächst alle finanziellen Verpflichtungen, die mit den Belastungen aufgrund des Anlasses der Hilfe, also etwa Pflegebedürftigkeit, nicht identisch sind.[768] Sie müssen im Rahmen einer objektiv angemessenen Lebensführung entweder vor dem Eintritt des Bedarfs oder auch danach entstehen.[769] Anerkennungsfähig sind z. B. Unterhaltsleistungen in angemessener Höhe, die nicht bereits im Familienzuschlag berücksichtigt worden sind, angemessene Aufwendungen für Familienereignisse (Geburt,

764 *Hohm*, in: Schellhorn/Schellhorn/Hohm (Hrsg.), SGB XII, § 87 Rn. 13.

765 Zum Ganzen: *Hohm*, in: Schellhorn/Schellhorn/Hohm (Hrsg.), SGB XII, § 87 Rn. 13; *Schoch*, LPK-SGB XII, § 87 Rn. 10; *Wahrendorf*, in: Grube/Wahrendorf (Hrsg.), SGB XII, § 87 Rn. 16.

766 *Gutzler*, jurisPK-SGB XII, § 87 Rn. 24.

767 *Gutzler*, jurisPK-SGB XII, § 87 Rn. 30; *Wahrendorf*, in: Grube/Wahrendorf (Hrsg.), SGB XII, § 87 Rn. 17.

768 *Hohm*, in: Schellhorn/Schellhorn/Hohm (Hrsg.), SGB XII, § 87 Rn. 16; *Wahrendorf*, in: Grube/Wahrendorf (Hrsg.), SGB XII, § 87 Rn. 17.

769 *Gutzler*, jurisPK-SGB XII, § 87 Rn. 27; *Wahrendorf*, in: Grube/Wahrendorf (Hrsg.), SGB XII, § 87 Rn. 17.

Hochzeit etc.) oder auch Mietkosten einer in stationäre Pflege gekommenen Person, die bis zur ersten Kündigungsmöglichkeit entstehen.[770]

dd. Einsatz des Einkommens unter der Einkommensgrenze

Das Einkommen, das unter der Einkommensgrenze liegt, bleibt grundsätzlich unberücksichtigt. § 88 SGB XII statuiert von diesem Grundsatz einige Ausnahmen.[771] Diese sind abschließend und auch eine Erweiterung im Wege der Analogie kommt nicht in Frage.[772]

Der Einsatz des Einkommens kann danach gem. § 88 I S. 1 Nr. 1 SGB XII verlangt werden, soweit bereits von einem anderen Leistungen[773] für einen besonderen Zweck erbracht werden, für den sonst Sozialhilfe zu leisten wäre. Bei «Bagatellfällen» ist zur Vermeidung von Verwaltungsaufwand[774] § 88 I S. 1 Nr. 2 SGB XII einschlägig, der vorsieht, dass ein Einkommenseinsatz möglich ist, wenn zur Deckung des Bedarfs nur geringfügige Mittel erforderlich sind. Die Entscheidung über die genaue Höhe der Einkommensheranziehung fällt der zuständige Sozialhilfeträger nach pflichtgemäßem Ermessen.[775]

Nach § 88 I S. 2 SGB XII soll weiterhin unterhalb der Einkommensgrenze in einem angemessenen Umfang die Aufbringung der Mittel verlangt werden, wenn eine Person für voraussichtlich längere Zeit der Leistungen in einer stationären Einrichtung, also einer vollstationären776 Pflegeeinrichtung, bedarf. Sinn und Zweck des § 88 I S. 2 SGB XII ist es, zu verhindern, dass der Hilfeempfänger zu Lasten der Allgemeinheit durch die seinen gesamten Le-

770 *Gutzler*, jurisPK-SGB XII, § 87 Rn. 28; *Hohm*, in: Schellhorn/Schellhorn/Hohm (Hrsg.), SGB XII, § 87 Rn. 15; *Schoch*, LPK-SGB XII, § 87 Rn. 11 jeweils mit weiteren Beispielen.

771 Entgegen dem Wortlaut der Überschrift des § 88 SGB XII kann dieser auch auf Einkommen oberhalb der Einkommensgrenze angewendet werden; s. dazu etwa *Gutzler*, jurisPK-SGB XII, § 88 Rn. 6.

772 Zum Ganzen *Hohm*, in: Schellhorn/Schellhorn/Hohm (Hrsg.), SGB XII, § 88 Rn. 4; *Wahrendorf*, in: Grube/Wahrendorf (Hrsg.), SGB XII, § 88 Rn. 4.

773 Anders als bei § 83 I SGB XII kommt es hier nicht darauf an, ob die Leistung aufgrund öffentlich-rechtlicher Vorschriften erbracht wird. Durch § 88 I S. 1 Nr. 1 SGB XII soll dem Nachrang der Sozialhilfe Geltung verschafft werden (s. etwa *Gutzler*, jurisPK-SGB XII, § 88 Rn. 22). In der Praxis werden zweckbestimmte Leistungen aber schon von vornherein vom Bedarf abgezogen, so dass die im Rahmen von § 88 I SGB XII erforderliche Ermessenentscheidung umgangen wird (*Schoch*, LPK-SGB XII, § 88 Rn. 18).

774 *Gutzler*, jurisPK-SGB XII, § 88 Rn. 15; *Schoch*, LPK-SGB XII, § 88 Rn. 9; *Wolf*, in: Fichtner/Wenzel (Hrsg.), SGB XII, § 88 Rn. 4.

775 *Hohm*, in: Schellhorn/Schellhorn/Hohm (Hrsg.), SGB XII, § 88 Rn. 5.

776 *Gutzler*, jurisPK-SGB XII, § 88 Rn. 33; *Lücking*, Hauck/Noftz, SGB XII, § 88 Rn. 12; a. A. scheinbar *Krahmer/Sommer*, LPK-SGB XII, Vor §§ 61 ff Rn. 5.

bensunterhalt umfassende Betreuung einen wirtschaftlichen Vorteil erlangt.[777] Während Uneinigkeit darüber besteht, was als «voraussichtlich längere Zeit» anzusehen ist,[778] ist allgemein anerkannt, dass die Beurteilung der Angemessenheit des Umfangs sich an den Kriterien des § 87 I SGB XII orientiert.[779] Das Ermessen wird durch das Wort «soll» in der Weise eingeschränkt, dass nur bei atypischen Fällen von der Heranziehung des Einkommens abgesehen werden darf.[780]

3. Einsatz des Vermögens

a. Systematik

Der Einsatz des Vermögens ist für alle Hilfsarten des SGB XII in §§ 90 f. SGB XII geregelt. § 90 I SGB XII legt fest, dass grundsätzlich das gesamte verwertbare Vermögen einzusetzen ist. § 90 II, III SGB XII macht von diesem Grundsatz einige Ausnahmen. § 91 SGB XII sieht für den Fall, dass Vermögen zwar einzusetzen ist, der sofortige Verbrauch bzw. die sofortige Verwertung aber entweder nicht möglich ist oder eine persönliche Härte darstellt, die Möglichkeit der Sozialhilfe in Darlehensform vor.

b. Verwertbares Vermögen

aa. Vermögen

Anders als der Begriff des Einkommens wird der des Vermögens im SGB XII nicht definiert, sondern vielmehr als bekannt vorausgesetzt.[781] Er umschreibt die Gesamtheit der Güter, die einer Person gehören, in Geld schätzbar und verwertbar sind, einen gewissen Wert haben und die nicht zum Einkommen

---

777 Noch zu § 85 Nr. 3 BSHG *BVerwG*, Urt. v. 07.04.1995 – 5 B 36/94 –, in: DVBl. 95, 699 (700 f.)

778 Mindestens sechs Monate: *Gutzler*, jurisPK-SGB XII, § 88 Rn. 32; *Wahrendorf*, in: Grube/Wahrendorf (Hrsg.), SGB XII, § 88 Rn. 18 f.; *Wolf*, in: Fichtner/Wenzel (Hrsg.), SGB XII, § 88 Rn. 6. Mindestens ein Jahr: *Schoch*, LPK-SGB XII, § 88 Rn. 14.

779 *Gutzler*, jurisPK-SGB XII, § 88 Rn. 32; *Hohm*, in: Schellhorn/Schellhorn/Hohm (Hrsg.), SGB XII, § 88 Rn. 17; *Schoch*, LPK-SGB XII, § 88 Rn. 15; *Wahrendorf*, in: Grube/Wahrendorf (Hrsg.), SGB XII, § 88 Rn. 15 f.; *Wolf*, in: Fichtner/Wenzel (Hrsg.), SGB XII, § 88 Rn. 7.

780 *Hohm*, in: Schellhorn/Schellhorn/Hohm (Hrsg.), SGB XII, § 88 Rn. 15; *Schoch*, LPK-SGB XII, § 88 Rn. 13

781 *Hohm*, in: Schellhorn/Schellhorn/Hohm (Hrsg.), SGB XII, § 90 Rn. 5; *Wahrendorf*, in: Grube/Wahrendorf (Hrsg.), SGB XII, § 90 Rn. 6.

gehören.[782] Die aufgrund der unterschiedlichen Regelungen bzgl. des Einsatzes in SGB XII zwingende Abgrenzung zwischen Vermögen und Einkommen gestaltet sich oft als sehr schwierig. In der Rechtsprechung hat sich diesbezüglich die «modifizierte (auch «normative») Zuflusstheorie» durchgesetzt.[783] Auch in der Literatur ist diese Theorie weitestgehend als Instrument der Abgrenzung anerkannt.[784] Sie besagt, dass zum Vermögen all die Werte gehören, über die der Betroffene zum Bedarfszeitpunkt bereits verfügt, während das Einkommen diejenigen beinhaltet, die er im Bedarfszeitraum dazu erhält. Der Zeitpunkt des Zuflusses richtet sich nach dem tatsächlichen Zufluss, wenn nicht ein anderer Zufluss als maßgeblich bestimmt worden ist. Einkommen, das jemand vor dem Eintritt des zu beurteilenden Bedarfsfalls erhalten hat, ist somit – wenn es dann noch vorhanden ist – als Vermögen zu deklarieren.

bb. Verwertbarkeit

Das Vermögen muss innerhalb des Bedarfszeitraums sowohl in rechtlicher als auch in tatsächlicher Hinsicht verwertbar sein.[785] Ein Ausschluss in rechtlicher Hinsicht ist dann gegeben, wenn für den in Frage kommenden Vermögensgegenstand Verfügungsbeschränkungen bestehen, die durch den Hilfesuchenden nicht aufgehoben werden können.[786] Die Verwertbarkeit ist tatsächlich ausgeschlossen, wenn für den Gegenstand oder das Recht kein Käufer gefunden werden kann, weil er bzw. es zur Zeit nicht am Markt gehandelt wird oder aufgrund eines Preissturzes über dem Marktwert belastet ist.[787]

---

782 Dazu ausführlich *Hohm*, in: Schellhorn/Schellhorn/Hohm (Hrsg.), SGB XII, § 90 Rn. 5 ff.

783 *BSG*, Urt. v. 19.05.2009 – B 8 SO 35/07 R –, in: SozR 4-3500 § 82 Nr. 5, Rn. 14 ff.; auch schon *BVerwG*, Urt. v. 18.02.1999 – 5 C 35/97 –, in: BVerwGE 108, 296 ff.

784 Siehe etwa *Hohm*, in: Schellhorn/Schellhorn/Hohm (Hrsg.), SGB XII, § 90 Rn. 22 ff.; *Mecke*, jurisPK-SGB XII, § 90 Rn. 16 ff; (mit besonderem Fokus auf die Entwicklung der Abgrenzung) *Wahrendorf*, in: Grube/Wahrendorf (Hrsg.), SGB XII, § 90 Rn. 16 ff.

785 Zu § 88 I BSHG *BVerwG*, Urt. v. 19.12.1997 – 5 C 7/96 –, in: NJW 1998, 1879 (1880); zur zeitlichen Grenze der Verwertbarkeit s. a. *Mecke*, jurisPK-SGB XII, § 90 Rn. 40.

786 *Mecke*, jurisPK-SGB XII, § 90 Rn. 39.

787 *Mecke*, jurisPK-SGB XII, § 90 Rn. 38.

c. Ausnahmen

aa. Ausnahmekatalog

Der erste Teil des sog. Schonvermögens wird im Ausnahmenkatalog des § 90 II SGB XII beschrieben. Dabei handelt es sich um Vermögensgegenstände, die zwar überwiegend zum verwertbaren Vermögen i. S. d. § 90 I SGB XII gehören, deren Verwertung aber, um unbillige Härten zu verhindern, nicht verlangt wird und die dementsprechend im Bereich der Sozialhilfe behandelt werden, als würden sie gar nicht existieren.[788] Dazu gehören etwa gewisse Formen der Altersvorsorge (Nr. 2), ein angemessener Hausrat (Nr. 4) oder kleinere Barbeträge bzw. sonstige Geldwerte (Nr. 9)[789]. Im Bereich der Pflegebedürftigkeit ist oft der Tatbestand des § 90 II Nr. 8 SGB XII relevant. Dieser ordnet ein angemessenes Hausgrundstück, das von der nachfragenden Person oder einer anderen im § 19 I-III SGB XII genannten Person allein oder zusammen mit Angehörigen ganz oder teilweise bewohnt wird und nach ihrem Tod von ihren Angehörigen bewohnt werden soll, dem Schonvermögen zu. Die Angemessenheit richtet sich dabei nach der Zahl der Bewohner, dem Wohnbedarf, wobei beispielhaft neben den von blinden und behinderten auch auf den von pflegebedürftigen Bewohnern abgestellt wird, weiterhin nach der Grundstücksgröße, der Hausgröße, dem Zuschnitt und der Ausstattung des Wohngebäudes sowie dem Wert des Grundstücks einschließlich des Wohngebäudes.[790] Stirbt die leistungsberechtigte Person bzw. ihr Ehegatte oder Lebenspartner, gehört das Grundstück zum Nachlass, so dass die Erben unter den Voraussetzungen des § 102 SGB XII zum Kostenersatz verpflichtet sind.[791] Wie alle Tatbestände des § 90 II SGB XII dient Nr. 8 nicht dem Schutz der Erben.[792] Im engen Zusammenhang mit § 90 II Nr. 8 SGB XII steht § 90 II Nr. 3 SGB XII. Dieser umfasst sonstiges Vermögen, das zur baldigen Beschaffung oder Erhaltung eines Hausgrundstücks i. S. d. Nr. 8 bestimmt ist, soweit dieses Wohnzwecken behinderter (§ 53 I S.1 und § 72 SGB XII) oder pflegebedürftiger Menschen (§ 61 SGB XII) dient oder dienen soll und dieser Zweck durch den Einsatz oder die Verwertung des Vermögens gefährdet würde.

788 *Hohm*, in: Schellhorn/Schellhorn/Hohm (Hrsg.), SGB XII, § 90 Rn. 36.

789 Siehe dazu *Krahmer,* in: Krahmer (Hrsg.), Hilfe zur Pflege nach dem SGB XII, S. 104 f.

790 Siehe dazu *Krahmer,* in: Krahmer (Hrsg.), Hilfe zur Pflege nach dem SGB XII, S. 102 f.

791 *Hohm*, in: Schellhorn/Schellhorn/Hohm (Hrsg.), SGB XII, § 90 Rn. 83.

792 *BVerwG*, Urt. v. 05.05.1994 – 5 C 43/91 –, in: NJW 1994, 2842 (2843).

bb. Härtefälle

§ 90 III S. 1 SGB XII legt über § 90 II SGB XII hinaus fest, dass an sich verwertbares Vermögen auch nicht eingesetzt werden muss, wenn dies für den, der das Vermögen einzusetzen hat und für seine unterhaltsberechtigten Angehörigen eine Härte bedeuten würde. In § 90 III S. 1 SGB XII erfolgt bezüglich der Leistung nach dem Fünften bis Neunten Kapitel eine Konkretisierung dahingehend, dass eine Härte insbesondere anzunehmen ist, soweit eine angemessene Lebensführung oder die Aufrechterhaltung einer angemessenen Alterssicherung wesentlich erschwert würde. Wird nach § 90 II auch III SGB XII abgelehnt, kommt allenfalls noch die Regelung des § 91 SGB XII in Frage.

4. Exkurs: Übergang von Ansprüchen gegen einen nach bürgerlichem Recht Unterhaltspflichtigen

a. Bedeutung

Die Legalzession des § 94 I S. 1 SGB XII dient in erster Linie dazu, den in § 2 SGB XII festgehaltenen Vorrang der Unterhaltsansprüche einer Person vor der Sozialhilfe wieder Wirkung zu verschaffen, wenn Sozialhilfe geleistet wurde, obwohl solche Ansprüche bestehen.[793] Dementsprechend ist der Übergang auch ausgeschlossen, wenn der Unterhaltsanspruch erfüllt wurde (§ 94 I S. 2 SGB XII). Bei der Heranziehung der Unterhaltsverpflichteten müssen aber auch die Vorgaben des SGB XII in sozialer Hinsicht berücksichtigt werden, so dass in § 94 SGB XII der Übergang von bestehenden Ansprüchen in einigen Fällen ausgeschlossen wird, weil sonst «Vergünstigungen» des Leistungsempfängers aus dem SGB XII auf die Unterhaltsverpflichteten abgewälzt würden.[794]

b. Überblick über die in Frage kommenden Ansprüche

Unterhaltsansprüche nach bürgerlichem Recht können sowohl auf einer gesetzlichen als auch auf einer vertraglichen Grundlage bestehen.

793 *Armbruster*, jurisPK-SGB XII, § 94 Rn. 33; *Münder*, LPK-SGB XII, § 94 Rn. 1; *H. Schellhorn*, in: Schellhorn/Schellhorn/Hohm (Hrsg.), SGB XII, § 94 Rn. 1; *Wahrendorf*, in: Grube/Wahrendorf (Hrsg.), SGB XII, § 94 Rn. 1; *Wolf*, in: Fichtner/Wenzel (Hrsg.), SGB XII, § 94 Rn. 2.

794 Zum Ganzen *H. Schellhorn*, in: Schellhorn/Schellhorn/Hohm (Hrsg.), SGB XII, § 94 Rn. 5.

Die gesetzlichen Unterhaltsansprüche[795] sind weitestgehend im BGB geregelt. Hier soll zunächst das Verhältnis zwischen Ehepartnern betrachtet werden. Im Falle des Zusammenlebens kommt ein Übergang des Anspruchs aus § 1360 BGB nicht in Frage, da dies nach § 94 I S. 3 1. Alt. SGB XII ausgeschlossen ist, wenn die unterhaltspflichtige Person zum Personenkreis des § 19 SGB XII, also zur Bedarfsgemeinschaft, gehört, was bei nicht getrennt lebenden Ehegatten eben der Fall ist. Somit beschränkt sich der Anwendungsbereich des § 94 SGB XII auf den Unterhalt bei Getrenntleben nach § 1361 BGB und nacheheliche Unterhaltsansprüche (§§ 1570 ff. BGB). Bei eingetragenen Lebenspartnerschaften gilt dies entsprechend (Unterhalt bei Getrenntleben § 12 LPartG, nachpartnerschaftlicher Unterhalt § 16 LPartG).

Zum Verwandtenunterhalt sind gem. § 1601 BGB grundsätzlich Verwandte in gerader Linie untereinander verpflichtet. Nach § 1589 I S. 1 BGB sind Personen, deren eine von der anderen abstammt, in gerader Linie verwandt. Solche Ansprüche können aber nur auf den Sozialhilfeträger übergehen, wenn die unterhaltspflichtige Person mit der leistungsberechtigten Person im ersten Grad verwandt ist (§ 94 I S. 3 2. Alt. SGB XII). Da sich der Grad der Verwandtschaft nach der Zahl der sie vermittelnden Geburten richtet (§ 1589 I S. 3 BGB), kommt ein Übergang von Ansprüchen nur im Verhältnis zwischen Kindern und Eltern in Frage. Dabei wird es sich insbesondere im Bereich der Pflege meist um Ansprüche der Eltern gegen die Kinder handeln.[796] Dies liegt zum einen daran, dass Pflegebedürftigkeit eben überwiegend im Alter vorkommt und zum anderen daran, dass bei den Ansprüchen der Kinder gegen die Eltern das Gesetz einige Einschränkungen vorsieht (etwa § 94 I S. 3 1. Alt. SGB XII, § 94 II SGB XII).

Abschließend kommt als gesetzlicher Unterhaltsanspruch nach dem BGB, der übergehen kann, noch der Unterhaltsanspruch von Mutter und Vater aus Anlass der Geburt nach § 1615l BGB in Betracht.

Auch durch einen Vertrag, etwa durch einen Ehevertrag, begründete Unterhaltsansprüche können in den Anwendungsbereich des § 94 SGB XII fallen. Dafür ist nach Sinn und Zweck der Regelung aber erforderlich, dass die Unterhaltspflichten das gesetzliche festgelegte Maß nicht überschreiten oder dass der Vertrag nicht auf die Übergabe von Vermögenswerten abzielt, sondern

795 Siehe auch die praxisnahe Darstellung mit vielen Beispielen von *Müller,* in: Krahmer (Hrsg.), Hilfe zur Pflege nach dem SGB XII, S. 108 ff.

796 Siehe zum «Elternunterhalt» *Ludyga*, NZS 2011, 606 ff.

verwandtschaftliche Beziehungen bzw. sittliche Beweggründe im Vordergrund stehen.[797]

C. Durch Pflegeeinrichtungen erbrachte Leistungen

I. Allgemein

Für den Bereich des Inhalts der Leistungen wird in § 61 II S. 2 SGB XII in weiten Teilen auf die Regelungen des SGB XI für die Pflegeversicherung verwiesen, wobei diese Verweisung die betragsmäßige Deckelung nicht umfasst.[798] Durch den erweiterten Pflegebedürftigkeitsbegriff und weitere Sonderregelungen ergeben sich dennoch einige Unterschiede, auf die im Folgenden eingegangen werden soll.

II. Durch stationäre Pflegeeinrichtungen erbrachte Leistungen

1. Allgemeines

Für die durch stationäre Pflegeeinrichtungen erbrachten Leistungen der teilstationären Pflege, Kurzzeitpflege und (voll)stationären Pflege (vgl. § 61 II S. 1 SGB XII) existieren im Recht der Sozialhilfe neben dem Verweis in § 61 II S. 2 SGB XII auf die entsprechenden Vorschriften des SGB XI keine weiteren Regelungen. Die Bezugnahme auf den Inhalt dieser Leistungen umfasst auch die jeweiligen besonderen Voraussetzungen der Leistungsart.[799] Somit ergeben sich für die Leistungen der Hilfe zur Pflege, die durch stationäre Pflegeeinrichtungen erbracht werden, kaum Unterschiede zu den im SGB XI vorgesehenen, so dass überwiegend auf die dortigen Ausführungen[800] verwiesen werden kann. Hier soll nur auf die Besonderheiten eingegangen werden.

2. Unterkunft und Verpflegung

Nicht umfasst werden von der Verweisung die Bereiche «Unterkunft» und «Verpflegung», da ein entsprechender Anspruch auf die Leistungen im Rahmen des SGB XI gar nicht besteht.[801] Bis zum Inkrafttreten des SGB XII wur-

---

797 *H. Schellhorn*, in: Schellhorn/Schellhorn/Hohm (Hrsg.), SGB XII, § 94 Rn. 35 m. w. N.

798 Siehe dazu schon § 5 C. V. 1.

799 *Lachwitz*, in: Fichtner/Wenzel (Hrsg.), SGB XII, § 61 Rn. 50; *Meßling*, jurisPK-SGB XII, § 61 Rn. 97.

800 § 10 C. II.

801 Siehe § 10 C. II. 1. c. aa.

den diese gem. § 27 III BSHG im Rahmen des Lebensunterhalts als Bestandteil der Hilfe zur Pflege erbracht. Die Leistungen der Unterkunft und Verpflegung unterfallen nun grundsätzlich der Hilfe zum Lebensunterhalt nach §§ 27 ff. SGB XII als notwendiger Lebensunterhalt in Einrichtungen nach § 27b SGB XII.[802] Durch diese Neuregelung sollte eine Gleichstellung von ambulant und stationär betreuten Leistungsempfängern erfolgen, da bei der Hilfe zum Lebensunterhalt das Einkommen vor Erhalt der Leistung ja grundsätzlich ganz eingesetzt werden muss, während im Rahmen der Hilfe zur Pflege und der anderen Hilfen in besonderen Lebenslagen diesbezüglich Privilegierungen vorhanden sind. Diese Privilegierungen führten zu Benachteiligungen der ambulant Betreuten, die für ihren Lebensunterhalt selbst aufkommen müssen bzw. dafür Hilfe zum Lebensunterhalt erhalten.[803]

Der genaue Inhalt und die Vergütung der Leistungen der Unterkunft und Verpflegung richten sich überwiegend nach den Vereinbarungen gem. § 75 SGB XII.[804] Über § 75 V S. 1 SGB XII kommen hier i. d. R. die Vereinbarungen nach § 87 SGB XI zur Anwendung.

Erklärungsbedürftig ist in diesem Zusammenhang aber insbesondere die allgemein als missglückt betrachtete[805] Vorschrift des § 27b I S. 2 SGB XII, die den «Umfang» des notwendigen Lebensunterhalts in vollstationären Einrichtungen festlegt und dabei auf den Umfang von Grundsicherungsleistungen nach § 42 Nr. 1, 2, 4 SGB XII verweist. Auf der Grundlage dieses Verweises wird dann ein Betrag errechnet, der sich an den Lebensverhältnissen der konkreten Person orientiert.[806] Dieser Betrag wird aber (wohl) nie die Kosten decken, die die Pflegeeinrichtung für Unterkunft und Verpflegung[807] verlan-

802 *Meßling*, jurisPK-SGB XII, § 61 Rn. 33; *Sommer*, in: Krahmer (Hrsg.), Hilfe zur Pflege nach dem SGB XII, S. 60.

803 Zum Ganzen *Baur/Mertins*, NDV 2006, 179 (179); *Behrend*, jurisPK-SGB XII, § 35 Rn. 25.

804 *Behrend*, jurisPK-SGB XII, § 35 Rn. 30; *Falterbaum*, Hauck/Noftz, SGB XII, § 27b Rn. 18; *H. Schellhorn*, in: Schellhorn/Schellhorn/Hohm (Hrsg.), SGB XII, § 35 Rn. 8.

805 *Grube*, in: Grube/Wahrendorf (Hrsg.), SGB XII, § 35 Rn. 2 m. w. N.; siehe dazu auch *Fahlbusch*, RsDE 63, 51 (57), der die Gesetzesbegründung, die davon ausgeht, dass die Vorschrift Praktikabilität und Verwaltungsvereinfachung ermögliche (BT-Drs. 15/3977, S. 8), als «Akt der Selbstironie des Gesetzgebers» bezeichnet.

806 Siehe dazu und auch insbesondere zu den mit dem Verweis verbundenen Problemen *Behrend*, jurisPK-SGB XII, § 35 Rn. 31 ff.

807 Oftmals werden auch etwaige vom Pflegebedürftigen zu tragende Investitionskosten hier eingeordnet, etwa *Krahmer/Sommer*, LPK-SGB XII, § 61 Rn. 16.

gen kann,[808] so dass der Verweis inkompatibel zum Leistungserbringungsrecht der §§ 75 ff. SGB XII ist.[809] Somit stellt sich die Frage nach der Bedeutung dieses «Umfangs». Klar ist, dass die daraus resultierende Einschränkung sich aufgrund des Bedarfsdeckungsprinzips nicht zu Lasten des Pflegebedürftigen auswirken darf.[810] Der nach § 27b I S. 2 SGB XII bestimmte Umfang kann somit nur der Umfang der Kosten sein, der auf die Hilfsart der Hilfe zum Lebensunterhalt entfällt.[811] Es handelt sich somit um eine Fiktion des Anteils dieser Hilfsart an den Gesamtaufwendungen der Einrichtung.[812] Diese Auslegung deckt sich mit dem bei der Nichtübernahme des § 27 III BSHG verfolgten Ziel der Gleichstellung von ambulant und stationär betreuten Leistungsberechtigten. Würde nämlich der komplette Betrag für Unterkunft und Verpflegung auf die Hilfe zum Lebensunterhalt entfallen, müssten die Leistungsberechtigten auch für diesen höheren Betrag ihr nahezu komplettes Einkommen einsetzen, was wiederum zu einer Schlechterstellung der stationär Betreuten führen würde.[813] Die darüber hinausgehenden Kosten für Unterkunft und Verpflegung entfallen dann konsequenterweise weiterhin auf die Hilfe zur Pflege.[814]

3. Der weite Pflegebedürftigkeitsbegriff

Die Auswirkungen der Geltung des weiten Pflegebedürftigkeitsbegriffs sind dagegen als gering einzustufen. Der Leistungsinhalt wird durch die Erweiterung gar nicht beeinflusst. Die stationären Leistungen des SGB XI sind im Bereich der allgemeinen Pflegehandlungen auf eine umfassende Versorgung ausgelegt. Eine Beschränkung auf die in § 14 IV SGB XI beschriebenen Verrichtungen wie bei den Pflegesachleistungen i. S. d. § 36 SGB XI besteht nicht.[815] Auf der Tatbestandsseite der stationären Hilfen zur Pflege findet der erweiterte Pflegebedürftigkeitsbegriff zwar grundsätzlich Anwendung, wird aber dahin gehend eingeschränkt, dass er gem. § 61 II S. 2. 2. Hs. SGB XII

---

808 *Behrend*, jurisPK-SGB XII, § 35 Rn. 26.Siehe auch *Armborst*, LPK-SGB XII, § 27b Rn. 5, der den Fall, dass das mit der Einrichtung vereinbarte Entgelt den Betrag überschreitet als «akademisch interessante Frage» bezeichnet.

809 *Armborst*, LPK-SGB XII, § 27b Rn. 5.

810 *Armborst*, LPK-SGB XII, § 27b Rn. 5; *Grube*, in: Grube/Wahrendorf (Hrsg.), SGB XII, § 35 Rn. 3.

811 *Behrend*, jurisPK-SGB XII, § 35 Rn. 26; *H. Schellhorn*, in: Schellhorn/Schellhorn/Hohm (Hrsg.), SGB XII, § 35 Rn. 8.

812 *Fahlbusch*, RsDE 63, 51 (59).

813 Vergleiche *Behrend*, jurisPK-SGB XII, § 35 Rn. 26.

814 *Armborst*, LPK-SGB XII, § 27b Rn. 5.

815 Siehe § 10 C. II. 1. c. bb.

bei stationären oder teilstationären Leistungen nur gilt, wenn solche Hilfen nach der Besonderheit des Einzelfalles erforderlich sind. Diese Vorgabe ist insbesondere dann erfüllt, wenn teilstationäre bzw. ambulante Leistungen nicht zumutbar oder ausreichend sind. Der Grundsatz des Nachrangs der stationären Betreuung ist bereits in § 9 II S. 2 SGB XII allgemein verankert, so dass anzunehmen ist, dass § 61 II S. 2. 2. Hs. SGB XII darüber hinausgehend zu strengeren Maßstäben führen und insbesondere das grundsätzliche Wunsch- und Wahlrecht des § 9 II SGB XII weitergehender eingeschränkt werden soll.[816]

III. Durch ambulante Pflegeeinrichtungen erbrachte Leistungen

Wesentlich problematischer als im stationären Bereich ist die Feststellung der Rechtslage bei ambulanten Leistungen. Dies resultiert daraus, dass die in § 61 II S. 1 SGB XII vorgesehene Leistung der häuslichen Pflege einmal durch den in § 61 II S. 2 enthaltenen Verweis über § 28 I Nr. 1 SGB XI auf die Pflegesachleistungen des § 36 SGB XI konkretisiert wird, zum anderen diesbezüglich in den §§ 63 ff. SGB XII auch eigene Regelungen enthalten sind.

Mit Blick auf den Verweis auf § 36 SGB XI steht insbesondere die Vorschrift des § 65 I S. 2 SGB XII im Fokus. Das Sozialhilferecht stellt grundsätzlich Pflegeleistungen durch dem Pflegebedürftigen nahe stehende Personen bzw. Nachbarn in den Vordergrund (vgl. 63 S. 1 SGB XII) und sieht für diese auch Aufwendungsersatz, Beihilfen und die Übernahme von Beiträgen einer angemessenen Alterssicherung vor (§ 65 I S. 1 SGB XII). Erst wenn solche nicht möglich oder ausreichend sind, sollen nach § 65 I S. 2 SGB XII die angemessenen Kosten der Heranziehung einer «besonderen Pflegekraft» übernommen werden. Der Begriff der «besonderen Pflegekraft» umfasst erwerbsmäßige Pflegepersonen, die fachlich zur Pflege befähigt sind. Dies können Gesundheits- und Krankenpflegerinnen, Altenpfleger/-innen, Familienpfleger/-innen, Hauswirtschafter-/innen und sogar –einzelfallabhängig – nicht besonders ausgebildete Personen sein, die nicht zu den nahe stehenden Personen gehören.[817] Allerdings ist es, anders als bei den Pflegesachleistungen nach § 36 SGB XI, nicht erforderlich, dass die pflegende Person eine «geeignete Pflege-

816 *Lachwitz*, in: Fichtner/Wenzel (Hrsg.), SGB XII, § 61 Rn. 44; *Meßling*, jurisPK-SGB XII, § 61 Rn. 93; *H. Schellhorn*, in: Schellhorn/Schellhorn/Hohm (Hrsg.), SGB XII, § 61 Rn. 45.

817 Zum Ganzen *BSG*, Urt. v. 26.08.2008 – B 8/9b SO 18/07 –, in: NVwZ RR 2009, 287 (288 f.); *Meßling*, jurisPK-SGB XII, § 65 Rn. 32; *H. Schellhorn*, in: Schellhorn/Schellhorn/Hohm (Hrsg.), SGB XII, § 65 Rn. 13.

person» i. S. d. § 36 I S. 3, 4, also entweder bei einem zugelassen Pflegedienst oder einer Pflegekasse angestellt ist bzw. einen Vertrag nach § 77 I SGB XI abgeschlossen hat.[818] So wird auch das sog. «Arbeitgebermodell» ermöglicht (vgl. § 66 IV S. 2 SGB XII), das das Recht der Pflegeversicherung nicht vorsieht. Aufgrund dieser Inkompatibilität des Verweises und § 65 I S. 2 SGB XII wird der Verweis allgemein als «sprachlich missglückt» angesehen.[819]. Als Lösung wird überwiegend angenommen, dass die Regelung des § 65 SGB XII gegenüber dem Verweis auf § 36 SGB XI vorrangig ist.[820] Dies überzeugt dahin gehend, dass sonst etwa über einen direkten Zugriff auf § 36 SGB XI die besondere sozialhilferechtliche Voraussetzung im Bereich der häuslichen Pflege des Vorrangs der Pflege durch eine nahe stehende Person umgangen würde. Die genaue Ausgestaltung des Vorrangs ist allerdings unklar.

Dies kann aber für den hier betrachteten Bereich dahinstehen, da auf der Seite des Leistungsinhalts die Pflegesachleistungen nach § 36 SGB XI auch selbst dann von der Regelung des § 65 I S. 2 SGB XI umfasst werden, wenn man davon ausgehen würde, dass dem Verweis überhaupt keine Bedeutung zukommt. Die Mitarbeiter zugelassener ambulanter Pflegeeinrichtungen sind unproblematisch als besondere Pflegekräfte i. S. d. Vorschrift anzusehen. Erbringt der Pflegedienst dann Leistungen, die das SGB XI vorsieht, richten sich Art, Inhalt, Umfang und Vergütung der ambulanten Pflegeleistungen aufgrund von § 75 V S. 1 SGB XII i. d. R. nach den Vorschriften des Achten Kapitels des SGB XI. Durch den Wortlaut, dass die Kosten «zu übernehmen» seien, wird nahegelegt, dass die Zahlung auch direkt an den Leistungserbringer erfolgen kann. So kann auch bei Zugrundelegung dieser Konstellation von einer Sachleistung ausgegangen werden.[821]

Im Bereich der Sozialhilfe besteht somit auch ein Sachleistungsanspruch des Pflegebedürftigen auf ambulante Pflegehilfen, die durch Pflegedienste er-

818 *Krahmer/Sommer*, LPK-SGB XII, § 65 Rn. 10; *Lachwitz*, in: Fichtner/Wenzel (Hrsg.), SGB XII, § 65 Rn. 19; *Meßling*, jurisPK-SGB XII, § 65 Rn. 33; *H. Schellhorn*, in: Schellhorn/Schellhorn/Hohm (Hrsg.), SGB XII, § 65 Rn. 13.

819 *Lachwitz*, in: Fichtner/Wenzel (Hrsg.), SGB XII, § 61 Rn. 52; *Meßling*, jurisPK-SGB XII, § 61 Rn. 103.

820 *Meßling*, jurisPK-SGB XII, § 61 Rn. 105; *H. Schellhorn*, in: Schellhorn/Schellhorn/Hohm (Hrsg.), SGB XII, § 61 Rn. 39.

821 Zum Ganzen *Meßling*, jurisPK-SGB XII, § 65 Rn. 42, der dies zusätzlich auch aus dem Verweis auf § 36 SGB XI herleitet; *H. Schellhorn*, in: Schellhorn/Schellhorn/Hohm (Hrsg.), SGB XII, § 65 Rn. 13; *Lachwitz*, in: Fichtner/Wenzel (Hrsg.), SGB XII, § 65 Rn. 28; wohl auch *Griep/Renn*, Pflegesozialrecht, Rn. 195.

bracht werden. Handelt es sich um solche, die auch im SGB XI vorgesehen sind und durch einen dort zugelassenen Pflegedienst erbracht werden, der die entsprechenden Vergütungsvereinbarungen abgeschlossen hat[822] und kommt § 75 V S. 2 SGB XII nicht zur Anwendung, sind diese mit denen nach § 36 SGB XI identisch. Handelt es sich um Hilfen, die das SGB XI nicht vorsieht, also um Unterstützung bei sonstigen Verrichtungen aufgrund des weiten Pflegebedürftigkeitsbegriffs oder erfolgt die Leistungserbringung durch Dienste, die über keinen Versorgungsvertrag auf Grundlage des SGB XI verfügen, richtet sich der konkrete Leistungsinhalt nach den Vereinbarungen, die der zuständige Sozialhilfeträger mit dem Pflegedienst nach den Regelungen des SGB XII getroffen hat. Der Anspruch steht unter der besonderen Voraussetzung, dass professionelle Pflege neben oder anstelle von Pflege nach § 63 S. 1 SGB XII erforderlich ist. Die tatsächliche Bedeutung dieser Voraussetzung ist allerdings im Ergebnis sehr gering, da Angehörige oder Nachbarn natürlich nicht zur Pflege gezwungen werden können.[823]

IV. Das Verhältnis zu anderen Leistungen

1. Das Verhältnis zu den anderen Leistungen des SGB XII

Anders als die Hilfe zur Pflege verfolgt die Eingliederungshilfe für behinderte Menschen nach den §§ 53 ff. SGB XII nicht in erster Linie das Ziel, die alltäglichen Verrichtungen eines Menschen zu ermöglichen, sondern strebt eine gesellschaftliche Integration, berufliche Rehabilitation und die größtmögliche Unabhängigkeit von Pflegemaßnahmen an (vgl. § 53 II S. 2 SGB XII). Beide Hilfsarten sind grundsätzlich nebeneinander möglich. Wenn eine Abgrenzung

822 Bei Pflegediensten, die zwar einen Zulassungsvertrag aber keine Vergütungsvereinbarung abgeschlossen haben, stellt sich die Regelung des § 91 II S. 3 SGB XI als problematisch dar. Lassen sich versicherte Pflegebedürftige von einem solchen Dienst versorgen, können sie sich von ihrer Pflegekasse die Kosten in Höhe von bis zu 80 % der Kosten, die bei einem Pflegedienst mit Vergütungsvereinbarung übernommen werden würden, erstatten lassen (§ 91 II S. 1, 2 SGB XI). § 91 II S. 3 SGB XI schließt eine weitergehende Kostenerstattung durch einen Träger der Sozialhilfe aus. Fraglich ist, ob diese Norm mit Blick auf die Grundrechte des Pflegebedürftigen und die Vorgaben des SGB XII für die Fälle, in denen die Bedürfnisse des Pflegebedürftigen gerade Pflege durch einen Angestellten eines solchen Pflegedienstes erfordern, nicht einschränkend ausgelegt werden muss; siehe dazu etwa *Meßling*, jurisPK-SGB XII, § 65 Rn. 39 f.

823 *H. Schellhorn*, in: Schellhorn/Schellhorn/Hohm (Hrsg.), SGB XII, § 63 Rn. 7.

erforderlich ist, was insbesondere bei stationären Aufenthalten der Fall sein kann, ist darauf abzustellen, welcher Zweck vorrangig verfolgt wird.[824]

Die Abgrenzung zwischen der Hilfe zur Pflege und der Hilfe zur Gesundheit, insbesondere die problematische Unterscheidung zwischen Behandlungs- und Grundpflege, erfolgt i. d. R. nach den gleichen Kriterien wie bei der Abgrenzung der Leistungen von Pflege- und Krankenversicherung.[825]

Auch von der Hilfe zum Lebensunterhalt (§§ 27 ff. SGB XII), die bei stationärer Pflege oft neben der Hilfe zur Pflege zur Anwendung kommt, kann eine Abgrenzung erforderlich werden. Die Hilfe zum Lebensunterhalt ist anstatt der Hilfe zur Pflege einschlägig, wenn der Betroffene Unterstützung bei einzelnen, eher untergeordneten Verrichtungen, die für ein menschenwürdiges Leben nicht erforderlich sind, benötigt.[826] Vollstationäre Leistungen sind der Hilfe zum Lebensunterhalt zuzuordnen, soweit dem Bewohner keine Sonderleistungen, die überwiegend in Pflegehandlungen an ihm bestehen, erbracht werden.[827]

Die Hilfe zur Weiterführung des Haushaltes nach § 70 SGB XII kommt bei Pflegebedürftigkeit nur ausnahmsweise zu Gunsten (pflegender) Angehöriger in Frage.[828] Neben Blindenhilfe (§ 72 SGB XII) wird gem. § 72 IV S. 1 SGB XII Hilfe zur Pflege wegen Blindheit außerhalb von stationären Einrichtungen nicht gewährt. Somit kommt Hilfe zur Pflege neben der Blindenhilfe nur in Form stationärer Pflege und – alle Leistungen umfassend – aufgrund anderer Ursachen als Blindheit in Frage (s. dazu auch. § 66 I S. 2 SGB XII).

2. Das Verhältnis zu sonstigen Leistungen

Im Verhältnis zu Pflegeleistungen anderer Leistungsträger, insbesondere natürlich zu denen der Pflegekassen auf der Grundlage des SGB XI, kommt für die Hilfe zur Pflege der allgemeine sozialhilferechtliche Nachrang aus § 2

824 Siehe zum Ganzen ausführlich und m. w. N. *Meßling*, jurisPK-SGB XII, § 61 Rn. 17 ff.

825 *Meßling*, jurisPK-SGB XII, § 61 Rn. 22 ff.; *H. Schellhorn*, in: Schellhorn/Schellhorn/Hohm (Hrsg.), SGB XII, § 63 Rn. 75 ff. Siehe auch § 6 C. I.

826 *Lachwitz*, in: Fichtner/Wenzel (Hrsg.), SGB XII, § 61 Rn. 189; *H. Schellhorn*, in: Schellhorn/Schellhorn/Hohm (Hrsg.), SGB XII, § 61 Rn. 81.

827 *Lachwitz*, in: Fichtner/Wenzel (Hrsg.), SGB XII, § 61 Rn. 190 ff.; *Meßling*, jurisPK-SGB XII, § 61 Rn. 33 f. jeweils m. w. N.

828 Siehe dazu *Meßling*, jurisPK-SGB XII, § 61 Rn. 37.

SGB XII zum Tragen.[829] Das BSG hat den Nachrang in Bezug auf bestehendeAnsprüche gegen Dritte dahingehend interpretiert, dass Sozialhilfe dem Wortlaut des § 2 SGB XII entsprechend nur verweigert werden kann, wenn die betroffene Person die Leistung tatsächlich erhält. Das bloße Bestehen von Ansprüchen könne einem Sozialhilfebegehren nur in absoluten Ausnahmefällen entgegengehalten werden.[830] Dementsprechend muss der Sozialhilfeträger in den Fällen, in denen ein Anspruch des Leistungsberechtigten gegen einen vorrangigen Sozialhilfeträger besteht, Erstattungsansprüche gegen den Sozialhilfeträger geltend machen und darf die Leistung an den Berechtigten nicht verweigern. Fraglich ist, inwiefern dies für den Bereich der Hilfe zur Pflege gelten kann. Zweifel ergeben sich zum einen daraus, dass die Konkurrenzvorschrift des § 66 IV S. 1 SGB XII, die für «andere Leistungen» i. S. d. § 65 SGB XII gilt, darauf abstellt, dass es ausreicht, wenn der Pflegebedürftige in der Lage ist, Leistungen nach anderen Rechtsvorschriften in Anspruch zu nehmen[831], zum anderen aus dem aufeinander abgestimmten System zwischen Pflegeversicherung und Sozialhilfe, das etwa in § 62 SGB XII ein vorrangiges Tätigwerden der Pflegekasse vorsieht.[832] Somit spricht vieles dafür, dass die Leistungen der Hilfe zur Pflege abgelehnt werden können, wenn der Pflegebedürftige vorrangige Leistungen empfangen kann, es sei denn, von vornherein ist eindeutig, dass er diese nicht rechtzeitig erhalten wird.[833]

§ 16 Die Beziehung zwischen Pflegeeinrichtung und Sozialhilfeträger

A. Bedeutung

Zur Klärung der Frage, welche Einrichtung bestimmte Leistungen zu welchem Preis zu Lasten der Sozialhilfeträger erbringt, werden auch in diesem Verhältnis Vereinbarungen abgeschlossen. Konkret handelt es sich dabei um Rahmenverträge und Vereinbarungen nach § 75 III SGB XI, die aus den Teilvereinbarungen der Leistungs-, Vergütungs- und Prüfungsvereinbarungen bestehen. Allerdings können über § 75 V S. 1 SGB XII die auf der Grundlage

829 Dieser wird für das Verhältnis zur Pflegeversicherung durch § 13 III, IIIa SGB XI konkretisiert. Zu den Problemen, die sich aus der Ausnahme des § 13 IIIa SGB XI ergeben, siehe *Meßling*, jurisPK-SGB XII, § 61 Rn. 15; *H. Schellhorn*, in: Schellhorn/Schellhorn/Hohm (Hrsg.), SGB XII, § 61 Rn. 49.

830 *BSG*, Urt. v. 29.09.2009 – B 8 SO 23/08 R –, in: BSGE 104, 219 ff.

831 Zum Ganzen *Meßling*, jurisPK-SGB XII, § 61 Rn. 44.

832 *Meßling*, jurisPK-SGB XII, § 61 Rn. 43.

833 *Meßling*, jurisPK-SGB XII, § 61 Rn. 43 f.

des SGB XI getroffenen Vereinbarungen vorrangig zur Anwendung kommen. Daher wird zunächst auf diese Vorschrift eingegangen, bevor eine Darstellung der Verträge nach dem SGB XII erfolgt.

B. Die Geltung von Vereinbarungen auf Grundlage des SGB XI

§ 75 V S. 1 1. Hs. SGB XII legt fest, dass bei Pflegeeinrichtungen, die einen Versorgungsvertrag nach § 72 SGB XI abgeschlossen haben, sich Art, Inhalt, Umfang und Vergütung der ambulanten und teilstationären Pflegeleistungen, der Leistungen der Kurzzeitpflege und der vollstationären Pflegeleistungen sowie der Leistungen bei Unterkunft und Verpflegung und der Zusatzleistungen in Pflegeheimen grundsätzlich auch im Bereich der Sozialhilfe nach den Vorschriften des Achten Kapitels des SGB XI richten. Somit gelten für den Sozialhilfeträger insbesondere die Pflegesatzvereinbarungen bzw. die Vergütungsvereinbarungen, an deren Abschluss diese i. d. R. beteiligt sind,[834] so dass sie weder Vergütungsvereinbarungen nach § 75 III Nr. 2 SGB XII noch Leistungs-und Prüfungsvereinbarungen gem. § 75 III Nr. 1, 3 SGB XII[835] abschließen müssen. Die Grundregel des § 75 V S. 1 1. Hs. SGB XII dient der Sicherstellung einer möglichst einheitlichen Pflegevergütung.[836]

Selbstverständlich kann der Verweis für die weitergehenden Leistungen, die das SGB XII aufgrund des erweiterten Pflegebedürftigkeitsbegriffs vorsieht, nicht zur Anwendung kommen, so dass dies als erste Ausnahme statuiert wird (§ 75 V S. 1 2. Hs. SGB XII).

Weitaus ausführungsbedürftiger ist allerdings die zweite in § 75 V S. 2 SGB XII enthaltene Ausnahme, nach der die Grundregel des § 75 V S. 1 1. Hs. SGB XII nicht gilt, soweit die entsprechenden Vereinbarungen auf der Grundlage des SGB XI nicht im Einvernehmen mit dem Sozialhilfeträger getroffen worden sind.

---

834 Siehe dazu § 12 C. II. 1. a. bzw. III. 2.

835 Auch die hier zu regelnden Punkte ergeben sich aus den Vergütungsvereinbarungen und dem Versorgungsvertrag; *Jaritz/Eicher,* jurisPK-SGB XII, § 75 Rn. 72. Der jeweilige Rahmenvertrag nach § 75 SGB XI, der sich nicht im Achten Kapitel des SGB XI befindet, kommt faktisch aber dennoch auch zur Anwendung, da i. d. R. in den Versorgungsverträgen auf diesen verwiesen wird, § 12 B. IV.

836 *Jaritz/Eicher,* jurisPK-SGB XII, § 75 Rn. 72; *Münder*, LPK-SGB XII, § 75 Rn. 40; *ders.*, in: Rothkegel (Hrsg.), Sozialhilferecht, S. 609; *Schellhorn*, in: Köbl/Brünner (Hrsg.), Die Vergütung von Einrichtungen und Diensten nach SGB XI und BSHG, S. 51.

Eindeutig ist, dass dieser Tatbestand nicht einschlägig ist, wenn der konkret zuständige Sozialhilfeträger selbst oder in Vertretung am Pflegesatz- bzw. Vergütungsverfahren beteiligt war. Hat er dieser zugestimmt, liegt unproblematisch ein Einvernehmen vor. Wurde er überstimmt, hat er die Möglichkeit, innerhalb von zwei Wochen gem. § 85 V S. 2 SGB XI bzw. § 89 III S. 4 SGB XI Widerspruch einzulegen. Macht er davon Gebrauch, ersetzt der Schiedsspruch der Schiedsstelle bzw. u. U. ein darauf folgendes Urteil das Einvernehmen. Widerspricht er nicht, ist dies auch als Einvernehmen anzusehen.[837]

Höchst umstritten ist der Fall des Sozialhilfeträgers, der die für die Beteiligung an dem Pflegesatz- bzw. Vergütungsvereinbarungsverfahren erforderlichen 5 % der Berechnungstage bzw. Betreuten des Pflegedienstes nicht vorweisen konnte und deshalb nicht beteiligt war. Nach dem Wortlaut hat dieser zweifellos kein Einvernehmen erteilt und auch die Systematik legt nahe, dass es sich hierbei um eine Konstellation handelt, in der § 75 V S. 2 SGB XII einschlägig ist, da sonst kaum ein Anwendungsbereich der Vorschrift erkennbar wäre.[838] Somit wird die Anwendung teilweise bejaht,[839] teilweise wird sie allerdings abgelehnt.[840] Begründet wird die Ablehnung einmal damit, dass der Gesetzgeber mit der 5%-Quote eine Grundsatzentscheidung i. S. d. Praktikabilität im Rahmen der Verhandlungen getroffen und somit auch deutlich gemacht habe, dass die anderen Sozialhilfeträger kein Interventionsrecht hätten und an die bei den Verhandlungen getroffene Entscheidung gebunden seien.[841] Auch das Interesse an einer einheitlichen Vergütung, die die Pflegeeinrichtung verlangen kann, wird angeführt.[842]

Mit Blick auf das Gesamtsystem, das eben eine einheitliche Vergütung als Regelfall vorsieht (§ 84 III SGB XI, § 89 I S. 4 SGB XI), überzeugt die letztgenannte Auffassung in der Tat. Die Sozialhilfeträger, die die 5%-Quote nicht erreichen, sind zwar in ihrem Selbstverwaltungsrecht betroffen, allerdings

837 Zum Ganzen *Flint*, in: Grube/Wahrendorf (Hrsg.), SGB XII, § 75 Rn. 52; *Jaritz/Eicher,* jurisPK-SGB XII, § 75 Rn. 77; *Münder*, LPK-SGB XII, § 75 Rn. 41.

838 Denkbar wäre dann etwa noch der Fall, dass ein Sozialhilfeträger, der die 5%-Quote eigentlich erfüllt, dennoch nicht beteiligt wurde; vgl. *Jaritz/Eicher,* jurisPK-SGB XII, § 75 Rn. 78.

839 *Flint*, in: Grube/Wahrendorf (Hrsg.), SGB XII, § 75 Rn. 53; *Münder*, LPK-SGB XII, § 75 Rn. 42.

840 *Jaritz/Eicher,* jurisPK-SGB XII, § 75 Rn. 76; *W. Schellhorn*, in: Schellhorn/Schellhorn/Hohm (Hrsg.), SGB XII, § 75 Rn. 63.

841 *Jaritz/Eicher,* jurisPK-SGB XII, § 75 Rn. 76.

842 *W. Schellhorn*, in: Schellhorn/Schellhorn/Hohm (Hrsg.), SGB XII, § 75 Rn. 63.

werden sie insgesamt wenig tangiert. Bei der Pflegesatz- bzw. Vergütungsvereinbarung haben sie zusätzlich die Möglichkeit, ihre Interessen über Arbeitsgemeinschaften vertreten zu lassen. Eine Einbeziehung auch dieser Sozialhilfeträger in die Pflegesatz- bzw. Vergütungsvereinbarung zu fordern[843], würde die angestrebte Verhandlungspraktikabilität konterkarieren. Somit spricht vieles für eine telelogische Reduktion des § 75 V S. 2 SGB XII.[844]

Der Sozialhilfeträger muss deshalb zwingend eigene Vereinbarungen auf der Grundlage des SGB XII abschließen, wenn der Leistungserbringer keine zugelassene Pflegeeinrichtung i. S. d. SGB XI ist oder wenn die Einrichtung zwar zugelassen ist, es allerdings um die Erbringung von Leistungen geht, die im SGB XI aufgrund des engen Pflegebedürftigkeitsbegriffs nicht vorgesehen sind. Eine Leistungserbringung des Sozialhilfeträgers durch nicht zugelassene Pflegeeinrichtungen im stationären Bereich kommt in der Praxis allerdings nahezu gar nicht vor, im ambulanten Bereich dagegen schon. Auch ist bei zugelassenen stationären Pflegeeinrichtungen aufgrund deren umfassender Betreuung keine Erweiterung des Leistungsrahmens durch den erweiterten Pflegebedürftigkeitsbegriff denkbar.[845] Allerdings müssen mit zugelassenen stationären Pflegeeinrichtungen Vereinbarungen in Bezug auf die Pflegebedürftigen der Pflegestufe 0 abgeschlossen werden, da diese in den Pflegesatzvereinbarungen nicht vorgesehen sind.[846] Weiterhin bedarf es immer einer Vereinbarung, wenn die Pflegeeinrichtung Investitionskosten nach § 82 IV SGB XI berechnet (vgl. § 75 V S. 3 SGB XII).

843 So *Münder*, LPK-SGB XII, § 75 Rn. 42.

844 So auch *Jaritz/Eicher,* jurisPK-SGB XII, § 75 Rn. 76; *W. Schellhorn*, in: Schellhorn/Schellhorn/Hohm (Hrsg.), SGB XII, § 75 Rn. 63 billigt dem Sozialhilfeträger, der die 5 % Quote nicht erfüllt, auch ein Widerspruchsrecht nach dem SGB XI zu, wobei die zweiwöchige Frist ab der Kenntnisnahme von der Vereinbarung laufen soll.

845 Siehe dazu auch *Griep*, RsDE 66, 27 (32 f.).

846 *Griep*, RsDE 66, 27 (33), der betont, dass dies in der Praxis oft nicht passiere. In NRW sollen insbesondere die Vergütungssätze für die Pflegebedürftigen der Pflegestufe 0 wohl im Rahmen des Vergütungsverfahrens auf Grundlage des SGB XI vereinbart werden (siehe § 1 VI des Rahmenvertrages nach § 79 SGB XII für stationäre Einrichtungen, dazu mehr unten). Allerdings spricht die genannte Regelung von Pflegebedürftigen gem. § 56 I SGB XII. Gemeint ist aber wohl § 61 I SGB XII.

C. Rahmenverträge

I. Bedeutung

In den öffentlich-rechtlichen[847] Rahmenverträgen nach § 79 I SGB XII werden auf Landesebene[848] gewisse Vorgaben für die Vereinbarungen nach § 75 III und § 76 II SGB XII gemacht, um das Leistungserbringungsrecht in einem gewissen Maße einheitlich zu gestalten und so Praktikabilität und Rechtssicherheit zu ermöglichen.[849] Erfolgt kein Vertragsschluss, kann die jeweilige Landesregierung, nachdem sie schriftlich dazu aufgefordert hat, die Vorschriften nach sechs Monaten stattdessen als Rechtsverordnung erlassen (§ 81 I SGB XII). Die Zuständigkeit von Schiedsstellen, die auch im Bereich des SGB XII vorgesehen sind (vgl. § 80 SGB XII), ist bei dieser Vertragsart nicht festgelegt.

II. Abschluss

Als Vertragsparteien nennt § 79 I S. 1 SGB XII zunächst die überörtlichen Träger der Sozialhilfe, in NRW also die Landschaftsverbände, die kommunalen Spitzenverbände auf Landesebene und somit den Landkreistag Nordrhein-Westfalen, den Städtetag Nordrhein-Westfalen sowie den Städte- und Gemeindebund Nordrhein-Westfalen und die Vereinigungen der Träger der Einrichtungen auf Landesebene. Vereinigungen der Träger der Einrichtungen auf Landesebene sind organisatorische Zusammenschlüsse, die im ganzen Bundesland eine Mitgliedschaft ermöglichen[850] und deren vordergründige Aufgabe darin besteht, die Interessen der Träger der Einrichtungen zu wahren und zu vertreten.[851] Dabei handelt es sich i. d. R. um die Verbände der freien Wohlfahrtspflege und Vereinigungen privat-gewerblicher Einrichtungsträger.[852] Eine Sonderregelung in Bezug auf die Vertretung beim Abschluss eines Rahmenvertrags ist in § 79 I S. 2 SGB XII für Einrichtungen, die einer Kirche oder Religionsgemeinschaft des öffentlichen Rechts oder einem sons-

847 *Flint*, in: Grube/Wahrendorf (Hrsg.), SGB XII, § 79 Rn. 5; *Jaritz/Eicher,* jurisPK-SGB XII, § 79 Rn. 14; *Münder*, LPK-SGB XII, § 79 Rn. 2; *Neumann*, Hauck/Noftz, SGB XII, § 79 Rn. 10; *W. Schellhorn*, in: Schellhorn/Schellhorn/Hohm (Hrsg.), SGB XII, § 79 Rn. 8.

848 Auch im SGB XII sind zusätzlich auf Bundesebene unverbindliche Bundesempfehlungen vorgesehen (§ 79 II SGB XII).

849 *Jaritz/Eicher,* jurisPK-SGB XII, § 79 Rn. 11.

850 A. A. *Neumann*, Hauck/Noftz, SGB XII, § 79 Rn. 7.

851 *Jaritz/Eicher,* jurisPK-SGB XII, § 79 Rn. 21.

852 *W. Schellhorn*, in: Schellhorn/Schellhorn/Hohm (Hrsg.), SGB XII, § 79 Rn. 4.

tigen (privat-)freigemeinnützigen Träger zuzuordnen sind, enthalten.[853] Aufgrund von § 75 I S. 2 SGB XII gilt § 79 SGB XII auch für die (ambulanten) Dienste, so dass auch deren Vereinigungen beteiligt werden müssen.[854] Allerdings können für die Bereiche der ambulanten und stationären Leistungserbringung auch separate Rahmenverträge abgeschlossen werden,[855] wie es in NRW der Fall ist.[856]

Die Rahmenverträge werden «gemeinsam und einheitlich» geschlossen. Klar ist diesbezüglich, dass durch das Erfordernis der Einheitlichkeit festgelegt wird, dass für einen Regelungsgegenstand (etwa «stationär») pro Bundesland nicht mehrere Landesrahmenverträge abgeschlossen werden können (z. B. einer mit gemeinnützigen und einer mit gewerblichen Trägern).[857] An das Wort «gemeinsam» anknüpfend ist hingegen umstritten, wessen Zustimmung für einen Vertragsschluss erforderlich ist. Teilweise wird die Zustimmung der «Kostenträgerseite», also die der überörtlichen Sozialhilfeträgers und der kommunalen Spitzenverbände, für ausreichend erachtet.[858] Diese Deutung überzeugt mit Blick auf den «gemeinsam» angeordneten Vertragsschluss allerdings nicht.[859] Eine sehr weitgehende Meinung hält die Zustimmung sämtlicher, im Gesetz als (potentielle) Vertragsparteien Genannten, für zwingend erforderlich.[860] Allein aus Praktikabilitätserwägungen erscheint es allerdings sinnvoll, nur die Zustimmung aller tatsächlich am Vertragsschlussverfahren Beteiligten zu verlangen.[861]

---

853 Siehe dazu *Jaritz/Eicher,* jurisPK-SGB XII, § 79 Rn. 22 ff.

854 *Jaritz/Eicher,* jurisPK-SGB XII, § 79 Rn. 21; *W. Schellhorn,* in: Schellhorn/Schellhorn/Hohm (Hrsg.), SGB XII, § 79 Rn. 4.

855 *Flint*, in: Grube/Wahrendorf (Hrsg.), SGB XII, § 79 Rn. 8.

856 Rahmenvertrag für den stationären Bereich (RV-stat.-NW): abrufbar unter http://www.lwl.org/spur-download/rahmenvertrag/rahmenvertrag.pdf; Rahmenvertrag für den ambulanten Bereich (RV-amb.-NW): http://www.lwl.org/spur-download/bewo/Landesrahmenvertrag_ambulant.pdf (abgerufen am 21.08.2012).

857 *Flint*, in: Grube/Wahrendorf (Hrsg.), SGB XII, § 79 Rn. 8; *Jaritz/Eicher,* jurisPK-SGB XII, § 79 Rn. 37; *Münder*, LPK-SGB XII, § 79 Rn. 5.

858 *Flint*, in: Grube/Wahrendorf (Hrsg.), SGB XII, § 79 Rn. 9.

859 *Jaritz/Eicher,* jurisPK-SGB XII, § 79 Rn. 36.

860 *VG Hannover*, Urt. v. 28.03.2006 – 3 A 541/03 –, in: SRa 2006, 140 ff.; *Neumann*, Hauck/Noftz, SGB XII, § 79 Rn. 6.

861 *Jaritz/Eicher,* jurisPK-SGB XII, § 79 Rn. 36.

III. Inhalt

Der Inhalt eines Rahmenvertrags ist in § 79 I S. 1 Nr. 1-4 SGB XII durch eine abschließende[862] Aufzählung vorgegeben. § 79 I S. 1 Nr. 1 u. 2 SGB XII sehen bestimmte Regelungen zu den Vergütungsvereinbarungen, § 79 I S. 1 Nr. 3 SGB XII die Festlegung des Inhalts und des Verfahrens zur Durchführung von Wirtschaftlichkeits- und Qualitätsprüfungen vor. § 79 I S. 1 Nr. 3 SGB XII betrifft Kosten aus dem Bereich des SGB IX. Dabei sollen jeweils nur Vorabfestlegungen getroffen werden[863], konkrete Vorgaben, insbesondere zur Höhe der Vergütung, dürfen in den Rahmenverträgen nicht gemacht werden.[864]

IV. Verbindlichkeit

Da eine dem § 75 I S. 4 SGB XI vergleichbare Regelung[865], die die unmittelbare Verbindlichkeit von Rahmenverträgen anordnet, im SGB XII nicht existiert, gelten die Rahmenverträge nach § 79 SGB XII ausschließlich für die Vertragsparteien[866] bzw. die durch die Vertragsparteien Vertretenen.[867] Ist der Rahmenvertrag danach für jemanden nicht verbindlich geworden, kann er es aber durch ausdrückliche Billigung werden.[868] Insbesondere Einrichtungsträger haben i. d. R. die Möglichkeit, dem Vertrag «beizutreten».[869]

Eine andere Frage ist, wie sich diese Verbindlichkeit auswirkt. Überwiegend wird wohl von einer bloßen Verpflichtung der Vertragsparteien, den Rahmenvertrag zu beachten und in die Einzelvereinbarung einzubeziehen, ausgegan-

862 BT-Drs 15/1514, S. 64. Dennoch enthalten die meisten Rahmenverträge Inhalte, die weit über die genannten Gegenstände hinausgehen (*Münder*, LPK-SGB XII, § 79 Rn. 11). Das liegt wohl auch daran, dass es im BSHG noch keine Vorgabe für den Inhalt der Rahmenverträge gab.

863 *Flint*, in: Grube/Wahrendorf (Hrsg.), SGB XII, § 79 Rn. 2.

864 *LSG Hessen*, Urt. v. 25.02.2011 – L 7 SO 237/10 KL –, in: SoR-akt. 2011, 117 ff.

865 Siehe dazu § 12 B. IV.

866 *Flint*, in: Grube/Wahrendorf (Hrsg.), SGB XII, § 79 Rn. 5; *Neumann*, Hauck/Noftz, SGB XII, § 79 Rn. 12 f.; *Münder*, LPK-SGB XII, § 79 Rn. 12; *W. Schellhorn*, in: Schellhorn/Schellhorn/Hohm (Hrsg.), SGB XII, § 79 Rn. 8; a. A. *Jaritz/Eicher*, jurisPK-SGB XII, § 79 Rn. 15 ff.

867 Für die Verbindlichkeit für den konkreten Einrichtungsträger ist erforderlich, dass ein Verband ihn wirksam vertreten hat, *Münder*, LPK-SGB XII, § 79 Rn. 13. Gleiches gilt auch für die kommunalen Spitzenverbände, die für die örtlichen Sozialhilfeträger handeln; vgl. *W. Schellhorn*, in: Schellhorn/Schellhorn/Hohm (Hrsg.), SGB XII, § 79 Rn. 8.

868 *W. Schellhorn*, in: Schellhorn/Schellhorn/Hohm (Hrsg.), SGB XII, § 79 Rn. 8.

869 *Flint*, in: Grube/Wahrendorf (Hrsg.), SGB XII, § 79 Rn. 5; *Münder*, LPK-SGB XII, § 79 Rn. 13.

gen.[870] Nach anderer Meinung wird allerdings sogar die automatische Nichtigkeit von dem Rahmenvertrag widersprechenden Vereinbarungen angenommen.[871]

D. Die Vereinbarungen nach § 75 III SGB XII

I. Bedeutung

Voraussetzung dafür, dass ein Sozialhilfeträger – soweit § 75 V S. 1 1. Hs. SGB XII nicht zur Anwendung kommt – die Kosten für die Leistungserbringung durch eine Einrichtung oder einen Dienst übernimmt, ist grundsätzlich der Abschluss der in § 75 III S. 1 SGB XII genannten Vereinbarungen zwischen dem Träger der Einrichtung bzw. des Dienstes und einem Sozialhilfeträger. Es bedarf einer Leistungsvereinbarung, die Inhalt, Umfang und Qualität der zu erbringenden Leistungen regelt (§ 75 III S. 1 Nr. 1 SGB XII), einer Vergütungsvereinbarung, die das Entgelt für diese Leistungen festlegt (Nr. 2) und einer Prüfungsvereinbarung, die Inhalt und Verfahren der Prüfung von Wirtschaftlichkeit und Qualität der Leistungen bestimmt (Nr. 3). Ohne diese Vereinbarungen kommt eine Leistungserbringung durch eine Einrichtung ausnahmsweise[872] nach Maßgabe von § 75 IV SGB XII in Frage. Da die Vereinbarungen zwischen dem jeweiligen Träger der Einrichtung und dem für den Sitz des Leistungserbringers zuständigen Träger der Sozialhilfe abgeschlossen werden, aber auch für alle anderen Sozialhilfeträger bindend sind (§ 77 I S. 2 SGB XII), entfalten sie also auch eine Wirkung über das Verhältnis der Vertragsparteien hinaus. Den Vereinbarungen kommt daher insgesamt zugleich eine Zulassungsfunktion zu.

II. Abschluss

§ 77 I S. 2 1. Hs. SGB XII nennt als Vertragsparteien der Vereinbarungen den Träger der Einrichtung bzw. des Dienstes und den Sozialhilfeträger, der für den jeweiligen Sitz der Einrichtung bzw. des Dienstes zuständig ist. § 75 III S. 1 SGB XII geht hingegen davon aus, dass auch ein Trägerverband die Ver-

---

870 *Flint*, in: Grube/Wahrendorf (Hrsg.), SGB XII, § 79 Rn. 6; *LSG Berlin-Brandenburg*, Beschl. v. 02.09.2011 – L 23 SO 147/11 B ER –, in: : SRa 2011, 229. (231); wohl auch *Neumann*, Hauck/Noftz, SGB XII, § 79 Rn. 13.

871 *Jaritz/Eicher,* jurisPK-SGB XII, § 79 Rn. 38, die aber den Rahmenvertrag auch als Normvertrag ansehen, Rn. 15 ff.

872 *BVerwG*, Urt. v. 04.08.2006 – 5 C 13/05 –, in: NVwZ-RR 2007, 111 (111 f.) noch zu § 93 BSHG.

einbarungen abschließen kann. Der später in Kraft getretene § 77 I S. 2 1. Hs. SGB XII hat als lex-posterior allerdings Vorrang vor § 75 III S. 1 SGB XII, so dass diese Verbände als Vertragsparteien hier nicht in Betracht kommen.[873] Die sachliche Zuständigkeit der Sozialhilfeträger richtet sich nach dem Leistungsangebot der Einrichtung.[874] Im Rahmen der Hilfe zur Pflege sind in NRW somit die Kreise und kreisfreien Städte als örtliche Träger der Sozialhilfe zuständig.[875]

Kommt es innerhalb von sechs Wochen, nachdem eine Vertragspartei die andere schriftlich zu Verhandlungen aufgefordert hat, zu keiner Einigung über eine Vergütungsvereinbarung, entscheidet eine Schiedsstelle über die streitigen Punkte (§ 77 I S. 3 SGB XII). In jedem Bundesland muss mindestens eine Schiedsstelle existieren. Sie besteht jeweils zu gleichen Teilen aus Vertretern der Träger der Einrichtungen/Dienste und Vertretern der örtlichen und überörtlichen Sozialhilfeträger sowie einem unparteiischen Vorsitzenden (§ 80 I, II S. 1 SGB XII).[876] Gegen die ergangene Entscheidung ist der Rechtsweg zu den Sozialgerichten eröffnet, wobei Klagegegner die jeweils andere Vertragspartei, nicht die Schiedsstelle, ist (§ 77 I S. 4, 5 SGB XII). Da die Leistungsvereinbarung und die Prüfungsvereinbarung in § 77 I S. 3 SGB XII nicht genannt werden, sind diese nicht schiedsstellenfähig. Bei Konflikten müssen hier sofort die Gerichte angerufen werden.[877]

Aufgrund der zentralen Bedeutung der Vereinbarungen stellt sich zwangsläufig die Frage, ob ein Anspruch der Einrichtung bzw. des Dienstes auf einen

---

873 *Jaritz/Eicher,* jurisPK-SGB XII, § 77 Rn. 28; *Münder*, LPK-SGB XII, § 77 Rn. 4.

874 *Jaritz/Eicher,* jurisPK-SGB XII, § 77 Rn. 28.

875 § 5 C. III.

876 Gemäß § 81 II SGB XII werden die Landesregierungen ermächtigt durch eine Rechtsverordnung Genaueres über die Zahl, die Bestellung, die Amtsdauer und Amtsführung, die Erstattung der baren Auslagen und die Entschädigung für den Zeitaufwand der Mitglieder der Schiedsstelle nach § 80, die Rechtsaufsicht, die Geschäftsführung, das Verfahren, die Erhebung und die Höhe der Gebühren sowie über die Verteilung der Kosten zu bestimmen. Dies ist in NRW durch die Verordnung über die Schiedsstellen nach dem Sozialgesetzbuch Zwölftes Buch (SGB XII) – Sozialhilfe (Schiedsstellenverordnung – SchV) vom 14. Juni 1994, GV.NW, S. 264, zuletzt geändert am 16. Dezember 2004, GV.NW., S. 816, geschehen.

877 *BVerwG*, Urt. v. 04.08.2006 – 5 C 13/05 –, in: NVwZ-RR 2007, 111 (111) noch zu § 93b BSHG; *LSG Baden-Württemberg*, Urt. v. 13.07.2006 – L 7 SO 1902/06 ER-B –, in: : SRa 2006, 168 (171); *Flint*, in: Grube/Wahrendorf (Hrsg.), SGB XII, § 77 Rn. 10; *Münder*, LPK-SGB XII, § 77 Rn. 5; a. A. *Jaritz/Eicher,* jurisPK-SGB XII, § 77 Rn. 31 ff., die auch von einer Schiedsstellenfähigkeit von Leistungsvereinbarungen ausgehen, da diese eine rechtliche Einheit bilden würden; kritisch in Bezug auf die Rechtslage aber der h. M. folgend *Neumann*, Hauck/Noftz, SGB XII, § 77 Rn. 8; *W. Schellhorn*, in: Schellhorn/Schellhorn/Hohm (Hrsg.), SGB XII, § 77 Rn. 4.

Abschluss besteht. Für das Bestehen eines solchen Anspruchs beim Vorliegen der in § 75 II S. 2 SGB XII genannten Voraussetzungen sprechen die Parallelen zum System des SGB XI und auch der Wortlaut des § 75 II S. 2 SGB XII, der besagt, dass Vereinbarungen abzuschließen «sind».[878] Dennoch wird, an die Rechtsprechung des BVerwG zu § 93 BSHG anknüpfend[879], nahezu einhellig davon ausgegangen, dass ein Ermessen des Sozialhilfeträgers bestehe und der Träger dementsprechend nur einen Anspruch auf ermessensfehlerfreie Entscheidung habe.[880] Allerdings wird hier allgemein eine starke Bindung im Rahmen der Ermessensentscheidung an die in § 75 II S. 2 SGB XII[881] genannten Kriterien angenommen, so dass bei deren Vorliegen das Ermessen auf null reduziert[882] und die Regelung im Ergebnis fast wie ein Rechtsanspruch auf Zulassung zu betrachten sei.[883]

§ 75 II S. 2 SGB XII setzt voraus, dass die Einrichtungen und Dienste zur Leistungserbringung geeignet sind. Dazu müssen sie leistungsfähig sein und die Grundsätze des § 9 I SGB XII gewährleisten können, also dazu in der Lage sein, Leistungen nach den Besonderheiten des Einzelfalls zu erbringen. Die Leistungsfähigkeit ist gegeben, wenn die Einrichtung oder der Dienst die ihnen obliegenden Aufgaben – im hier betrachteten Bereich also Pflegetätigkeiten – mit Hilfe ihrer vorhandenen Personal-, Sach- aber auch Geldmittel[884] optimal erfüllen können.[885]

Zum Teil wird für einen entsprechenden Zulassungsanspruch auch die Einhaltung der in § 75 III S. 2 SGB XII genannten Grundsätze der Wirtschaftlichkeit

878 So auch *W. Schellhorn*, in: Schellhorn/Schellhorn/Hohm (Hrsg.), SGB XII, § 75 Rn. 22; *ders*, in: Köbl/Brünner (Hrsg.), Die Vergütung von Einrichtungen und Diensten nach SGB XI und BSHG, S. 44.

879 *BVerwG*, Urt. v. 30.09.1993 – 5 C 41/91 –, in: BVerwGE 94, 202 ff.; *BVerwG*, Urt. v. 01.12.1998 – 5 C 29/97 –, in: NVwZ-RR 1999, 443 (445).

880 *Bieback*, NZS 2007, 505 (508); *Flint*, in: Grube/Wahrendorf (Hrsg.), SGB XII, § 75 Rn. 32 f.; *Jaritz/Eicher,* jurisPK-SGB XII, § 75 Rn. 44; *Münder*, LPK-SGB XII, § 75 Rn. 14; *Neumann*, Hauck/Noftz, SGB XII, § 75 Rn. 22.

881 Zu § 75 II S. 3 SGB XII s. u.

882 *LSG Berlin-Brandenburg*, Beschl. v. 02.09.2011 – L 23 SO 147/11 B ER – in: SRa 2011, 229 (232); *Flint*, in: Grube/Wahrendorf (Hrsg.), SGB XII, § 75 Rn. 34; *Jaritz/Eicher,* jurisPK-SGB XII, § 75 Rn. 44; *Münder*, LPK-SGB XII, § 75 Rn. 14; ähnlich *Neumann*, Hauck/Noftz, SGB XII, § 75 Rn. 24.

883 *Münder*, LPK-SGB XII, § 75 Rn. 18; ähnlich *Flint*, in: Grube/Wahrendorf (Hrsg.), SGB XII, § 75 Rn. 34.

884 «Wirtschaftliche Leistungsfähigkeit» *Münder*, LPK-SGB XII, § 75 Rn. 11.

885 *BVerwG*, Urt. v. 01.12.1998 – 5 C 29/97 –, in: NVwZ-RR 1999, 443 (444) zu § 93 BSHG.

und Sparsamkeit verlangt.[886] Dies überzeugt allerdings nicht, da sich diese Grundsätze nicht auf das «Ob», sondern auf das «Wie» der Vereinbarung beziehen.[887]

In diesem Zusammenhang stellt sich auch die Frage nach der Bedeutung der Regelung des § 75 II S. 3 SGB XII, die vorschreibt, dass der Sozialhilfeträger bei gleich geeigneten Einrichtungen Verträge mit derjenigen abschließen soll, die bei gleichem Inhalt, gleichem Umfang und gleicher Qualität der Leistung die geringere Vergütung verlangt. Unklar ist, welchen Anwendungsbereich[888] diese Vorschrift haben soll, wenn beim Vorliegen der oben genannten Kriterien ein Zulassungsanspruch besteht und Wirtschaftlichkeitsaspekte in erster Linie dem «Wie» der Vereinbarung zuzuordnen sind. Diese Zweifel gelten insbesondere auch deshalb, weil allgemein anerkannt ist, dass Bedarfsgesichtspunkte bei der Zulassungsentscheidung keine Rolle spielen dürfen.[889] Auch mit Blick auf die Entwicklung der Vorschrift[890] ist ihr im Ergebnis keine konkrete Regelungswirkung zu entnehmen,[891] allenfalls könnte darin eine Andeutung der Erforderlichkeit eines externen Vergleichs gesehen werden.[892]

III. Inhalt

1. Grundsätze

In § 75 III S. 2 SGB XII wird festgelegt, dass die Vereinbarungen den Grundsätzen der Wirtschaftlichkeit, Sparsamkeit und Leistungsfähigkeit genügen müssen. Auch hier werden die Verträge prospektiv geschlossen (§ 77 I S.1 1. Hs. SGB XII). Da ein nachträglicher Ausgleich nicht zulässig ist (§ 77 I S.1 2. Hs. SGB XII), kann der Einrichtungsträger sowohl Gewinne als auch

886 *LSG Berlin-Brandenburg*, Beschl. v. 02.09.2011 – L 23 SO 147/11 B ER – in: SRa 2011, 229 (232); *Flint*, in: Grube/Wahrendorf (Hrsg.), SGB XII, § 75 Rn. 34.

887 *W. Schellhorn*, in: Schellhorn/Schellhorn/Hohm (Hrsg.), SGB XII, § 75 Rn. 24.

888 Ein solcher wird teilweise scheinbar angenommen, s. etwa *Jaritz/Eicher,* jurisPK-SGB XII, § 75 Rn. 44 ff.

889 *BVerwG*, Urt. v. 30.09.1993 – 5 C 41/91 –, in: BVerwGE 94, 202 ff. zu § 93 BSHG; *Jaritz/Eicher,* in: jurisPK-SGB XII, § 75 Rn. 44; *Münder*, in: LPK-SGB XII, § 75 Rn. 17; *Neumann*, Hauck/Noftz, SGB XII, § 75 Rn. 22; *ders.*, Freiheitsgefährdung im kooperativen Sozialstaat, S. 394 ff.; *W. Schellhorn*, in: Schellhorn/Schellhorn/Hohm (Hrsg.), SGB XII, § 75 Rn. 23.

890 Siehe dazu *Neumann*, Hauck/Noftz, SGB XII, § 75 Rn. 27; *W. Schellhorn*, in: Schellhorn/Schellhorn/Hohm (Hrsg.), SGB XII, § 75 Rn. 18.

891 *W. Schellhorn*, in: Schellhorn/Schellhorn/Hohm (Hrsg.), SGB XII, § 75 Rn. 18; ähnlich wohl *Neumann*, Hauck/Noftz, SGB XII, § 75 Rn. 28.

892 *Münder*, LPK-SGB XII, § 75 Rn. 16, 27.

Verluste haben, das Selbstkostendeckungsprinzip scheidet aus.[893] Förderungen, die aus öffentlichen Mitteln stammen, sind immer anzurechnen (§ 76 II S. 2 SGB XII). Die notwendigen Inhalte der einzelnen Vereinbarungen werden in § 76 SGB XII konkretisiert. Allerdings enthält auch dieser keine Vorgaben, wie der zentrale Bestandteil, die - in der Vergütungsvereinbarung zu regelnde – Vergütung, zu ermitteln ist.

Die Grundsätze der Wirtschaftlichkeit und Sparsamkeit können diesbezüglich nicht getrennt voneinander betrachtet werden und bedeuten insgesamt nichts anderes, als dass das durch das SGB XII vorgegebene Ziel mit Hilfe eines möglichst geringen Mitteleinsatzes erreicht werden soll.[894] Die Leistungsfähigkeit[895] stellt in diesem Zusammenhang eine Art Untergrenze dar.[896] Diese kann nur gewahrt werden, wenn sich insgesamt aus dem Zusammenspiel zwischen Leistungs- und Vergütungsvereinbarung eine leistungsgerechte Vergütung ergibt.[897] Somit gilt das gleiche Erfordernis wie im Bereich des SGB XI (§ 84 II S. 1 SGB XI).[898]

Dementsprechend stellte die Rechtsprechung auch schon hier auf den externen Vergleich als Hauptkriterium für die Ermittlung einer leistungsgerechten Vergütung ab.[899] Ein gefordertes Entgelt sei demnach als leistungsgerecht anzusehen, wenn es im Vergleich mit anderen Anbietern das preisgünstigste sei oder es sich innerhalb einer bestimmten Bandbreite von Entgelten für vergleichbare Leistungen anderer Einrichtungen bewege (dies wird als «marktgerechter Preis» bezeichnet).[900] Dies entspricht in etwa der oben bereits dargestellten Interpretation des BSG[901] zur Vergütung auf der Grundlage des SGB XI aus dem Jahr 2000,[902] die mittlerweile zu Gunsten einer «milderen»

---

893 *Wenzel/Kulenkampf*, NDV 2006, 455 (457).

894 *Wenzel/Kulenkampf*, NDV 2006, 455 (457).

895 Zum Begriff der Leistungsfähigkeit § 16 C. II.

896 *Jaritz/Eicher,* jurisPK-SGB XII, § 75 Rn. 44; *Neumann*, Hauck/Noftz, SGB XII, § 75 Rn. 34.

897 *Wenzel/Kulenkampf*, NDV 2006, 455 (457); siehe dazu auch *Jaritz/Eicher,* jurisPK-SGB XII, § 75 Rn. 46.

898 § 12 C. II. 1. b. bb. (2) (a)

899 *BVerwG*, Urt. v. 01.12.1998 – 5 C 17/97 –, in: NVwZ-RR 1999, 446 (447 f.); siehe dazu und den diesbezüglichen praktischen Problemen bei der Umsetzung *Wenzel/Kulenkampf*, NDV 2006, 455 (458 ff.).

900 *BVerwG*, Urt. v. 01.12.1998 – 5 C 17/97 –, in: NVwZ-RR 1999, 446 (448).

901 *BSG*, Urt. v. 14.12.2000 – B 3 P 19/00 R –, in: BSGE 87, 199 ff.; § 12 C. II. 1. b. bb. (2) (a).

902 *Wenzel/Kulenkampf* bezeichnen die Entscheidung des BSG im Verhältnis zur vorausgehenden des BVerwG als «marktradikaler», was aber den Besonderheiten des SGB XI geschuldet sei, NDV 2006, 455 (459).

zweistufigen Prüfung, die den Gestehungskosten mehr und dem externen Vergleich weniger Gewicht einräumt, aufgegeben wurde.[903]

Abzuwarten ist, ob diese neuere Rechtsprechung auch auf den Bereich des SGB XII übertragbar ist. Eine Entscheidung des nunmehr auch dafür zuständigen BSG existiert noch nicht. Teile der Literatur gehen weitestgehend ohne nähere Begründung von einer Übertragbarkeit aus.[904] Dafür spricht, dass es im Bereich der Einrichtungen und Dienste des SGB XII ebenfalls keinen Markt zur Ermittlung von «marktgerechten Preisen» über den externen Vergleich geben kann.[905] Andere lehnen eine Anwendung der zweistufigen Prüfung bei Einrichtungen und Diensten der Sozialhilfe ausdrücklich ab.[906] Sie betonen, dass es im SGB XII keine dem § 85 III S. 2-4 SGB XI entsprechenden Vorschriften gebe, auf welche das BSG seine Argumentation zum Erfordernis der ersten Stufe der Prüfung stützt.[907] Allerdings hat der Sozialhilfeträger gem. § 75 III S. 3 SGB XII ein «uneingeschränktes Prüfungsrecht»[908] in Bezug auf Wirtschaftlichkeit und Qualität der Leistungen. Darauf gestützt kann er alle notwendigen Unterlagen vom Einrichtungsträger verlangen.[909] Das Prüfungsrecht umfasst somit auch die in § 85 III S. 2-4 SGB XI genannten Befugnisse. Zusätzlich wird von der ablehnenden Auffassung pauschal auf die Unterschiede zwischen Pflegeversicherung und Sozialhilfe, insbesondere bezüglich der Bedarfsdeckung, hingewiesen.[910] Was das mit der hier zu beantwortenden Frage des Leistungserbringungsrechts zu tun hat, ist aber nicht ersichtlich. Insgesamt ist somit eher von einer Übertragbarkeit der Rechtsprechung auszugehen.

---

903 Grundlegend *BSG*, Urt. v. 29.01.2009 – B 3 P 7/08 R –, in: BSGE, 102, 227 ff. Siehe dazu § 12 C. II. 1. b. bb. (2) (a), (b).

904 *Flint*, in: Grube/Wahrendorf (Hrsg.), SGB XII, § 75 Rn. 26; *Neumann*, Hauck/Noftz, SGB XII, § 75 Rn. 37; *W. Schellhorn*, in: Schellhorn/Schellhorn/Hohm (Hrsg.), SGB XII, § 75 Rn. 42.

905 *Brünner*, Vergütungsvereinbarungen für Pflegeeinrichtungen nach SGB XI, S. 166 f.; *Neumann*, Hauck/Noftz, SGB XII, § 75 Rn. 36; *Schellhorn*, in: Köbl/Brünner (Hrsg.), Die Vergütung von Einrichtungen und Diensten nach SGB XI und BSHG, S. 44.

906 *SG Hildesheim*, Urt. v. 28.09.2010 – S 34 SO 252/05 –, juris, Rn. 42 f.; *Münder*, LPK-SGB XII, § 75 Rn. 28.

907 *SG Hildesheim*, Urt. v. 28.09.2010 – S 34 SO 252/05 –, juris, Rn. 42; *Münder*, LPK-SGB XII, § 75 Rn. 28.

908 BR-Drs. 559/03, S. 203.

909 Zum Ganzen *W. Schellhorn*, in: Schellhorn/Schellhorn/Hohm (Hrsg.), SGB XII, § 75 Rn. 40.

910 *SG Hildesheim*, Urt. v. 28.09.2010 – S 34 SO 252/05 –, juris, Rn. 43; *Münder*, LPK-SGB XII, § 75 Rn. 28.

2. Leistungsvereinbarung

a. Allgemeines

In den Leistungsvereinbarungen werden Inhalt, Umfang und Qualität der Leistungen festgelegt (§ 75 III Nr. 1 SGB XII).

Die Leistungen müssen den Grundsätzen des § 76 I S. 3 SGB XII genügen und somit ausreichend, zweckmäßig, notwendig und wirtschaftlich sein. Damit lehnen sich die Vorgaben an die Grundsätze des § 75 III S. 2 SGB XII an.[911] Eine Leistung ist ausreichend, wenn damit der im Rahmen der Sozialhilfe anzuerkennende Bedarf gedeckt werden kann.[912] Zweckmäßigkeit ist gegeben, wenn sie geeignet ist, die Aufgaben und Ziele einer Hilfsart der Sozialhilfe zu erfüllen.[913] Notwendig ist die zweckmäßige Leistung allerdings nur, wenn sie zwingend für die Erfüllung der Aufgabe bzw. für die Erreichung des Ziels erforderlich ist.[914] Sind mehrere Leistungen gleich geeignet, ist nach dem Grundsatz der Wirtschaftlichkeit diejenige zu vereinbaren, für die der geringste personelle, sächliche und finanzielle Aufwand benötigt wird.[915]

Die Leistungsvereinbarung muss inhaltlich die «wesentlichen Leistungsmerkmale» (§ 76 I S. 1 1. Hs. SGB XII), mindestens aber die in § 76 I S. 1 2. Hs. SGB XII genannten (betriebsnotwendige Anlagen, zu betreuender Personenkreis, Art, Ziel und Qualität der Leistung, Qualifikation des Personals, sächliche und personelle Ausstattung) sowie eine Aufnahme- und Betreuungspflicht (§ 76 I S. 2 SGB XII) enthalten. Als «wesentlich» sind die Leistungsmerkmale anzusehen, die erforderlich sind, um die bedarfsdeckende Leistung konkret zu beschreiben und anhand derer in der Vergütungsvereinbarung ein Preis festgelegt werden kann.[916] Der Maßstab für die Beschreibung ist nicht der Hilfsbedarf von konkreten Personen, sondern der typisierte Hilfs-

911 *Münder*, LPK-SGB XII, § 76 Rn. 11.

912 *Flint*, in: Grube/Wahrendorf (Hrsg.), SGB XII, § 76 Rn. 18; *Jaritz/Eicher,* jurisPK-SGB XII, § 76 Rn. 44; *Neumann*, Hauck/Noftz, SGB XII, § 75 Rn. 10.

913 *Flint*, in: Grube/Wahrendorf (Hrsg.), SGB XII, § 76 Rn. 19; *Jaritz/Eicher,* jurisPK-SGB XII, § 76 Rn. 44; *Neumann*, Hauck/Noftz, SGB XII, § 75 Rn. 10.

914 *Flint*, in: Grube/Wahrendorf (Hrsg.), SGB XII, § 76 Rn. 20; *Jaritz/Eicher,* jurisPK-SGB XII, § 76 Rn. 44; *Neumann*, Hauck/Noftz, SGB XII, § 75 Rn. 10.

915 *Jaritz/Eicher,* jurisPK-SGB XII, § 76 Rn. 44; wohl auch *Neumann*, Hauck/Noftz, SGB XII, § 76 Rn. 9 f.

916 *Jaritz/Eicher,* jurisPK-SGB XII, § 76 Rn. 22.

bedarf abstrakt umschriebener Bedarfsgruppen.[917] In den Rahmenverträgen sind i. d. R. verschiedene «Leistungstypen» und ihre wesentlichen Leistungsmerkmale definiert.[918]

b. Mindestinhalt

aa. Leistungsmerkmale

(1) Art, Ziel und Qualität der Leistung sowie zu betreuender Personenkreis

Ausgangspunkt der Vereinbarung ist die Festlegung der Art, des Ziels und der Qualität der Leistung. Unmittelbar mit der Art und dem Ziel der Leistung hängt der zu betreuende Personenkreis zusammen.[919]

Die Leistungsart umfasst die Hilfsart der Sozialhilfe, die erfüllt werden soll – hier also die Hilfe zur Pflege – und die Modalität, wie diese erbracht werden soll, ambulant, vollstationär oder teilstationär.[920] Das Ziel der Leistung hängt von dem Zweck ab, der mit der vereinbarten Art der Leistung verfolgt wird.[921] Als allgemeines Ziel kommt bei der Hilfe zur Pflege etwa die Sicherstellung der gewöhnlichen und regelmäßig wiederkehrenden Verrichtungen in Betracht.[922] Ziel der ambulanten Hilfe ist es etwa, den Verbleib im eigenen

---

917 *LSG Baden-Württemberg*, Beschl. v. 27.06.2011 – L 7 SO 797/11 ER-B –, in: SRa 2011, 197 (199); *Bayerisches LSG*, Urt. v. 15.11.2007 – L 11 SO 46/06 –, in: SRa 2008, 116 (116); *Jaritz/Eicher*, jurisPK-SGB XII, § 76 Rn. 22; *Neumann*, Hauck/Noftz, SGB XII, § 76 Rn. 4.

918 So auch in NRW (§ 11 RV-stat.-NW, § 9 RV-amb.-NW). Im stationären Bereich existiert allerdings kein Leistungstyp, der sich auf stationäre Pflege i. S. d. Hilfe zur Pflege bezieht (vgl. Anlage 1 zum RV-stat.-NW (abrufbar unter http://www.lwl.org/spur-download/rahmenvertrag/anlage1.pdf, abgerufen am: 21.08.2012). Das Vorliegen eines entsprechenden Leistungstyps in der Rahmenvereinbarung ist natürlich für den Abschluss einer Leistungsvereinbarung nicht zwingend erforderlich, dennoch spricht dies dafür, dass die stationären Leistungen der Hilfe zur Pflege in der Praxis durch zugelassene Pflegeeinrichtungen i. S. d. SGB XI erbracht werden. Dafür spricht auch die Regelung des § 1 VI RV-stat.-NW, die vorsieht, dass für Pflegebedürftige der Pflegestufe 0, die in solchen Pflegeeinrichtungen leben, der Rahmenvertrag nach §75 SGB XI analog gilt und dass die Vergütungssätze für diesen Personenkreis im Rahmen des Vergütungsverfahrens nach dem 8. Kapitel des SGB XI verhandelt werden (vgl. Fn. 846). Für den ambulanten Bereich existiert der «Leistungstyp A – Ambulante pflegerische und hauswirtschaftliche Hilfen» (s. Anlage zu § 9 V RV-amb.-NW).

919 *Jaritz/Eicher*, jurisPK-SGB XII, § 76 Rn. 30; *Münder*, LPK-SGB XII, § 76 Rn. 5;

920 *Flint*, in: Grube/Wahrendorf (Hrsg.), SGB XII, § 76 Rn. 19; *Jaritz/Eicher*, jurisPK-SGB XII, § 76 Rn. 26.

921 *Jaritz/Eicher*, jurisPK-SGB XII, § 76 Rn. 27.

922 *Jaritz/Eicher*, jurisPK-SGB XII, § 76 Rn. 27.

Haushalt zu ermöglichen.[923] Der zu betreuende Personenkreis besteht dementsprechend grundsätzlich aus Pflegebedürftigen, wobei eine nähere Differenzierung möglich ist. Die Qualität der Leistung beschreibt, welche Standards für die Erreichung des Ziels erforderlich sind. Hier wird i. d. R. zwischen Struktur-, Prozess- und Ergebnisqualität unterschieden.[924]

(2) Qualifikation des Personals und personelle Ausstattung

In Bezug auf die Qualifikation des Personals muss festgelegt werden, welche fachlichen Anforderungen an dieses gestellt werden. Von diesem Regelungspunkt ist auch in großem Maße die Qualität der Leistung abhängig.[925] In untrennbarem Zusammenhang damit steht die Vereinbarung der personellen Ausstattung, die aus dem Bedarf der Zielgruppe, dem jeweiligen Leistungsspektrum und der Kapazität der Einrichtung bzw. des Dienstes resultiert und auch die Funktion und Qualifikation des Personals beinhaltet.[926] Bei Pflegeeinrichtungen bzw. -diensten bietet es sich an, die Maßstäbe des SGB XI in diesem Bereich zu übernehmen.[927]

(3) Betriebsnotwendige Anlagen und sächliche Mittel

Außerdem muss in der Vereinbarung enthalten sein, welche Sachmittel zur Aufgabenerfüllung eingesetzt werden. Unter betriebsnotwendigen Anlagen sind Grundstücke und insbesondere Gebäude als solche zu verstehen.[928] Diese sind natürlich insbesondere im stationären Bereich erforderlich, aber auch im ambulanten Bereich werden sie für Verwaltungs- und Lagerräume benötigt. Zu den sächlichen Mitteln gehören alle anderen, für die Hilfsart zwingend benötigten Sachmittel, so etwa die Ausstattung und das Inventar der Gebäude[929] und bei ambulanter Hilfe z. B. Fahrzeuge.[930]

---

923 Anlage zu § 9 V RV-amb.-NW.

924 So auch in NRW § 10 RV-stat.-NW, § 8 RV-amb.-NW. Zu den Begrifflichkeiten siehe *Münder*, LPK-SGB XII, § 76 Rn. 6 f.

925 Zum Ganzen *Jaritz/Eicher,* jurisPK-SGB XII, § 76 Rn. 31.

926 *Flint*, in: Grube/Wahrendorf (Hrsg.), SGB XII, § 76 Rn. 14; *Jaritz/Eicher,* jurisPK-SGB XII, § 76 Rn. 32.

927 Siehe Anlage zu § 9 V RV-amb.-NW; siehe auch § 7 A. II. 2.

928 *Jaritz/Eicher,* jurisPK-SGB XII, § 76 Rn. 29, 32.

929 *Jaritz/Eicher,* jurisPK-SGB XII, § 76 Rn. 29, 32.

930 *Flint*, in: Grube/Wahrendorf (Hrsg.), SGB XII, § 76 Rn. 13; *Münder*, LPK-SGB XII, § 76 Rn. 9.

bb. Aufnahme- und Betreuungspflicht

Die Leistungsvereinbarung muss zwingend eine Verpflichtung der Einrichtung bzw. des Dienstes enthalten, im Rahmen des vereinbarten Leistungsangebots Leistungsberechtigte aufzunehmen bzw. zu betreuen (§ 76 I S. 2 SGB XII).[931] Dieser Vorgabe bedarf es, da im SGB XII keine dem § 72 IV SGB XI vergleichbare Vorschrift besteht[932] und es verhindert werden soll, dass sich die Einrichtungen und Dienste die «leichteren» und somit wirtschaftlich reizvolleren Fälle herauspicken.[933] Ein Anspruch des einzelnen Leistungsberechtigten auf Aufnahme in eine konkrete Einrichtung oder auf Betreuung durch einen konkreten Dienst kann daraus aber nicht abgeleitet werden.[934]

c. Fakultativer Inhalt

Die beteiligten Parteien können in der Leistungsvereinbarung unter Beachtung der allgemeinen Grundsätze nach ihren Wünschen weitere Inhalte vereinbaren. Dabei kann es sich insbesondere anbieten, Gegenstände zu regeln, die bei der Vergütungsvereinbarung eine Rolle spielen – bei Einrichtungen etwa die Unterkunft und die Verpflegung – und weitergehende Konkretisierungen des Angebots vorzunehmen.[935]

3. Vergütungsvereinbarung

a. Allgemeines

Vergütungsvereinbarungen bestehen nach § 76 II S. 1 SGB XII mindestens aus Pauschalen für Unterkunft und Verpflegung (Grundpauschale) und für Maßnahmen (Maßnahmepauschale) sowie aus einem Betrag für betriebsnotwendige Anlagen einschließlich ihrer Ausstattung (Investitionsbetrag). In dieser Form ist die Vorschrift allerdings nur auf Einrichtungen anwendbar. Bei Diensten ist im Gegensatz zu Einrichtungen die «Besonderheit» zu beachten, dass die Gewährung von Unterkunft und Verpflegung hier keine Leistung

---

931 Zu den Besonderheiten bei Einrichtungen und Diensten, die in der Trägerschaft einer Religionsgemeinschaft stehen, siehe *Jaritz/Eicher,* jurisPK-SGB XII, § 76 Rn. 40; *Neumann*, Hauck/Noftz, SGB XII, § 76 Rn. 8.

932 Siehe dazu *Jaritz/Eicher,* jurisPK-SGB XII, § 76 Rn. 38.

933 *Münder*, LPK-SGB XII, § 76 Rn. 13.

934 *Flint*, in: Grube/Wahrendorf (Hrsg.), SGB XII, Rn. 16; *Münder*, LPK-SGB XII, § 76 Rn. 13; a. A. *Jaritz/Eicher,* jurisPK-SGB XII, § 76 Rn. 42.

935 *Münder*, LPK-SGB XII, § 76 Rn. 10.

darstellt. Dementsprechend reichen in diesem Bereich als Mindestinhalt der Vergütungsvereinbarung die Maßnahmepauschale und der Investitionsbetrag aus.[936]

Auffällig ist die Unterscheidung zwischen «Pauschale» und «Betrag». Zu klären ist, ob bzw. welche Rechtswirkungen an diese unterschiedliche Terminologie anknüpfen. Der Begriff der Pauschale wird teilweise so gedeutet, dass die Festlegung unabhängig von der konkreten Situation des jeweiligen Leistungserbringers erfolgen müsse und somit ein einrichtungsübergreifender Maßstab anzusetzen sei. Der Begriff des Betrags sei hingegen so zu verstehen, dass hier auf einen einrichtungsindividuellen Maßstab abgestellt werden muss. Zur Begründung wird die Gesetzesbegründung des Entwurfs des Gesetzes zur Reform des Sozialhilferechts aus dem Jahre 1995[937] angeführt.[938] Diese Deutung wird von anderer Seite allerdings abgelehnt. Sie ergebe sich in keiner Weise aus dem Gesetz.[939] Vielmehr bedeute die unterschiedliche Bezeichnung nur, dass bei der Verwendung von Pauschalen der konkrete Bedarf des einzelnen Leistungsberechtigten unberücksichtigt bleibe, während bei der Ermittlung des Betrags die individuelle Einrichtungssituation ausschlaggebend sei.[940] Dieser Ansicht ist zu folgen.[941] Gegen die erstgenannte Interpretation spricht, dass es nicht überzeugt, dass allein aus den unterschiedlichen Begrifflichkeiten die weitreichende Konsequenz gefolgert werden kann, die Vergütung solle weitestgehend einheitlich sein. Dies würde zum einen zu unbilligen Ergebnissen führen,[942] und sich zum anderen nicht mit dem neuen Verständnis des externen Vergleiches decken, das wohl auch im Rahmen des SGB XII zu berücksichtigen ist[943] und eher eine Abwendung vom Einheitspreis darstellt. Somit ist eine einrichtungsübergreifende Kalkulation vom Gesetz durch den Begriff der Pauschale nicht zwingend vorgegeben und überzeugt auch im Ergebnis nicht.[944]

---

936 Siehe auch § 10 II V RV-amb.-NW.

937 BT-Drs. 13/2440, S. 29.

938 Zum Ganzen *Jaritz/Eicher,* jurisPK-SGB XII, § 76 Rn. 48.

939 *Münder*, LPK-SGB XII, § 76 Rn. 15; *W. Schellhorn*, in: Schellhorn/Schellhorn/Hohm (Hrsg.), SGB XII, § 76 Rn. 16.

940 *Münder*, LPK-SGB XII, § 76 Rn. 15.

941 So wohl auch § 12 VI RV-stat.-NW.

942 *W. Schellhorn*, in: Schellhorn/Schellhorn/Hohm (Hrsg.), SGB XII, § 76 Rn. 16.

943 § 16 C. III. 1.

944 Selbst wenn eine einrichtungsübergreifende Kalkulation gewählt wird, sind Ausnahmeregelungen zwingend erforderlich, um Besonderheiten der jeweiligen Einrichtungen bzw. des Dienstes berücksichtigen zu können; vgl. *Jaritz/Eicher,* jurisPK-SGB XII, § 76 Rn. 51; *Neumann*, Hauck/Noftz, SGB XII, § 76 Rn. 12.

Anders als das SGB XI (§ 84 III SGB XI, § 89 I S. 4 SGB XI) sieht das SGB XII nicht den Grundsatz der Einheitlichkeit der Vergütung vor. Das bedeutet, dass –soweit sich aus der Anwendung des SGB XI oder aufgrund der Regelungen des WBVG nichts anderes ergibt – von «Privatzahlern» ein erhöhtes Entgelt verlangt werden kann.[945]

b. Mindestinhalt

aa. Grundpauschale

Die Grundpauschale ist nach § 76 II S. 1 SGB XII der Bestandteil der Vergütung, der die Kosten für Unterkunft und Verpflegung beinhaltet und somit ein Äquivalent zu den Inhalten der Vereinbarung nach § 87 SGB XI.[946] Zu den Leistungen der Unterkunft und der Verpflegung gehört alles, was den Aufenthalt des Leistungsberechtigten in der Einrichtung ermöglicht.[947] Von dem Kostenbestandteil ausgenommen sind Kosten, die sich zwar auf Unterkunft und Verpflegung beziehen, aber dem Investitionsbereich zuzuordnen sind.[948] Personal- und Sachkosten sind in der Grundpauschale zu berücksichtigten, soweit sie durch Unterkunft und Verpflegung verursacht werden.[949]

bb. Maßnahmepauschale

Der Inhalt der Maßnahmepauschale bestimmt sich im Wege einer Negativdefinition.[950] Sie dient als Entgelt für die nach der Leistungsvereinbarung zu erbringenden (Pflege-)Leistungen als solche, soweit diese nicht schon von der Grundpauschale oder dem Investitionsbetrag abgedeckt werden.[951] Bei der Festlegung der Maßnahmepauschale kann eine Kalkulation «nach Gruppen für Leistungsberechtigte mit vergleichbarem Bedarf» erfolgen (§ 76 II S. 2 SGB XII). Dies ist in etwa mit den Pflegeklassen des § 84 SGB XI vergleich-

945 Siehe dazu *W. Schellhorn*, in: Schellhorn/Schellhorn/Hohm (Hrsg.), SGB XII, § 76 Rn. 13.
946 *Münder*, LPK-SGB XII, § 76 Rn. 16.
947 § 5 I S. 1 RV-stat.-NW; zu Einzelheiten s. a. § 5 II RV-stat.-NW.
948 *Flint*, in: Grube/Wahrendorf (Hrsg.), SGB XII, § 76 Rn. 27; *Jaritz/Eicher,* jurisPK-SGB XII, § 76 Rn. 50.
949 *Jaritz/Eicher,* jurisPK-SGB XII, § 76 Rn. 50; § 13 II S. 1 RV-stat.-NW.
950 *Jaritz/Eicher,* jurisPK-SGB XII, § 76 Rn. 52.
951 *Flint*, in: Grube/Wahrendorf (Hrsg.), SGB XII, § 76 Rn. 27; *Jaritz/Eicher,* jurisPK-SGB XII, § 76 Rn. 52; *Neumann*, Hauck/Noftz, SGB XII, § 76 Rn. 13; *W. Schellhorn*, in: Schellhorn/Schellhorn/Hohm (Hrsg.), SGB XII, § 76 Rn. 15; § 14 I S. 1 RV-stat.-NW.

bar.[952] Es können verschiedene Hilfsbedarfsgruppen gebildet und diesen abgestufte Maßnahmepauschalen zugeordnet werden.[953]

cc. Investitionsbetrag

(1) Allgemeines

Der Investitionsbetrag umfasst das Entgelt «für betriebsnotwendige Anlagen einschließlich ihrer Ausstattung» (§ 76 II S. 1 SGB XII). Der so umschriebene Teil der Vergütung umfasst zunächst die gleichen Bestandteile wie die umlagefähigen Investitionskosten i. S. d. SGB XI. Die Grundlage für die Kalkulation des Investitionsbetrags bilden damit auf jeden Fall die Aufwendungen für Anschaffung, Wiederherstellung, Ergänzung, Instandhaltung- bzw. -setzung, Miete, Pacht, Nutzung oder Mitnutzung der betriebsnotwendigen Gebäude oder sonstigen abschreibungsfähigen Anlagegüter.[954] Wie im Bereich des SGB XI stellt sich auch hier die Frage nach den Erwerbs- und Erschließungskosten von Grundstücken.[955] Solche wurden und werden in der Praxis zumeist nicht berücksichtigt.[956] Dies stößt in großem Maße auf Kritik.[957] Mit Blick auf die Argumentation des BSG im Rahmen des SGB XI, dass Grundstückskos-

952 *Grube*, RsDE 52, 25 (31).

953 Diese Vorschrift ist erst seit dem Juli 2009 eine «Kann-Vorschrift». Bis dahin waren die Hilfebedarfsgruppen obligatorisch. Damit waren aber in der Praxis zahlreiche Probleme in Bezug auf die Bildung von Hilfebedarfsgruppen und die Zuordnung von Leistungsberechtigten verbunden. Die daran anknüpfende Diskussion wurde aufgrund der geringen praktischen Relevanz von Verträgen nach §§ 75 ff SGB XII eher mit Blick auf Menschen mit Behinderung und die entsprechenden Einrichtungen geführt. Siehe dazu etwa *Brünner/Philipp*, RsDE 67, 1 ff. Durch die Änderung sollten regionale Besonderheiten berücksichtigt und so z. B. die Finanzierung über Leistungsstunden ermöglicht werden. (BT-Drs. 16/13424, S. 35). Zur streitigen rechtsdogmatischen Einordnung der Zuordnung eines Hilfeempfängers zu einer Hilfebedarfsgruppe und den Folgen siehe jeweils m. w. N. *Grube*, RsDE 52, 25 ff.; *Brünner/Philipp*, RsDE 67, 1 (insb. 20 ff.); *Jaritz/Eicher,* jurisPK-SGB XII, § 76 Rn. 60 ff.; *Münder*, LPK-SGB XII, § 76 Rn. 20.

954 § 15 I RV-stat.-NW, § 12 I RV-amb.-NW; BT-Drs. 13/2440, S. 30.

955 Vergleiche § 14 B. I. 2. b.

956 Siehe nur § 15 I RV-stat.-NW, § 12 I RV-amb.-NW; *Baur*, NDV 2000, 15 (18); *Flint*, in: Grube/Wahrendorf (Hrsg.), SGB XII, § 76 Rn. 35; *Jaritz/Eicher,* jurisPK-SGB XII, § 76 Rn. 73; *Neumann*, Hauck/Noftz, SGB XII, § 76 Rn. 20.

957 *Flint*, in: Grube/Wahrendorf (Hrsg.), SGB XII, § 76 Rn. 35; *Jaritz/Eicher,* jurisPK-SGB XII, § 76 Rn. 72; *Münder*, LPK-SGB XII, § 76 Rn. 21; *Neumann*, Hauck/Noftz, SGB XII, § 76 Rn. 16 ff.; *W. Schellhorn*, in: Schellhorn/Schellhorn/Hohm (Hrsg.), SGB XII, § 76 Rn. 19.

ten mangels Wertminderung des Grundstücks nicht der Refinanzierung bedürften, ist aber nicht davon auszugehen, dass diese Kritik Anklang findet.[958]

§ 76 II S. 4 SGB XII legt fest, dass der Sozialhilfeträger einer Erhöhung der Vergütung in Folge von Investitionsmaßnahmen nur zustimmen muss, wenn er zuvor der Maßnahme zugestimmt hat.

(2) Investitionsbetrag bei zugelassenen Pflegeeinrichtungen

(a) Allgemeines

Mit Blick auf das duale Finanzierungssystem des SGB XI und die daraus resultierende Vorschrift des § 75 V S. 3 SGB XII stellt sich die Frage, in welchen Fällen bei nach dem SGB XI zugelassenen Pflegeeinrichtungen die Vereinbarung eines Investitionsbetrags nach dem SGB XII in Frage kommt. Bei der Betrachtung ist zwischen Pflegeeinrichtungen, die eine Förderung nach dem PfG NW erhalten und solchen, bei denen das nicht der Fall ist, zu unterscheiden.

(b) Geförderte Pflegeeinrichtungen

Bei stationären Pflegeeinrichtungen erfolgt zunächst die gesonderte Berechnung nach § 82 III SGB XI, die gleichzeitig die Grundlage für die Förderung ist. Erhält die Pflegeeinrichtung diesen Betrag nicht als Förderung, weil der Pflegebedürftige die entsprechenden Voraussetzungen nicht erfüllt, kann sie sich an den Pflegebedürftigen wenden. Dies ist insbesondere dann der Fall ist, wenn der Pflegebedürftige keine entsprechenden Ansprüche nach dem SGB XI oder aufgrund eines privaten Pflegeversicherungsvertrages hat. Reichen dessen Einkommen und Vermögen nach den Regelungen des SGB XII[959] nicht zur Deckung des Betrags, muss der Sozialhilfeträger als Teil der Sozialhilfe den Betrag ganz oder teilweise übernehmen, da die Zustimmung zur gesonderten Berechnung auch den Sozialhilfeträger bindet. Eine Vereinbarung mit dem Sozialhilfeträger über die Investitionskosten ist daher nicht erforderlich.

958 Dazu § 14 B. I. 2. b.

959 Beim Pflegewohngeld orientieren sich die Grenzen für den Einkommens- und Vermögenseinsatz an denen des SGB XII bzw. liegen zum Teil sogar darüber. Somit ist hier der Fall, dass eine vollstationäre Pflegeeinrichtung für einen Pflegebedürftigen keine bzw. nur eine teilweise Förderung aufgrund der landesrechtlichen Einkommens- und Vermögensregelungen erhält, der fehlende Betrag aber dann als Sozialhilfe geleistet wird, nicht denkbar.

Auch bei ambulanten geförderten Pflegeeinrichtungen ist dies grundsätzlich der Fall. Eine Berechnung von Investitionskosten gegenüber dem Pflegebedürftigen scheidet hier in NRW nach der Systematik von vornherein aus. Denkbar ist die Vereinbarung eines Investitionsbetrages nur, wenn ein nach SGB XI zugelassener Pflegedienst weitergehende Leistungen nach dem SGB XII für den Sozialhilfeträger erbringen soll. Dann ist aber darauf zu achten, dass es bei den Investitionen zu keiner doppelten Berücksichtigung kommt. Praktisch dürfte eine Abgrenzung kaum möglich sein[960], so dass nur eine Maßnahmepauschale vereinbart werden wird.

(c) *Nicht geförderte Pflegeeinrichtungen*

Zunächst sind die Gründe dafür zu betrachten, dass eine zugelassene Pflegeeinrichtung keine Förderung nach dem PfG NW erhält. Dabei sind zwei Arten denkbar: Zum einen, dass die Pflegeeinrichtung die Voraussetzungen für die Förderung nicht erfüllt, zum anderen, dass sie sich bewusst dagegen entscheidet, weil sie eine Berechnung nach § 82 IV SGB XI als finanziell vorteilhafter ansieht.

Erfüllt eine Pflegeeinrichtung nicht die Voraussetzungen der Förderung, bedeutet das nicht zwangsläufig, dass sie nicht leistungsfähig i. S. d SGB XII ist. Bei ambulanten Pflegeeinrichtungen bestehen allerdings keine besonderen Anforderungen, so dass hier ein Ausschluss der Förderung aufgrund fehlender Voraussetzungen faktisch ausscheidet.

Eine bewusste Entscheidung gegen eine Förderung ist wohl – wenn überhaupt – in erster Linie bei vollstationären Pflegeeinrichtungen denkbar. Alle anderen Arten von Pflegeeinrichtungen erhalten auch eine Förderung bei einer Frequentierung durch nicht einkommensschwache Pflegebedürftige. Sie hätten bei einem Verzicht hier also einen Wettbewerbsnachteil, während die vollstationären Pflegeeinrichtungen zwar bei den Sozialhilfeempfängern vergleichbare Beträge, wie sie sie auch durch die Förderung erhalten würden, verlangen könnten, allerdings bei den «Selbstzahlern» nicht gebunden wären.

Steht der Abschluss von Vereinbarungen nach § 75 III SGB XII im Raum, sind folgende Grundsätze zu beachten:

Ein Abschluss kann natürlich nicht mit der Begründung abgelehnt werden, dass ungeförderte Einrichtungen aufgrund der fehlenden Förderung automa-

960 Siehe *Griep*, RsDE 66, 27 (36).

tisch unwirtschaftlich seien.[961] Die Tatsache, dass die Einrichtung nicht gefördert wird, ist ja zwingende Voraussetzung für einen Abschluss.[962]

Überwiegend wird davon ausgegangen, dass nur der Abschluss einer Vereinbarung über den Investitionsbetrag erforderlich ist und Leistungs- und Prüfungsvereinbarungen entbehrlich sind. Begründet wird dies damit, dass sich die in Leistungs- und Prüfungsvereinbarungen zu regelnden Punkte bereits aus den entsprechenden vertraglichen Regelungen auf Grundlage des SGB XI ergäben. Außerdem sei der Investitionsbetrag keine «Leistung» und somit unklar, was diesbezüglich überhaupt vereinbart werden solle.[963]

Umstritten ist, ob ein Anspruch der zugelassenen Pflegeeinrichtung auf Abschluss der Vereinbarung besteht. Während manche hier auch von einem sehr stark eingeschränkten Ermessen des Sozialhilfeträgers ausgehen,[964] bejahen andere überzeugend einen Anspruch und begründen dies mit der Berufsfreiheit des Einrichtungsträgers im Rahmen des dualen Finanzierungssystems, die eine grundsätzliche Finanzierung der Investitionskosten verlangt.[965]

c. Fakultativer Inhalt

Zusätzliche Abreden, die in Bezug auf die Vergütung i. d. R. getroffen werden, sind etwa die Laufzeit[966] und der Zeitpunkt des Inkrafttretens der Vergütungsvereinbarung sowie der Zahlungsmodus.[967]

---

961 So aber einmal eine Schiedsstelle, vgl. *OVG NRW*, Urt. v. 26.04.2004 – 12 A 858/03 –, in: ZFSH/SGB 2005, 79 ff.

962 Siehe zum Ganzen *OVG NRW*, Urt. v. 26.04.2004 – 12 A 858/03 –, in: ZFSH/SGB 2005, 79 ff.; *Flint*, in: Grube/Wahrendorf (Hrsg.), SGB XII, § 75 Rn. 54; *Griep*, RsDE 66, 27 (36); *Jaritz/Eicher,* jurisPK-SGB XII, § 75 Rn. 87; *Neumann*, Hauck/Noftz, SGB XII, § 75 Rn. 58; *W. Schellhorn*, in: Schellhorn/Schellhorn/Hohm (Hrsg.), SGB XII, § 75 Rn. 59.

963 Zum Ganzen *Thüringer OVG*, Beschl. v. 10.12.2003 – 3 EO 819/02 –, in: PflR 2004, 467 ff.; *Jaritz/Eicher,* jurisPK-SGB XII, § 75 Rn. 88; *W. Schellhorn*, in: Schellhorn/Schellhorn/Hohm (Hrsg.), SGB XII, § 75 Rn. 59; a. A. wohl *Münder*, LPK-SGB XII, § 75 Rn. 43.

964 *Münder*, LPK-SGB XII, § 75 Rn. 43; *W. Schellhorn*, in: Schellhorn/Schellhorn/Hohm (Hrsg.), SGB XII, § 75 Rn. 59.

965 *Jaritz/Eicher,* jurisPK-SGB XII, § 76 Rn. 89; *Neumann*, Hauck/Noftz, SGB XII, § 75 Rn. 59; *Propp/Kuhn-Zuber*, RdDE 59, 1 (36).

966 Leistungs- und Prüfungsvereinbarungen können nach überwiegender Auffassung losgelöst von der Laufzeit der Vergütungsvereinbarung für längere Zeit oder unbefristet abgeschlossen werden; *Flint*, in: Grube/Wahrendorf (Hrsg.), SGB XII, § 75 Rn. 42; *Münder*, LPK-SGB XII, § 75 Rn. 24, § 77 Rn. 2; *Neumann,* RsDE 63, 32 (36); *Kunte,* RsDE 68, 55 (63 f.); a. A. (für eine zeitliche Kopplung) *Pöld-Krämer/Fahlbusch*, RsDE 46, 4 (31 f.); (gegen einen unbefristeten Abschluss) *SG Augsburg*, Urt. v. 18.08.2006 – S 15 SO 96/06 ER –, in: RdLH 2006, 167 f.

4. Prüfungsvereinbarung

a. Allgemeines

§ 75 III Nr. 3 SGB XII legt fest, dass Prüfungsvereinbarungen, also Vereinbarungen in Bezug auf die Prüfung der Wirtschaftlichkeit und Qualität der Leistungen, zwingend erforderlich sind, damit eine Einrichtung bzw. ein Dienst Leistungen für einen Sozialhilfeträger erbringen kann. Die konkretisierende Vorschrift des § 76 III S. 1 SGB XII spricht allerdings neben eben jenen Vereinbarungen über «den Inhalt und das Verfahren zur Durchführung von Wirtschaftlichkeits- und Qualitätsprüfungen» auch von Vereinbarungen über «Grundsätze und Maßstäbe für die Wirtschaftlichkeit[968] und die Qualitätssicherung der Leistungen».[969] In der Praxis werden allerdings überwiegend reine Prüfungsvereinbarungen getroffen.[970] Zu den Grundsätzen und Maßstäben für Wirtschaftlichkeit und Qualitätssicherung finden sich zumeist für den Aspekt der Qualität Regelungen in den Leistungsvereinbarungen sowie für alle Aspekte in den Rahmenverträgen, wobei diese mit Blick auf § 79 I Nr. 4 SGB XII auch Vorgaben für die Prüfungsvereinbarungen enthalten.[971]

Zur weitestgehenden Verhinderung von Doppelprüfungen müssen die Sozialhilfeträger mit den nach heimrechtlichen Vorschriften zuständigen Aufsichtsbehörden und dem MDK zusammenarbeiten (§ 76 III S. 3 SGB XII). Das Ergebnis einer etwaigen Prüfung muss stets auch den Leistungsberechtigten einer Einrichtung oder eines Dienstes in geeigneter Form zugänglich gemacht werden (§ 76 III S. 2 SGB XII).

---

967 *Jaritz/Eicher,* jurisPK-SGB XII, § 76 Rn. 48.

968 Sowohl Vereinbarungen zu Grundsätzen und Maßnahmen als auch zur Prüfung der Wirtschaftlichkeit sind streng genommen systemwidrig, da nach den Vorgaben des SGB XII unwirtschaftliche Vereinbarungen gar nicht abgeschlossen werden dürfen; siehe dazu *Münder*, LPK-SGB XII, § 76 Rn. 26. Die Überprüfung der Qualität ist auch eher Aufgabe der Heimaufsichtsbehörden. Hauptanwendungsfälle der Prüfung der Wirtschaftlichkeit und Qualität nach dem SGB XII sind somit, dass der Einrichtungsträger nicht in der Lage ist, die vereinbarte Leistung zu erbringen oder die Vergütung dafür als nicht auskömmlich betrachtet; *Münder*, LPK-SGB XII, § 75 Rn. 29.

969 Mit dem Versuch einer systematischen Einordnung durch die Unterscheidung einer obligatorischen Prüfungsvereinbarung und einer fakultativen Leistungsstandardvereinbarung, *Jaritz/Eicher,* jurisPK-SGB XII, § 76 Rn. 84 ff.

970 *Münder*, LPK-SGB XII, § 76 Rn. 25.

971 Zu Maßnahmen der Qualitätssicherung vgl. § 20 RV-stat.-NW, § 16 RV-amb.-NW; zu Prüfungsvereinbarungen §§ 21 ff. RV-stat.-NW, § 17 ff. RV-amb.-NW. Siehe zu dieser Praxis auch *Münder*, LPK-SGB XII, § 76 Rn. 25.

b. (Mindest-)Inhalt

Anders als bei den Leistungs- und Vergütungsvereinbarungen macht das SGB XII keine Vorgaben zum Mindestinhalt der Prüfungsvereinbarung. Somit können die Vertragsparteien die Inhalte grundsätzlich frei vereinbaren, müssen dabei aber die Vorgaben des Leistungserbringungsrechts des SGB XII beachten und davon insbesondere den Zweck einer Prüfungsvereinbarung, bei leistungsgerechter Vergütung eine bedarfsdeckende Versorgung, die den entsprechenden Qualitätsvorgaben entspricht, zu gewährleisten. Dazu bedarf es in einer Prüfungsvereinbarung – auch etwa durch Aufnahme entsprechender Inhalte des Rahmenvertrages – faktisch mindestens Regelungen zu den Punkten, was (Gegenstand), wer (Prüfungskompetenz, etwa Sozialhilfeträger selber, Kommission, externer Sachverständiger), wie (Prüfungsverfahren), wann (Zeitpunkt bzw. Abstand, Anlass) prüft und wer die Kosten dafür trägt (Kostentragung).[972]

972 Zum ganzen Abschnitt *Jaritz/Eicher,* jurisPK-SGB XII, § 76 Rn. 89 ff.

6. Teil: Zusammenfassung und Ausblick

§ 17 Zusammenfassung

A. Allgemeines

In dieser Zusammenfassung soll – ungeachtet der zahlreichen theoretischen Abweichungsmöglichkeiten – dargestellt werden, wie sich typische Pflegeeinrichtungen, also solche die Vereinbarungen nach dem SGB XI geschlossen haben, die auch gegenüber dem Sozialhilfeträger Anwendung finden und die nach dem PfG NW gefördert werden, finanzieren.

B. Ambulante Pflegeeinrichtungen

Ambulante Pflegeeinrichtungen können für die erbrachten Leistungen das Entgelt verlangen, das sich aus der Vergütungsvereinbarung in Verbindung mit den Leistungskomplexen ergibt. Innerhalb ihres beschränkten Leistungsrahmens kommt die Pflegeversicherung dafür auf. Benötigt der Pflegebedürftige darüber hinausgehende Leistungen, muss er (bzw. gewisse Angehörige) die Kosten selbst tragen. Ist er finanziell bedürftig, kommen die Sozialhilfeträger dafür auf. Für den Investitionskostenbereich erhält der Pflegedienst eine pauschale Förderung von zurzeit 2,15 € pro voller Pflegestunde für Leistungen nach dem SGB XI.

C. Stationäre Pflegeeinrichtungen

Das Entgelt für die Leistungen stationärer Pflegeeinrichtungen richtet sich nach der Pflegesatzvereinbarung und der Vereinbarung über Unterkunft und Verpflegung. Die Vergütung für Unterkunft und Verpflegung muss der Pflegebedürftige (bzw. gewisse Angehörige) stets selbst bezahlen, für die allgemeinen Pflegeleistungen kommt bis zu den jeweiligen Umfangsbeschränkungen der Leistungen die Pflegeversicherung auf. Im Falle der finanziellen Bedürftigkeit übernimmt der Sozialhilfeträger die Kosten. Zur Abgeltung ihrer Investitionskosten kann die Einrichtung pro Belegungstag einen gewissen Betrag verlangen, der sich aus einer gesonderten Berechnung nach dem PfG NW ergibt. Dieser wird bei Tages-, Nacht- und Kurzzeitpflegeeinrichtungen als Investitionskostenförderung von der zuständigen Behörde gezahlt.

Bei vollstationären Pflegeeinrichtungen gilt dies nur, wenn der Pflegebedürftige finanziell bedürftig ist, ansonsten muss er selbst dafür aufkommen.

§ 18 Ausblick

Aufgrund der im Durchschnitt alternden Bevölkerung werden die Gesamtkosten für die Pflege stetig ansteigen. Davon werden sowohl die Sozialhilfeträger als auch die Pflegeversicherung betroffen sein, wobei deren Kosten aufgrund des beschränkten Leistungsumfangs sicherlich kalkulierbarer sind. Für beide Fälle besteht Regelungsbedarf. Im Bereich der Pflegeversicherung ist mit steigenden Beitragssätzen zu rechnen. Aber auch die finanzielle Belastbarkeit der Kreise und kreisfreien Städte hat ihre Grenzen. Denkbar wäre eine Verschiebung der Kosten zu Lasten des Systems der Pflegeversicherung. Die «Stellschraube» ist hier die Festlegung des Leistungsumfangs. Auch durch die geplante Einführung eines neuen Pflegebedürftigkeitsbegriffs könnten sich Verschiebungen ergeben. Nicht denkbar ist hingegen, dass mittelfristig das Nebeneinander der Sozialhilfe und der Pflegeversicherung durch die Schaffung einer vollabsichernden Pflegeversicherung ersetzt wird. Weder wird dies angestrebt noch erscheint es sinnvoll.

Sinnvoll wäre hingegen eine Abschaffung des dualen Finanzierungssystems. Schon bei seiner Einführung wurde eigentlich das monistische System als besser erachtet. Seitdem klar ist, dass eine Verknüpfung der Investitionskostenförderung mit einer Bedarfsplanung unzulässig ist, entfällt auch die Steuerungsfunktion. Denkbar wäre hier als «kleine» landesrechtliche Lösung die Abschaffung der Investitionskostenförderung. Diese wäre aber mit einigen Nachteilen verbunden: Die Pflegebedürftigen müssten die gesamten Investitionskosten grundsätzlich aus ihrem eigenen Einkommen und Vermögen bestreiten, die Sozialhilfeträger müssten mit allen Pflegeeinrichtungen zwangsläufig Vereinbarungen über Investitionskosten abschließen, das Gesamtentgelt würde uneinheitlich ausfallen u. s. w. Die vorzuziehende «große» Lösung würde in einer Änderung des SGB XI dahin gehend bestehen, dass die Investitionskosten mit in die auszuhandelnde Vergütung einfließen würden. Einen in diese Richtung gehenden Vorschlag hat der Bundesrat bereits im Rahmen des Pflege-Neuausrichtungs-Gesetzes unterbreitet, als er für die Möglichkeit eintrat, rahmenvertraglich regeln zu können, dass Investitionskosten bei Pflegediensten in die Pflegevergütung einfließen.[973]

Abzuwarten bleibt auch, welche Konsequenzen sich aus der Rechtsprechung des BSG zum Verständnis der Investitionskosten in § 82 III, IV SGB XI ergeben. Es ist davon auszugehen, dass § 82 III SGB XI dahingehend geändert wird, dass die gesonderte Berechnung in einem gewissen Maße auf der Basis von Pauschalbeträgen erfolgen darf. Eine Berechnung ohne Pauschalbeträge erscheint nicht praktikabel. Abhängig von der Reichweite der Änderungen im SGB XI werden aber wohl auch Änderungenen des PfG NW sowie der damit zusammenhängenden Verordnungen (z. B. im Hinblick auf die Berücksichtigung von Eigenkapitalzinsen) notwendig sein. Diese könnten im Wege der seit längerer Zeit geplanten Novellierung des Landespflegegesetzes erfolgen. Die «Eckpunkte» der geplanten Reform wurden bereits Anfang des Jahres 2012 vom Kabinett beschlossen.[974] Im Mittelpunkt der Bestrebungen scheinen Planung, Qualitätssicherung und die Förderung alternativer Wohnformen zu stehen. Bislang ist nicht ersichtlich, dass an der Finanzierungsstruktur der hier betrachteten Pflegeeinrichtungen Grundsätzliches geändert werden soll.

Für die zukünftige Entwicklung ist Folgendes von besonderer Bedeutung. Die oft kollidierenden politischen Interessen auf Bundes- und Landesebene erschweren insbesondere grundlegende Änderungen bei der Finanzierung von Pflegeeinrichtungen. Sinnvolle, zukunftsfähige Lösungen können i. d. R. nur getroffen werden, wenn alle Beteiligten an einem Strang ziehen. Nicht umsonst beschreibt § 8 I SGB XI die pflegerische Versorgung als gesamtgesellschaftliche Aufgabe. Inwieweit die bevorstehenden Aufgaben im Pflegebereich gelöst werden können, hängt sehr stark davon ab, ob die gesamtgesellschaftliche Zusammenarbeit funktionieren wird.

973 BT-Drs. 17/9669, S. 34.

974 Abrufbar beim Ministerium für Gesundheit, Emanzipation, Pflege und Alter: http://www.mgepa.nrw.de/mediapool/pdf/pflege/Eckpunkte_Weiterentwicklung_Landespflegerecht_und_Reform_WTG.pdf (abgerufen am 10.09.2012).

Literaturverzeichnis

Armborst, Christian, in: Bieritz-Harder/Conradis/Thie (Hrsg.), Sozialgesetzbuch XII – Lehr- und Praxiskommentar, 9. Aufl., Baden-Baden 2012, zit.: LPK-SGB XII.

Armbruster, Doris, in: Coseriu/Eicher (Hrsg.), SGB XII – Sozialhilfe, Juris-PraxisKommentar, Saarbrücken 2011, zit.: jurisPK-SGB XII.

Baier, Gerhard, in: Wagner/Knittel (Hrsg.), Krauskopf, Soziale Krankenversicherung Pflegeversicherung, Bd. II, München, Loseblatt, Stand: März 2012, zit.: Krauskopf, SGB XI.

Bassen, Andreas, in Udsching (Hrsg.), SGB XI – Soziale Pflegeversicherung Kommentar, 3. Aufl., München 2010.

Baur, Fritz, Die Bundesempfehlungen nach § 93 d Abs. 3 Bundessozialhilfegesetz zu den Leistungs-, Vergütungs- und Prüfungsrahmenverträgen auf Länderebene, NDV 2000, 15 ff.

Baur, Fritz / *Mertins*, Carsten, Sozialhilfe nach dem SGB XII in stationären Einrichtungen, NDV 2006, 179 ff.

Behrend, Nicola, in: Coseriu/Eicher (Hrsg.), SGB XII – Sozialhilfe, Juris-PraxisKommentar, Saarbrücken 2011, zit.: jurisPK-SGB XII.

Berlit, Uwe, in: Bieritz-Harder/Conradis/Thie (Hrsg.), Sozialgesetzbuch XII – Lehr- und Praxiskommentar, 9. Aufl., , Baden-Baden 2012, zit.: LPK-SGB XII.

Bieback, Karl-Jürgen, Leistungserbringungsrecht im SGB II sowie SGB III und XII – Insbesondere die Verpflichtung zum Einsatz des Vergaberechts –, NZS 2007, 505 ff.

Bieritz-Harder, Renate / *Conradis*, Wolfgang / *Thie*, Stephan, Sozialgesetzbuch XII – Lehr- und Praxiskommentar, 9 Aufl., Baden-Baden 2012, zit.: LPK-SGB XII.

Bröcheler, Thomas, Vertrags- und Kalkulationsgrundlagen für Vergütungsvereinbarungen aus Leistungserbringersicht, in: Köbl/Brünner (Hrsg.), Die Vergütung von Einrichtungen und Diensten nach SGB XI und BSHG, Baden-Baden 2001.

Broll, Berthold, Investitionskostenförderung aus ökonomischer und sozialpolitischer Sicht: Objekt- bzw. Subjektförderung aus Sicht der Praxis, in: Köbl/Brünner (Hrsg.), Abschied von der Objektförderung, Baden-Baden 2004.

Brünner, Frank, Vergütungsvereinbarungen für Pflegeeinrichtungen nach SGB XI, Baden-Baden 2001, zugl. Diss. Univ. Freiburg im Breisgau 2001.

Brünner, Frank / *Philip*, Albrecht, Die Einstufung in Hilfebedarfsgruppen nach § 76 Abs. 2 Satz 3 SGB XII, RsDE 67 (2008), 1 ff.

Conradis, Wolfgang, Das materielle Recht: Hilfe zur Pflege, in: Rothkegel (Hrsg.), Sozialhilferecht – Handbuch, Baden-Baden 2005.

Coseriu, Pablo / *Eicher* Wolfgang, SGB XII – Sozialhilfe, Juris-PraxisKommentar, 2011, Saarbrücken, zit.: jurisPK-SGB XII.

Drasdo, Michael, Der Heimvertrag nach der Föderalismusreform, NVwZ 2008, 639 ff.

Drasdo, Michael, Heimverträge unter Wohn- und Betreuungsvertragsgesetz, NJW-Spezial 2011, 289 ff.

Drasdo, Michael, Die öffentlich-rechtlichen Einflüsse auf den Heimvertrag neuen Rechts, NJW-Spezial 2012, 225 f.

Eichenhofer, Eberhard, Sozialrecht, 7. Aufl., Tübingen 2010.

Engler, Ulla, Die Leistungserbringung in den Sozialgesetzbüchern II, III, VIII und XII im Spannungsverhältnis zum europäischen und nationalen Vergaberecht, Baden- Baden 2010, zugl. Diss. Humoldt-Univ. Berlin 2009.

Fahlbusch, Jonathan, § 35 SGB XII – Notwendiger und weiterer Lebensunterhalt in Einrichtungen und ein Barbetrag, RsDE 63 (2006), 51 ff.

Falterbaum, Johannes, in: Luthe (Bd.-Hrsg.), Hauck/Noftz – SGB XII – Sozialhilfe, Kommentar, Berlin, Loseblatt, Stand: Juli 2012, zit.: Hauck/Noftz, SGB XII.

Fichtner, Otto / *Wenzel*, Gerd, Kommentar zum SGB XII – Sozialhilfe, 4. Aufl., München 2009.

Flint, Thomas, in: Grube/Wahrendorf (Hrsg.), SGB XII – Sozialhilfe mit Asylbewerberleistungsgesetz, 4. Aufl., München 2012.

Fuchs, Maximilian / *Preis*, Ulrich, Sozialversicherungsrecht, 2. Aufl., Köln 2009.

Gebhardt, Cornelia, in: Wagner/Knittel (Hrsg.), Krauskopf, Soziale Krankenversicherung Pflegeversicherung, Bd. II, Loseblatt, München, Stand: März 2012, zit.: Krauskopf, SGB XI.

Geiger, Udo, in: Bieritz-Harder/Conradis/Thie (Hrsg.), Sozialgesetzbuch XII – Lehr- und Praxiskommentar, 9. Aufl., Baden-Baden 2012, zit.: LPK-SGB XII.

Gitter, Wolfgang / *Schmitt*, Jochem, Sozialrecht, 5. Aufl., München 2001.

Griep, Heinrich / *Renn*, Heribert, Pflegesozialrecht, 4. Aufl., Baden-Baden 2009.

Griep, Heinrich, Entbürokratisierung des sozialrechtlichen Leistungserbringungsrechts, RsDE 66 (2008), 27 ff.

Groth, Andy, in: Schlegl (Bd.-Hrsg.), Hauck/Noftz – SGB XI – Soziale Pflegeversicherung, Kommentar, Berlin, Loseblatt, Stand: April 2012, zit.: Hauck/Noftz, SGB XI.

Grube, Christian, Rechtscharakter der Zuordnung von Hilfeempfängern zu Gruppen für Hilfeempfänger mit vergleichbarem Hilfebedarf, RsDE 52 (2003), 25 ff.

Grube, Christian / *Wahrendorf*, Volker, SGB XII – Sozialhilfe mit Asylbewerberleistungsgesetz, 4. Aufl., München 2012.

Gürtner, Klaus, in: Leitherer (Hrsg.), Kasseler Kommentar Sozialversicherungsrecht, München, Loseblatt, Stand: April 2012, zit.: KassKomm.

Gutzler, Stephan, in: Coseriu Eicher (Hrsg.), SGB XII – Sozialhilfe, Juris-PraxisKommentar, Saarbrücken 2011, zit.: jurisPK-SGB XII.

Hajen, Leonhard / *König*, Nadja, Pflegeversicherung und Kapitaldeckung, ZFSH/SGB 2011, 385 ff.

Hänlein, Andreas, Externer Vergleich und ortsübliche Vergütung in der stationären Pflege, Freiburg im Breisgau 2010.

Hauck, Karl / *Noftz*, Wolfgang, Sozialgesetzbuch – Gesamtkommentar, Berlin, Loseblatt.

Haverkate, Görg, Finanzierung durch institutionelle oder personenbezogene Förderung, SDSRV 1997, 89 ff.

Helmich, Christoph, Wahlrechte in der Pflegepflichtversicherung, AnwBl. 95, 241 ff.

Höfer, Sven / *Krahmer*, Utz, in: Klie/Krahmer (Hrsg.), Sozialgesetzbuch XI – Lehr- und Praxiskommentar, 3. Aufl., Baden-Baden 2009.

Höfer, Sven / *Krahmer*, Utz, in: Bieritz-Harder/Conradis/Thie (Hrsg.), Sozialgesetzbuch XII – Lehr- und Praxiskommentar, 9. Aufl., Baden-Baden, 2012, zit.: LPK-SGB XII.

Höfer, Sven / *Schuldzinski*, Wolfgang, in: Klie/Krahmer (Hrsg.), Sozialgesetzbuch XI – Lehr- und Praxiskommentar, 3. Aufl., Baden-Baden 2009.

Holzhey, Susann, in: Coseriu/Eicher (Hrsg.), SGB XII – Sozialhilfe, Juris-PraxisKommentar, Saarbrücken 2011, zit.: jurisPK-SGB XII.

Hübner, Ulrich, Soziale und private Pflegeversicherung, in: Schulin (Hrsg.), Handbuch des Sozialversicherungsrechts Bd. 4 Pflegeversicherungsrecht, München 1997, zit.: HS-PV.

Hübsch, Michael, Belastung von Bewohnern und Sozialhilfeträgern mit Investitionskosten von Pflegeheimen, NZS 2004, 462 ff.

Igl, Gerhard, Leistungen bei Pflegebedürftigkeit, München 1992.

Igl, Gerhard, Entstehungsgeschichte der sozialen Pflegeversicherung, VSSR 1994, 261 ff.

Igl, Gerhard, Das neue Pflegeversicherungsrecht, München 1995.

Igl, Gerhard / *Welti*, Felix, Sozialrecht, 8. Aufl., Neuwied 2007.

Jaritz, Susanne, in: Coseriu/Eicher (Hrsg.), SGB XII Sozialhilfe, Juris-PraxisKommentar, Saarbrücken 2011, zit.: jurisPK-SGB XII.

Jürgens, Andreas, Die Hilfe zur Pflege als Ergänzung und Erweiterung der Pflegeversicherung, ZFSH/SGB 1997, 24 ff.

Jürgens, Andreas, Änderungen bei den Einkommensgrenzen in der Sozialhilfe, NDV 2005, 9 ff.

Kaune, Karl-Heinz, Der neue Kostenbeitrag von nicht getrennt lebenden Ehegatten in Pflegeeinrichtungen nach dem SGB XII, ZfF 2007, 241 ff.

Klein, Martin, Probleme der Umstellung von Objekt- auf Subjektförderung: Umstellung in der Praxis am Beispiel Nordrhein-Westfalen, in: Köbl/Brünner (Hrsg.), Abschied von der Objektförderung, Baden- Baden 2004.

Klie, Thomas, in: Luthe (Bd.-Hrsg.), Hauck/Noftz – SGB XII – Sozialhilfe, Kommentar, Berlin, Loseblatt, Stand: Juli 2012, zit.: Hauck/Noftz, SGB XII.

Klie, Thomas, Strukturen und Probleme der Landespflegegesetze, VSSR 1999, 327 ff.

Klie, Thomas / *Krahmer*, Utz, Sozialgesetzbuch XI – Lehr- und Praxiskommentar, 3. Aufl., Baden-Baden 2009.

Knickrehm, Sabine. Haushaltshilfe für Empfänger von Arbeitslosengeld II?, in: NZS 2007, 128 ff.

Köbl, Ursula / *Brünner*, Frank, Die Vergütung von Einrichtungen und Diensten nach SGB XI und BSHG, Baden-Baden 2001.

Köbl, Ursula / *Brünner*, Frank, Abschied von der Objektförderung, Baden-Baden 2004.

Koch, Erich, in: Leitherer (Hrsg.) Kasseler Kommentar Sozialversicherungsrecht, München, Loseblatt, Stand: April 2012, zit.: KassKomm.

Kokemoor, Axel, Sozialrecht, 4. Aufl., München 2010.

Krahmer, Utz, Bundessozialhilfegesetz Lehr- und Praxiskommentar, 6. Aufl., Baden-Baden 2003, zit.: LPK-BSHG.

Krahmer, Utz, Zu § 87 Abs. 1 Satz 3 SGB XII und seiner einkommensschützenden Wirkung auf alle Leistungen der Hilfe zur Pflege (bzw. Blindenhilfe) für Schwerstpflegebedürftige (bzw. Blindengeld-Bezieher), ZfF 2007, 226 ff.

Krahmer, Utz, Hilfe zur Pflege nach dem SGB XII, Hannover 2010.

Krahmer, Utz / *Sommer*, Irene, in: Bieritz-Harder/Conradis/Thie (Hrsg.), Sozialgesetzbuch XII – Lehr- und Praxiskommentar, 9. Aufl., Baden-Baden 2012, zit.: LPK-SGB XII.

Krasney, Otto Ernst, Versicherter Personenkreis und Pflegeleistungen des SGB XI, VSSR 1994, 265 ff.

Kunte, Axel, Unbefristete Leistungsvereinbarungen im SGB XII?, RsDE 68 (2009), 55 ff.

Kuratorium Deutsche Altershilfe, Gutachten über die stationäre Behandlung von Krankheiten im Alter und über die Kostenübernahme durch die gesetzlichen Krankenversicherungen, Köln 1974.

Lachwitz, Klaus, in: Fichtner/Wenzel (Hrsg.), Kommentar zum SGB XII – Sozialhilfe, 4. Aufl., München 2009.

Lange, Hartmut, Sozialrecht und Vergaberecht – Die Anwendbarkeit des Kartellvergaberechts auf Sozialleistungsträger bei der sozialrechtlichen Leistungserbringung durch Dritte, Baden-Baden 2011, zugl. Diss. Univ. Münster 2010.

Leitherer, Stephan, Kasseler Kommentar Sozialversicherungsrecht, München, Loseblatt, Stand: April 2012, zit.: KassKomm.

Linke, Tobias in: Wagner/Knittel (Hrsg.), Krauskopf, Soziale Krankenversicherung Pflegeversicherung, Bd. II, München, Loseblatt, Stand: März 2012, zit.: Krauskopf, SGB XI.

Lücking, Erika, in: Luthe (Bd.-Hrsg.), Hauck/Noftz-SGB XII – Sozialhilfe – Kommentar, Berlin, Loseblatt, Stand: Juli 2012, zit.: Hauck/Noftz, SGB XII.

Ludyga, Hannes, Unterhaltspflichten von Kindern gegenüber ihren Eltern im Alter und bei Pflegebedürftigkeit unter Berücksichtigung des SGB XI, NZS 2011, 606 ff.

Luthe, Ernst-Wilhelm, Hauck/Noftz – SGB XII – Sozialhilfe, Kommentar, Berlin, Loseblatt, Stand: Juli 2012, zit.: Hauck/Noftz, SGB XII.

Lutter, Inge, Die private Pflege-Pflichtversicherung, BArBl. 1994, S. 51 ff.

Maschmann, Frank, Grundfragen des Rechts der Leistungserbringung in der sozialen Pflegeversicherung (SGB XI) – I. Teil, SGb 1996, 49 ff.

Mecke, Christian, in: Coseriu/Eicher (Hrsg.), SGB XII – Sozialhilfe, JurisPraxisKommentar, Saarbrücken 2011, zit.: jurisPK-SGB XII.

Meßling, Miriam, in: Coseriu/Eicher (Hrsg.), SGB XII – Sozialhilfe, JurisPraxisKommentar, Saarbrücken 2011, zit.: jurisPK-SGB XII.

Muckel, Stefan / *Ogorek*, Markus, Sozialrecht, 4. Aufl., München 2011.

Müller, Christian, Die Grenzen des Rückgriffs auf Unterhaltsverpflichtete, in: Krahmer (Hrsg.), Hilfe zur Pflege nach dem SGB XII, Hannover 2010.

Münder, Johannes / *von Boetticher*, Arne, Investitionskostenförderung aus dem Blickwinkel des europäischen Rechts: Objektförderung als verbotene Beihilfe nach europäischem Recht, in: Köbl/Brünner (Hrsg.), Abschied von der Objektförderung, Baden- Baden 2004.

Münder, Johannes, Materielles Recht: Vereinbarungsrecht, in: Rothkegel (Hrsg.), Sozialhilferecht – Handbuch, Baden-Baden 2005.

Münder, Johannes, Sozialgesetzbuch XII – Lehr- und Praxiskommentar, 8. Aufl., Baden-Baden 2008, zit.: LPK- SGB XII, 8. Aufl.

Münder. Johannes, in: Bieritz-Harder/Conradis/Thie (Hrsg.), Sozialgesetzbuch XII – Lehr- und Praxiskommentar, 9. Aufl., Baden-Baden 2012, zit.: LPK-SGB XII

Neumann, Volker, Freiheitsgefährdung im kooperativen Sozialstaat: Rechtsgrundlagen und Rechtsformen der Finanzierung der freien Wohlfahrtspflege, Köln, Berlin, Bonn, München 1992, zgl.: Frankfurt (Main), Univ., Habil., 1991.

Neumann, Volker, Pflegevergütung und Investitionsfinanzierung, in: Schulin (Hrsg.), Handbuch des Sozialversicherungsrechts Bd. 4 Pflegeversicherungsrecht, München 1997, zit.: HS-PV.

Neumann, Volker, Materiellrechtliche Vorgaben für die Vergütungsvereinbarung im SGB XI, in: Köbl, Ursula/Brünner, Frank (Hrsg.), Die Vergütung von Einrichtungen und Diensten nach SGB XI und BSHG, Baden-Baden 2001.

Neumann, Volker / Bieritz-Harder, Renate, Die leistungsgerechte Pflegevergütung, Baden-Baden 2002.

Neumann, Volker, Investitionskostenförderung aus dem Blickwinkel des europäischen Rechts: Investitionskostenförderung und europäisches Wettbewerbsrecht, in: Köbl/Brünner (Hrsg.), Abschied von der Objektförderung, Baden- Baden 2004.

Neumann, Volker / *Nielandt*, Dörte / *Phillip*, Albrecht, Erbringung von Sozialleistungen nach Vergaberecht?, Baden-Baden 2004.

Neumann, Volker, Rechtsfolgen der Kündigung einer Leistungsvereinbarung im Sozialhilferecht, RsDE 63 (2006), 32 ff.

Neumann, Volker, in: Luthe (Bd.-Hrsg.), Hauck/Noftz – SGB XII – Sozialhilfe, Kommentar, Berlin, Loseblatt, Stand: Juli 2012, zit.: Hauck/Noftz, SGB XII.

Orthen, Gerald, in: Schlegl (Bd.-Hrsg.), Hauck/Noftz – SGB XI – Soziale Pflegeversicherung, Kommentar, Berlin, Loseblatt, Stand: April 2012, zit.: Hauck/Noftz, SGB XI.

Peters, Karl, in: Leitherer (Hrsg.) Kasseler Kommentar Sozialversicherungsrecht, München, Loseblatt, Stand: April 2012, zit.: KassKomm.

Phillip, Albrecht, Anmerkungen zu Bay. LSG, Urt. v.04.05.2011 – L 2 P 20/09 –, SRa 2011, 222 f.

Phillip, Albrecht, Anmerkungen zu BSG, Urt. v. 08.09.2011 – B 3 P 2/11 R –, SRa 2012, 132.

Piepenstock, Karola, in: Coseriu/Eicher (Hrsg.), SGB XII – Sozialhilfe, Juris-PraxisKommentar, Saarbrücken 2011, zit.: jurisPK-SGB XII.

Plantholz, Markus, in: Klie/Krahmer (Hrsg.), Sozialgesetzbuch XI – Lehr- und Praxiskommentar, 3. Aufl., Baden-Baden 2009.

Plantholz, Markus / *Pöld-Krämer*, Silvia, in: Klie/Krahmer (Hrsg.), Sozialgesetzbuch XI – Lehr- und Praxiskommentar, 3. Aufl., Baden-Baden 2009.

Pöld-Krämer, Silvia / *Richter*, Ronald, in: Klie/Krahmer (Hrsg.), Sozialgesetzbuch XI – Lehr- und Praxiskommentar, 3. Aufl., Baden-Baden 2009.

Pöld-Kämer, Silvia / *Fahlbusch*, Jonathan I., Das Recht der Leistungserbringung in der Sozialhilfe im Licht der §§ 93 ff. BSHG, RsDE 46 (2000), 4 ff.

Propp, Andreas / *Kuhn-Zuber*, Gabriele, Umstellung der Investitionskostenförderung in der stationären Pflege, RsDE 59 (2005), 1 ff.

Quaas, Michael, Der Versorgungsvertrag nach dem Pflege-Versicherungsgesetz, NZS 1995, 197 ff.

Reimer (geb. *Mühlenbruch*), Sonja, in: Schlegl (Bd.-Hrsg.), Hauck/Noftz – SGB XI – Soziale Pflegeversicherung, Kommentar, Berlin, Loseblatt, Stand: April 2012, zit.: Hauck/Noftz, SGB XI.

Richter, Ronald, Blick ins Sozialversicherungsrecht, DSTR 2012, 1141 ff.

Roller, Steffen, Pflegebedürftigkeit – Eine Analyse der §§ 14, 15 SGB XI mit ihren rechtlich-systematischen und pflegewissenschaftlichen Bezügen, Baden- Baden 2007, zugl. Diss. Univ. Konstanz 2006.

Roscher, Falk, in: Bieritz-Harder/Conradis/Thie (Hrsg.), Sozialgesetzbuch XII – Lehr- und Praxiskommentar, 9. Aufl., Baden-Baden 2012, zit.: LPK-SGB XII.

Roth, Thomas, Finanzierung von Pflegeeinrichtungen durch gesonderte Berechnung von Investitionsaufwendungen, SGb 2006, 724 ff.

Rothgang, Heinz, Wettbewerb in der Pflegeversicherung, ZSR 2000, 423 ff.

Rothgang, Heinz, Theorie und Empirie der Pflegeversicherung, Berlin 2009, zgl.: Bremen, Univ., Habil., 2005.

Rothkegel, Ralf, Sozialhilferecht – Handbuch, Baden-Baden 2005.

Rudolph, Jörg, Die Finanzierung der Investitionen, BArBl. 1994, 48 ff.

Schellhorn, Helmut / *Schellhorn*, Walter/ *Hohm*, Karl- Heinz, SGB XII – Sozialhilfe: Kommentar für Ausbildung, Praxis und Wissenschaft, 18. Aufl., Köln 2010.

Schellhorn, Walter, Materiellrechtliche Vorgaben für Vergütungsvereinbarungen im BSHG, in: Köbl, Ursula/Brünner, Frank (Hrsg.), Die Vergütung von Einrichtungen und Diensten nach SGB XI und BSHG, Baden-Baden 2001.

Schlegl, Rainer, Hauck/Noftz – SGB XI – Soziale Pflegeversicherung, Kommentar, Berlin, Loseblatt, Stand: April 2012, zit.: Hauck/Noftz, SGB XI.

Schmäing, Paul, in: Klie/Krahmer (Hrsg.), Sozialgesetzbuch XI – Lehr- und Praxiskommentar, 3. Aufl., Baden-Baden 2009.

Schmidt, Steffen, in: Coseriu/Eicher (Hrsg.), SGB XII – Sozialhilfe, Juris-PraxisKommentar, Saarbrücken 2011, zit.: jurisPK-SGB XII.

Schoch, Dietrich, Sozialhilfe, 3.Aufl., Köln 2001.

Schoch, Dietrich, in: Bieritz-Harder/Conradis/Thie (Hrsg.), Sozialgesetzbuch XII – Lehr- und Praxiskommentar, 9. Aufl., Baden-Baden 2012, zit.: LPK-SGB XII.

Schulin, Bertram. Verträge mit Leistungserbringer im Pflegeversicherungsrecht (SGB XI), VSSR 1994, 285 ff.

Schulin, Bertram, Die soziale Pflegeversicherung des SGB XI – Grundstrukturen und Probleme, NZS 1994, 433 ff.

Schulin, Bertram, Handbuch des Sozialversicherungsrechts Bd. 4 Pflegeversicherungsrecht, München 1997, zit.: HS-PV.

Schütze, Bernd, in: Udsching (Hrsg.), SGB XI – Soziale Pflegeversicherung Kommentar, 3. Aufl., München 2010.

Schwabe, Bernd-Günter, Sozialhilfe, 17. Aufl., Stuttgart 2007.

Sommer, Irene, Teil- und vollstationäre Pflegeleistungen nach dem SGB XII, in: Krahmer (Hrsg.), Hilfe zur Pflege nach dem SGB XII, Hannover 2010.

Staegemann, Dana, Investitionsförderung in der Pflegeversicherung, Hamburg 2003, zugl. Diss. Univ. Rostock 2003.

Streichbier, Klaus, in: Grube/Wahrendorf (Hrsg.), SGB XII – Sozialhilfe mit Asylbewerberleistungsgesetz, 4. Aufl., München 2012.

Thüsing, Gregor, Ortsübliche Vergütung im Sinne des § 72 Abs. 3 S. 1 HS. 1 Nr. 2 SGB XI, SGb 2008, 629 ff.

Thüsing, Gregor / *Forst*, Gerrit, Europäisches Vergaberecht und nationales Sozialversicherungsrecht, Berlin 2011.

Tscheulin, Dieter / *Haderlein*, Ralf, Investitionskostenförderung aus ökonomischer und sozialpolitischer Sicht: Objekt- versus Subjektförderung aus ökonomischer und sozialpolitischer Sicht, in: Köbl/Brünner (Hrsg.), Abschied von der Objektförderung, Baden- Baden 2004.

Udsching, Peter, Investitionskostenförderung im nationalen Recht: Bundesrechtliche Vorgaben für die Investitionskostenförderung von Pflegeeinrichtungen nach SGB XI, in: Köbl/Brünner (Hrsg.), Abschied von der Objektförderung, Baden-Baden 2004.

Udsching, Peter, SGB XI – Soziale Pflegeversicherung Kommentar, 3. Aufl., München 2010.

Uleer, Christopfer, Die private Pflegeversicherung kommt, ZfV 1994, 190 ff.

van Schewick, Hans-Jürgen, Investitionskostenförderung im nationalen Recht: Bundesrechtliche Vorgaben für die Investitionskostenförderung von Pflegeeinrichtungen nach SGB XI, in: Köbl/Brünner (Hrsg.), Abschied von der Objektförderung, Baden- Baden 2004.

Vogel, Georg, in: Klie/Krahmer (Hrsg.), Sozialgesetzbuch XI – Lehr- und Praxiskommentar, 3. Aufl., Baden-Baden 2009.

Vogel, Georg / *Schmäing*, Paul in: Klie/Krahmer (Hrsg.), Sozialgesetzbuch XI – Lehr- und Praxiskommentar, 3. Aufl., Baden-Baden 2009.

Vogel, Georg / *Dörbandt*, Hans Joachim, SGB XI – Leistungsberechtigter Personenkreis, Sankt Augustin 2010.

Wagner, Axel, in: Schlegl (Bd.-Hrsg.), Hauck/Noftz – SGB XI – Soziale Pflegeversicherung, Kommentar, Berlin Loseblatt, Stand: April 2012, zit.: Hauck/Noftz, SGB XI.

Wagner, Regine / *Knittel*, Stefan, Krauskopf, Soziale Krankenversicherung Pflegeversicherung, Bd. II, München, Loseblatt, Stand: März 2012, zit.: Krauskopf, SGB XI.

Waltermann, Raimund, Sozialrecht 9. Aufl., Heidelberg 2011.

Waschull, Dirk, in: Wagner/Knittel (Hrsg.), Krauskopf, Soziale Krankenversicherung Pflegeversicherung, Bd. II, München Loseblatt, Stand: März 2012, zit.: Krauskopf, SGB XI.

Wenzel, Gerd / *Kuhlenkampff*, Rainer, Wie kann man eine leistungsgerechte Vergütung nach §§ 75 ff. SGB XII ermitteln?, NDV 2006, 455 ff.

Winter, Juliane, Die Ausgestaltung von Planungs- und Förderungskompetenzen nach § 9 SGB XI, Aachen 2004, zugl. Diss. Univ. Kiel 2003.

Wittich, Thomas, Die Regelungen des SGB XI zur privaten Pflegeversicherung, ZfV 1996, 294 ff. (Teil 1), ZfV 1996, 331 ff. (Teil 2), ZfV 1996, 385 ff. (Teil 3).

Wolf, Heimke, in: Fichtner/Wenzel (Hrsg.), Kommentar zum SGB XII – Sozialhilfe, 4. Aufl., München 2009.

Sachverzeichnis

Schriftenreihe des Freiherr-vom-Stein-Instituts im Deutschen Gemeindeverlag, Verlag W. Kohlhammer

Band 1 Janbernd *Oebbecke*, Zweckverbandsbildung und Selbstverwaltungsgarantie, 1982, 104 Seiten, kartoniert, € 10,50.
ISBN 3-555-00530-8

Band 2 Edzard *Schmidt-Jortzig* / Alexander *Schink*, Subsidiaritätsprinzip und Kommunalordnung, 1982, 168 Seiten, kartoniert, € 14,50.
ISBN 3-555-00535-9

Band 3 Ingolf *Deubel*, Der kommunale Finanzausgleich in Nordrhein-Westfalen, 1984, 264 Seiten, kartoniert, € 17,90.
ISBN 3-555-00592-8

Band 4 Alexander *Schink*, Rechtsnachfolge bei Zuständigkeitsveränderungen in der öffentlichen Verwaltung, 1984, 340 Seiten, kartoniert, € 18,40.
ISBN 3-555-00593-6

Band 5 Janbernd *Oebbecke*, Gemeindeverbandsrecht Nordrhein-Westfalen, Eine systematische Darstellung, 1984, 168 Seiten, kartoniert, € 15,50.
ISBN 3-555-00623-1

Band 6 Hans-Jürgen *Fischedick*, Die Wahl der Benutzungsform kommunaler Einrichtungen, 1986, 121 Seiten, kartoniert, € 15,50.
ISBN 3-555-00689-4

Band 7 Janbernd *Oebbecke*, Weisungs- und unterrichtungsfreie Räume in der Verwaltung, 1986, 324 Seiten, kartoniert, € 19,50.
ISBN 3-555-00693-2

Band 8 Werner *Hauser*, Die Wahl der Organisationsform kommunaler Einrichtungen, Kriterien für die Entscheidung zwischen möglichen Organisationsformen, 1987, 300 Seiten, kartoniert (vergriffen).

Band 9 Elke *Bartels*, Abfallrecht – Eine systematische Darstellung, 1987, 224 Seiten, kartoniert (vergriffen).

Band 10 Ansgar *Müller*, Schulorganisationsrecht Nordrhein-Westfalen – Eine systematische Darstellung, 1988, 174 Seiten, kartoniert, € 23,00.
ISBN 3-555-00766-1

Band 11 Hans-Uwe *Erichsen* / Werner *Hoppe* / Adalbert *Leidinger* (Hrsg.), Kommunalverfassungen in Europa, 1988, 182 Seiten, kartoniert, € 25,50.
ISBN 3-555-00780-7

Band 12 Alexander *Schink*, Naturschutz- und Landschaftspflegerecht Nordrhein-Westfalen, 1989, 563 Seiten, kartoniert (vergriffen).

Band 13 H. Jürgen *Wolff*, Bedarfsgerechte Struktur der Kreiseinnahmen, 1990, 388 Seiten, kartoniert, € 20,35.
ISBN 3-555-00799-8

Band 14 Hans-Uwe *Erichsen*, Die Vertretung der Kommunen in den Mitgliederorganen von juristischen Personen des Privatrechts, 1990, 184 Seiten, kartoniert, € 20,35.
ISBN 3-555-00832-3

Band 15 Paul-Peter *Humpert*, Genehmigungsvorbehalte im Kommunalverfassungsrecht, 1990, 276 Seiten, kartoniert, € 22,90.
ISBN 3-555-00833-1

Band 16 Werner *Hoppe* / Alexander *Schink* (Hrsg.), Kommunale Selbstverwaltung und europäische Integration, 1990, 145 Seiten, kartoniert, € 20,35.
ISBN 3-555-00857-9

Band 17 Werner *Hoppe* / Hans-Uwe *Erichsen* / Adalbert *Leidinger* (Hrsg.), Aktuelle Probleme der kommunalen Selbstverwaltung – 10 Jahre Freiherr-vom-Stein-Institut, 1991, 210 Seiten, kartoniert, € 20,35.
ISBN 3-555-00910-9

Band 18 Hans *Vietmeier*, Die staatlichen Aufgaben der Kommunen und ihrer Organe – Auftragsverwaltung und Organleihe in Nordrhein-Westfalen, 1992, 378 Seiten, kartoniert, € 25,50.
ISBN 3-555-00913-3

Band 19 Angela *Faber*, Europarechtliche Grenzen kommunaler Wirtschaftsförderung – Die Bedeutung der Art. 92-94 EWGV für die kommunale Selbstverwaltung, 1992, 260 Seiten, kartoniert (vergriffen)

Band 20 Werner *Hoppe* / Martin *Schulte*, Rechtsschutz der Länder in Planfeststellungsverfahren des Bundes – Dargestellt am Beispiel des Denkmalschutzes in Nordrhein-Westfalen, 1993, 101 Seiten, kartoniert, € 12,70.
ISBN 3-555-00994-X

Band 21 Jan *Bodanowitz*, Organisationsformen für die kommunale Abwasserbeseitigung, 1993, 196 Seiten, kartoniert, € 20,35.
ISBN 3-555-00995-8

Band 22 Jürgen *Brügge*, Bodendenkmalrecht unter besonderer Berücksichtigung der Paläontologie, 1993, 222 Seiten, kartoniert, € 22,50.
ISBN 3-555-01015-8

Band 23 Ute *Adam*, Veterinärrecht – Eine systematische Darstellung unter besonderer Berücksichtigung der Rechtslage in Nordrhein-Westfalen, 1993, 284 Seiten, kartoniert, € 23,00.
ISBN 3-555-01024-7

Band 24 Werner *Hoppe* / Joachim *Bauer* / Angela *Faber* / Alexander *Schink* (Hrsg.), Rechts- und Anwendungsprobleme der neuen Bauordnung NW, 1996, 170 Seiten, kartoniert, € 15,30.
ISBN 3-555-01095-6

Band 25 Andrea *Krebs*, Rechtliche Grundlagen und Grenzen kommunaler Elektrizitätsversorgung, 1996, 370 Seiten, kartoniert, € 25,50.
ISBN 3-555-01102-2

Band 26 Margit *Twehues*, Rechtsfragen kommunaler Stiftungen, 1996, 366 Seiten, kartoniert, € 23,60.
ISBN 3-555-01107-3

Band 27 Werner *Hoppe* / Joachim *Bauer* / Angela *Faber* / Alexander *Schink* (Hrsg.), Auswirkungen des Kreislaufwirtschafts- und Abfallgesetzes auf die öffentlich-rechtlichen Entsorgungsträger, 1996, 220 Seiten, kartoniert, € 18,00.
ISBN 3-555-01120-0

Band 28 Olaf *Otting*, Neues Steuerungsmodell und rechtliche Betätigungsspielräume der Kommunen, 1997, 333 Seiten, kartoniert, € 22,50.
ISBN 3-555-01134-0

Band 29 Heidrun *Schnell*, Freie Meinungsäußerung und Rederecht der kommunalen Mandatsträger unter verfassungsrechtlichen, kommunalrechtlichen und haftungsrechtlichen Aspekten, 1997, 250 Seiten, kartoniert, € 20,35.
ISBN 3-555-01159-6

Band 30 Janbernd *Oebbecke* / Joachim *Bauer* / Angela *Faber* (Hrsg.), Umweltrecht und Kommunalrecht – Kolloquium aus Anlaß des Ausscheidens von Werner Hoppe als Geschäftsführender Direktor des Freiherr-vom-Stein-Instituts, 1998, 161 Seiten, kartoniert, € 10,20.
ISBN 3-555-01166-9

Band 31 Anke *Freisburger*, Public Private Partnership in der kommunalen Museumsarbeit, 2000, 296 Seiten, kartoniert, € 20,35.
ISBN 3-555-01210-X

Band 32 Janbernd *Oebbecke* / Joachim *Bauer* / Hermann *Pünder* (Hrsg.), Perspektiven der kommunalen Sparkassen – Symposium des Freiherr-vom-Stein-Instituts und des Westfälisch-Lippischen Sparkassen- und Giroverbandes am 24. Februar 2000, 2000, 121 Seiten, kartoniert, € 10,20.
ISBN 3-555-01228-2

Band 33 Holger *Obermann*, Die kommunale Bindung der Sparkassen – Verfassungsrechtliche Möglichkeiten und Grenzen ihrer Ausgestaltung, 2000, 224 Seiten, kartoniert, € 19,40.
ISBN 3-555-01229-0

Band 34 Raphael *Lohmiller*, Kapitalbeteiligungsgesellschaften der Sparkassen – Eine Untersuchung über die Rechtsgrundlagen der Beteiligungsfinanzierung durch kommunale Sparkassen, 2000, 318 Seiten, kartoniert, € 20,20.
ISBN 3-555-01231-2

Band 35 Olaf *Schefzyk*, Der kommunale Beteiligungsbericht – Ein Instrument zur verbesserten Berichterstattung über die Unternehmenstätigkeit der Kommunen, 2000, 391 Seiten, kartoniert, € 21,45.
ISBN 3-555-01234-7

Band 36 Angela *Faber*, Gesellschaftliche Selbstregulierungssysteme im Umweltrecht – unter besonderer Berücksichtigung der Selbstverpflichtungen, 2001, 501 Seiten, kartoniert, € 29,65.
ISBN 3-555-01240-1

Band 37 Klaus *Schulenburg*, Die Kommunalpolitik in den Kreisen Nordrhein-Westfalens: Eine empirische Bestandsaufnahme, 2001, 484 Seiten, kartoniert, € 25,10.
ISBN 3-555-01250-9

Band 38 Janbernd *Oebbecke* / Dirk *Ehlers* / Alexander *Schink* / Hermann *Pünder* (Hrsg.), Kommunalfinanzen – Symposium aus Anlaß des 75. Geburtstages von Adalbert Leidinger am 8. März 2001 in Münster, 2001, 155 Seiten, kartoniert, € 13,75.
ISBN 3-555-01251-7

Band 39 Janbernd *Oebbecke* / Dirk *Ehlers* / Alexander *Schink* / Hermann *Pünder* (Hrsg.), Die nordrhein-westfälische Gemeindeprüfung in der Diskussion – Kolloquium des Freiherr-vom-Stein-Instituts und des Innenministeriums Nordrhein-Westfalen am 2. Februar 2001, 2001, 79 Seiten, kartoniert, € 11,20.
ISBN 3-555-01252-5

Band 40 Peter *Lüttmann*, Aufgaben und Zusammensetzung der Verwaltungsräte der kommunalen Sparkassen, 2002, 407 Seiten, kartoniert, € 24,85.
ISBN 3-555-01274-6

Band 41 Janbernd *Oebbecke* / Dirk *Ehlers* / Alexander *Schink* / Hermann *Pünder* (Hrsg.), Aktuelle Fragen der Sparkassenpolitik – Wissenschaftliches Kolloquium des Freiherr-vom-Stein-Instituts am 8. März 2002 zu Ehren von Herrn Dr. Kuhr anlässlich seines Ausscheidens als Vorsitzender des Kuratoriums des Freiherr-vom-Stein-Instituts, 2002, 70 Seiten, kartoniert, € 7,85.
ISBN 3-555-01278-9

Band 42 Ansgar *Hörster*, Die Wahrnehmung der Sozialhilfeaufgaben im kreisangehörigen Raum in Nordrhein-Westfalen, 2002, 342 Seiten, kartoniert, € 23,85.
ISBN 3-555-01279-7

Band 43 Hermann *Pünder*, Haushaltsrecht im Umbruch – eine Untersuchung der Erfordernisse einer sowohl demokratisch legitimierten als auch effektiven und effizienten Haushaltswirtschaft am Beispiel der Kommunalverwaltung, 2003, 665 Seiten, kartoniert, € 29,85.
ISBN 3-555-01289-4

Band 44 Thomas *Harks*, Kommunale Arbeitsmarktpolitik – Rechtliche Vorgaben und Grenzen, 2003, 295 Seiten, kartoniert, € 19,80.
ISBN 3-555-01302-5

Band 45 Volker *Schepers*, Internet-Banking und sparkassenrechtliches Regionalprinzip, 2003, 275 Seiten, kartoniert, € 19,80.
ISBN 3-555-01308-4

Band 46 Marco *Kulosa*, Die Steuerung wirtschaftlicher Aktivitäten von Kommunen – eine betriebswirtschaftliche Analyse, 2003, 290 Seiten, kartoniert. € 20,20.
ISBN 3-555-01316-5

Band 47 Frank *Placke*, Interkommunale Produktvergleiche als Basis für den kommunalen Finanzausgleich, 2003, 433 Seiten, kartoniert, € 24,60.
ISBN 3-555-01321-1

Band 48 Antje *Wittmann*, Der Sparkassenverbund, 2004, 294 Seiten, kartoniert, € 22,00.
ISBN 3-555-01328-9

Band 49 Barbara *Lübbecke*, Das Kommunalunternehmen – neue Organisationsform im kommunalen Wirtschaftsrecht von Nordrhein-Westfalen, 2004, 343 Seiten, kartoniert, € 24,80.
ISBN 3-555-01329-7

Band 50 Sven Oliver *Hoffmann*, Gewässerschutzrecht Nordrhein-Westfalen – eine systematische Darstellung unter besonderer Berücksichtigung der europarechtlichen und bundesrechtlichen Vorgaben, 2004, 500 Seiten, kartoniert, € 26,80.
ISBN 3-555-01330-0

Band 51 Janbernd *Oebbecke* / Dirk *Ehlers* / Alexander *Schink* / Dörte *Diemert* (Hrsg.), Kommunalverwaltung in der Reform – Wissenschaftliche Fachtagung des Freiherr-vom-Stein-Instituts am 2. Juli 2004 in Münster, 2004, 165 Seiten, kartoniert, € 14,20.
ISBN 3-555-01339-4

Band 52 Hans *Lühmann*, Die Zusammenführung von Arbeitslosen- und Sozialhilfe im Sozialgesetzbuch II (SGB II) – Sozial- und organisationsrechtliche Aspekte des Hartz IV-Gesetzes für die kommunale Sozialpolitik, 2005, 223 Seiten, kartoniert, € 17,80.
ISBN 3-555-01349-1

Band 53 Jörg *Niggemeyer*, Zulässigkeit und Grenzen von Sparkassenfusionen – eine Untersuchung am Beispiel von Zusammenschlüssen nordrhein-westfälischer Sparkassen, 2005, 476 Seiten, kartoniert, € 26,80.
ISBN 3-555-01350-5

Band 54 Dörte *Diemert*, Das Haushaltssicherungskonzept – Verfassungs- und haushaltsrechtliche Grundlagen in NRW unter Berücksichtigung des Neuen Kommunalen Finanzmanagements, 2005, 555 Seiten, kartoniert, € 28,80.
ISBN 3-555-01370-X

Band 55 Andrea *Becker*, Die Entwicklung des Personalvertretungsrechts in Nordrhein-Westfalen – eine Untersuchung der wesentlichen Einflussfaktoren auf die Gesetzgebung am Beispiel des LPVG NRW, 2006, 495 Seiten, kartoniert, € 29,00.
ISBN 3-555-01371-8

Band 56 Janbernd *Oebbecke* / Dirk *Ehlers* / Martin *Klein* / Theresia *Theurl* / Dörte *Diemert* (Hrsg.), Perspektiven für Sparkassen und Genossenschaftsbanken – Wissenschaftliche Fachtagung des Freiherr-vom-Stein-Instituts und des Instituts für Genossenschaftswesen der Universität Münster am 17. Oktober 2005 in Münster, 2006, 128 Seiten, kartoniert, € 10,20.
ISBN 3-555-01385-5

Band 57 Inken *Pehla*, Der Haftungsverbund der Sparkassen-Finanzgruppe – eine Untersuchung der Institutssicherung der Sparkassen und Landesbanken unter besonderer Berücksichtigung des Einlagensicherungs- und Anlegerentschädigungsgesetzes, 2006, 240 Seiten, kartoniert, € 20,80.
ISBN 3-555-01372-6

Band 58 Janbernd *Oebbecke* / Dirk *Ehlers* / Martin *Klein* / Dörte *Diemert* (Hrsg.), Zwischen kommunaler Kooperation und Verwaltungsreform – Fachtagung aus Anlass des 25-jährigen Bestehens des Freiherr- vom-Stein-Instituts am 12. Mai 2006 in Münster, 2006, 127 Seiten, kartoniert, € 12.80.
ISBN 3-555-01391-2

Band 59 Simone *Schütte-Leifels*, Die Grundsätze der Sozialhilfe nach der Reform, 2007, 345 Seiten, kartoniert, € 24,80.
ISBN 978-3-555-01399-2

Band 60 Christian *Thiemann*, Rechtsprobleme der Marke Sparkasse, 2008, 314 Seiten, kartoniert, € 24,00.
ISBN 978-3-555-01451-7

Band 61 Linus *Tepe*, Verfassungsrechtliche Vorgaben für Zuständigkeitsverlagerungen zwischen Gemeindeverbandsebenen, 2009, 235 Seiten, kartoniert, € 20,00.
ISBN 978-3-555-01459-3

Band 62 Anna *Roth*, Die allgemeine Lebensmittelüberwachung als Instrument des Verbraucherschutzes – eine systematische Darstellung unter besonderer Berücksichtigung der Rechtslage und der Organisationsstrukturen in Nordrhein-Westfalen, 2009, 336 Seiten, kartoniert, € 26,00.
ISBN 978-3-555-01474-6

Band 63 Jan Stefan *Lüdde*, Sparkassenrecht der Länder – Bestand und Entwicklung seit 1949, 2010, 232 Seiten, kartoniert, € 20,80.
ISBN 978-3-555-01504-0

Band 64 Carsten *Lund*, Private in der Sparkassen-Finanzgruppe? – Zum Verbleib materiell voll- und teilprivatisierter Landesbanken im Haftungsverbund, 2010, 181 Seiten, kartoniert, € 18,80.
ISBN 978-3-555-01511-8

Band 65 Katharina *Kallerhoff*, Öffentlich-rechtliche Entsorgungsträger contra private Abfallwirtschaft – Aktuelle rechtliche Entwicklungen unter besonderer Berücksichtigung der gewerblichen Sammlungen von verwertbaren Sekundärrohstoffen, 2011, 310 Seiten, kartoniert, € 24,60.
ISBN 978-3-555-01547-7

Band 66 Thomas *Jungkamp*, Das Recht der regionalen Sparkassen- und Giroverbände – Eine systematische Darstellung, 2011, 309 Seiten, kartoniert, € 24,60.
ISBN 978-3-555-01558-3

Band 67 Matthias *Stork*, Interkommunale Zusammenarbeit und mehrstufige Aufgabenwahrnehmung – Eine Analyse von Organisationsmodellen für Pflichtaufgaben im kreisangehörigen Raum, 2012, 278 Seiten, kartoniert, € 24,00.
ISBN 978-3-555-01568-2

Band 68 Jessica *Isenburg*, Die Verbundzusammenarbeit der Sparkassen-Finanzgruppe – Eine kartellrechtliche Analyse, 2012, 311 Seiten, kartoniert, € 24,80.
ISBN 978-3-555-01597-2

Band 69 Simon *Frye*, Die Finanzierung ambulanter und stationärer Pflegeeinrichtungen – Eine Darstellung am Beispiel von Nordrhein-Westfalen, 2013, 277 Seiten, kartoniert, € 24,00.
ISBN 978-3-555-01639-9